La era de la productividad

La era de la productividad

Cómo transformar las economías desde sus cimientos

Carmen Pagés, editora

Banco Interamericano de Desarrollo

Las opiniones expresadas en este libro pertenecen a los autores y no necesariamente reflejan los puntos de vista del BID.

Catalogación en la fuente proporcionada por la Biblioteca Felipe Herrera del Banco Interamericano de Desarrollo

La era de la productividad : cómo transformar las economías desde sus cimientos / Carmen Pagés, editora.

p. cm.
Incluye referencias bibliográficas.
ISBN: 978-1-59782-119-3

1. Productividad—América Latina. 2. Desarrollo económico—América Latina. 3. América Latina—Política Económica. I. Pagés, Carmen. II. Banco Interamericano de Desarrollo.
HD72.D48 2010

Distribución en América Latina y España
Fondo de Cultura Económica
www.fondodeculturaeconomica.com

Para mayor información sobre las publicaciones del BID, dirigirse a:

Pórtico Bookstore
1350 New York Ave., N.W.
Washington, D.C. 20005
Estados Unidos de América

Tel. (202) 312-4186
portico.sales@fceusa.com

La Oficina de Relaciones Externas del BID fue responsable de la producción editorial de la publicación.

CONTENIDO

ACERCA DE LOS COLABORADORES

Manuel Agosin es profesor del Departamento de Economía de la Universidad de Chile.

Juan Pablo Atal es asistente de investigación del Departamento de Investigación del Banco Interamericano de Desarrollo.

Juan Blyde es economista de integración y comercio del Sector de Integración y Comercio del Banco Interamericano de Desarrollo.

Matías Busso es economista investigador del Departamento de Investigación del Banco Interamericano de Desarrollo.

Eduardo Cavallo es economista investigador del Departamento de Investigación del Banco Interamericano de Desarrollo.

Alberto Chong es economista investigador principal del Departamento de Investigación del Banco Interamericano de Desarrollo.

Christian Daude es economista y coordinador del estudio *Latin American Economic Outlook* de la Organización para la Cooperación y el Desarrollo Económicos.

Eduardo Fernández-Arias es economista investigador principal del Departamento de Investigación del Banco Interamericano de Desarrollo.

Arturo Galindo es economista investigador principal del Departamento de Investigación del Banco Interamericano de Desarrollo.

Pablo Ibarrarán es especialista principal en desarrollo social de la División de Desarrollo Estratégico de la Oficina de Planeación Estratégica y Efectividad en el Desarrollo del Banco Interamericano de Desarrollo e investigador asociado del Institute for the Study of Labor.

Alejandro Izquierdo es economista investigador principal del Departamento de Investigación del Banco Interamericano de Desarrollo.

Juan José Llisterri es especialista principal en ciencia y tecnología de la División de Ciencia y Tecnología del Sector Social del Banco Interamericano de Desarrollo.

Eduardo Lora es Gerente General del Departamento de Investigación y Economista Jefe interino del Banco Interamericano de Desarrollo.

Carlos Ludena es economista del programa para jóvenes profesionales del BID asignado al Departamento de Investigación.

Lucía Madrigal es consultora del Grupo de Reducción de la Pobreza del Banco Mundial.

Alessandro Maffioli es especialista principal en desarrollo social de la División de Desarrollo Estratégico de la Oficina de Planeación Estratégica y Efectividad en el Desarrollo del Banco Interamericano de Desarrollo.

Mauricio Mesquita Moreira es economista principal de integración y comercio del Sector de Integración y Comercio del Banco Interamericano de Desarrollo.

Juan Carlos Navarro es especialista principal en ciencia y tecnología de la División de Ciencia y Tecnología del Sector Social del Banco Interamericano de Desarrollo.

Hugo Ñopo es economista principal de educación en la División de Educación del Sector Social del Banco Interamericano de Desarrollo.

Carmen Pagés es economista investigadora principal del Departamento de Investigación del Banco Interamericano de Desarrollo.

Charles Sabel es Profesor Maurice T. Mourire en Columbia Law School.

Carlos Scartascini es economista investigador principal del Departamento de Investigación del Banco Interamericano de Desarrollo.

Rodolfo Stucchi es investigador asociado de la Oficina de Evaluación y Supervisión del Banco Interamericano de Desarrollo.

Mariano Tommasi es profesor de la Universidad de San Andrés.

Pluvia Zúñiga es consultora de la División de Ciencia y Tecnología del Sector Social del Banco Interamericano de Desarrollo.

PREFACIO

En los últimos 15 años, los países de América Latina y el Caribe han registrado avances en los indicadores económicos y sociales. Entre 1994 y 2008 la región creció a una tasa media del 3,3% anual, la población tuvo un incremento anual del 1,4% y el ingreso per cápita aumentó un 1,9%. Sin embargo, desde una perspectiva de largo plazo, el crecimiento de la región ha quedado a la zaga del de otras economías emergentes. Contrariamente a lo que mucha gente cree, el exiguo nivel de inversión no es necesariamente responsable de este rendimiento deficiente. La productividad baja y lenta, más que los impedimentos a la acumulación de factores, aporta una mejor explicación para el bajo ingreso de América Latina en comparación con las economías desarrolladas, y su estancamiento en relación con otros países en desarrollo que están adquiriendo prominencia.

Según las estimaciones obtenidas en la investigación, la productividad de América Latina asciende a cerca de la mitad de su potencial y no se está poniendo a la par de la frontera de productividad. Al cerrar la brecha de productividad con la frontera se reduciría la mayor parte de la brecha de ingreso per cápita con los países desarrollados. Desde un contexto comparativo mundial, el crecimiento más lento de América Latina se debe al crecimiento más lento de la productividad. En una región que necesita crecer imperiosamente, una prioridad fundamental para el desarrollo es diagnosticar las causas de su débil productividad y atacarlas de raíz.

Por ello, el Banco Interamericano de Desarrollo dedicó la edición de este año de su publicación emblemática *Desarrollo en las Américas* a estudiar el lastre que representa la baja productividad para la región. El panorama que emerge es el de una región donde existen unas pocas empresas muy productivas y muchas de productividad extremadamente baja; uno de los retos para la región es elevar la proporción de empresas de productividad media. Con solo aumentar el número de empresas de este tipo —sin modificar realmente la productividad de cada empresa de la región— podría duplicarse la productividad agregada, y este impulso sería suficiente para cerrar la brecha con la frontera de productividad. Esta es solo una de las conclusiones a las que se llega en este volumen, que nos invita a repensar las políticas que imperan actualmente en la región.

Por otra parte, en este libro se señala al sector de los servicios —en particular al amplio subsector del comercio minorista— como el principal culpable de los problemas de productividad de la región. En realidad, la productividad agropecuaria ha crecido a una tasa favorable, pero el porcentaje de la fuerza laboral que sigue trabajando en el campo es relativamente pequeño. Y en tanto decayó la productividad en el sector industrial, también disminuyó el número de trabajadores empleados en ese sector. Esto deja a los servicios, el sector más improductivo, donde se desempeña la mayor proporción de la población activa, con consecuencias devastadoras para la productividad agregada. De esto se deduce que una estrategia de crecimiento centrada en impulsar las exportaciones puede resultar incompleta en el mejor de los casos, y desacertada en el peor; un mejor enfoque con rendimientos más altos podría ser promover los sectores de servicios grandes no transables.

Las causas de la baja productividad que asuelan a la región son múltiples y variadas. Los altos índices de informalidad protegen a las empresas pequeñas e ineficientes de la competencia de compañías mejores y más productivas. Algunas políticas sociales concebidas con las mejores intenciones terminan produciendo resultados no intencionales en la productividad porque, en realidad, desplazan cada vez más trabajadores hacia actividades de baja productividad. Los altos costos del transporte, la falta de crédito, la volatilidad macroeconómica, los regímenes tributarios discriminatorios, la falta de innovación y las políticas de desarrollo productivo insuficientes o pobremente diseñadas son todos factores que han tenido que ver con el retraso del crecimiento de la productividad en la región.

Es relativamente fácil identificar las trabas al crecimiento de la productividad. Mucho más difícil es diseñar y poner en práctica un conjunto coherente de políticas para desencadenar el potencial productivo de un país. En este libro se da un importante paso en esa dirección, y se ofrecen sugerencias basadas en un diagnóstico concluyente, y a veces revelador, que se atreve a romper con lo convencional.

Es con gran placer que presento este libro a los encargados de formular políticas, a los empresarios, a los trabajadores y a todos aquellos que desean fervientemente que América Latina y el Caribe realice su potencial de crecimiento. Es mi sincera esperanza que todos juntos, equipados con la información y las ideas contenidas en este volumen, insertemos a nuestra región en la era de la productividad.

Luis Alberto Moreno
Presidente del Banco Interamericano de Desarrollo

LISTA DE RECUADROS

LISTA DE GRÁFICOS

LISTA DE CUADROS

RECONOCIMIENTOS

Desarrollo en las Américas (DIA, por sus siglas en inglés) es la publicación emblemática del Banco Interamericano de Desarrollo. Este volumen fue producido bajo la dirección de Carmen Pagés, Economista Investigadora Principal del Departamento de Investigación. La edición general estuvo a cargo de Rita Funaro, Coordinadora de Publicaciones de ese departamento. Carlos Andrés Gómez-Peña, Asistente Técnico y de Investigación, se ocupó de la edición técnica. Hugo Hopenhayn, Andrés Neumeyer, Chang Tai-Hsieh y Pete Klenow colaboraron como asesores técnicos externos. Santiago Levy, Vicepresidente de Sectores y Conocimiento, propuso el tema para este estudio y proporcionó orientación y asesoramiento técnico constantes durante el proyecto.

A continuación se presentan los autores principales de cada capítulo:

Capítulo 1. Eduardo Lora y Carmen Pagés
Capítulo 2. Christian Daude y Eduardo Fernández-Arias
Capítulo 3. Carmen Pagés con la colaboración de Carlos Ludena
Capítulo 4. Matías Busso, Lucía Madrigal y Carmen Pagés
Capítulo 5. Juan Blyde y Mauricio Mesquita Moreira
Capítulo 6. Eduardo Cavallo, Arturo Galindo y Alejandro Izquierdo
Capítulo 7. Alberto Chong y Carmen Pagés
Capítulo 8. Juan Pablo Atal y Hugo Ñopo
Capítulo 9. Pablo Ibarrarán, Alessandro Maffioli y Rodolfo Stucchi
Capítulo 10. Juan Carlos Navarro, Juan José Llisterri y Pluvia Zúñiga
Capítulo 11. Eduardo Fernández-Arias en colaboración con Manuel Agosin y Charles Sabel
Capítulo 12. Carlos Scartascini y Mariano Tommasi

Francisco Arizala, Juan Pablo Atal, Oscar Becerra, Gonzalo Iberti, Carolina Izaguirre, Melisa Ioranni, Mikael Larsson, John Jairo León, Fabiana Machado,

Lucía Madrigal, Pedro Martínez, Ariel Mecikovsky, Karina Otero, Mauricio Pinzón, Vanessa Ríos, Paola Vargas y Gonzalo Vázquez Baré prestaron un excelente apoyo como asistentes de investigación.

Muchas otras personas contribuyeron a este informe con sus aportes técnicos y valiosas sugerencias, entre ellas: Manuel Agosin, Luis Alberto Arias, Pedro Auger, Alberto Barreix, Jere Behrman, Camilo Bohórquez, Matías Busso, Adriana Camacho, Gabriel Casaburi, Martin Chrisney, Gustavo Crespi, Julián Cristia, José Cuesta, Carl Dahlman, Rick Doner, Kurt Focke, Jeff Frieden, Annabelle Fowler, Stephen Haggard, Jordi Jaumandreu, Julia Johannsen, Ravi Kanbur, David Kang, Homi Kharas, Phil Keefer, Florencia López Bóo, Ernesto López-Córdova, Eduardo Lora, Lucía Madrigal, Mario Marcel, Victoria Murillo, Flora Painter, Nina Pavcnik, Christina Pombo, Adam Przeworski, Jerónimo Roca, Diego Restuccia, Laura Ripani, Andrés Rodríguez-Clare, Fabio Schiantarelli, Ben Ross Schneider, Charles Sabel, Sebastián Saiegh, Anna Serrichio, Chad Syverson, Ernesto Stein, Claudia Suaznabar, Chang Tai-Hsieh, Luis Tejerina, Jim Tybout, Christian Volpe y Luisa Zanforlin. Este libro no hubiese sido posible sin la sobresaliente y paciente labor de edición de Rita Funaro y Carlos Andrés Gómez-Peña.

Las opiniones expresadas en esta publicación son las de los autores y no necesariamente reflejan las del Banco Interamericano de Desarrollo, su Directorio Ejecutivo o sus asesores técnicos.

1 LA ERA DE LA PRODUCTIVIDAD

La productividad no es todo, pero en el largo plazo es casi todo.

Paul Krugman

Las economías de América Latina y el Caribe padecen del síndrome del crecimiento lento crónico. Lamentablemente, la región se ha acostumbrado tanto a este achaque económico que ya no considera al crecimiento como su problema más acuciante. Sin embargo, los países de la región pagan muy caro el no asignarle a este problema una mayor prioridad.

¿Cuánto le ha costado a la región la falta de crecimiento? Las cifras proporcionan una vívida demostración. Tomemos, por ejemplo, el caso de Argentina, que en 2006 tenía un ingreso per cápita de US$12.258 (ajustado en función de la paridad del poder adquisitivo).[1] Si a partir de 1960 hubiese crecido al mismo ritmo que el resto del mundo, con exclusión de América Latina y el Caribe, en 2006 habría tenido un ingreso per cápita similar al del Reino Unido (US$27.800). Efectuando el mismo cálculo, Venezuela y Uruguay habrían alcanzado en 2006 el ingreso per cápita de Israel y de España, respectivamente; esto es casi el triple de su ingreso actual en el caso de Venezuela y el doble en el caso de Uruguay. Igualmente, el ingreso per cápita de Bolivia, Honduras, Jamaica, Perú y El Salvador sería más del doble del que declararon en 2006, y el de Nicaragua, más del triple. Incluso se observa que Chile, un país aclamado por su desempeño económico, ha tenido resultados inferiores al resto del mundo cuando se lo evalúa desde una perspectiva de largo plazo. Si desde 1960 hubiese crecido al mismo ritmo que el mundo, sin incluir a América Latina y el Caribe, Chile habría alcanzado el ingreso per cápita de Portugal y Grecia. Brasil, país que ha sufrido relativamente menos cuando se lo mide con este parámetro, de todas maneras disfrutaría de un ingreso per cápita casi 25% más alto que el actual. Solo dos países, Panamá y República Dominicana, han crecido a niveles comparables al promedio mundial (excluida la región de América Latina y el Caribe). Ante estas cifras, no es de sorprender que el ingreso per cápita promedio de esta región haya pasado de casi un cuarto del de Estados Unidos en 1960 a apenas un sexto al día de hoy. En cambio, varios países de Asia oriental, cuyos niveles de renta en 1960 eran muy inferiores a los de América Latina y el Caribe, se están aproximando rápidamente o ya se han unido a las filas de las naciones de ingresos altos.

En este libro se plantea que el bajo crecimiento de la productividad es la raíz del deficiente crecimiento económico de América Latina y que el logro de una productividad más alta debe ubicarse en el epicentro del debate económico actual. Aun cuando esta región escapó relativamente indemne de la peor crisis financiera internacional desde la Gran Depresión, no debería dormirse en los laureles ni rebajar sus expectativas; por el contrario, debe aprovechar la oportunidad para adoptar un plan de productividad determinado y ambicioso. El hecho de que se ampliaran las brechas de ingresos con el resto del mundo no fue debido a la falta de inversión en capital físico y humano, ni al lento crecimiento de la fuerza laboral, sino a un déficit crónico de crecimiento de la productividad. Si la productividad en América Latina y el Caribe hubiese aumentado al mismo ritmo que en Estados Unidos, el ingreso per cápita de la región habría seguido siendo un cuarto del de ese país, inclusive con las inversiones en capital humano y físico que se registraron. Si, por otra parte, la productividad hubiese convergido al nivel de la de Estados Unidos —es decir, si se hubiesen empleado los recursos físicos y humanos con los que cuenta actualmente América Latina y el Caribe con la eficiencia productiva de los de Estados Unidos— el ingreso per cápita se habría duplicado y la renta de la región sería un tercio de la de dicho país. Sin embargo, al aumentar la productividad, habrían aumentado también la inversión y la educación, cerrando aún más la brecha y, con el tiempo, facilitando la convergencia hacia los niveles de renta de los países desarrollados (véase el gráfico 1.1).

Lo positivo es que si bien es cierto que para incrementar el acervo de capital físico o humano pueden requerirse recursos de los que no disponen los países de ingresos bajos e incluso pueden desperdiciarse si la productividad es baja, el fortalecimiento de la productividad puede "simplemente" requerir la voluntad y disposición de transformar políticas e instituciones con base en las expe-

Gráfico 1.1 PIB per cápita de América Latina en relación con el PIB per cápita de Estados Unidos en 2005 bajo diferentes escenarios

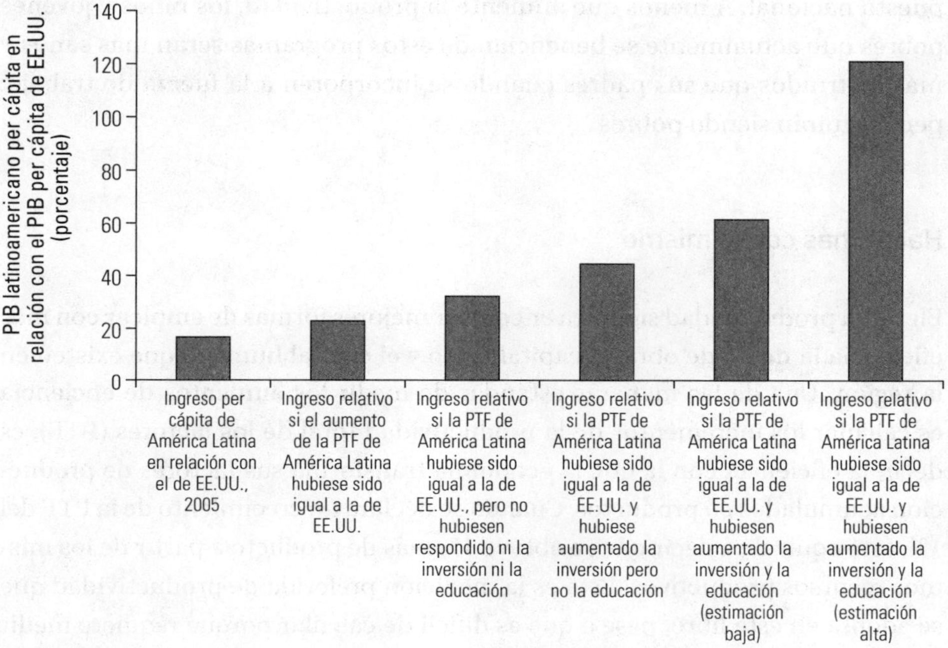

Fuente: Cálculos del autor con base en Banco Mundial (2008), Barro y Lee (2000), Heston, Summers y Aten (2006). Véanse los detalles en el capítulo 2.

Nota: PIB = producto interno bruto; PTF = productividad total de los factores.

riencias exitosas de otras regiones. El objetivo de este estudio no es únicamente investigar las causas del deficiente desempeño de la productividad de la región, sino también, crucialmente, identificar y proponer opciones de política para desencadenar una era de productividad en América Latina y el Caribe.

El desafío de la productividad no puede esperar. Millones de personas padecen limitaciones que podrían resolverse si se emplearan mejor los recursos que existen en la región. Millones de trabajadores están condenados a empleos de baja productividad que no pagan lo suficiente para sacarlos, a ellos y a sus familias, de la pobreza. Hace más de un decenio la región era pionera en el lanzamiento de una nueva generación de programas de lucha contra la pobreza por medio de transferencias de ingresos vinculadas a inversiones en el capital humano de familias pobres. Estos programas han tenido un impacto positivo, pero por sí mismos no pueden alcanzar el objetivo central de ofrecer a los trabajadores pobres una remuneración más alta en virtud de un mayor ingreso en lugar de hacerlo a partir de transferencias del presupuesto nacional. A menos que aumente la productividad, los niños y jóvenes pobres que actualmente se benefician de estos programas serán más sanos y más instruidos que sus padres cuando se incorporen a la fuerza de trabajo, pero seguirán siendo pobres.

Hacer más con lo mismo

Elevar la productividad significa encontrar mejores formas de emplear con más eficiencia la mano de obra, el capital físico y el capital humano que existen en la región. Una de las maneras estándar de medir los aumentos de eficiencia es calcular los incrementos de la productividad total de los factores (PTF), es decir, la eficiencia con la que la economía transforma sus factores de producción acumulados en productos. Cuando se declara un crecimiento de la PTF del 1%, esto equivale a decir que se obtuvo 1% más de producto a partir de los mismos recursos productivos. Esta es la medición preferida de productividad que se adopta en este libro, pese a que es difícil de calcular porque requiere medir todos los insumos empleados en la producción, algo que no siempre es factible. También se utilizan otras medidas parciales de la productividad. Es importante distinguir entre la PTF y estos otros indicadores porque reflejan cosas diferentes. Por ejemplo, una medida de la productividad que suele utilizarse es el producto por trabajador, que se calcula sobre la base del tamaño de la fuerza de trabajo. Esta medida no tiene en cuenta ni la educación ni el capital como factores de la producción y, por lo tanto, un aumento de la producción que se deba a un mayor nivel de educación promedio o a más capital físico se mediría como un crecimiento de la productividad. El producto por trabajador, entonces, es un reflejo tanto de una acumulación de factores —más capital físico y más capital humano— como de aumentos puros de eficiencia. Como se señaló, uno de los resultados fundamentales que se presentan en este libro es que la brecha de crecimiento del producto interno bruto (PIB) de la región está más asociada a brechas de crecimiento de la eficiencia que a brechas de acumulación. En consecuencia, este estudio se centra en los factores que impulsan el nivel y el crecimiento de la eficiencia (medida como PTF) y no en los factores que determinan la acumulación de capital humano o físico.

Más allá del progreso tecnológico

Por lo general, los aumentos de eficiencia se calculan de manera residual, es decir, como la porción del crecimiento que no puede atribuirse a la acumulación de factores. De esa manera, tal y como indicara Robert Solow, premio Nobel y creador de la teoría moderna del crecimiento económico, la productividad se vuelve "una medida de nuestra ignorancia". Desde el original trabajo de este autor en 1957, este residuo ha sido tratado a menudo como una medida de la tecnología, y se le da crédito al progreso tecnológico como el factor determinante principal del crecimiento de la productividad.

En este libro, sin embargo, se plantea que el logro de aumentos agregados de eficiencia es un problema muy complejo que va más allá del crecimiento tecnológico. Es menester alinear incentivos, asegurar una competencia justa por los recursos y ofrecer a las empresas con buenas ideas la oportunidad de prosperar y crecer. La baja productividad suele ser el resultado no intencionado de una gran cantidad de fallas del mercado y del Estado que distorsionan los incentivos para innovar, impiden la expansión de las compañías eficientes y promueven la supervivencia y el crecimiento de empresas ineficientes. Estas fallas del mercado y del Estado son más pronunciadas en las economías de bajos ingresos —y América Latina no es la excepción— y constituyen un factor importante que explica sus niveles relativamente bajos de productividad. De este modo, el desarrollo económico exige irse despojando de capas de malas políticas y corregir fallas de mercado que conspiran contra el crecimiento de la productividad. Por ello, este libro argumenta que mientras las economías de ingresos altos deben recurrir en mayor medida a promover la innovación para crecer, América Latina puede explorar vías adicionales para el crecimiento. Esto no implica que la innovación y adopción tecnológica no sean fuentes importantes de crecimiento de la productividad en los países en desarrollo: simplemente significa que además de incrementar la productividad de cada empresa fomentando la innovación y la adopción de tecnología, los países en desarrollo disponen de otras importantes fuentes de crecimiento adicionales mediante mejoras en sus políticas. Si bien en muchos casos esos avances aportarían únicamente fuentes temporales de crecimiento, podrían propiciar un gran paso al frente, similar a los incrementos en productividad registrados durante el período de rápida urbanización y transformación estructural de los decenios de 1950 y 1960.

Algo más que manufacturas

El diagnóstico y las propuestas de políticas sobre los problemas de la productividad de las economías de América Latina y el Caribe se concentran casi exclusivamente en los sectores industriales, y a veces solo en la manufactura. No obstante, para impulsar el crecimiento y el ingreso per cápita, la región debe dar empuje a la productividad del sector de bienes no transables.

La industrialización y la prosperidad suelen considerarse sinónimos, y con razón: los países desarrollados se volvieron ricos cuando, gracias a la revolución industrial, la fuerza de trabajo que estaba concentrada en los sectores agrícolas y de manufacturas tradicionales se pasó a la manufactura industrial, que tiene una productividad mucho más elevada.

Los países de América Latina trataron de seguir este camino a la prosperidad durante la segunda mitad del siglo XX, pero sus intentos de industrializarse tuvieron un éxito parcial. Resulta muy notorio que la proporción del empleo en el sector industrial es inferior en América Latina que en Asia oriental y en el mundo desarrollado. Esto, aunado a la disminución de la proporción del empleo en el sector agropecuario, ha engrosado las filas del sector de los servicios y ha contribuido al escaso crecimiento de la productividad en comparación con las economías desarrolladas o las economías de Asia oriental en rápido crecimiento. A diferencia de los países desarrollados, que primero prosperaron con la industria y luego se transformaron en economías de servicios, las economías de la región se volvieron terciarias (productoras de servicios) a mitad de camino entre la pobreza y la prosperidad.

Dado que los sectores industriales de América Latina y el Caribe ocupan apenas el 20% de la fuerza de trabajo, la resolución de los problemas de competitividad o retraso tecnológico en este sector de poco servirá para superar la falta de desarrollo. Se estima que aunque se acelere el crecimiento de la productividad del sector manufacturero al ritmo que prevalece en los países de Asia oriental, apenas se modificaría el crecimiento de la productividad agregada. En cambio, la productividad agregada podría duplicarse si el crecimiento de la productividad en los sectores de servicios se incrementase hasta alcanzar el crecimiento de la productividad de esos sectores en Asia oriental.

Lo anterior implica que para mejorar el nivel de vida de todos los habitantes de América Latina y el Caribe es imperativo elevar la productividad de los servicios: la mayoría de los trabajadores están empleados en este sector, y la competitividad de los sectores primario e industrial depende de la disponibilidad de buenos medios de transporte y comunicaciones, sistemas eficientes de almacenamiento y distribución, y muchos otros servicios.

Las múltiples facetas de la baja productividad

La baja productividad no es universal: se concentra en algunas empresas. En este estudio se desvelan diferencias drásticas de productividad, incluso dentro de sectores económicos estrechamente definidos. En los distintos países, las empresas menos productivas tienden a ser las más pequeñas, y en toda la región se observa una relación estrecha entre tamaño y productividad. Las pequeñas empresas (en particular las que tienen menos de 10 empleados) constituyen el grueso de la economía en América Latina, mucho más que en economías de ingresos más altos, en tanto escasean las empresas con niveles de empleo y productividad medios y, en algunos casos, elevados.[2] Pero el problema va más allá del gran número de empresas muy pequeñas con baja productividad. Gran parte de la población activa de América Latina y el Caribe trabaja por cuenta propia, a menudo vendiendo sus productos en las calles de las ciudades de la región, en actividades no registradas en los censos económicos. Si se considera a estos trabajadores como empresas unipersonales, porque de hecho lo son, el fenómeno de la pulverización de la actividad económica en millones de empresas minúsculas con baja productividad es aún más significativo.

En la industria manufacturera de la región, si se redujera la proporción de microempresas y aumentara la de empresas medianas para que coincidiera con la distribución por tamaños de las empresas manufactureras de Estados Unidos —sin modificar los niveles de productividad individuales de cada empresa— prácticamente se duplicaría la productividad de la industria manufacturera en los países en los que puede realizarse este cálculo. Este impulso sería suficientemente fuerte para cerrar la brecha de productividad manufacturera con Estados Unidos. Esto significa que los bajos niveles de productividad agregados se explican por la abrumadora mayoría de pequeñas empresas y que, por lo tanto, a diferencia de otras regiones del mundo, la presencia avasalladora de microempresas y trabajadores por cuenta propia debe interpretarse como una señal de fracaso, y no de éxito, como a menudo se indica.

¿Por qué existen tantas pequeñas empresas de baja productividad? En algunos países, una buena parte de empresas micro y pequeñas están sujetas a restricciones, tales como un acceso limitado al crédito, para poder crecer y convertirse en empresas medianas o grandes. En otros, el exceso de micro y pequeñas empresas parece estar vinculado con una gran variedad de subsidios implícitos a las empresas más pequeñas, ya que estas evaden el pago de impuestos, las obligaciones de la seguridad social de sus empleados y otras disposiciones normativas con mayor facilidad que las empresas medianas y grandes. Estos subsidios ayudan a que las empresas de baja productividad amplíen su participación en el mercado, a expensas de las empresas más productivas.

La amplia proporción de empresas muy pequeñas también pone de manifiesto la incapacidad de muchas pequeñas empresas de innovar y convertirse en empresas con un nivel medio o alto de productividad, y de las empresas de productividad media de incursionar en el mercado y atraer mano de obra de compañías más pequeñas y menos productivas. Si bien todas las empresas invierten pocos recursos en investigación y desarrollo en comparación con las compañías de las economías desarrolladas, es aún menos probable que sean las pequeñas empresas las que se decidan a innovar, en relación con las más grandes. Las grandes compañías pueden distribuir los elevados costos fijos de la innovación en un volumen mayor de ventas, y tienen mejor acceso a los servicios financieros, la tecnología, los servicios de consultoría y los mercados de capital humano especializado.

La proliferación de muchas pequeñas empresas de muy baja productividad es particularmente acusada en el sector de los servicios, donde se han refugiado millones de trabajadores de América Latina y el Caribe y donde son más extremos los problemas de bajos ingresos y altos niveles de pobreza.

La baja productividad de la región se debe también a que esta no aprovecha debidamente los recursos de los que dispone. Gran parte del capital y muchos trabajadores podrían ser mucho más productivos si se los emplease con más eficiencia, aun dedicándose a actividades similares dentro del mismo sector económico. En América Latina, una asignación más eficiente de recursos dentro de la manufactura podría elevar la productividad de este sector en aproximadamente un 50% a un 60%. En algunos países, como México, estos aumentos se estiman en un 100%. Sin embargo, el margen más amplio para las mejoras está fuera de los sectores manufactureros. El sector de comercio minorista es una reserva potencial de enormes ganancias: en México y Brasil, la productividad de este sector podría dar un salto vertiginoso en torno al 260%, y en otros servicios podrían lograrse aumentos parecidos. La magnitud de las posibles ganancias de productividad como resultado de una mejora en la asignación de recursos en la región demuestra la falta de competencia justa por los recursos: las malas políticas y las fallas de mercado les dan ventajas a unas empresas sobre otras por razones que no tienen nada que ver con su eficiencia relativa.

En síntesis, los niveles de productividad en una economía son el resultado de las fuerzas y los incentivos que orientan las decisiones de las empresas, tanto las existentes como las prospectivas, y que por ello determinan el conjunto de empresas que opera en una economía, la productividad de cada una, y el tamaño de las empresas, dada su productividad. Cada uno de estos factores puede ser alterado por fallas del mercado y del Estado en maneras que reducen la productividad. Entonces, la pregunta que cabe plantearse es: ¿Cuáles son las malas políticas y/o las fallas del mercado que están vinculadas con los resultados deficientes de la productividad en América Latina y cómo pueden estos transformarse para dar inicio a una era de productividad?

Políticas para la productividad

Este libro argumenta que los gobiernos de la región pueden avanzar un largo trecho hacia la solución del problema de la productividad si adoptan las políticas económicas adecuadas. Muchos de estos problemas tienen su origen en fallas del mercado que todavía no se resuelven debidamente, y otros en políticas económicas fallidas que, a menudo sin intención, han hecho estragos en la productividad. En este libro se analiza particularmente si son las políticas de comercio exterior, crédito, impuestos, protección social, asistencia a la pequeña empresa, innovación y fomento industrial las causas del problema o si, en cambio, son parte de la cura de la enfermedad del bajo crecimiento de la productividad que afecta a la región. Esta lista no es exhaustiva y algunas de las omisiones, tales como la política educativa o regulatoria, pueden sorprender a los lectores. No obstante, el libro se centra en las dimensiones menos estudiadas de la productividad que pueden ser de vital importancia para el diseño de las políticas públicas en América Latina y el Caribe. Una de las principales conclusiones de este estudio es que muchas políticas —a menudo en ámbitos que no suelen estar vinculados con la productividad— pueden tener efectos, a menudo no intencionales, en la eficiencia. Estos ámbitos de política que con frecuencia son soslayados constituyen el punto focal de este libro, mientras que muchos de los temas que no fueron incluidos están siendo investigados en el marco del programa de estudios en curso del BID.

El comercio exterior y la pesada carga de los costos de transporte en la productividad

Con frecuencia se ha argumentado que el libre comercio traería un auge de la productividad. Abrir las puertas a las importaciones expondría a los productores a una mayor competencia, lo que los obligaría a reducir costos y aumentar su eficiencia, al tiempo que ofrecería mayor acceso a más y mejores insumos, sobre todo bienes de capital. Pero existen otros canales importantes por medio de los cuales el comercio internacional afecta la productividad y que han sido menos estudiados. Aunque no se modifiquen los niveles de productividad de las empresas, el comercio internacional puede estimular la productividad agregada al ayudar a reasignar recursos hacia usos más productivos.

Lamentablemente, los costos de transporte han impedido en gran medida que la región aprovechase el potencial que aporta el comercio internacional en materia de productividad. Para la mayoría de los países, los costos de transporte representan el porcentaje más alto del costo del comercio exterior, sobre todo en las exportaciones, pero la distancia o la geografía no son las únicas razones. Los costos de transporte de carga de los países centroamericanos como proporción del valor de sus exportaciones a Estados Unidos son más altos que los de China. ¿Por qué? Porque sus puertos y aeropuertos son extremadamente ineficientes. Y la situación no es diferente en el resto de América Latina. En algunos países puede echarse la culpa a una infraestructura física inadecuada, pero más importantes son las actividades de apoyo para el movimiento de la carga y las ineficiencias provocadas por una reglamentación inapropiada, falta de competencia en los servicios, y procedimientos operativos y sistemas de información deficientes. La falta de eficacia del transporte interno de la carga es aun mayor que la del transporte internacional; el estado de deterioro en el que se encuentra la infraestructura y el congestionamiento del tránsito perjudican gravemente la productividad de las empresas que operan en ciudades latinoamericanas.

Demasiado poco crédito

Pese a la desregulación financiera de los años noventa, los sistemas crediticios de América Latina siguen estando muy poco desarrollados para los estándares internacionales. Como consecuencia, la falta de crédito es una de las razones por las que hay tanta dispersión en la productividad de las empresas. Sin crédito, las empresas productivas no pueden expandirse y las menos productivas no pueden financiar los cambios tecnológicos y las inversiones necesarias para elevar su productividad. La escasez de crédito tiene otro efecto nocivo en la productividad: les resta incentivos a las empresas informales para cumplir con las disposiciones impositivas, jurídicas y las relativas a la seguridad social. Esto perjudica a la productividad al permitir que sobrevivan las empresas improductivas debido a que sus costos son más bajos que los de sus homólogas formales. La expansión del crédito sería una gran contribución a la formalización del empleo.

Con todo, una mayor oferta de crédito no es suficiente para mejorar la productividad; debe ser sostenible. Los continuos episodios de expansión y contracción del crédito, típicos de América Latina en el pasado, tienden a ser perniciosos para la productividad en el largo plazo. Si las crisis crediticias son frecuentes, las empresas pequeñas, pero potencialmente eficientes, no tienen más probabilidades de sobrevivir que las ineficientes. Por otra parte, las empresas tienen más incentivos para invertir en tecnologías más maleables pero menos productivas, porque se adaptan mejor a un entorno económico volátil.

América Latina y el Caribe ha logrado un notable progreso financiero en el último decenio, y esto ayudó a la región a resistir con relativo éxito el terremoto financiero de 2008–09. Aun así, es demasiado pronto para cantar victoria. La región está muy rezagada en su capacidad de crear, identificar y ejercer derechos de propiedad sobre los activos y las obligaciones de las empresas. Este es quizá el paso más difícil y crucial si los sistemas financieros han de sustentar el crecimiento de la productividad. De hecho, un mayor caudal de crédito para las empresas no siempre es sinónimo de una mayor productividad; los préstamos deben canalizarse hacia empresas con un potencial productivo más alto. Cuando se concede crédito a empresas improductivas, se perpetúa la asignación desacertada de los esfuerzos, el trabajo y el capital, lo que reduce la productividad de un país. Los bancos nacionales de desarrollo o los subsidios al crédito público son ejemplos clásicos. No cabe duda de que estos bancos y programas pueden contribuir en gran medida al crecimiento de la productividad, pero los mecanismos focalizados deben procurar que el crédito fluya hacia las empresas más productivas, o potencialmente productivas. Esta distinción no es fácil, pero es indispensable para no malgastar los recursos productivos del país.

Impuestos: la clave es simplificar

Si bien las peores aberraciones han sido ya corregidas, los sistemas impositivos de la región siguen siendo extremadamente complejos, segmentados e ineficientes. Las empresas de América Latina y el Caribe deben dedicar, en promedio, 320 horas al año para preparar sus declaraciones de impuestos, frente a un promedio de 177 horas en los países de altos ingresos. En algunos países, las transacciones relacionadas con los impuestos pueden requerir hasta 2.000 horas al año. Casi todos los países tienen regímenes impositivos múltiples para empresas de diferentes tamaños, y la recaudación de impuestos es decididamente baja (17% del PIB en 2005, frente a 36% en los países desarrollados). Los impuestos a las ganancias son altos para los estándares internacionales, pero la recaudación es muy ineficiente porque existe una fuerte evasión, sobre todo en las microempresas y pequeñas empresas. La evasión no es solo un problema de recaudación sino también de productividad. Los sistemas tributarios distorsionan la asignación de recursos productivos: los sectores y las empresas que crecen no necesariamente son los más productivos, sino aquellos que gozan de mayores deducciones fiscales o los que pueden evadir más fácilmente sus obligaciones tributarias.

Dado que los sistemas impositivos son tan complejos y las empresas más pequeñas aportan una proporción mínima a la recaudación de impuestos, las administraciones tributarias de 13 de los 17 países latinoamericanos estudiados han establecido regímenes simplificados para esas empresas, y otros dos países sencillamente las eximen del pago de impuestos. Como los regímenes simplificados benefician a las pequeñas empresas con niveles de ventas y empleados inferiores a ciertos límites, las compañías tratan de mantenerse dentro de esos límites para evitar una fuerte caída de su rentabilidad; este mecanismo es una de las razones del bajo número de empresas de tamaño intermedio en América Latina. Los regímenes impositivos simplificados para la pequeña empresa recopilan todos los defectos de un mal sistema tributario: discriminación por tamaño, más facilidad para la evasión, menos controles cruzados entre empresas e información limitada para el control de los impuestos.

Los regímenes impositivos latinoamericanos tienen gran parte de la responsabilidad por los problemas de productividad de la región porque alientan la supervivencia de empresas improductivas, obstruyen el crecimiento de empresas pequeñas y grandes por igual, y promueven la existencia de un universo de empresas profundamente desigual y segmentado. Los regímenes impositivos diferenciados por sector, tamaño de la empresa u otras razones distorsionan la asignación de los recursos, desvían los escasos recursos gerenciales de las empresas y constituyen una carga adicional para la administración pública, a la vez que, paradójicamente, reducen la recaudación. Un sistema tributario bien diseñado debería crear incentivos para pagar impuestos e impedir la evasión. La simplificación, la unificación y el cumplimiento de las disposiciones en materia de impuestos que se aplican a las empresas podrían hacer un enorme aporte a la productividad; a su vez, una mayor productividad incrementaría el PIB y los ingresos tributarios.

Redefinición de la política social

Solo uno de tres trabajadores latinoamericanos está amparado por un sistema de seguridad social y otras prestaciones obligatorias para los empleados y asalariados en situación legal, como seguro médico, jubilaciones y pensiones, seguro de desempleo y de incapacidad, y financiamiento para la vivienda. Esta cobertura limitada no sorprende habida cuenta del costo en que deben incurrir tanto los empleadores como los trabajadores y del poco valor que muchos trabajadores parecen asignarle a estas prestaciones. A menudo los trabajadores prefieren trabajar de manera independiente o para una empresa que evade las aportaciones a estos programas a cambio de un salario neto más alto del que recibirían en una empresa formal. Este comportamiento explica en parte la pulverización de la actividad económica y la tragedia de la baja productividad en la región.

Ante la limitada cobertura de los programas de seguridad social y otras prestaciones laborales, los gobiernos han puesto en práctica distintos programas de protección social para los trabajadores que no tienen cobertura. Los sistemas de seguridad y protección social son justificables por muchas razones, y es claramente esencial contar con una política social vigorosa en una región caracterizada por tantas deficiencias y desigualdades. Con todo, las soluciones correctivas bien intencionadas pero mal concebidas de la baja cobertura refuerzan los incentivos para optar por el empleo informal y exacerban su impacto negativo en la productividad. Con el tiempo, la coexistencia de regímenes paralelos de seguridad y protección social puede encerrar a la región en un círculo vicioso perjudicial para la productividad. Como una menor productividad redunda en salarios reales más bajos, es comprensible que los gobiernos traten de mejorar el nivel de vida de los trabajadores con más programas sociales, en particular para los del sector informal. Esto, a su vez, amplía aún más la brecha entre el costo del empleo formal e informal y da lugar a que haya más empleados por cuenta propia y microempresas que no ofrecen cobertura de seguridad social a sus trabajadores. Esta tendencia genera más puestos de trabajo de baja productividad, contrae la oferta de mano de obra para las empresas formales más productivas e impide aumentos de los salarios reales, cerrando de esa manera el círculo.

La respuesta no es eliminar los mecanismos de protección social, sino cortar el vínculo entre el financiamiento de las prestaciones y la relación laboral. Los servicios de cobertura universal, como el seguro médico, o incluso las pensiones por jubilación, pueden financiarse con menores distorsiones por medio de impuestos generales o pagos suplementarios. Los servicios como la educación universal, financiados con el presupuesto general del Estado, no generan un comportamiento estratégico hacia la informalidad, ni tienen un impacto negativo en la productividad. Los servicios que dependen de las preferencias, las opciones de ahorro y los niveles de ingresos del hogar, como el financiamiento para la vivienda, pueden ofrecerse con mayor eficiencia en el mercado financiero, con subsidios directos a las familias más pobres. Únicamente el seguro contra riesgos inherentes a la relación laboral, como el desempleo o los accidentes de trabajo, debería estar vinculado a ella.

Programas de apoyo a las PyME: ¿un modelo único?

En general, las grandes compañías son más productivas que las pequeñas, pero es importante entender por qué. Una posibilidad es que la productividad genera tamaño, es decir: para las empresas con mejores proyectos, ideas o administración es más rentable ser más grandes. Otra razón puede estar relacionada con las economías de escala: tener varias plantas de producción automotriz es ineficiente, cuando una sola planta podría producir el mismo número de automóviles con menos recursos. Por último, las compañías más grandes pueden ser más productivas porque tienen más acceso al crédito o pueden capacitar con más facilidad a sus trabajadores. En vista de ello, las empresas de un mismo sector no necesitan consolidarse —esto podría crear monopolios improductivos— pero sí necesitan servicios financieros y programas de capacitación de más alcance. Esta ha sido la lógica en la que se basaron numerosos programas de apoyo a la pequeña y mediana empresa (PyME) en América Latina, la mayoría de los cuales tienen por objeto mejorar el acceso al crédito, ofrecer capacitación, fomentar la innovación en los productos y lograr certificaciones de calidad de la Organización Internacional de Normalización (ISO).

Para que los programas de apoyo a las microempresas y las PyME hagan una contribución significativa a la productividad, es necesario elevar la productividad de las empresas por encima del costo de los programas, porque de lo contrario el capital y la mano de obra adicionales que emplean estas empresas podría aprovecharse de manera más productiva en otras compañías. No obstante esto, en promedio, las pequeñas empresas —en particular las más pequeñas— no necesariamente emplean recursos adicionales de manera más productiva que las empresas medianas y grandes. En todo caso, la evidencia en muchos casos sugiere lo contrario: muchas de las empresas más pequeñas son en realidad demasiado grandes para el tamaño que deberían tener porque se benefician de subsidios implícitos en forma de exenciones de los impuestos y de las aportaciones a la seguridad social. Por consiguiente, pueden no estar en condiciones de emplear mano de obra o capital adicionales de manera muy productiva, sobre todo en relación con empresas más grandes.

¿Puede decirse que los programas de apoyo a las PyME elevan la productividad de las empresas? Lamentablemente, las evaluaciones acerca del efecto de estos programas han sido muy pocas, y cuando se realizaron, la variable en la que se enfocaron fue el empleo y no la productividad. Sin embargo, el objetivo no debería ser crear puestos de trabajo, sino crear empleos productivos, que puedan tener lugar en una empresa del tamaño que sea, incluidas las PyME, pero sin necesariamente limitarse a ellas. En las estimaciones que se presentan en este libro se sugiere que los programas de apoyo a las PyME pueden, de hecho, estimular la productividad de las empresas destinatarias pero, en el conjunto, los efectos serían más intensos si el apoyo no se restringiese a ellas y estuviera abierto a todas las empresas. Centrar la atención en las PyME es enfocarse en un instrumento y no en un objetivo, con el riesgo de desarrollar una gran masa de empresas muy pequeñas que sobreviven gracias a los subsidios públicos y crean muchos empleos de baja productividad que podrían haber sido empleos de alta productividad si se hubiesen creado en otras compañías. Para reducir al mínimo este riesgo, los programas de apoyo, además de abrirse a las compañías de todos los tamaños, deberían restringirse a las empresas formales. Esto entraña la doble ventaja de seleccionar empresas que tienen más probabilidades de beneficiarse de esos programas —los datos obtenidos, por ejemplo, indican que las empresas pequeñas formales tienen más probabilidades de beneficiarse de esos programas que las empresas pequeñas informales—, y de brindar incentivos para que se formalicen las empresas.

Nuevas ideas para la innovación

Si bien es cierto que muchas empresas latinoamericanas invierten en innovación, su compromiso financiero representa solo un 0,5% de los ingresos brutos, frente al 2%, o el cuádruple, en los países de la Organización para la Cooperación y el Desarrollo Económicos (OCDE). Las empresas latinoamericanas dedican la mayor parte de los recursos que invierten en innovación a asimilar la tecnología en forma de equipo y maquinaria nuevos, mientras que los países desarrollados invierten sobre todo en investigación y desarrollo. Lamentablemente, el rendimiento a largo plazo de esta inversión en innovación es reducido debido a la capacidad limitada de las empresas para asimilar la tecnología importada.

¿Quién invierte más en innovación? No son las empresas más grandes, ni los mayores exportadores, ni siquiera los que reciben más inversión extranjera. La inversión en innovación como porcentaje de las ventas es más alta en empresas con buen acceso al financiamiento, una protección eficaz de la propiedad intelectual, y cooperación tecnológica con sus clientes, proveedores o entidades que intervienen en la transmisión del conocimiento aplicado. En algunos países, el tamaño del mercado crea incentivos para que las empresas inviertan más en innovación. Los principales obstáculos son la falta de financiamiento, los largos períodos para que se vuelva rentable, el pequeño tamaño de los mercados internos y la escasez de personal capacitado. Como consecuencia, el desarrollo de los mercados de crédito, la reducción de los costos de transporte y el mejoramiento de la educación y de la capacitación de los trabajadores pueden acrecentar los incentivos de las empresas para innovar.

Las empresas no son el único agente de innovación. De hecho, el sector público es el que más gasta en investigación y desarrollo, pero se enfoca en la investigación básica en lugar de hacerlo en la actividad productiva. La actividad se concentra en universidades y centros de investigación públicos que, con valiosas excepciones, tienen poca influencia en la innovación productiva y resultados científicos insatisfactorios para los estándares internacionales.

Las deficiencias actuales en materia de innovación son el legado de una primera generación de políticas que pusieron énfasis en el capital humano y la infraestructura científica, sin tener en cuenta la demanda ni la evaluación, y descuidando las conexiones con los sectores productivos. Una segunda generación de políticas que se pusieron de moda durante los dos últimos decenios trató de llenar este vacío mediante incentivos para la innovación de las empresas, en especial mediante fondos para innovación otorgados por concurso o en forma de deducciones fiscales. Ahora, una tercera generación de políticas se está enfocando en resolver fallas en las comunicaciones entre los diferentes actores de los sistemas de innovación, y en solucionar problemas identificados previamente.

Trabajar juntos

La innovación no es la única política de productividad plagada de fallas de coordinación. El éxito de un gran proyecto hotelero, por ejemplo, depende, entre otros factores, de que haya servicios eléctricos y de abastecimiento de agua adecuados, un aeropuerto cercano, buenos caminos de acceso a lugares de interés y turistas que se sientan seguros. Desde la extracción de recursos naturales hasta la prestación de servicios médicos, todo depende de los esfuerzos coordinados de personas, empresas e instituciones en los sectores privado y público.

En el apogeo del Consenso de Washington se hablaba de "nivelar el campo de juego": es decir que todos los sectores tengan acceso a todos los recursos en igualdad de condiciones. Si bien esta metáfora es válida en algunos aspectos, no es útil para la política sectorial porque los sectores tienen características singulares y pueden requerir insumos e instituciones de respaldo específicos para ellos.

Las políticas industriales se pusieron otra vez de moda pero con un estilo diferente. Hoy se interpretan como un conjunto de instrumentos e instituciones que facilitan la coordinación y generan los insumos públicos específicos que requieren sectores específicos. Aunque el producto final puede ser la exportación de bienes que se comercian a nivel internacional, no es ese el objetivo de estas nuevas políticas industriales. La meta es resolver problemas de coordinación y suministrar insumos para sectores cuidadosamente seleccionados por sus ventajas comparativas o externalidades potenciales frente a otros sectores. De hecho, un mejor nombre para estas políticas sería "políticas de desarrollo productivo" para subrayar que no se limitan al sector industrial y vincularlas directamente con la productividad en lugar de promover una actividad económica como un fin en sí mismo.

Se han aplicado con éxito algunas nuevas políticas de desarrollo productivo en sectores tradicionales, como el agropecuario, en los que las asociaciones público-privadas han logrado avances técnicos realmente innovadores. Existen ejemplos notables, como las variedades de arroz mejoradas genéticamente o las semillas de soya adaptadas a las sabanas brasileñas. También se lograron experiencias exitosas en sectores totalmente diferentes como la información o la nanotecnología.

Dado que las nuevas políticas de desarrollo productivo están "condenadas a elegir"[3] sectores sin ninguna garantía de éxito y deben fomentar la exploración de nuevas actividades y formas de producción, deben ser proactivas pero de alcance restringido. Esto requiere instituciones que promuevan la cooperación público-privada, exploten las ventajas de la información del sector privado, creen incentivos para asumir riesgos y, por sobre todo, desalienten las conductas improductivas que solo buscan el provecho propio. Todo esto constituye un fuerte reto.

¿Por qué es tan difícil?

Si se considera que la productividad es el arte de lograr más con lo mismo, las políticas encaminadas a elevar la productividad deberían ser las favoritas de todo sistema político. Lamentablemente, el crecimiento de la productividad es una tarea compleja en la que es necesario identificar las políticas adecuadas, entender los conflictos que existen entre objetivos diferentes, conseguir los recursos para poner en práctica esas políticas, lidiar con quienes prefieren el statu quo u otras políticas, y mantener esfuerzos sostenidos en ámbitos complementarios hasta que se obtengan resultados. Esta es una tarea tan incierta que exige tanta coordinación, esfuerzo y paciencia, que rara vez es una prioridad de los sistemas políticos. La distribución de subsidios a empresas improductivas, pequeñas empresas o trabajadores informales son mecanismos más fáciles de poner en práctica y tienen una rentabilidad política mayor y más inmediata.

Si las empresas son paladines de la productividad, sus intereses tienden a coincidir con el bienestar general de la sociedad. Esto es una rareza en empresas individuales que operan aisladas de las demás, pero es más probable que suceda cuando las empresas unen fuerzas en asociaciones de alto nivel para generar políticas. Cuando las compañías deben interactuar antes de presentar sus exigencias, es más probable que tengan en cuenta los efectos indirectos en el resto de la economía. En una economía con un gobierno centralizado, un sistema político estable y un número reducido de partidos políticos, la influencia de un entorno empresarial muy estructurado que puede deberse a una estructura económica concentrada probablemente propicie la adopción de políticas que fomenten la productividad no solo en entidades individuales del sector principal sino también en otros sectores. No obstante, en muchos países se han diversificado las estructuras productivas, se han descentralizado —y en algunos casos debilitado— los poderes de los gobiernos nacionales, y los sistemas políticos son ahora más participativos y porosos, lo que ha dado lugar a la balcanización de los esfuerzos para obtener beneficios de las políticas públicas.

Con una frecuencia aterradora, la productividad es la víctima inocente de esos esfuerzos: empresas que son muy rentables no porque sean productivas sino porque extraen ingresos por medio de concesiones o normas especiales; sindicatos que erigen barreras al ingreso y crean beneficios especiales para sus afiliados y costos más altos para todos los demás; empresas privadas pequeñas que, pese a ser improductivas, se las arreglan para seguir operando porque evaden impuestos y aportaciones a la seguridad social; sectores —como el agropecuario, minero, manufacturero, de transporte o comercio— que extraen beneficios de un tratamiento tributario especial o de algún subsidio oculto en un rincón del presupuesto nacional; trabajadores informales que reciben prestaciones sociales por las que tendrían que pagar si estuvieran insertos en el sector formal; empresas públicas cuya posición monopolística les permite rebajar la productividad de todos con su mal servicio y sus altos costos. En síntesis, son incontables las conductas que se suman a los beneficios para empresas particulares o trabajadores, que no están basadas en una mayor productividad y que, en conjunto, son parte de la explicación de la tragedia de la baja productividad en la región.

La puesta en práctica de políticas que eleven la productividad depende de la manera en que están organizados los intereses privados. Pero sobre todo depende de la capacidad del Estado y del sistema político para: a) mantener políticas estables y creíbles que permitan al sector privado invertir e innovar con un horizonte a largo plazo; b) adaptar las políticas a los cambios de la coyuntura económica, y c) coordinar las políticas de diferentes ámbitos —económico, social e institucional— teniendo en cuenta sus efectos mutuos. Si el gobierno carece de estas capacidades, las organizaciones empresariales o los grupos económicos influyentes abogarán por políticas que ofrezcan beneficios inmediatos, aun a expensas de la productividad agregada y, en definitiva, del bienestar de toda la sociedad.

La productividad de un país es el resultado de la combinación de acciones de millones de empresas y trabajadores individuales. Con pocas excepciones, ninguna acción aislada de una compañía o un trabajador puede ser suficientemente importante como para tener un impacto mensurable en la productividad agregada. Pero la suma de todas las acciones es decisiva. Para entender la tragedia de la baja productividad en la región es necesario no solo entender cómo las políticas individuales (tributaria, social, comercial, crediticia) influyen en la productividad, sino también cómo influye la economía política de un país en esas políticas.

La productividad como objetivo nacional enfrenta problemas de acción colectiva: todos se beneficiarían a nivel individual si los demás pagasen los impuestos, fuesen más productivos, tuviesen que lidiar con más competencia y trabajasen más, siempre que la carga de la responsabilidad no recayera personalmente en ellos. Como en un estadio de fútbol: si todos los espectadores están sentados, la persona que se ponga de pie tendrá una mejor visión del partido. Pero cuando hay muchas personas de pie, nadie puede disfrutar del espectáculo. ¿Cómo hacer que todos se sienten simultáneamente, cuando la persona que se sienta primero pierde si los demás no lo hacen? ¿Cómo convencer a todas las empresas y a todos los trabajadores —en los sectores público y privado— para que actúen de una manera que propicie una mayor productividad individual? ¿Cómo obligar al sistema político de un país a que interiorice el objetivo de la productividad como parte integral de sus acciones normales?

Qué hacer

Para tener alguna posibilidad de éxito, las recomendaciones sobre políticas que eleven la productividad deben tener en cuenta la manera en que están organizados los intereses privados, y la capacidad del Estado y del sistema político para coordinar y poner en práctica esas políticas. Aunque estas circunstancias son difíciles de cambiar radicalmente, las posibilidades de éxito pueden mejorar si todo se concentra solo en unos pocos puntos:

Hacer de la productividad un tema central del discurso público, como lo son actualmente el crecimiento, la inflación o el desempleo, y en ocasiones incluso puede serlo algo tan difuso como la "competitividad". El crecimiento de la productividad depende de que los ciudadanos y los formadores de opinión le exijan al sistema político políticas adecuadas. En algunos casos, la creación de consejos nacionales puede ser un mecanismo valioso, siempre y cuando estén legalmente institucionalizados y se mantengan activos con el correr del tiempo. Para ello es menester contar con un marco institucional que separe la estrategia del diseño y la evaluación de políticas, tenga mucha credibilidad, y esté protegido de conductas improductivas que solo busquen el beneficio propio.

Difundir los efectos de las políticas en la productividad a largo plazo. Esto se aplica a las políticas directas de crecimiento de la productividad y a otras con efectos indirectos como las políticas sociales o tributarias. Es necesario explicar de qué manera estas políticas influyen en la productividad de los sectores beneficiados —como las microempresas o los trabajadores informales— así como en la productividad agregada de todos los sectores productivos. Para ello será necesario crear instituciones independientes y transparentes que den seguimiento y evalúen los efectos.

Incorporar a las empresas y a los trabajadores en el debate sobre políticas por medio de organizaciones al más alto nivel que representen los intereses nacionales, y no por medio de grupos sectoriales o de intereses más específicos. También es útil promover la formación de agrupaciones con la cobertura más amplia posible y fortalecer sus capacidades.

Invertir en el fortalecimiento de la capacidad del Estado para adoptar políticas de largo plazo. Cuando las perspectivas de su carrera profesional son de más largo plazo, los legisladores, los funcionarios públicos y los jueces pueden invertir más en sus capacidades y en establecer formas eficaces de cooperación con otros actores. Si se han de adoptar políticas creíbles, es de crucial importancia que el Poder Judicial goce de estabilidad e independencia política.

Hacer participar a entidades que garanticen la credibilidad gracias a su independencia política, seriedad técnica y permanencia en la escena nacional. Esta descripción puede aplicarse a ciertas entidades académicas, organizaciones no gubernamentales u organismos multilaterales que pueden facilitar las transacciones y supervisar el cumplimiento de los compromisos.

Prever las consecuencias indirectas de las reformas en las acciones políticas. La descentralización del Estado y el surgimiento de nuevos partidos políticos pueden ser factores favorables que propicien una mayor participación ciudadana y abran canales de representación a grupos sociales excluidos, pero también pueden tener efectos negativos en la capacidad del sistema político para adoptar políticas de crecimiento de la productividad. Los instrumentos de la política económica y social que más afectan a la productividad deben aislarse de esas tendencias hacia la fragmentación.

Sería arriesgado proponer una receta de políticas para mejorar la productividad porque son las circunstancias económicas, sociales, institucionales y políticas de cada país las que determinan la conveniencia, viabilidad, eficacia y estabilidad de las políticas. No obstante, a continuación se presenta una lista tentativa de "qué se debe hacer" y "qué no se debe hacer". Es tentativa porque el conocimiento es limitado y porque a menudo las conclusiones deben plantearse de tal forma que guarden relación con los temas que se tratan en el resto del libro. Esta lista, por lo tanto, es una invitación a profundizar en los temas que más le interesan a cada lector.

Este capítulo termina donde comenzó: el ingreso per cápita de la región se ha mantenido rezagado con respecto al resto del mundo no porque la población de América Latina y el Caribe invierta menos que otras o trabaje menos, sino porque, en términos relativos, la productividad de la región se ha desplomado.

Es de vital importancia revertir este fenómeno. El nivel de vida de un país puede elevarse explotando el hecho de que —por obra de la naturaleza— puede producirse o extraerse algún cultivo, mineral o fuente de energía a muy bajo costo en relación con el precio internacional; también puede elevarse por un tiempo tomando préstamos. Pero el rezago que América Latina y el Caribe ha sufrido durante varios decenios en relación con el resto del mundo muestra a simple vista que estas estrategias no son viables en el mediano plazo. En definitiva, no hay ningún sustituto para producir de manera más eficaz, innovar,

Cuadro 1.1 Cómo mejorar la productividad

	Qué se debe hacer	**Qué no se debe hacer**
Estrategia general	Hacer de la productividad un objetivo del Estado.	Identificar la productividad con la competitividad internacional, ni mucho menos con las exportaciones.
	Facilitar el acceso a los recursos productivos a todos los tipos de empresas.	Concentrarse en la industria o en un sector "de moda".
	Buscar cómo aumentar la productividad dentro de las empresas y entre ellas, facilitando el movimiento de recursos de las empresas menos productivas a las más productivas.	Confundir las políticas sociales con las políticas de productividad.
	Apoyar el éxito, no el fracaso; apoyar lo que tenga potencial de crecimiento, no lo que esté estancado sin perspectivas de salir adelante.	Apoyar a las empresas más débiles, más improductivas o más pequeñas, simplemente porque son pequeñas.
	Evaluar el impacto de las políticas públicas en la productividad y divulgar ampliamente los resultados.	
	Diseñar mecanismos contra la captación de programas e instituciones que asignan créditos, subsidios, autorizaciones, concesiones o dan apoyo de cualquier tipo.	
Política de comercio exterior e infraestructura de transporte	Generar condiciones para promover la eficiencia de puertos y aeropuertos. Crear competencia cuando sea posible (mercados, mares y cielos abiertos a todos).	Defender los monopolios.
	Promover la consulta y la coordinación de los prestadores de servicios para explotar las economías de escala y las complementariedades.	Posponer o ahorrar costos de mantenimiento de la infraestructura de transporte.
	Eliminar las deficiencias aduaneras.	Proteger a empresas ineficientes, rechazando el uso de mecanismos como salvaguardias y aranceles *antidumping*.
Política financiera	Facilitar el uso de la buena reputación como deudor y las garantías para tener acceso al crédito.	Intervenir en los mercados crediticios por medio de asignaciones o controles específicos de las tasas de interés.
	Flexibilizar y abaratar el registro de la propiedad y de las empresas.	Asignar el crédito utilizando bancos públicos de primer nivel.

(*continúa en la página siguiente*)

Cuadro 1.1 Cómo mejorar la productividad *(continuación)*

	Qué se debe hacer	**Qué no se debe hacer**
	Fortalecer sistemas para proteger los derechos de los acreedores.	Dormirse en los laureles de los logros macroeconómicos y debilitar los procesos de fortalecimiento de las finanzas públicas.
	Fortalecer los sistemas de información crediticia.	
	Ampliar la supervisión y la regulación financiera para incluir riesgos macroeconómicos.	
	Hacer explícitos y dar a conocer todos los subsidios públicos al crédito, incluidas las garantías.	
Política tributaria	Simplificar el régimen de impuestos a la producción y a las ganancias para todas las empresas.	Crear regímenes impositivos especiales basados en el sector o en el tamaño de las empresas.
	Crear incentivos positivos para la formalización (crédito, ayuda solo a las empresas formales).	Otorgar ayuda a las empresas informales.
	Penalizar la evasión de impuestos con más eficacia y credibilidad.	Gravar las transacciones financieras.
	Utilizar mecanismos de autocontrol de la evasión (como el IVA).	Tolerar la evasión de impuestos.
	Ampliar la base impositiva para incluir a las microempresas y a los trabajadores por cuenta propia.	
Política de protección social	Cortar el vínculo entre el financiamiento de la seguridad social y el empleo.	Utilizar el mercado laboral para hacer política social.
	Garantizar a todos los trabajadores cobertura contra riesgos comunes, independientemente de su situación laboral.	Financiar programas de protección social para trabajadores informales con los impuestos a la nómina.
	Financiar programas sociales de cobertura universal con los impuestos generales.	Convertir programas de lucha contra la pobreza en un sistema paralelo de seguridad social para todos los trabajadores informales.
	Garantizar una red de seguridad social eficaz y de amplia base que proteja a los trabajadores en transición.	Confundir programas de inversión en el capital humano de los pobres con programas de seguro contra riesgos.

(continúa en la página siguiente)

Cuadro 1.1 Cómo mejorar la productividad (*continuación*)

	Qué se debe hacer	Qué no se debe hacer
	Fomentar mecanismos como el seguro de desempleo, que ofrecen protección eficaz contra despidos.	
	Unificar los sistemas de jubilación y de salud.	
Políticas de apoyo a las PyME	Evaluar el impacto de los programas existentes en la productividad.	Conceder deducciones fiscales y tolerar el cumplimiento insuficiente de las regulaciones de la seguridad social de las PyME en comparación con las empresas más grandes.
	Concentrarse en las PyME con mayores posibilidades de éxito.	Otorgar apoyo permanente o a largo plazo.
	Condicionar todos los apoyos al logro de metas mensurables y a la formalización de la empresa.	Incluir objetivos sociales en las políticas de apoyo a las PyME.
Políticas sobre innovación	Vincular la investigación a la actividad empresarial.	Asignar recursos por el lado de la oferta sin evaluar los resultados.
	Conceder estímulos financieros o deducciones fiscales a los programas y servicios de tecnología que se ofrecen a las empresas.	Hacer caso omiso de las exigencias de las empresas y de las interacciones con el resto del sistema de innovación.
	Fortalecer los derechos de propiedad intelectual.	
	Corregir las fallas de coordinación entre los actores en los sistemas de innovación.	
	Fomentar mecanismos competitivos como instrumentos para reasignar recursos por el lado de la oferta (educación profesional y técnica, universidades y centros de tecnología) y evaluar los resultados.	
Políticas de desarrollo productivo	Estimular el desarrollo de sectores con externalidades positivas y la capacidad de impulsar otros sectores.	Dar preferencia a los sectores simplemente porque son industriales o reciben inversión extranjera.
	Identificar fallas de coordinación e información y ayudar a resolverlas mediante la persuasión, incentivos, etc.	Apoyar empresas o proyectos fallidos.
	Promover la exploración conjunta de oportunidades entre los sectores público y privado.	
	Dejar ir a los perdedores.	

(*continúa en la página siguiente*)

Cuadro 1.1 Cómo mejorar la productividad *(continuación)*

	Qué se debe hacer	Qué no se debe hacer
Reformas y estrategias políticas	Hacer de la productividad un tema central de consideración pública.	Fragmentar el diseño y el debate de las políticas de productividad entre múltiples grupos de agentes y foros de debate.
	Divulgar los efectos de las políticas de productividad. Incorporar a los sectores empresarial y laboral en el debate. Invertir en el fortalecimiento de la capacidad del Estado. Hacer participar a las entidades que garantizan la credibilidad. Prever las consecuencias indirectas de las reformas en las acciones políticas.	Utilizar los subsidios y otras concesiones nocivas para la productividad como instrumentos de la negociación política.

capacitar, adaptar, cambiar, experimentar, reasignar, y emplear el trabajo, el capital y la tierra con mayor eficiencia; en síntesis, no hay ningún sustituto de una mayor productividad.

En los últimos 15 años, después de padecer muchos reveses, las sociedades latinoamericanas han logrado construir un consenso social a favor de la estabilidad macroeconómica. Gracias a esto, la región ha atravesado relativamente bien la peor crisis financiera internacional desde la Gran Depresión. No se trata de un logro menor, porque refleja la capacidad de estas sociedades para generar consenso en torno a temas fundamentales. El reto es ahora lograr un consenso social políticamente factible a favor de la productividad, para que esta estabilidad macroeconómica conduzca a un proceso de desarrollo estimulado por el crecimiento de la productividad, que es el verdadero cimiento de una prosperidad compartida y duradera.

Notas

[1] A esta cifra y a las del resto del párrafo se les ha extraído el componente tendencial con un filtro de Hodrick-Prescott para eliminar el efecto de las fluctuaciones a corto plazo. Véanse más detalles en el capítulo 2.

[2] Para los fines de este libro, el término "pequeña empresa" se refiere al extremo inferior de la distribución de tamaños y, a menudo, cuando se dispone de datos, abarca también a la microempresa.

[3] Esta expresión es la traducción de la frase "*doomed to choose*" acuñada por Hausmann y Rodrik (2006).

2 LA PRODUCTIVIDAD AGREGADA: LA CLAVE PARA EL DESARROLLO DE AMÉRICA LATINA

Medición de la productividad agregada

La mayoría de los países de América Latina y el Caribe ha crecido lentamente durante mucho tiempo, y ellos mismos se consideran cada vez más pobres en relación con el resto del mundo, sean países avanzados o países pares de otras regiones. Incluso se han observado largos períodos de disminuciones del ingreso per cápita. Sin embargo, sería erróneo culpar al bajo nivel de inversión por este fracaso. La productividad baja y lenta, y no los impedimentos a la acumulación de factores, es la clave para entender el bajo ingreso de América Latina en relación con las economías desarrolladas y su estancamiento en relación con otros países en desarrollo. *A fortiori*, el principal reto para la política de desarrollo de la región es diagnosticar las causas de la baja productividad y atacarlas de raíz. En este capítulo se documentan las dimensiones clave de una productividad pobre a nivel agregado en un marco analítico que ayuda a formular este diagnóstico, y de esa manera se sientan las bases para el resto del libro. Se toma mucha información del trabajo de Daude y Fernández-Arias (2009), donde se describen los detalles estadísticos y técnicos.

La primera cuestión es cómo medir la productividad agregada. El análisis económico estándar hace una estimación de la productividad agregada, o productividad total de los factores (PTF) con base en el producto anual Y (medido como producto interno bruto [PIB]), que se obtiene a partir de los factores acumulados de la producción, o el capital, disponibles como insumos. Para una cantidad dada de capital, cuanto mayor sea el producto, más productiva es la economía. El capital se compone del capital físico, *K*, y del capital humano, *H*. El capital físico está conformado por los medios de producción, como las máquinas y los edificios. El capital humano es la capacidad productiva de la fuerza de trabajo. Representa el número de individuos que integran la fuerza de trabajo (o la mano de obra en bruto, no calificada), *L*, amplificado por un múltiplo *h* que refleja la calificación promedio de la fuerza laboral medida en función de su nivel educativo, de manera que $H = hL$. La productividad total de los factores mide la eficacia con la que se emplean los factores acumulados de producción, o el capital, para obtener el producto.

Por consiguiente, el producto *Y* es el resultado de la combinación de los factores de producción *K* y *H* a un determinado grado de productividad total de los factores o PTF. Asimismo, el crecimiento del producto en el tiempo es el resultado de la acumulación de factores de producción y del crecimiento de la productividad. La atribución del nivel y el crecimiento del producto a los factores y a la productividad se hace utilizando funciones de producción para mapear factores en el producto: lo que no es atribuible a los factores de producción según la estimación de la función de producción se atribuye a la productividad. La PTF es una medida integral de la eficiencia con la cual la economía es capaz de transformar sus factores acumulados de producción *K* y *H* en el producto *Y*. (A menos que se indique lo contrario, en este capítulo se utiliza una función de producción estándar de Cobb-Douglas con una proporción de capital de $a = 1/3$; véanse detalles en el recuadro 2.1.)

No obstante, también se utilizan comúnmente otras medidas parciales de la productividad. Una de ellas es una variante de esta medida de la PTF calculada sobre la base del tamaño de la fuerza de trabajo *L* en lugar del capital humano total *H*, de manera que la educación no se considera un factor de producción y, por lo tanto, un crecimiento de la producción debido a un nivel educativo más alto *h* se reflejaría en una mayor productividad. Otra medida parcial de la productividad es la llamada productividad laboral, o *Y/L*. En este caso, tampoco se toma en cuenta el capital físico *K* como factor de producción y, por lo tanto, una economía cuya fuerza de trabajo tenga más capital a su disposición tendería a exhibir una productividad más alta. En el gráfico 2.1 se muestra que las tendencias de estas medidas alternativas de la productividad difieren considerablemente, de manera que las conclusiones son sensibles a cuál es la medida de la productividad que se haya utilizado.

RECUADRO 2.1 FUNCIONES DE PRODUCCIÓN

El análisis económico estándar propone un mapeo de los factores de producción acumulados o capital físico y humano, *K* y *H* respectivamente, en el producto *Y*. Se supone que este mapeo tiene rendimientos a escala constantes (es decir, si los insumos factoriales *K* y *H* aumentan en *x* por ciento, el producto *Y* también aumenta en *x* por ciento, como si la misma economía "se expandiese" en *x* por ciento). Considérese el mapeo $Y = AF(K,H)$, donde la función de rendimientos a escala constantes $F(.)$ describe cómo pueden transformarse las combinaciones de factores acumulados en producto y el parámetro de proporcionalidad *A* lo convierte en el producto observado *Y*. El producto por trabajador Y/L puede descomponerse de manera similar expresando los factores de producción "por trabajador" ($k = K/L$ y $h = H/L$) para obtener $Y/L = AF(k,h)$.

En estas fórmulas, el parámetro *A* representa el nivel de eficiencia agregada o productividad total de los factores (PTF): un valor más alto de *A* significa que se obtiene más producto con el mismo insumo de factores de producción, ya sea total o por trabajador. La PTF se estima como residuo para reconciliar el producto observado con lo que no es atribuible a $F(K,H)$, o $F(k,h)$ en el caso del producto por trabajador. La clave para estimar la PTF es cómo modelar la función $F(.)$.

Excepto cuando se indique lo contrario, en este capítulo se utiliza la función de producción estándar de Cobb-Douglas:

$$Y = AK^{a}H^{1-a} = AK^{a}\left(hL\right)^{1-a} \tag{1}$$

donde *a* es la elasticidad del producto al capital (físico).[a] Se utiliza un valor estándar de $a = 1/3$.[b]

La descomposición del ingreso per cápita $y = Y/N$, donde *N* es el tamaño de la población y no de la fuerza de trabajo, da lugar a un término adicional que refleja la proporción de la población que integra la fuerza de trabajo (L/N, denotada por *f*), que a su vez resulta de la proporción de la población en edad de trabajar (un factor demográfico) y su tasa de participación en la fuerza de trabajo:

$$Y = \frac{Y}{N} = A\left(\frac{K}{L}\right)^{a} h^{1-a}\,\frac{L}{N} = Ak^{a}h^{1-a}f \tag{2}$$

[a] El producto *Y* se calcula como el PIB ajustado según la paridad del poder adquisitivo; tomado de Heston, Summers y Aten (2006); el insumo trabajo y la población, de la publicación Banco Mundial (2008); el insumo educación, de la base de datos de Barro y Lee (2000) siguiendo a Psacharopoulos (1994), y el insumo capital, de Penn World Tables siguiendo a Easterly y Levine (2001). Habida cuenta de la disponibilidad de datos, la muestra consiste en 76 países, 18 de los cuales pertenecen a América Latina y el Caribe, para el período 1960–2005. Se excluyen del análisis los países pequeños con menos de un millón de habitantes. A las series anuales se les aplicó el filtro de Hodrick-Prescott a fin de retener la tendencia empleando un parámetro de suavización de 7. La PTF se obtiene como residuo.

[b] Véase Klenow y Rodríguez-Clare (2005). Aunque hay cierto debate sobre la validez de este supuesto, Gollin (2002) demuestra que cuando se tienen en cuenta el trabajo informal y las empresas constituidas en hogares, no existe en los diferentes países ninguna diferencia sistemática en este parámetro vinculada con el nivel de desarrollo (PIB per cápita) ni con ninguna tendencia temporal. De ahí que la uniformidad en los diferentes países y el tiempo parezca un supuesto razonable.

Gráfico 2.1 Índices de productividad en América Latina

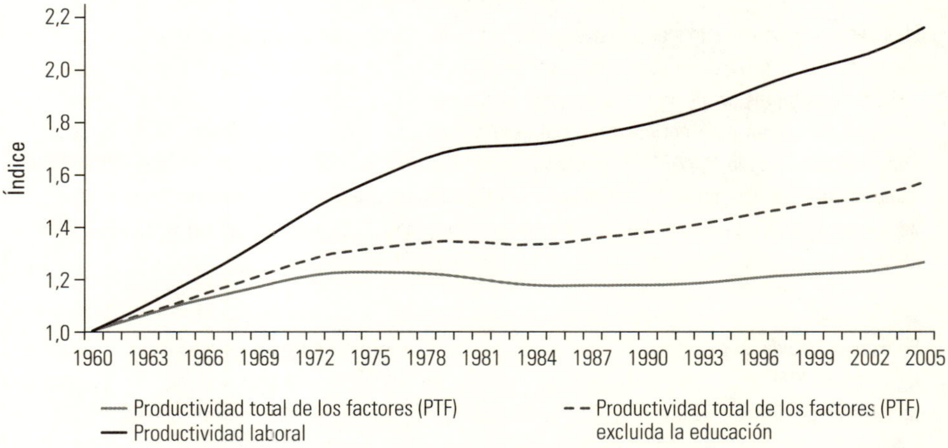

Fuente: Cálculos del autor con base en Heston, Summers y Aten (2006), Banco Mundial (2008), y Barro y Lee (2000).
Nota: Los índices incluyen 76 países y 1960 es el año base para todos los cálculos.

El uso inadecuado de las medidas alternativas de la productividad puede dar lugar a conclusiones erróneas. Por ejemplo, un aumento de la productividad laboral no indica si la mejora fue debida a un mayor nivel educativo de la fuerza laboral (mejor calidad del insumo trabajo), a la acumulación de capital físico (que no guarda relación con el insumo trabajo) o a algo más (que no guarda relación con ningún insumo factorial). (En el caso de la medida alternativa de la PTF basada en la mano de obra bruta *L*, el efecto de la educación se confunde innecesariamente con la medida de la PTF.) Podría decirse que la discriminación de estas tres diferentes fuentes es pertinente para el diagnóstico y las acciones de política. Por lo tanto, la forma preferida para medir la productividad es la PTF, que no está contaminada por la evolución de los insumos factoriales.

La PTF mide la eficiencia con la cual se transforman los factores de producción en el producto final.[1] Esta medida de la productividad incluye un componente tecnológico y tiende a aumentar a medida que se expande la frontera tecnológica y surgen y se adoptan nuevas tecnologías e ideas, pero también incide en ella la eficiencia con la que operan los mercados y la eficiencia de los servicios públicos que les sirven. Una economía puede estar conformada por empresas tecnológicamente avanzadas y aun así producir resultados agregados ineficientes, lo que se traduce en una baja productividad agregada. De hecho, las fallas de los mercados y de las políticas pueden distorsionar la eficiencia con la que se asignan los factores en los sectores, y en las empresas dentro de los sectores, haciendo decrecer la eficiencia agregada (véase en el capítulo 4 un análisis más detallado de este tema). Lo que resulta de todo esto es que, si bien para incrementar la cantidad de factores acumulados pueden ser necesarios recursos no disponibles en países de ingresos bajos, e incluso pueden malgastarse si la productividad es baja, para estimular la productividad directamente podría "simplemente" requerirse la voluntad y disposición para reformar políticas e instituciones aprovechando las experiencias exitosas de otros países.

Es importante entender qué es lo que incluye y no incluye la PTF. Dado que las estimaciones que aquí se presentan no consideran la fuerza de trabajo ni el capital físico efectivamente empleados sino las cantidades totales disponibles para la producción, los factores utilizados parcialmente (como la fuerza de trabajo en una situación de desempleo o subempleo) se reflejarían en una baja productividad. A fin de evitar las fluctuaciones que induciría esta contabilidad en la productividad debido al ciclo económico, se filtran las series anuales de producto y factores para retener únicamente sus tendencias, y de esa manera se obtiene la productividad tendencial. Por consiguiente, en los cálculos solo la subutilización estructural de los recursos se reflejaría en una baja productividad.[2] Al mismo tiempo, como el insumo trabajo se mide como el tamaño de la fuerza de trabajo, las variaciones en la proporción de la población que integra la fuerza de trabajo (sea por razones demográficas o por la decisión de la población en edad de trabajar de participar en la fuerza de trabajo) no afectan directamente a la PTF. En otras palabras, una fuerza de trabajo más reducida como proporción de la población no se refleja en una menor productividad. Por otra parte, la calidad de la educación, que puede diferir significativamente en los distintos países, se refleja en la medición de la productividad en la medida en que incide en la capacidad laboral de la fuerza de trabajo.[3] De la misma manera, el perfil etario de la fuerza de trabajo también conlleva diferencias en la experiencia semejantes a la calidad de la educación.

El marco que se acaba de describir se aplica directamente para explicar el producto por trabajador Y/L (o "productividad laboral") en términos de la PTF y las intensidades factoriales por trabajador: $k = K/L$ ("intensidad del capital") y $h = H/L$ (educación de la fuerza de trabajo). (Véanse los detalles en el recuadro 2.1.) Es útil relacionar este marco de las funciones de producción a un marco de bienestar, tal como la medida tradicional del PIB per cápita $(y = Y/N)$, donde N es el tamaño de la población. Esta es una medida del ingreso que se utiliza comúnmente para medir el bienestar en los distintos países. En este caso, las diferencias en el ingreso per cápita, o en su crecimiento, pueden atribuirse a la PTF y a las intensidades factoriales por trabajador, como antes, con un término adicional que refleje la proporción de la población en la fuerza de trabajo (*L/N*, que se denota *f*).[4] La PTF es crucial para entender la diversidad del ingreso per cápita en diferentes países y para poder atacar radicalmente las causas de la falta de desarrollo. La enorme diversidad del ingreso per cápita que existe en los países coincide en gran medida con sus niveles de productividad agregados, medidos por la PTF. En efecto, la PTF y el ingreso per cápita se mueven al unísono. En la muestra del gráfico 2.2 un ejercicio estadístico sencillo que mide la asociación entre ambas variables indica que si la PTF fuese la misma en todos los países del mundo, la variación del ingreso del país hoy sería 84% inferior a la que es: los países difieren principalmente en su PTF. (Esta es una observación bien establecida y documentada [Hall y Jones, 1999]; en este capítulo se mostrarán los mecanismos que actúan detrás de esta fuerte relación.)

En la mayoría de los análisis que se presentan en este capítulo se considera la productividad del país "típico" de América Latina y el Caribe, representada por el promedio simple de las productividades de los países, independientemente de que sean grandes o pequeños. De la misma manera, se considera el promedio simple del ingreso per cápita (*y*), y las correspondientes intensidades

Gráfico 2.2 Ingreso per cápita y productividad en distintos países, 2005

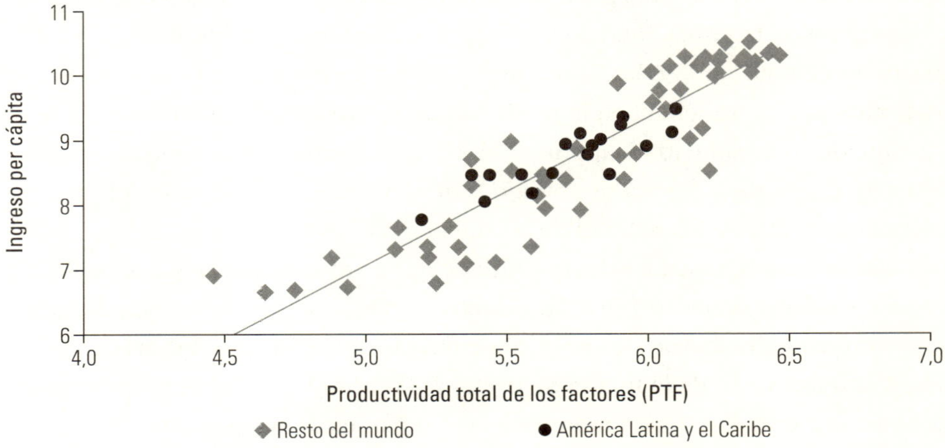

Fuente: Cálculos del autor con base en Heston, Summers y Aten (2006), Banco Mundial (2008), y Barro y Lee (2000).
Nota: El ingreso per cápita y la productividad total de los factores (PTF) se miden en escala logarítmica.

de los factores de producción por trabajador *(k, h, f)*, para representar características típicas. No obstante, para representar a la región en conjunto, donde la productividad de los países más grandes influye más porque se aplica a cantidades mayores de factores productivos, se considera un país "sintético" con la suma de los insumos y productos de los países de la región. (De manera más general, se representan varios grupos de países siguiendo métodos similares.)

En los párrafos siguientes, la PTF es la medida de la productividad agregada y representa la productividad del país latinoamericano típico (TFP_{alc}) y de la región (TFP_{ALC}). No obstante, antes de analizar agregados regionales, puede ser útil observar la gran diversidad que existe en los niveles de productividad en los países de la región. El gráfico 2.3 muestra una estimación de los niveles actuales de productividad en cada país en relación con el país típico de América Latina y el Caribe (en 2005).[5]

Gráfico 2.3 Diversidad de la productividad en América Latina y el Caribe, 2005

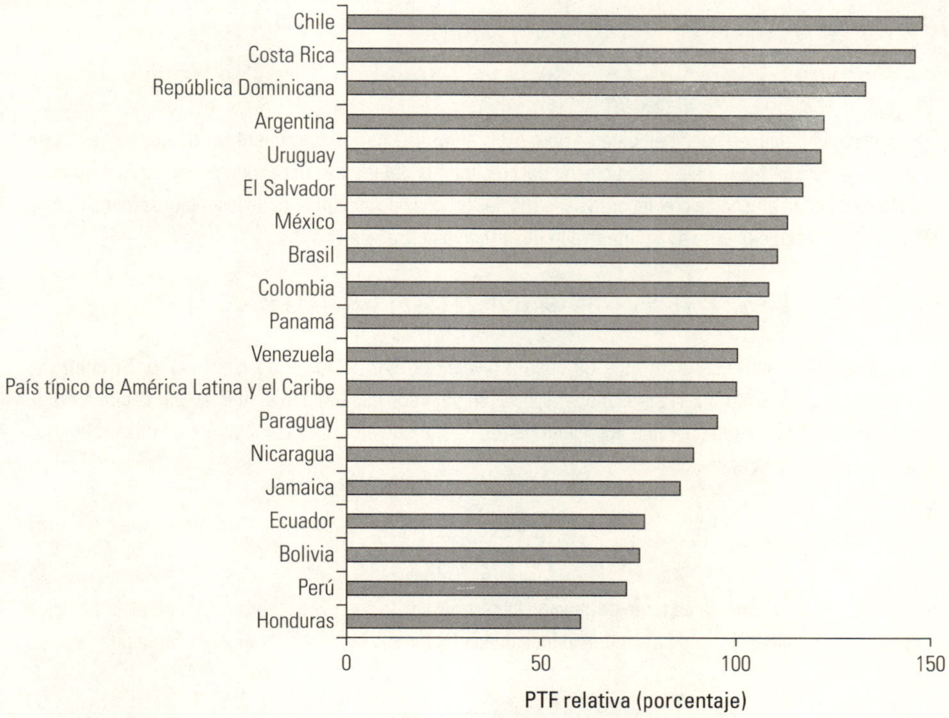

Fuente: Cálculos del autor con base en Heston, Summers y Aten (2006), Banco Mundial (2008), y Barro y Lee (2000).
Nota: PTF de cada país en relación con el país típico de América Latina y el Caribe.

Hechos estilizados de la productividad agregada en América Latina

En esta sección se hace un repaso de la evolución de la productividad agregada en el desarrollo económico de América Latina, tanto en niveles como en crecimiento,[6] empleando herramientas tradicionales de la contabilidad del crecimiento y del desarrollo (véanse más detalles en el recuadro 2.2). Para destacar los puntos débiles y las anomalías de la región, los perfiles se comparan con el resto del mundo y con grupos seleccionados de países, como los tigres de Asia oriental, los países (actualmente) desarrollados y los países "gemelos" (países cuya renta era en 1960 similar a la de los países latinoamericanos).[7] A

RECUADRO 2.2 CONTABILIDAD DEL CRECIMIENTO Y DEL DESARROLLO

En la contabilidad tradicional del crecimiento se descompone la tasa de crecimiento del PIB per cápita empleando una transformación de la ecuación 2 (recuadro 2.1) para obtener la ecuación 3. La tasa de crecimiento de la PTF se obtiene como residuo después de tener en cuenta las tasas de crecimiento de los insumos factoriales (la tasa de crecimiento de una variable x se denota $\hat{x}$).

$$\hat{y} = \hat{A} = a\hat{k} + (1-a)\hat{h} + \hat{f} \qquad (3)$$

Esta ecuación también puede emplearse para explicar las brechas de crecimiento entre dos países o grupos de países, de tal manera que la brecha del crecimiento del ingreso per cápita puede descomponerse en la suma de la brecha de crecimiento de la PTF, las brechas de crecimiento de los factores (ponderados) y la brecha de crecimiento de la intensidad de la fuerza de trabajo:

$$Brecha(\hat{y}) = Brecha(\hat{A}) + aBrecha(\hat{k}) + (1-a)Brecha(\hat{h}) + Brecha(\hat{f})$$

La contabilidad del desarrollo tiene en cuenta niveles en vez de tasas de crecimiento. Se utiliza la ecuación 2 (del recuadro 2.1) para comparar los componentes que definen el ingreso per cápita entre la economía que nos interesa y una economía de referencia que se utiliza como pauta de desarrollo, que se denota "*" en la ecuación 4:

$$\frac{y}{y^*} = \frac{A}{A^*}\left(\frac{k}{k^*}\right)^a \left(\frac{h}{h^*}\right)^{1-a} \frac{f}{f^*} \qquad (4)$$

A continuación se emplea una transformación logarítmica de la ecuación (4) para obtener la contribución de la brecha de la PTF y la de las intensidades de los factores a la brecha de ingreso per cápita.

$$Log\left(\frac{y}{y^*}\right) = Log\left(\frac{A}{A^*}\right) + aLog\left(\frac{k}{k^*}\right) + (1-a)Log\left(\frac{h}{h^*}\right) + Log\left(\frac{f}{f^*}\right)$$

menos que se indique otra cosa, las comparaciones se realizan entre los países típicos de cada región. Por convención, la economía de Estados Unidos es la frontera tecnológica contra la cual se estiman las brechas totales de productividad.

Hay tres hechos estilizados u observaciones generalizadas de la PTF en América Latina que son fundamentales para diagnosticar algunos de los principales puntos débiles del desarrollo económico de la región.

Hecho 1. El crecimiento de América Latina es más lento porque el crecimiento de la productividad es más lento

Es bien conocido el hecho de que el ingreso per cápita de América Latina crece sistemáticamente en forma más lenta que el del resto del mundo (existe una brecha negativa de crecimiento del ingreso per cápita, $\hat{y}$).[8] El primer hecho estilizado es que esto puede atribuirse en gran medida a una brecha negativa en el crecimiento de la PTF, y no a diferencias en el ritmo de acumulación de los factores (véanse más detalles sobre el marco de contabilidad en el recuadro 2.2). De hecho, desde 1960, las brechas de crecimiento anuales del PIB y de la PTF en relación con el resto del mundo se ven igualmente grandes y sistemáticas (gráfico 2.4).[9] La acumulación de los factores en América Latina fue acorde a la del

Gráfico 2.4 Brechas de crecimiento de la productividad y del PIB per cápita, América Latina y el Caribe frente al resto del mundo

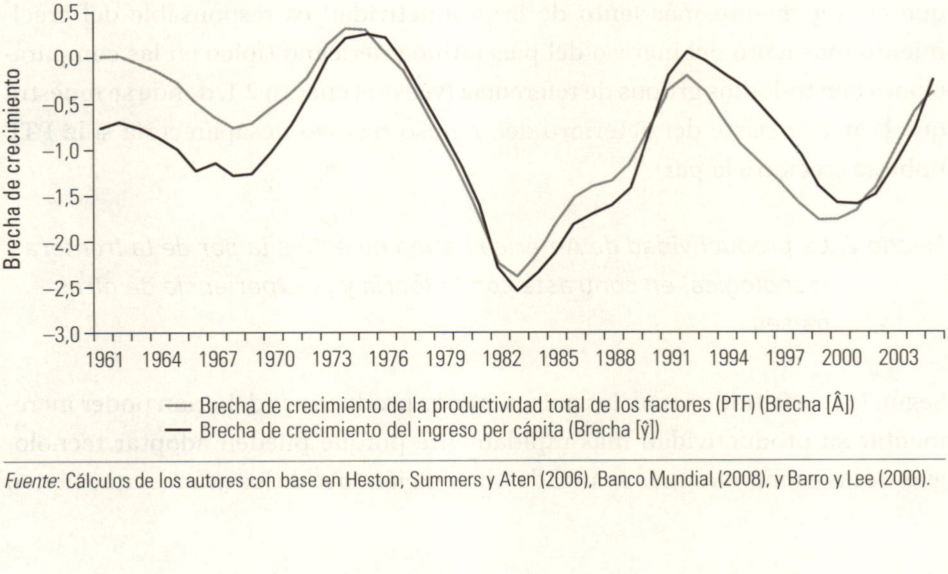

Fuente: Cálculos de los autores con base en Heston, Summers y Aten (2006), Banco Mundial (2008), y Barro y Lee (2000).

Cuadro 2.1 Desempeño potencial de América Latina bajo los mismos resultados de crecimiento de ingreso per cápita y PTF de otras regiones, 1960–2005 (porcentaje)

	Resto del mundo	Asia oriental	Países gemelos	Países desarrollados	Estados Unidos
Bajo igual crecimiento del ingreso per cápita	54,0	376,4	90,4	91,9	55,9
Bajo igual crecimiento de la PTF	47,3	141,3	50,0	67,2	39,2

Fuente: Cálculos de los autores con base en Heston, Summers y Aten (2006), Banco Mundial (2008), y Barro y Lee (2000).

resto del mundo y, en particular, el progreso en educación se mantuvo firme; lo que diferencia al crecimiento de América Latina es el estancamiento de la PTF.[10]

Un crecimiento sistemáticamente más lento se ha traducido en una brecha del ingreso per cápita cada vez más amplia en relación con la mayoría de los países. En el cuadro 2.1 se muestra el aumento de esta brecha desde 1960 en relación con otros países. Por ejemplo, si el país típico de América Latina hubiese crecido al mismo ritmo que su homólogo en el resto del mundo desde 1960, actualmente su ingreso per cápita sería un 54% más alto. Lo que se quiere demostrar es que la brecha de crecimiento se debe principalmente a un crecimiento más lento de la productividad: si la PTF hubiese crecido como en el resto del mundo desde 1960, la misma acumulación de los factores hubiese propiciado en América Latina un ingreso per cápita típico un 47% más alto, prácticamente compensando el deterioro del ingreso relativo. Se comprueba que el crecimiento más lento de la productividad es responsable del crecimiento más lento del ingreso del país latinoamericano típico en las comparaciones con todos los grupos de referencia (véase el cuadro 2.1, donde se muestra que la mayor parte del deterioro del ingreso relativo desaparecería si la PTF hubiese crecido a la par).[11]

Hecho 2. La productividad de América Latina no está a la par de la frontera tecnológica, en contraste con la teoría y la experiencia de otros países

Según la teoría tradicional, los países menos productivos deberían poder incrementar su productividad más rápidamente porque pueden adoptar tecnologías de las economías más avanzadas, beneficiándose de los avances que tienen lugar en la frontera tecnológica sin incurrir en los costos de la exploración. Es cierto que la PTF no es únicamente tecnología —puede afirmarse que, en general, refleja ineficiencias en la forma en que operan los mercados— pero el argumento sobre la facilidad de ponerse a la par funciona de igual manera para las políticas y las instituciones: los países retrasados tienen la ventaja de poder mejorar por medio del aprendizaje, sin necesidad de inventar.

El resto del mundo tiende a seguir este perfil de convergencia esperado, pero América Latina se desvía considerablemente. El gráfico 2.5 muestra la evolución de la productividad en la región y en los países típicos de las regiones de referencia en relación con la frontera, que usualmente se considera Estados Unidos (normalizando los índices a 1 en 1960). Hasta la crisis de la deuda del decenio de 1980, el país latinoamericano típico fue más lento para acercarse a la frontera y desde entonces, de hecho, ha retrocedido. Este perfil divergente en los últimos decenios se comprueba no solo para el país latinoamericano típico sino también para toda la región (el dinamismo inicial de Brasil, por ejemplo, se ha desacelerado). Otros grupos de referencia subrayan aún más claramente la productividad anómala de América Latina.

Ninguno de los países de América Latina logró ponerse a la par en lo que se refiere a la productividad. El gráfico 2.6 presenta a todos los países de la muestra

Gráfico 2.5 Evolución de la productividad: contraste con regiones seleccionadas

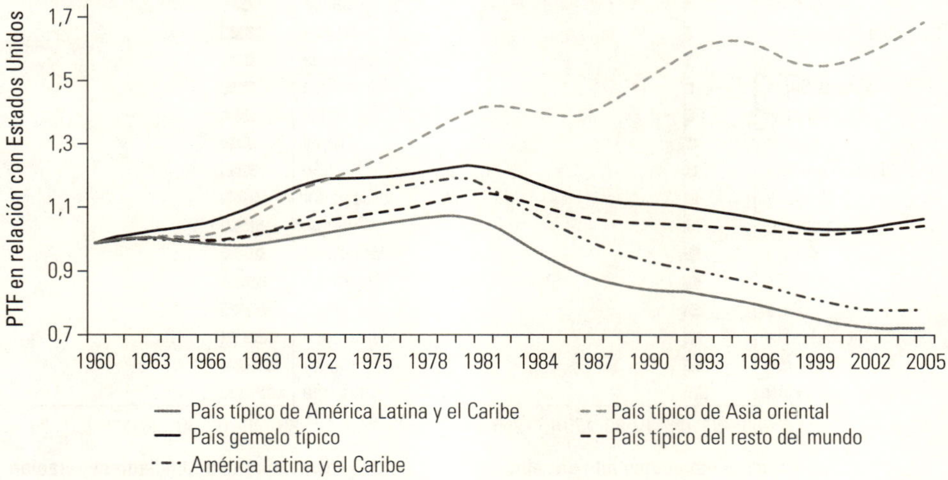

Fuente: Cálculos de los autores con base en Heston, Summers y Aten (2006), Banco Mundial (2008), y Barro y Lee (2000).
Nota: Índice de productividad en relación con Estados Unidos. El año de referencia es 1960.

Gráfico 2.6 Avance de la productividad acumulativa en el mundo, 1960–2005

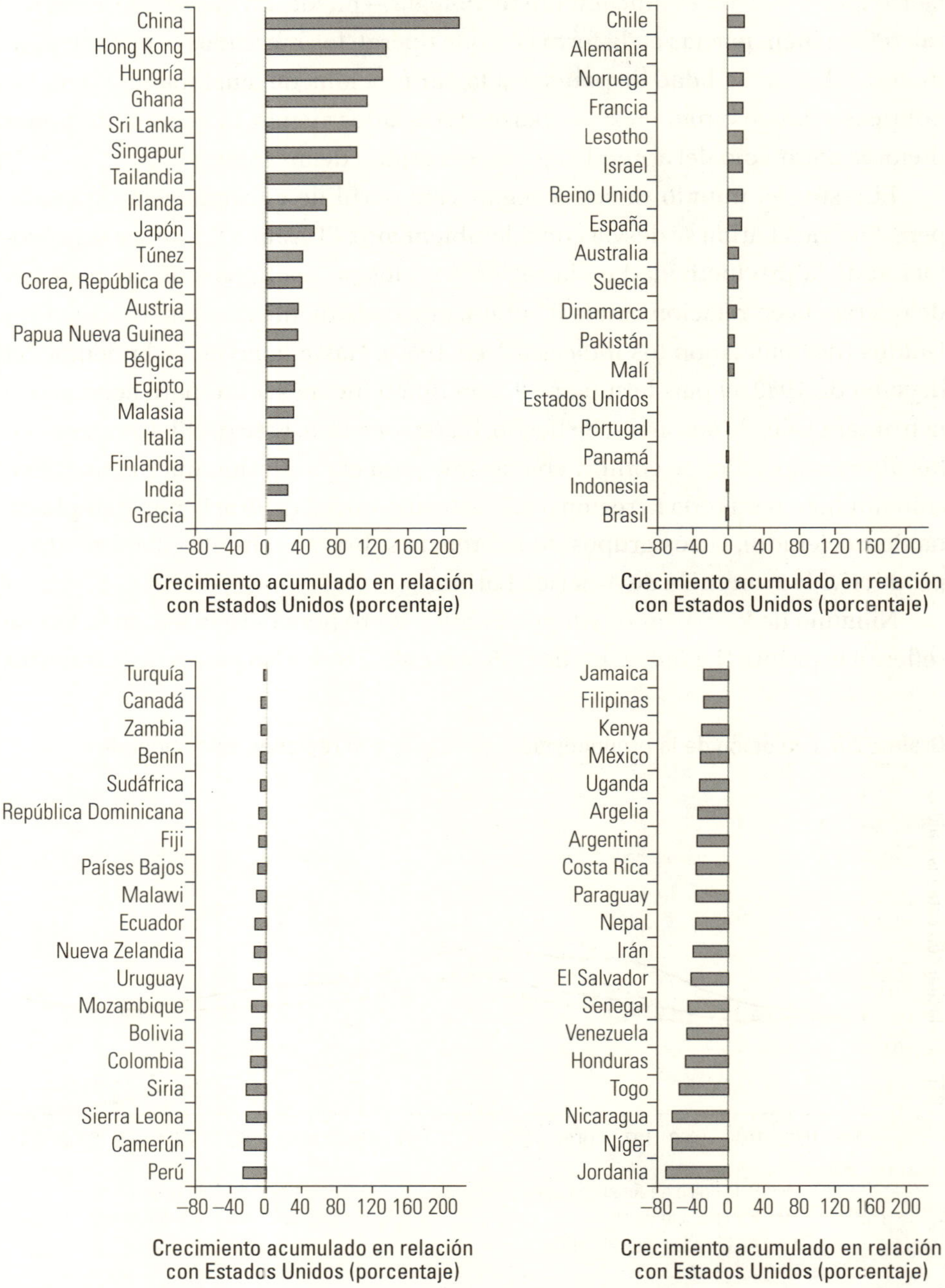

Fuente: Cálculos de los autores con base en Heston, Summers y Aten (2006), Banco Mundial (2008), y Barro y Lee (2000).

clasificados según el incremento proporcional de su PTF en todo el período (en relación con el incremento correspondiente de Estados Unidos): existe una apreciable concentración de países latinoamericanos en el cuarto cuartil. Estados Unidos (con un valor 0, por definición) se encuentra aproximadamente en la mediana, como Brasil, y únicamente Chile presenta cierto grado de convergencia; la brecha de productividad con Estados Unidos creció, de hecho, en el resto de los países de América Latina y el Caribe de la muestra durante el período 1960–2005.

Hecho 3. La productividad de América Latina y el Caribe llega aproximadamente a la mitad de su potencial

Los niveles actuales de la PTF estimada para los países latinoamericanos en relación con la frontera de la productividad, tomada como la de Estados Unidos son uniformemente inferiores (véase el gráfico 2.7).[12] En particular, la productividad agregada del país latinoamericano típico (que, como se trata de un promedio, está sujeta a un error estadístico menor que el de países individuales) es de aproximadamente la mitad (52%). Para la región en su conjunto, la PTF es de alrededor de 55%.

Si los insumos factoriales se mantienen constantes, el ingreso per cápita se movería *pari passu* con la PTF. Por lo tanto, si la PTF se elevase a su potencial —estimado como el nivel de la PTF en Estados Unidos— el ingreso per cápita del país latinoamericano típico se duplicaría (a alrededor de un tercio del de Estados Unidos). En este experimento imaginario, una mejor combinación de los mismos insumos que emule lo que es factible en otra economía, utilizando las tecnologías existentes, daría como resultado un producto considerablemente mayor. Este es un escenario artificial porque la productividad y la acumulación de los factores están interrelacionados y los cambios de la productividad tienen inevitablemente efectos indirectos en la acumulación de los factores (y viceversa). No obstante, este efecto directo que tiene lugar en el ingreso cuando se cierra la brecha de productividad proporciona una medida de la importancia de esa brecha: en relación con Estados Unidos, el ingreso per cápita del país latinoamericano típico aumentaría de 16,8% a 32,4% (y de 20,6% a 37,2% para toda la región).

El considerable margen de maniobra para mejorar al ponerse a la par de la frontera de la productividad es, de alguna manera, un hecho favorable para América Latina en la medida en que la reforma de la política económica, aun

Gráfico 2.7 Productividad relativa en América Latina, 2005

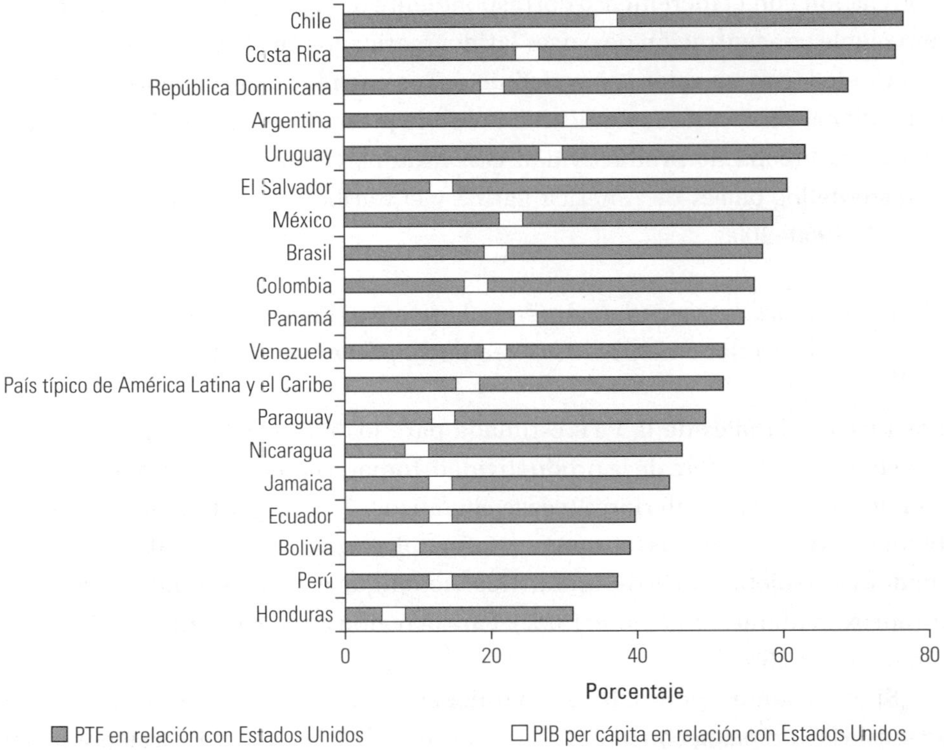

Fuente: Cálculos de los autores con base en Heston, Summers y Aten (2006), Banco Mundial (2008), y Barro y Lee (2000).

sin grandes inversiones, puede desencadenar un rápido aumento del ingreso per cápita (es decir, un elevado crecimiento). Este potencial de mejorar la productividad en el país latinoamericano típico en un 93%, que resultaría en casi el doble de su ingreso, es mucho menor en el país típico de Asia oriental (35%), en el país gemelo típico (43%) o en el país desarrollado típico (solo 16%). Estos hechos estilizados siguen siendo válidos aún con cambios importantes en las metodologías empleadas para estimar la productividad, como se puso a prueba en Daude y Fernández-Arias (2009). Por ejemplo, la estimación de la serie de capital físico *K* con otros métodos que se emplean comúnmente en la bibliografía (Caselli, 2005) lleva a diferencias ínfimas. Definir el insumo trabajo *L* como la población en edad de trabajar en lugar de definirlo como la fuerza de trabajo, con el efecto de que la PTF se vuelve más sensible a cambios en la tasa de participación deseada en la fuerza de trabajo (si todas las demás variables son iguales, una menor participación se traduciría en una productividad agregada más baja) hace poca diferencia y, de hecho, reduciría aún más la productividad en relación con la de Estados Unidos.[13]

Las observaciones realizadas también son válidas si se utilizan otros modelos de función de producción. La función de producción de Cobb-Douglas es el enfoque convencional por varias buenas razones, pero tiene la desventaja empírica de que agrupa todos los aspectos de la productividad en un solo parámetro: el parámetro de productividad neutral ante los factores *A* o PTF. Para poner a prueba la validez del modelo, Daude y Fernández-Arias (2009) consideran un método de estimación sin emplear modelos, en el cual el grado de eficiencia agregada con la que un país produce se deduce únicamente de las posibilidades reveladas por los logros en materia de producción del resto de los países.[14] Una vez estimada la frontera de producción teóricamente alcanzable con los insumos factoriales del país empleando las "mejores prácticas" internacionales, puede estimarse un índice *E* de la eficiencia relativa o de la PTF comparando el producto efectivo en relación con la frontera (de manera que *E* es un índice comprendido entre 0 y 1). Resulta ser que este índice de eficiencia *E* mantiene una correlación muy alta con la PTF relativa estimada en los distintos países y su valor para el país latinoamericano típico es similar a la PTF relativa estimada, lo que confirma las observaciones previas.

Productividad y acumulación de factores

Para apreciar la importancia de la productividad en el proceso general de desarrollo económico es menester estudiar la interacción entre la productividad y la acumulación de factores: los efectos indirectos de las brechas de productividad en los incentivos para acumular factores de producción pueden explicar una buena parte de las brechas de desarrollo observadas. De hecho, las herramientas tradicionales previamente utilizadas subestiman la importancia que tendría en el bienestar el cierre de la brecha de productividad. Después de obtener una medida total, se hace evidente que la cuestión central para el desarrollo es cómo cerrar la brecha de productividad.

En un sentido contable, una brecha del ingreso per cápita puede atribuirse a una brecha de productividad *(A)*, intensidad del capital físico *(k)*, intensidad del capital humano *(h)*, o intensidad de la fuerza de trabajo *(f)* (véase el recuadro 2.2, especialmente la ecuación 4). Por ejemplo, un ejercicio de contabilidad del desarrollo en el que para el país latinoamericano típico se toma como referencia Estados Unidos, indicaría que si se cierra la brecha de productividad, el ingreso relativo sería de aproximadamente el doble (la PTF en el país latinoamericano típico se incrementaría $A^*/A = 1{,}93$ veces, o casi dos veces, y lo mismo ocurriría con el ingreso). Si se hace una descomposición contable de las contribuciones de cada brecha subyacente a la brecha actual de ingresos con Estados Unidos, se observaría que la brecha de productividad representa alrededor del 37%, y los factores acumulados el 63% restante.[15]

Si bien es considerable el alza del ingreso que se produce al cerrar la brecha de productividad en este cálculo contable sencillo, aparentemente dejaría intacta la mayor parte de la brecha de ingresos observada. Esta métrica sugeriría que la productividad es una variable importante pero no predominante para explicar las brechas de ingresos; sin embargo, ¿cómo es posible que el ingreso esté tan estrechamente vinculado con la productividad en los distintos países (como se muestra en el gráfico 2.2)? A continuación se aborda esta pregunta para demostrar que esta atribución contable subestima sustancialmente el efecto que tendría el cierre de la brecha de productividad en la brecha de ingresos porque no considera que la acumulación de los factores, a su vez, reaccionaría ante la mayor rentabilidad generada por un aumento de la productividad. Se demostrará, en particular, lo enunciado en el hecho 4.

Hecho 4. La brecha del ingreso per cápita con respecto a Estados Unidos desaparecería en gran medida si se cerrara la brecha de productividad

En las economías de mercado, la inversión privada en capital físico se realiza hasta que la rentabilidad marginal de la inversión es igual al costo del capital tal como lo perciben los inversionistas individuales, bajo las condiciones financieras que tienen a su disposición. La rentabilidad privada de la que se apropia un inversionista individual bien puede ser una fracción de la rentabilidad social de la inversión, por ejemplo, si esta aporta externalidades positivas a otras empresas (entre ellas, innovaciones no patentables) o si las utilidades de la empresa están sujetas a una alta tasa de impuestos. Como se demuestra en Klenow y Rodríguez-Clare (1997), esta clase de "distorsiones de precios" se reflejan plenamente en la razón capital/producto $k = K/Y$: los impedimentos a la inversión en capital físico que provocan una diferencia entre la rentabilidad marginal neta (descontado el costo del capital) en los distintos países corresponden a razones capital/producto más bajas. Sin embargo, las diferencias de productividad en los países serían irrelevantes para la razón capital/producto. No obstante, para cualquier impedimento dado a la acumulación de capital físico, medido por la razón capital/producto, un incremento de la PTF elevaría la rentabilidad privada en relación con el statu quo y daría lugar a una cantidad más alta de capital físico acumulado.[16] De hecho, al cerrarse la brecha de PTF se modificarían los incentivos, incrementando no solo la inversión en capital físico sino también la inversión en educación. Estos son efectos indirectos del cierre de la brecha de productividad.

¿Cual es la magnitud del efecto total del cierre de la brecha de PTF, incluidos estos efectos indirectos? A continuación se presentan algunas estimaciones basadas en la metodología desarrollada en Daude y Fernández-Arias (2009).

Teniendo en cuenta el alza de la inversión en capital físico que implicaría el cierre de la brecha de productividad, la contribución total de la brecha de PTF a la brecha del ingreso per cápita incluiría no solo el efecto directo o contable mencionado anteriormente, sino también un efecto indirecto mediante la promoción de mayor intensidad de capital físico. Si, con criterio conservador, se considera que la educación es exógena, lo que significa que la inversión en educación no aumenta con una PTF más alta, la contribución total de la PTF para el país latinoamericano típico (en 2005) ascendería al 55% de la brecha de ingresos: de ese porcentaje, 37% es el efecto directo mencionado más arriba y 18% es el efecto indirecto adicional a través de la acumulación inducida del capital físico. Esta es una estimación conservadora de la importancia de la brecha de productividad.

En este escenario en el que la intensidad del capital físico reacciona endógenamente ante cambios de la productividad y la educación está dada exógenamente, el 45% restante de la brecha de ingresos total se divide en la contribución de los impedimentos a la inversión física, los cuales, como se explicó, se reflejan en la razón capital/producto k (12%), la intensidad del capital humano o la educación h (25%), y la intensidad de la fuerza de trabajo f (8%) (véase el gráfico 2.8).[17] Conforme a estos resultados, un programa de desarrollo enfocado exclusivamente en la inversión de capital fijo que atenúe impedimentos tales como

Gráfico 2.8 Contribución total al cierre de la brecha de productividad (capital endógeno [K]), 2005

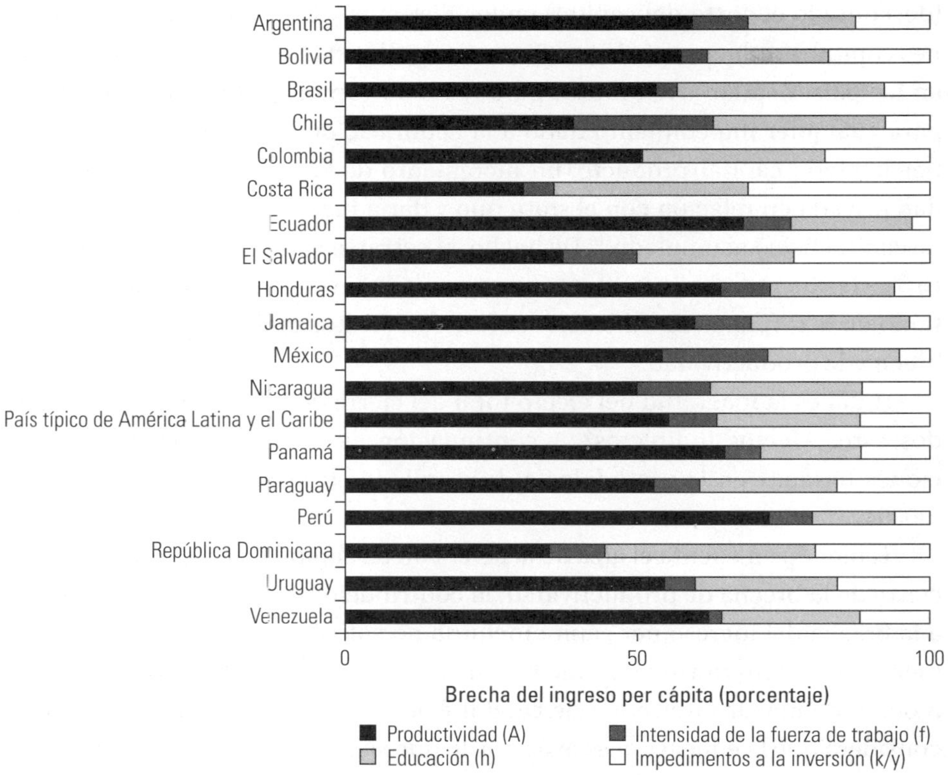

Fuente: Cálculos de los autores con base en Heston, Summers y Aten (2006), Banco Mundial (2008), y Barro y Lee (2000).

tasas de interés excesivas en el sistema financiero, una carga impositiva alta e incertidumbre acerca de los derechos de propiedad, quedaría circunscrito a un margen de 12% (a menos que la inversión también fomente la productividad, un punto que se analiza al final de la sección). Existe cierta variación entre los distintos países, pero las conclusiones son ampliamente válidas.[18]

Si, en cambio, la inversión en capital humano (educación), que es una variable dominante entre las restantes brechas relacionadas con factores, también se considera como variable endógena que probablemente reaccione ante un aumento de la productividad, se refuerza la validez del efecto predominante de la brecha de productividad.[19] En este contexto, esta consideración añadirá un efecto indirecto adicional del cierre de la brecha de productividad.[20]

Esta descomposición más completa, en la que ambos tipos de capital reaccionan a los cambios de la productividad, depende de manera crucial de cuán elástica es la demanda de educación a un aumento de la productividad.[21] Una alta elasticidad como la que se sugiere en Erosa, Koreshkova y Restuccia (2007) implica que al cerrarse la brecha de productividad América Latina podría sobrepasar a Estados Unidos en su ingreso per cápita (en un 11%). Esto ocurriría pese a la brecha de la intensidad de la fuerza de trabajo y a los impedimentos a la inversión en capital físico porque, con esa elasticidad, la fuerza de trabajo latinoamericana tendría un nivel educativo mucho más alto que el de Estados Unidos para un nivel de ingresos dado. Una elasticidad más conservadora, congruente con que el país latinoamericano típico tenga la misma propensión a la educación que Estados Unidos (la misma educación para un nivel de ingresos dado) implica que al cerrarse la brecha de la PTF se reduciría la brecha del ingreso per cápita en un 73%, un porcentaje más alto que en la estimación conservadora de 55%, de lo cual la mitad corresponde a efectos indirectos sobre el capital físico y la educación. Esto refuerza la conclusión de que la brecha del ingreso per cápita de América Latina desaparecería en gran medida si se cerrara la brecha de productividad.[22]

Una vez que se ha establecido que la clave está en la brecha de productividad, la pregunta principal de política económica es cómo cerrarla. Como se señaló, la brecha de la productividad agregada refleja varias deficiencias en el funcionamiento de la economía en general y no debería interpretarse en sentido estricto como brecha tecnológica. No obstante, al responder a esta pregunta debe reconocerse que la acumulación de factores, tanto capital físico como capital humano, puede ser importante para reducir la brecha. Por ejemplo, la inversión en capital físico puede incluir nuevas tecnologías para ayudar a ponerse a la par con la frontera, en tanto que la inversión en capital humano puede facilitar la innovación y la adopción de tecnologías más avanzadas. Esto equivale a estudiar los efectos de la acumulación de capital en la productividad, una dirección causal que es opuesta a explorar los efectos indirectos del cierre de la brecha de productividad mediante la acumulación de factores. Este análisis respondería a la pregunta de hasta qué punto la corrección de las distorsiones de la acumulación de capital elevarían el ingreso por medio de sus efectos indirectos que contribuyen a una productividad más alta (además de los efectos directos señalados más arriba). (Por supuesto, estos efectos indirectos también tendrían en cuenta el hecho de que una productividad más alta elevaría aún más la acumulación de capital, y así sucesivamente.)

Con el supuesto conservador de que la educación es totalmente inelástica a un mayor ingreso, las políticas que logren cerrar la brecha de educación (h) y eliminar los impedimentos a la acumulación de capital físico (cerrando así la brecha capital-producto) reducirían la contribución de 55% de la brecha de productividad que se ilustra en el gráfico 2.8 en un tercio (del cual solo un tercio, o alrededor del 6% del ingreso per cápita, sería atribuible a los impedimentos a la inversión en capital físico). Por consiguiente, quedarían sin resolver dos tercios del problema de la brecha de productividad, lo que podría llamarse la brecha de productividad básica. Las estimaciones precedentes se basan en el modelo calibrado que se presenta en Córdoba y Ripoll (2008). Al extender este modelo para abarcar el escenario alternativo en el cual la educación es elástica al ingreso (Daude y Fernández-Arias, 2009) se obtiene una nueva descomposición en la cual la contribución de la brecha de productividad de 73% se reduce marginalmente a una brecha de productividad básica de 58%. Estos resultados confirman que las políticas centradas en las deficiencias de la acumulación de factores son pertinentes pero no decisivas para abordar la cuestión de la brecha de productividad: la brecha de productividad no es resultado de una inversión insuficiente sino, en gran medida, de otras deficiencias de la productividad más específicas.

Conclusiones

La productividad baja y lenta, medida según la productividad total de los factores, y no los impedimentos a la acumulación de factores, es la clave para entender el bajo ingreso de América Latina en relación con las economías desarrolladas, y su estancamiento en relación con otros países en desarrollo que están progresando. Los aspectos específicos del problema se resumen a continuación:

a. El crecimiento de América Latina es más lento porque el crecimiento de la productividad es más lento.
b. La productividad de América Latina no se está acercando a la frontera, en contraste con la teoría y la experiencia en otras partes.
c. La productividad de América Latina llega aproximadamente a la mitad de su potencial.

Una productividad más alta supondría no solo un uso más eficiente del capital acumulado, tanto físico como humano, sino también una acumulación más rápida de estos factores de producción como reacción a la mayor rentabilidad que propicia el incremento de la productividad. Considerando todos estos aspectos, al cerrarse la brecha de productividad con la frontera, se cerraría la mayor parte de la brecha de ingreso per cápita con los países desarrollados.

Por consiguiente, la clave para el desarrollo económico de la región es cómo cerrar la brecha de productividad. El principal desafío de la política de desarrollo de la región es diagnosticar las causas del fenómeno y atacarlas de raíz. El análisis sugiere que las políticas que facilitan la acumulación de capital físico y humano ayudarían a mejorar la productividad pero dejarían intacta la mayor parte del problema de la productividad. Para resolver la cuestión de la productividad agregada se requerirán políticas de productividad específicas centradas en los defectos básicos. Si bien los impedimentos a las mejoras tecnológicas a nivel de la empresa son parte del problema, la productividad agregada también depende de la eficiencia con la que los mercados privados y los insumos públicos apoyan a los productores individuales. Por otra parte, la productividad de las empresas es heterogénea, lo que significa que la productividad agregada también depende de la medida en que el funcionamiento de la economía asigna los factores de producción a las firmas más productivas. Estas consideraciones dan lugar a un nutrido programa para la formulación de políticas de desarrollo productivo.

Notas

[1] Con este planteo, la PTF también reflejaría la base de recursos naturales (capital natural) de cada país. Los países ricos en recursos tenderían a exhibir una PTF medida mayor (pero posiblemente menos dinámica). Dado que América Latina es una región rica en recursos, esta observación implica que un síntoma de baja productividad sería un indicio de un trastorno aún más grave. Por otra parte, podría argumentarse que los recursos naturales dan lugar a un desarrollo retrasado y, en definitiva, a una productividad más baja: la "hipótesis de la maldición de los recursos naturales" (véase una crítica de esta hipótesis en Lederman y Maloney [2008]). En todo caso, la ponderación en el PIB de la producción basada en los recursos naturales es solo significativa en unos pocos países y no debería distorsionar la imagen general que se presenta en este capítulo.

[2] El uso de esta medida implica que una economía con un desempleo estructural más alto es menos productiva porque derrocha los recursos disponibles.

[3] En la medida en que las diferencias de calidad afecten el espectro educativo de manera uniforme, la medida agregada h no se distorsionaría y dichas diferencias solo se reflejarían en diferencias de la PTF.

[4] El parámetro f depende de la proporción de la población en edad de trabajar (un factor demográfico) y de su tasa de participación en la fuerza de trabajo.

[5] Las estimaciones de la PTF de un país pueden estar sujetas a errores de medición de las variables económicas subyacentes, que tenderían a cancelarse mutuamente en las estimaciones de la PTF regional, por ejemplo, la del país típico, que consideramos mucho más confiable.

[6] Los 18 países de América Latina y el Caribe que se incluyen en la muestra son Argentina, Bolivia, Brasil, Chile, Colombia, Costa Rica, Ecuador, El Salvador, Honduras, Jamaica, México, Nicaragua, Panamá, Paraguay, Perú, República Dominicana, Uruguay y Venezuela.

[7] El grupo de países "gemelos" se constituyó con los países de la muestra cuyo ingreso per cápita en 1960 estaba entre los valores de los países del segundo y tercer cuartil de América Latina. Los tigres de Asia oriental son Corea, Hong-Kong, Malasia, Singapur y Tailandia; los países desarrollados son: Alemania, Australia, Austria, Bélgica, Canadá, Corea, Dinamarca, España, Estados Unidos, Finlandia, Francia, Grecia, Hungría, Irlanda, Italia, Japón, Noruega, Nueva Zelandia, Países Bajos, Portugal, Reino Unido y Suecia; los países

gemelos son Argelia, Fiji, Grecia, Hong Kong, Hungría, Irán, Japón, Jordania, Portugal y Singapur; en los países del resto del mundo también se incluyen: Benín, Camerún, China, Egipto, Filipinas, Ghana, India, Indonesia, Israel, Kenya, Lesotho, Malawi, Malí, Mozambique, Nepal, Níger, Pakistán, Papua-Nueva Guinea, Senegal, Sierra Leona, Siria, Sri Lanka, Sudáfrica, Tailandia, Togo, Túnez, Turquía, Uganda y Zambia.

[8] La tasa de crecimiento de una variable x se denota $\hat{x}$.

[9] En la muestra, la mayor parte de la variabilidad de las brechas de crecimiento en países individuales de América Latina puede explicarse por las brechas de crecimiento de su PTF.

[10] No solo estancamiento sino también contracción efectiva en algunos períodos después de 1980, posiblemente vinculados con el impacto de la crisis de la deuda (Blyde, Daude y Fernández-Arias, 2009). Como la tecnología únicamente mejora, cabe mencionar al margen que una PTF que se reduce en algunos períodos refuerza la noción de que está determinada solo parcialmente por la tecnología.

[11] Es verdad que hasta hace aproximadamente 10 años hubo una brecha en la tasa de acumulación de los factores con respecto al país típico de Asia oriental, pero esta situación es una peculiaridad del desarrollo de esa región que no necesariamente sugiere una debilidad de América Latina y el Caribe.

[12] Las estimaciones son para 2005. La productividad agregada tendencial, tal como se mide aquí, se mueve lentamente, y por lo tanto las estimaciones de 2005 son aplicables al presente.

[13] Blyde y Fernández-Arias (2005) demuestran que el uso de la mano de obra empleada en lugar de la fuerza de trabajo para medir un insumo factorial hace poca diferencia en América Latina. Si bien el uso de las horas trabajadas efectivas sería una medida más precisa del insumo trabajo, no se dispone de datos para un gran número de países durante un largo período, y esto limita la posibilidad de hacer una comparación amplia y estructural entre distintos países. No obstante, es un hecho conocido que ese nivel de detalle no modifica apreciablemente la PTF medida (véase Restuccia, 2008).

[14] En particular, estiman una frontera de posibilidades de producción usando un análisis envolvente de datos (DEA, por sus siglas en inglés) siguiendo a Jermanowski (2007).

[15] El método de descomposición se explica en el recuadro 2.2.

[16] Por supuesto, este proceso tomaría tiempo; en este análisis se hace abstracción de cuestiones transicionales.

[17] La atribución de la brecha de educación también se vuelve relativamente más importante porque si se cerrase se produciría un efecto indirecto adicional a través de una mayor acumulación de capital físico.

[18] No obstante, obsérvese que el margen de inversión por debajo de sus pares en el mercado ha estado aumentando desde el decenio de 1980.

[19] Es evidente que la rentabilidad económica no es la única motivación de los individuos para tomar decisiones con respecto a la educación.

[20] En realidad, ambos efectos indirectos se reforzarían mutuamente debido a la complementariedad entre el capital físico y el humano en la función de producción.

[21] Una descomposición completa reconocería asimismo que la participación de la fuerza de trabajo también es endógena.

[22] Al mismo tiempo, la contribución de los impedimentos a la inversión en capital físico ascendería al 14%.

3 EL RETO DEL SECTOR DE LOS SERVICIOS

Desde al menos el decenio de 1950, el desarrollo se ha considerado como un proceso de transformación progresiva en el cual las economías basadas predominantemente en los sectores tradicionales, entendiéndose como "tradicional" la actividad agropecuaria, evolucionan hacia economías dominadas por sectores modernos, a menudo vinculados con la industria.[1] Este proceso está motivado por los aumentos de la productividad agropecuaria, que a su vez alienta a un número creciente de trabajadores del campo a migrar hacia industrias con productividad más alta. Al entender cómo cambia la estructura de los sectores y cómo evoluciona la productividad dentro de cada sector pueden obtenerse claves importantes sobre los factores determinantes de la productividad agregada.

Habida cuenta de esta situación, es desafortunado que la mayoría de los estudios sobre la productividad empleen datos macroeconómicos agregados, que por definición no pueden evaluar las diferencias de productividad en distintas partes de la economía, o bien exploren en gran detalle datos a nivel de las empresas para el sector industrial, que es una parte pequeña y cada vez más limitada de la economía.[2] Esto implica que la mayoría de los estudios sobre la productividad hacen caso omiso de algo muy obvio y a la vez muy importante: la productividad agregada es el promedio ponderado de la productividad de diferentes partes de la economía (Lewis, 2004). Si una gran parte de la economía tiene un desempeño deficiente, lo mismo ocurrirá con la productividad agregada.

En este capítulo se analiza el desempeño de la productividad de diferentes sectores de la economía en América Latina, entre sí y en relación con la frontera de productividad en cada sector (que por convención es Estados Unidos). Siguiendo la idea de que la productividad agregada depende no solo del desempeño relativo de algunos sectores sino también de su tamaño, en este capítulo se analiza de qué manera el cambio de tamaño de los diferentes sectores tiene una ponderación creciente o decreciente en el desempeño total. Cabe señalar que, afortunadamente, la productividad laboral del sector agropecuario crece a un ritmo sano. Pero, lamentablemente, el endeble desempeño del sector de los servicios —y dentro de este, subsectores grandes como el comercio minorista— merman cada vez más la productividad agregada. Esto implica que si bien se está volviendo común enfocarse en incrementar la cantidad y mejorar la calidad de las exportaciones como estrategia de crecimiento, el mejoramiento de la productividad del gran sector de servicios no transables podría proveer mayores retornos en términos de productividad agregada.

Buen y mal desempeño a nivel sectorial

Es menester evaluar a nivel sectorial el desempeño deficiente de la productividad agregada en América Latina, que se describe en el capítulo 2. Cuando se entiende el comportamiento de cada una de las partes es más fácil identificar qué sectores de la economía se están convirtiendo cada vez más en obstáculos, y por consiguiente determinar hacia dónde enfocar las políticas encaminadas a hacer crecer la productividad; esto puede diferir a nivel del ramo de industria. Debido a la falta de datos sobre el capital humano y físico en los diferentes sectores, salvo el agropecuario, este capítulo se centrará principalmente en la productividad laboral y no en la productividad total de los factores (PTF), la medida preferida de la productividad que se emplea en todo el libro (véase el recuadro 3.1). Como se mencionó en el capítulo 2, la evolución de ambas variables es diferente porque la PTF resta de la productividad laboral la contribución al crecimiento que se debe a una acumulación creciente de capital humano y físico. Esto implica que algunas diferencias en el desempeño de la productividad en los distintos sectores podrían obedecer a diferencias en la acumulación de capital, las cuales, lamentablemente, no pueden distinguirse en este capítulo de las diferencias en la eficiencia de cada sector.

Dado que la medida de productividad que se emplea en este capítulo es diferente de la que se utiliza en el resto del libro, es importante, antes que nada, evaluar los resultados de la productividad agregada en conjunto a lo largo de los años. Como ocurre con la PTF, el desempeño de la productividad laboral ha

RECUADRO 3.1 DATOS A NIVEL SECTORIAL

Los datos sobre la productividad a nivel sectorial se obtienen de una base de datos sobre 10 sectores elaborada recientemente por el Centro para el Crecimiento y el Desarrollo de Groningen (GGDC, por sus siglas en inglés) de la Universidad de Groningen (Timmer y de Vries, 2007). La productividad total de los factores sería la medida ideal de la productividad, siguiendo la orientación general de este libro. No obstante, dada la dificultad de encontrar datos sobre el capital humano y físico a nivel sectorial, la medida que se emplea en este capítulo se refiere a la productividad laboral.

En la base de datos se recopila información sobre el producto interno bruto (PIB) a precios nacionales constantes y empleo total en 10 sectores económicos de nueve economías latinoamericanas en el período 1950–2005. Los países son: Argentina, Bolivia, Brasil, Chile, Colombia, Costa Rica, México, Perú y Venezuela. Los sectores son: agricultura y ganadería, caza, silvicultura y pesca; minas y canteras; manufacturas; electricidad, gas y agua; construcción; comercio mayorista y minorista, restaurantes y hoteles; transporte, almacenamiento y comunicaciones; finanzas, seguros, bienes raíces y servicios empresariales; servicios comunitarios, sociales y personales, y servicios públicos. Los sectores suelen agruparse en tres categorías más grandes: agricultura y ganadería, caza, silvicultura y pesca; industria (que agrupa minas y canteras; manufacturas; electricidad, gas y agua, y construcción) y servicios (que comprende el resto de los sectores).

También se dispone de datos de la base del GGDC sobre varios países de Asia oriental (Corea, Indonesia, Japón, Malasia, Singapur, Taiwán y Tailandia) y Hong Kong, así como de nueve economías de ingresos altos (Dinamarca, España, Estados Unidos, Francia, Italia, Japón, Países Bajos, Reino Unido y Suecia). Los datos para los países de Asia oriental y de ingresos altos abarcan el período 1970–2005. La base de datos puede consultarse en: http://www.ggdc.net/databases/10_sector.htm.

Los datos empleados para calcular medidas de la PTF en el sector agropecuario que se presentan en el recuadro 3.2 se obtuvieron principalmente de Faostat, la base institucional de datos estadísticos de la Organización de las Naciones Unidas para la Agricultura y la Alimentación (http://faostat.fao.org), que abarca el período de 40 años comprendido entre 1961 y 2001. La base de datos contiene información sobre 116 países y cubre tres productos (cultivos, rumiantes y no rumiantes) y nueve insumos (forrajes, ganado, pastura, tierra bajo cultivo, fertilizantes, tractores, ordeñadoras, cosechadoras y trilladoras, y mano de obra agropecuaria). Los cultivos incluyen cereales, legumbres, raíces y tubérculos, y oleaginosas primarias. Entre los rumiantes se incluyen bovinos, ovejas, cabras y camélidos (para la producción de carne y leche). Entre los no rumiantes se incluyen cerdos, aves de corral (pollos, patos, gansos y pavos), huevos, conejos, roedores, miel y capullos. Para más información, véase Ludena et al. (2007).

sido decepcionante en América Latina. Tras un período de crecimiento relativamente elevado desde 1950 hasta 1975 inclusive, la productividad laboral sufrió una enorme desaceleración durante la década perdida de 1980 y cayó, en un período en el que la productividad laboral en las economías desarrolladas y de ingresos altos y de Asia oriental se expandía a un promedio anual de 2,7% y 4,6% respectivamente (gráfico 3.1).

El crecimiento de la productividad laboral —que en lo sucesivo en este capítulo se denominará simplemente *crecimiento de la productividad*— volvió a registrar cifras positivas durante el decenio de 1990 y en adelante, con tasas promedio de crecimiento del 1,5%. No obstante, los aumentos de productividad de los últimos 15 años han sido inferiores a los de las economías de Asia oriental y de ingresos altos, que crecieron casi 4% y 2,4%, respectivamente.

¿Son estos comportamientos los mismos para toda la economía o difieren en cada sector económico? Sin duda alguna, la respuesta es que difieren en cada sector económico. Algunos sectores de América Latina obtuvieron resultados relativamente favorables en cuanto al crecimiento de la productividad, e inclusive en algunos períodos han superado a sectores similares de otras regiones. Esto ocurrió con la productividad del sector agropecuario, que creció más rápidamente que otros sectores de la economía (véase el recuadro 3.2). Es más, en el período más reciente —1990 a 2005— el crecimiento de la productividad agropecuaria en América Latina superó al de Asia oriental y casi igualó al de los países desarrollados (gráfico 3.2).

Si bien el sector agropecuario ha tenido un desempeño relativamente bueno, los sectores industrial y de servicios han sido los grandes retrasados. El

Gráfico 3.1 Crecimiento promedio anual de la productividad laboral por región y período, 1950–2005

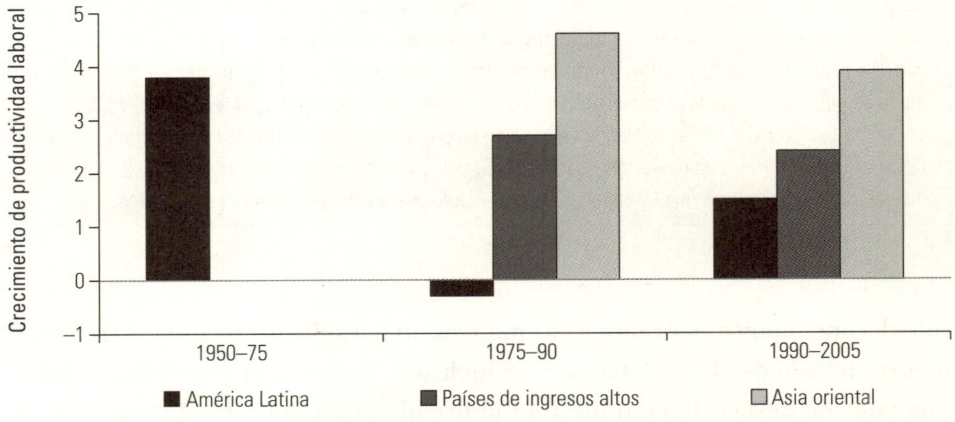

Fuente: Cálculos de los autores con base en Timmer y de Vries (2007).

crecimiento de la productividad de estos sectores en América Latina fue terriblemente bajo en comparación con Asia oriental y los países de ingresos altos. Esto ocurrió durante el decenio de 1980, cuando la productividad en la industria y los servicios en América Latina se desplomó, en una época en que la productividad de estos sectores crecía velozmente en el resto del mundo. Volvió a ocurrir durante el decenio de 1990 y en los primeros años del siglo XXI, cuando las tasas de crecimiento de la productividad fueron positivas pero inferiores a las de las otras dos regiones con las cuales se hizo la comparación. El caso de los servicios es el más drástico. En este gran sector de la economía, la productividad se desplomó durante el decenio de 1980 y se mantuvo estancada en los últimos 15 años. La brecha es amplia en relación con Asia oriental, donde la productividad de los servicios creció aproximadamente 2,5% por año en los últimos 15 años, y también en relación con los países de ingresos altos, donde aumentó alrededor de 1,4% por año.

Si se observan las categorías sectoriales más desglosadamente se revelan perfiles similares. En todo el período, la productividad creció más en los sectores en los que América Latina tiene una ventaja comparativa, como la actividad agropecuaria y otras actividades primarias, así como la minería. En todas ellas se hace uso intensivo de los recursos naturales, que América Latina posee en

Gráfico 3.2 Crecimiento promedio anual de la productividad laboral en los sectores agropecuario, industrial y de servicios, 1951–2005

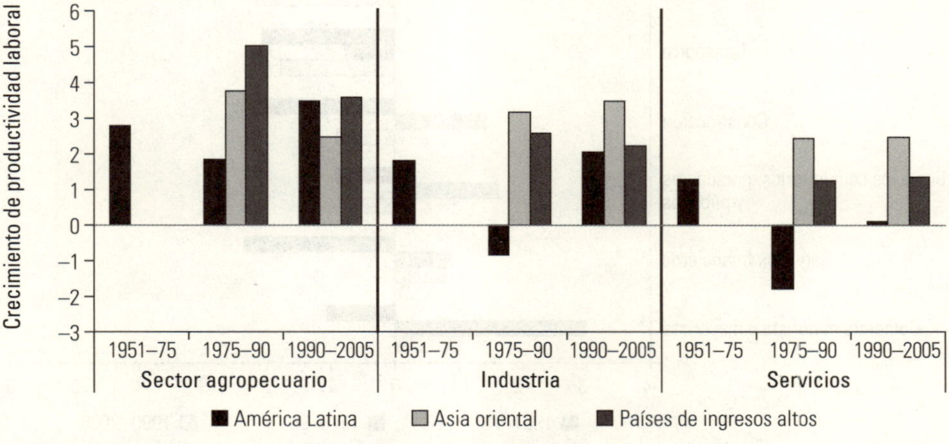

Fuente: Cálculos de los autores con base en Timmer y de Vries (2007).

abundancia. La productividad en estos sectores se incrementó alrededor de 4% por año en el período más reciente (gráfico 3.3).

Pero la situación es más sombría en la mayoría de las categorías de servicios, en particular el comercio minorista y mayorista y los servicios financieros; servicios comunitarios, personales y públicos, y transporte. El crecimiento de la productividad también es bajo en la construcción, otro sector importante en todos los países. Los sectores que tuvieron el peor desempeño fueron el comercio minorista y mayorista y los servicios financieros. La productividad se redujo incluso en el período más reciente, en el que se registró en general un cambio positivo de la productividad en el resto de la economía. Esto implica que la productividad laboral en estos sectores se ha deteriorado durante los años ochenta y en los años más recientes, lo que ilustra cuán deficiente fue el desempeño del sector de los servicios en América Latina.

Gráfico 3.3 Crecimiento promedio de la productividad laboral por sector, América Latina, 1951–2005

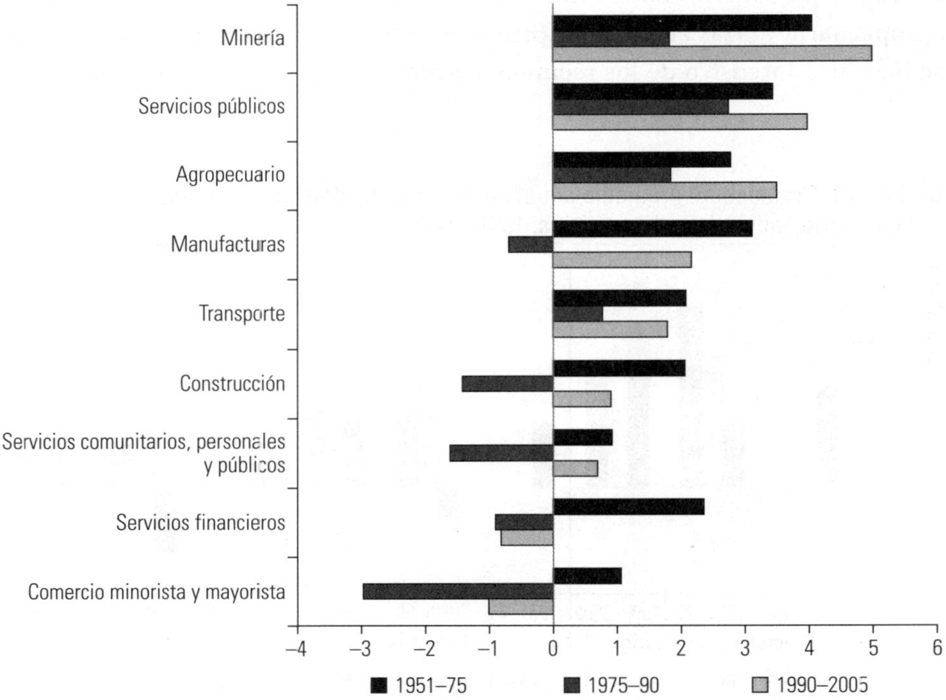

Fuente: Cálculos de los autores con base en Timmer y de Vries (2007).

Los perfiles son similares en cada país de la región (gráfico 3.4). En mayor o menor grado, en todos aumentó la productividad del sector agropecuario en los últimos años. Además, muchos de los países con intensa actividad minera presentan importantes incrementos en ese sector. La mayoría de los países, acorde con el promedio regional, registran pérdidas de productividad en el sector de los servicios —con excepción de Perú— sobre todo en el comercio minorista y mayorista y en servicios financieros.

En algunos países, la situación es extremadamente heterogénea en los distintos sectores. Bolivia, por ejemplo, logró grandes aumentos de la productividad en la minería y en el sector agropecuario desde 1990 hasta 2005, pero tuvo grandes pérdidas en los sectores manufacturero, de construcción y comercio.

Gráfico 3.4 Crecimiento promedio anual de la productividad laboral por sector, América Latina, 1990–2005

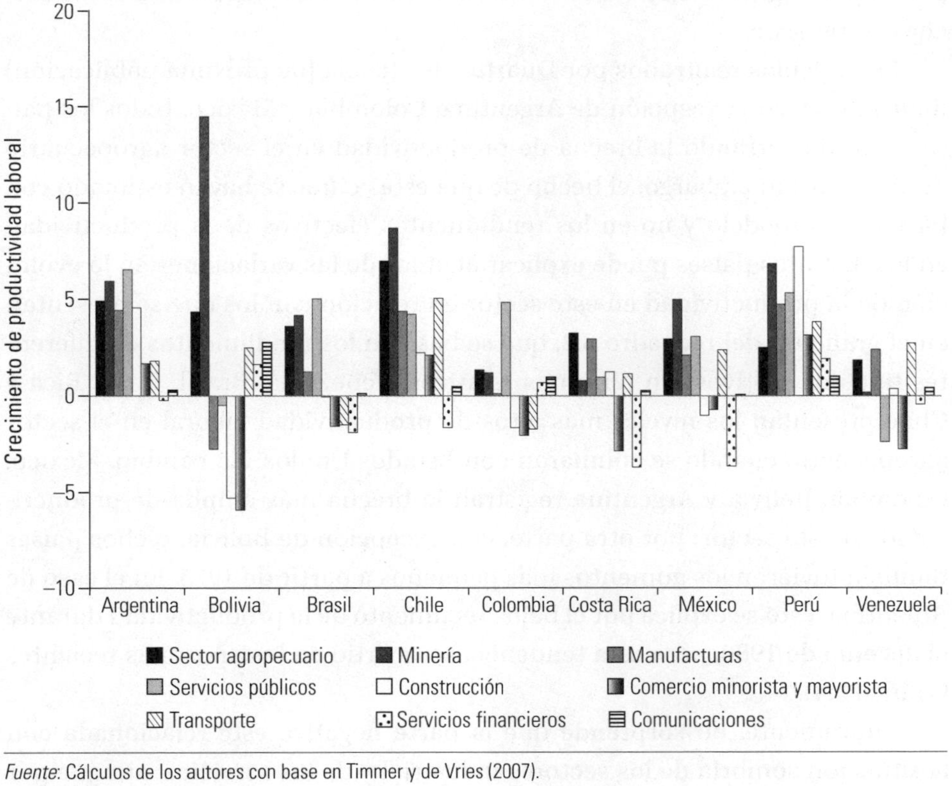

Fuente: Cálculos de los autores con base en Timmer y de Vries (2007).

Habida cuenta de este desempeño heterogéneo pero en general decepcionante, no es de sorprender que en muchos sectores la productividad laboral no haya convergido hacia la frontera mundial y, en cambio, haya descendido en términos relativos. Aun así, la comparación de la productividad de un sector en diferentes países es notoriamente difícil debido a la falta de datos comparables del producto sectorial (ajustado en función de la paridad del poder adquisitivo) para un conjunto grande de países. Duarte y Restuccia (de próxima publicación) calibran un modelo para medir las diferencias de productividad sectorial entre cada país y Estados Unidos. Aquí se utilizan esos datos para determinar si la productividad en diferentes sectores económicos de América Latina, así como de Asia oriental y los países de ingresos altos, está convergiendo hacia la productividad de esos mismos sectores en Estados Unidos. Lo positivo es que en los últimos 30 años la productividad del sector agropecuario de la región ha avanzado considerablemente, del 25% de la productividad de Estados Unidos en 1973 a alrededor del 50% de los niveles de ese país en 2004 (gráfico 3.5). No obstante, todavía falta mucho para cerrar la brecha que persiste.

Los cálculos realizados por Duarte y Restuccia (de próxima publicación) indican que, con excepción de Argentina, Colombia y México, todos los países han ido cerrando la brecha de productividad en el sector agropecuario desde 1973. Sin embargo, el hecho de que estas cifras se hayan estimado con base en un modelo y no en los rendimientos efectivos de la productividad en los distintos países puede explicar algunas de las variaciones en la evolución de la productividad en este sector en relación con los que se presentan en el gráfico C del recuadro 3.2, que se basa en los rendimientos de diferentes tipos de cultivos. En términos relativos, Venezuela, Brasil, Costa Rica y Chile presentan los niveles más altos de productividad laboral en el sector agropecuario cuando se comparan con Estados Unidos. En cambio, México, Colombia, Bolivia y Argentina registran la brecha más amplia de productividad en este sector; por otra parte, con excepción de Bolivia, dichos países también tuvieron los aumentos más pequeños a partir de 1973. En el caso de Argentina, esto se explica por el bajo crecimiento de la productividad durante el decenio de 1980, pero esta tendencia se revirtió en los años más recientes (gráfico 3.4).

Nuevamente, no sorprende que la parte negativa esté relacionada con la situación sombría de los sectores industrial y de los servicios, aunque por

Gráfico 3.5 Evolución de la productividad laboral en cada sector en relación con Estados Unidos, 1973–2004

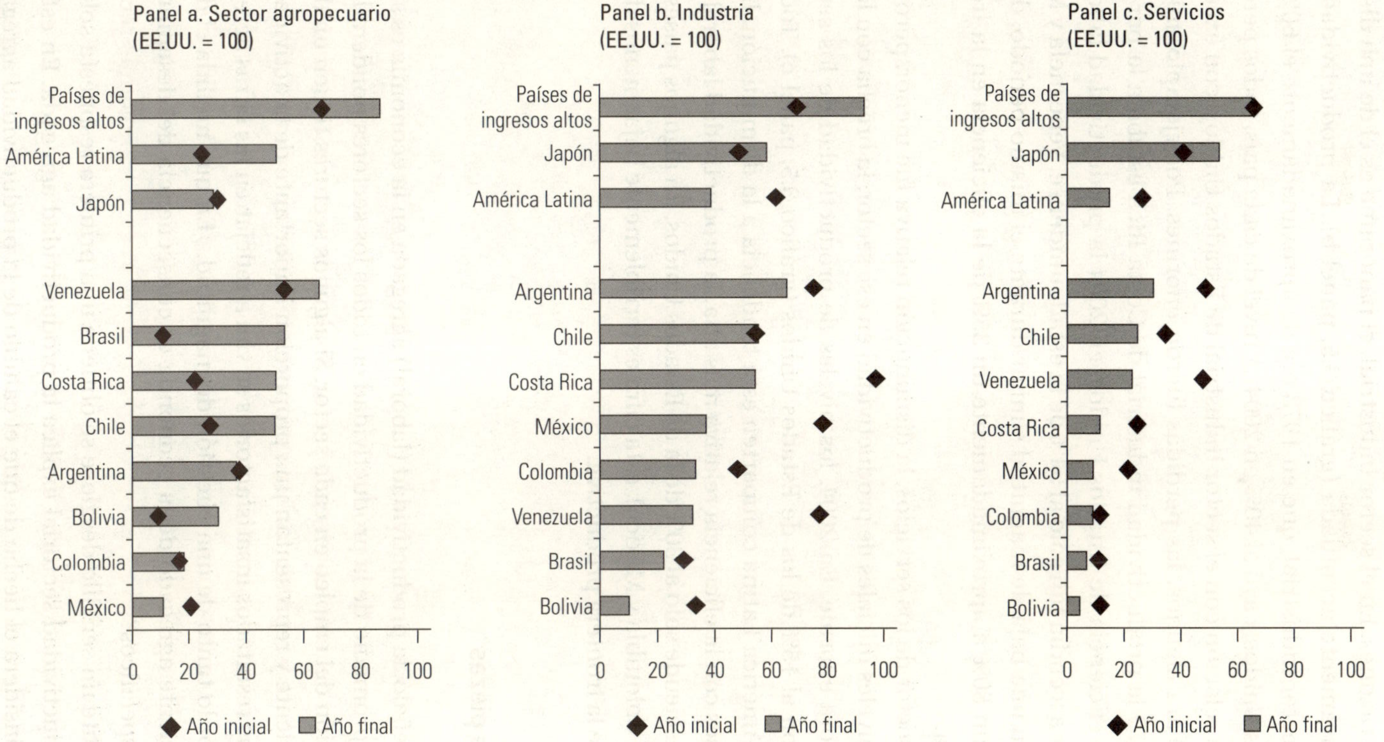

Fuente: Cálculos de los autores con base en Duarte y Restuccia (de próxima publicación).

Nota: Los países de ingresos altos son Australia, Austria (2002), Bélgica, Canadá, Dinamarca, España (2002), Finlandia (2002), Francia (2002), Grecia, Irlanda, Italia (2002), Noruega (2002), Nueva Zelandia, Países Bajos, Portugal, Reino Unido, Suecia y Turquía (2002).

diferentes razones. En el sector industrial, el panorama es el de una disminución relativamente acentuada (gráfico 3.5, panel b). La productividad laboral en el sector industrial, que en 1973 era de aproximadamente el 60% de la de Estados Unidos, cayó al 40% en 2004. A nivel de cada país, todos perdieron terreno en relación con el sector industrial de Estados Unidos, con excepción de Chile. Para algunos, las pérdidas fueron enormes. Por ejemplo, mientras que en 1973 la productividad industrial de Costa Rica estaba a la par de los niveles de eficiencia de Estados Unidos, en 2004 la productividad laboral de este sector ascendía tan solo al 54% de la estadounidense. Venezuela y México padecieron una baja de magnitud similar durante el mismo período, de alrededor de un 80% a aproximadamente un 35% de la eficiencia en la frontera productiva.

En el sector de los servicios, la disminución relativa fue menor, pero dados los bajos niveles iniciales de productividad en ese sector, la brecha con la frontera es ahora enorme. En 2004, los niveles de productividad de los servicios equivalieron al 15% de los de Estados Unidos (gráfico 3.5, panel c). Todos los países de América Latina comparten esta tendencia a la disminución. Incluso en los países con la eficiencia relativa más alta, la productividad laboral en los servicios asciende solo al 30% de la de Estados Unidos. En algunos países (Bolivia, Brasil, Colombia y México), esta cifra es terriblemente baja: menos del 10% del nivel de la frontera productiva.

Juntar las piezas

Como se señaló, la productividad (laboral) agregada en la economía es simplemente un promedio de la productividad en todos los sectores ponderados por la proporción del empleo en cada sector. Si algunos sectores tienen un desempeño deficiente y representan una proporción importante de la actividad económica, sus resultados insatisfactorios se van a reflejar en las cifras agregadas. Se trata por lo tanto de una cuestión de magnitud. ¿En qué medida el desempeño deficiente agregado de la economía es consecuencia del desempeño de sectores específicos?

Mediante un sencillo desglose se obtiene una primera respuesta sobre cómo la productividad sectorial explica la productividad agregada. En este desglose se considera el hecho de que el cambio de la productividad agregada en

RECUADRO 3.2 ¿ES LA ACTIVIDAD AGROPECUARIA LA ESTRELLA DE LA PRODUCTIVIDAD EN AMÉRICA LATINA?

La productividad del sector agropecuario es históricamente importante porque desempeña una función clave en el proceso de industrialización y desarrollo. Los países con un fuerte sesgo en contra de la actividad agropecuaria, manifestado en sus políticas de comercio exterior y fijación de precios, no lograron industrializarse (Stern, 1989; Krueger, Valdés y Schiff, 1991). La productividad agropecuaria fortalece el crecimiento económico general mediante varios mecanismos de transmisión, entre ellos la generación de una demanda adicional de bienes y servicios producidos fuera del sector, a medida que se incrementa el ingreso derivado de la actividad agropecuaria; ahorros debidos a un mayor ingreso del agro, que pueden a su vez invertirse en el sector agropecuario y en otros sectores; liberación de mano de obra para el sector industrial; abastecimiento de alimentos de bajo costo para las zonas urbanas, lo que les permite mantener las tasas salariales a niveles competitivos, y abastecimiento de materias primas para apoyar a la industria (Timmer, 2002; DFID, 2005).

El crecimiento mundial de la PTF en el sector agropecuario alcanzó un promedio de casi el 1% anual en el período 1961–2001 (gráfico A). A diferencia de otros sectores, en este se dispone de mediciones de capital y otros insumos utilizados en la producción agrícola y ganadera y, por lo tanto, puede calcularse la PTF (en Ludena et al. [2007] se describe cómo se calculan estas cifras de la PTF).[a] En relación con otras regiones, América Latina y el Caribe ha registrado la tasa de crecimiento más alta de la productividad agropecuaria de todas las regiones en desarrollo (con excepción de China y las economías en transición): casi el 0,8% anual. Las tasas de crecimiento de la productividad en otras regiones, como Asia o África fueron más bajas, casi cuatro veces menores que la de América Latina y el Caribe.

Pese al desempeño relativamente bueno de la actividad agropecuaria en relación con otros sectores de la región y con otras economías en desarrollo, existen razones importantes para no dormirse en los laureles. En primer lugar, si bien la productividad laboral creció más rápidamente en el sector agropecuario que en otros sectores de América Latina, Duarte y Restuccia (de próxima publicación) señalan que este comportamiento se presenta en los numerosos países que examinan. Por lo tanto, lo que importa para la convergencia hacia la frontera productiva no es tanto que la productividad agropecuaria crezca a mayor velocidad que en otros sectores, sino el grado al que esto ocurre en América Latina en relación con Estados Unidos y otras economías desarrolladas (véase Martin y Mitra [2001], donde se compara el crecimiento de la PTF en los sectores agropecuario y manufacturero). Las cifras calculadas en Ludena et al. (2007) y Ludena (2009), que se resumen en el gráfico A, indican que la PTF agropecuaria en América Latina creció menos que la del mundo o los países desarrollados, lo que sugiere que parte de la evolución de la productividad laboral, documentada en el gráfico 3.5, puede atribuirse a tasas más rápidas de acumulación de capital en este sector en relación con la frontera productiva.

[a] En Ludena et al. (2007), mediante una medida de la PTF, se estima el crecimiento de la productividad agropecuaria de 1961 a 2001 para 116 países del mundo —incluidos la mayoría de los países de América Latina y el Caribe— empleando un índice de Malmquist no paramétrico (Färe et al., 1994), con datos de FAO (2009). Este es el análisis más reciente y completo de la productividad agropecuaria de la región. Analiza no solo la productividad agropecuaria en todo el sector, sino también el crecimiento de la productividad a nivel sectorial para la agricultura y la ganadería.

(*continúa en la página siguiente*)

RECUADRO 3.2 (*continuación*)

Gráfico A Crecimiento anual de la PTF en el sector agropecuario, 1961–2001

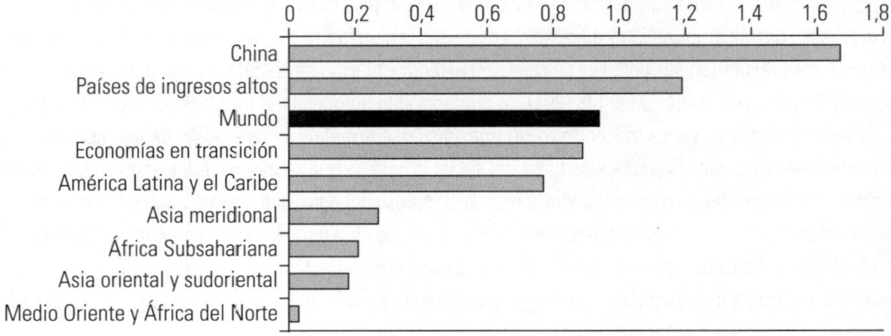

Fuente: Con base en Ludena et al. (2007).

Los incrementos de la productividad agropecuaria de América Latina están vinculados en su mayor parte con invenciones poderosas, como los cultivos genéticamente modificados que son resistentes a los herbicidas, o el uso de sistemas de posicionamiento satelitales para las actividades de fertilización y cosecha. La mayoría de estas invenciones fueron desarrolladas en países de ingresos altos, pero con importantes efectos secundarios en las economías en desarrollo (Ludena et al., 2007). En cambio, los cambios de eficiencia —es decir, el hecho de que se utilice de manera más eficiente la tecnología existente independientemente de que esa tecnología esté o no mejorando— han sido negativos entre los decenios de 1960 y 1980, aunque en los dos últimos decenios han cobrado signo positivo (gráfico B).

Gráfico B Crecimiento anual de la PTF, el cambio tecnológico y la eficiencia en el sector agropecuario, América Latina, 1961–2007

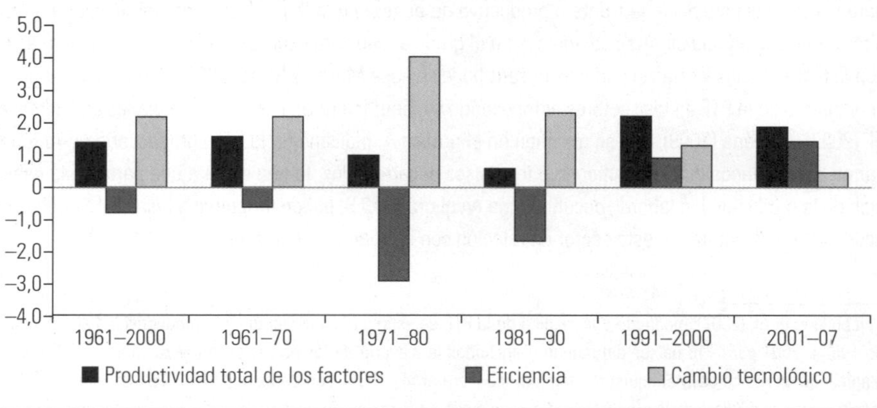

Fuente: Ludena (2009).

(*continúa en la página siguiente*)

RECUADRO 3.2 (*continuación*)

Aunque el crecimiento de la productividad total ha sido muy heterogéneo en los distintos países (gráfico C), ciertos comportamientos son evidentes: los países con mayor disponibilidad de tierras obtuvieron mejores resultados que los que tienen restricciones de tierras. Los países con abundancia de tierras (por definición, los que tienen 12 o más hectáreas por trabajador) crecieron a una tasa promedio anual del 1,5%. Con la excepción de Costa Rica, los países con restricciones de tierras registraron tasas promedio más bajas de crecimiento de la productividad, lo que sugiere la importancia de la disponibilidad de tierras y de los factores de escala en la productividad agropecuaria.

Gráfico C Crecimiento de la productividad total de los factores (PTF) en el sector de agricultura, por país de América Latina, 1961–2007

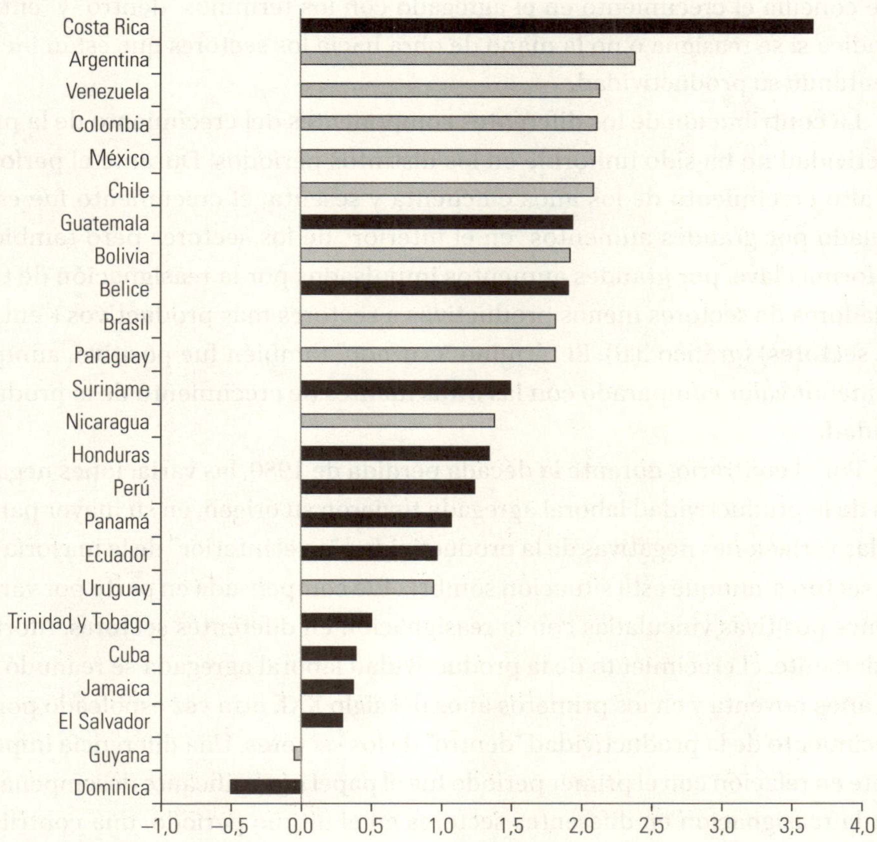

Fuente: Ludena (2009).

Nota: En color gris se indican los países con abundancia de tierras (más de 12 hectáreas por trabajador). En color negro se indican los países con restricciones de tierras.

un período dado puede dividirse en tres términos: el primero, conocido como término "en el interior" *(within term)*, indica en qué medida el cambio de la productividad agregada puede explicarse por el cambio de la productividad dentro de cada sector (multiplicado por la proporción del empleo en cada sector al comienzo del período). El segundo término, conocido como el término "entre" *(between term)*, indica el cambio de la productividad vinculado con la reasignación de empleos de sectores de baja productividad a sectores de alta productividad (medido como la suma de los cambios de la proporción del empleo multiplicada por el nivel inicial de productividad en cada sector). El último término, conocido como el término "cruzado" *(cross term)* es un término contable que concilia el crecimiento en el agregado con los términos "dentro" y "entre" e indica si se reasigna o no la mano de obra hacia los sectores que están incrementando su productividad.

La contribución de los diferentes componentes del crecimiento de la productividad no ha sido uniforme en los distintos períodos. Durante el período de alto crecimiento de los años cincuenta y sesenta, el crecimiento fue estimulado por grandes aumentos "en el interior" de los sectores pero también, de forma clave, por grandes aumentos impulsados por la reasignación de trabajadores de sectores menos productivos a sectores más productivos ("entre" los sectores) (gráfico 3.6). El término "cruzado" también fue positivo, aunque de menor valor comparado con las otras fuentes de crecimiento de la productividad.

Por el contrario, durante la década perdida de 1980, las variaciones negativas de la productividad laboral agregada tuvieron su origen, en su mayor parte, en las variaciones negativas de la productividad "en el interior" de la mayoría de los sectores, aunque esta situación sombría fue compensada en parte por variaciones positivas vinculadas con la reasignación en diferentes sectores. Afortunadamente, el crecimiento de la productividad laboral agregada se reanudó en los años noventa y en los primeros años del siglo XXI, otra vez espoleado por el crecimiento de la productividad "dentro" de los sectores. Una diferencia importante en relación con el primer período fue el papel insignificante desempeñado por la reasignación en diferentes sectores en el último período, una contribución que representó la mitad del crecimiento de la productividad durante el período de mayor crecimiento.

Estas tendencias sugieren que un importante motor del crecimiento durante los primeros años que abarca la muestra dejó de funcionar. Este motor,

Gráfico 3.6 Desglose de la productividad en diferentes períodos en América Latina, 1950–2005 (tasa de crecimiento anual)

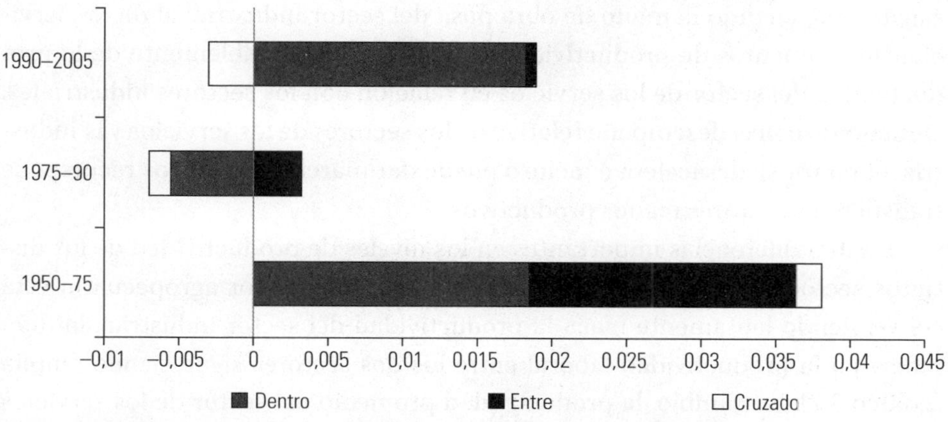

Fuente: Cálculos de los autores con base en Timmer y de Vries (2007).

conocido en la bibliografía económica como "transformación estructural", es un fenómeno bien conocido en las economías en desarrollo. Se refiere a una situación observada en la mayoría de los países en los cuales la primera reasignación es del sector agropecuario al industrial, y más tarde del sector industrial al de los servicios. Este proceso es activado por la combinación de aumentos de productividad más rápidos en el sector agropecuario que en otros sectores, y una tendencia de la población a gastar menos en alimentos, en relación con los bienes manufacturados y los servicios, a medida que se eleva el ingreso. Gracias a los aumentos de la productividad agropecuaria es posible alimentar a la población con una proporción cada vez menor de la fuerza de trabajo. Cuando esto ocurre, la mano de obra se reasigna al sector industrial (y migra a las ciudades) para satisfacer la creciente demanda de otros productos no alimentarios. Por último, cuando hay un aumento suficiente de la productividad en el sector industrial (o si las importaciones satisfacen la demanda interna de bienes industriales), la mano de obra se transfiere del sector industrial al de los servicios (Duarte y Restuccia, de próxima publicación).

La reasignación de recursos en los diferentes sectores puede tener consecuencias importantes para la productividad agregada. Dado que la productividad laboral tiende a ser más alta en el sector industrial que en el agropecuario, las transferencias que favorecen al sector industrial pueden redituar importantes aumentos de productividad agregada, lo que aparece en el desglose anterior como aumentos por reasignación. En etapas posteriores de la transformación estructural, cuando la mano de obra pasa del sector industrial al de los servicios, los aumentos de productividad dependen considerablemente de la productividad del sector de los servicios en relación con los sectores industriales. De acuerdo con el desempeño relativo de los sectores de los servicios y la industria, el motor se desacelera e incluso puede dar marcha atrás si los recursos se transfieren a sectores menos productivos.

Existen diferencias importantes en los niveles de productividad de los distintos sectores. Si bien la productividad laboral del sector agropecuario está convergiendo lentamente hacia la productividad del sector industrial, la diferencia en la productividad laboral entre los dos sectores sigue siendo amplia (gráfico 3.7). En cambio, la productividad promedio del sector de los servicios ha ido disminuyendo en relación con la productividad de la industria. En 1962 la productividad promedio del sector de los servicios era prácticamente igual a la productividad del sector industrial (es decir, la productividad en el sector de los servicios equivalía al 100% de la industrial), pero inmediatamente comenzó un prolongado declive relativo. En 2005 la productividad laboral del sector de

Gráfico 3.7 Evolución de la productividad laboral en relación con el sector de la industria, América Latina, 1950–2005 (productividad industrial, 1950 = 100)

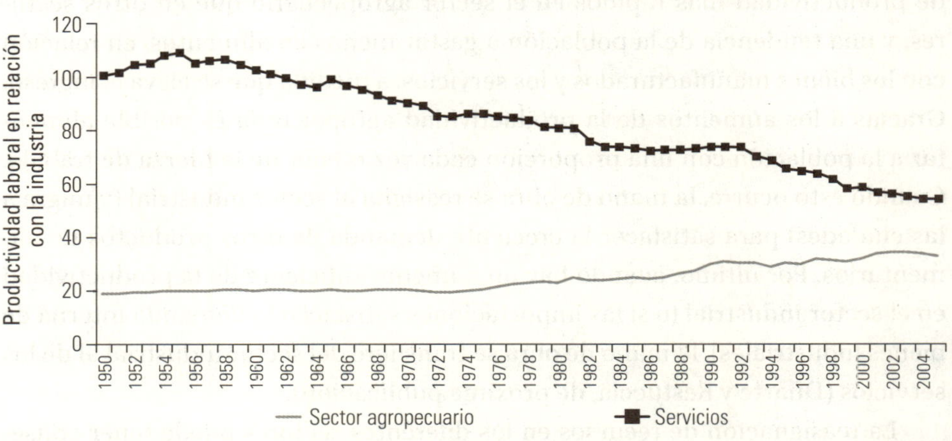

Fuente: Cálculos de los autores con base en Timmer y de Vries (2007).

Nota: Promedio no ponderado de Argentina, Bolivia, Brasil, Chile, Colombia, Costa Rica, México, Perú y Venezuela.

Los servicios comprenden: comercio mayorista y minorista, transporte, servicios financieros, servicios comunitarios y servicios públicos.

los servicios era solo el 54% de la productividad del sector industrial. Si bien, en principio, la productividad de los trabajadores que cambian de un sector a otro puede no ser la misma que la productividad del trabajador promedio en cada sector, los cálculos que tratan de explicar esas diferencias también indican que hubo una convergencia de las productividades pertinentes en los años sesenta y que desde entonces ha habido una divergencia.[3] Esto implica que hasta el decenio de 1960, los trabajadores que abandonaron el sector agropecuario y encontraron empleo en otros sectores produjeron más, en promedio, que los trabajadores que se quedaron en el campo. Los que pasaron del sector industrial al de servicios también produjeron más en sus sectores de destino. En estas situaciones, la reasignación de trabajadores siempre redundó en una mayor productividad.

Sin embargo, desde principios de los años sesenta en adelante, las transferencias de la industria a los servicios provocaron una baja de la productividad total. Esto aclara las causas del poder decreciente de la reasignación como motor del crecimiento en la región, y arroja luz sobre el creciente lastre que los servicios pueden representar en el crecimiento de la productividad total.

Estas transformaciones también han ocurrido en países fuera de la región, pero parecen ser más rápidas y más desfavorables para la productividad en América Latina que en Asia oriental o en los países de ingresos altos. Al hacer comparaciones con estas otras regiones se confirma que América Latina recibe un impulso menor a la productividad con la reasignación de trabajadores (gráfico 3.8). En Asia oriental, la reasignación generó 0,8 puntos porcentuales de crecimiento de la productividad por año durante el período 1990–2005. En los países de ingresos altos, esta contribución fue más baja, pero aun así alcanzó 0,5 puntos porcentuales por año. En América Latina, la contribución fue inferior a 0,1 puntos porcentuales.

¿Dónde están todos?

El mapeo de la proporción de trabajadores en cada sector de la región es el primer paso para entender cómo opera el proceso de transformación productiva en América Latina. En los últimos 35 años ocurrieron cambios importantes en la asignación del empleo. La proporción del empleo en el sector agropecuario descendió en forma considerable desde alrededor del 40% hasta aproximadamente

Gráfico 3.8 Desglose del crecimiento de la productividad por regiones, 1990–2005 (tasa de crecimiento anual)

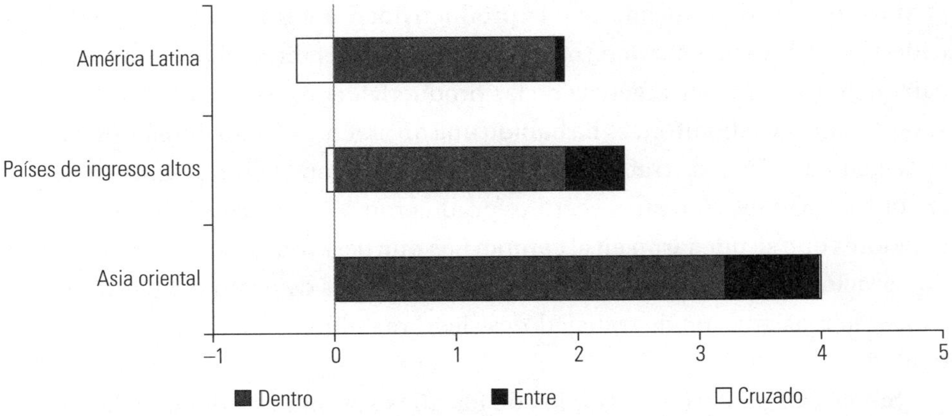

Fuente: Cálculos de los autores con base en Timmer y de Vries (2007).

la mitad en el último recuento (gráfico 3.9). Estas cifran siguen superando los valores típicos del mundo desarrollado, pero están por debajo de las de Asia oriental. Esta contracción de la proporción del empleo en el sector agropecuario, además del hecho de que América Latina tiene menos trabajadores en la industria y más en el sector de los servicios que los países de Asia oriental, sugiere que la región está más avanzada en su transformación estructural, un hecho que tiene gran influencia en las tendencias de la productividad. Debe subrayarse que la proporción del empleo industrial es menor en América Latina que en Asia oriental y en el mundo desarrollado, algo que también se señala en Pagés, Pierre y Scarpetta (2009). En ese estudio, los autores tratan de determinar si el empleo en el sector manufacturero es estadísticamente más bajo en América Latina que en el resto del mundo a niveles comparables de ingreso y la evidencia obtenida sugiere que así es, particularmente en el período 1970–89. En cambio, Asia oriental tiene ahora una proporción mayor del empleo en la industria que la que tenía a principios de los años setenta. Todo esto indica que América Latina ha pasado por la etapa media del desarrollo, en la cual la mano de obra pasa del sector agropecuario al industrial, a más velocidad que otras economías. Como resultado, ahora tiene una proporción mucho más alta de recursos asignados a los servicios que Asia oriental. Es por ello que el desempeño de este sector es de suma importancia para la productividad agregada de América Latina.

Gráfico 3.9 Proporción del empleo por sector económico, 1970–2005

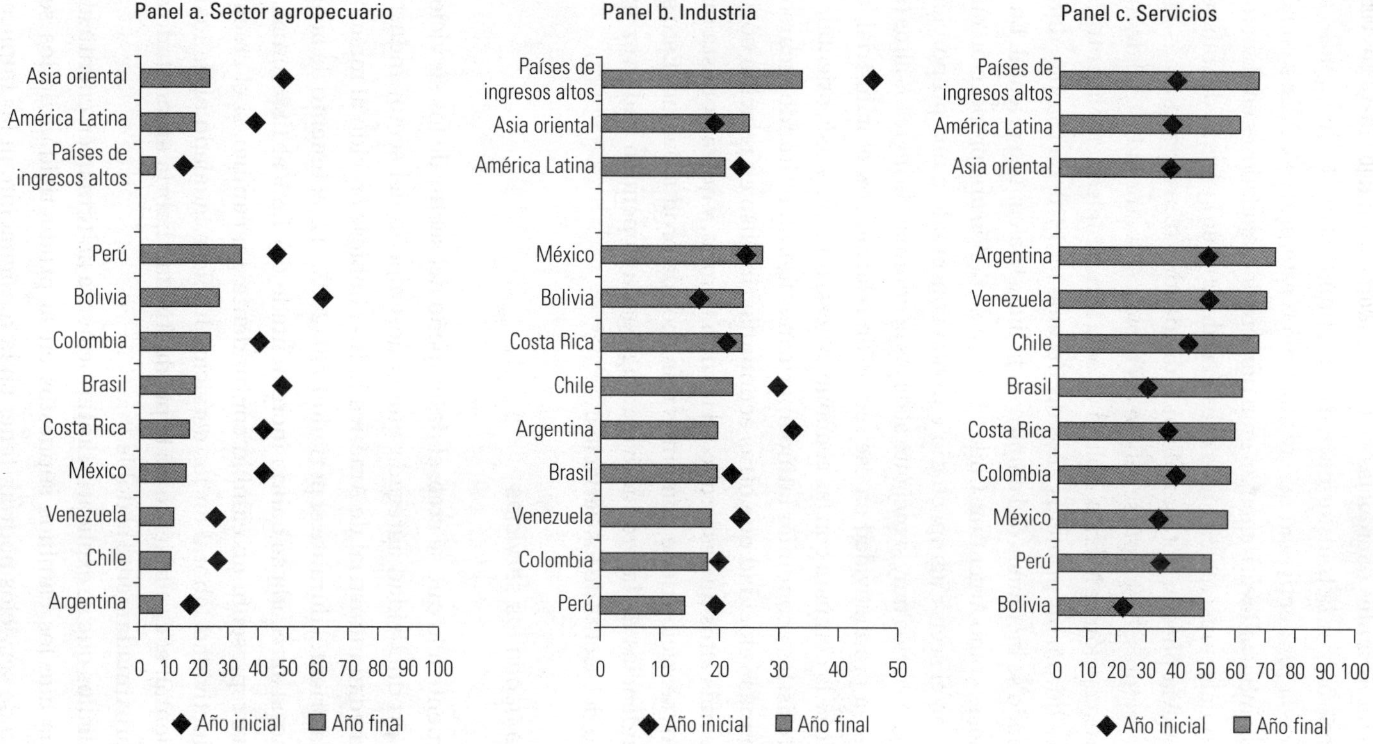

Fuente: Cálculos de los autores con base en Timmer y de Vries (2007).

Nota: Los países de altos ingresos son Dinamarca, España, Estados Unidos, Francia, Italia, Japón, Países Bajos, Reino Unido y Suecia. Asia oriental comprende: República de Corea, Filipinas, Hong Kong, Indonesia, Malasia (1972), Singapur, Tailandia y Taiwán. Los datos de Bolivia son de 2003.

Existen importantes diferencias en la velocidad a la cual los distintos países de la región pasaron por la transformación estructural y el grado de impulso o desaceleración de la productividad que recibieron en este proceso. Países como Perú, Bolivia y Colombia todavía tienen un gran número de trabajadores en el sector agropecuario, el cual representa en todos ellos más del 20% de la fuerza de trabajo y, por lo tanto, todavía pueden obtener algunos dividendos transfiriendo más recursos hacia otros sectores. En lo que se refiere al empleo, el sector industrial de América Latina, con excepción de México, Bolivia y Costa Rica, emplea actualmente a menos trabajadores que en los primeros años del decenio de 1970. En cambio, durante el mismo período se incrementó el empleo en la industria en Asia oriental. En el otro extremo, países como Argentina, Chile y Venezuela tienen una proporción muy baja de empleos en el sector agropecuario y ya han convergido a una proporción en el sector de los servicios muy semejante al de las economías de ingresos altos (gráfico 3.9), aunque la productividad en ese sector, en relación con el industrial, es muy baja cuando se la compara con las economías desarrolladas y Asia oriental.

En síntesis, las economías latinoamericanas fueron retirando recursos de la industria a más velocidad que otras economías, incluso en relación con países con niveles más altos de desarrollo. Al mismo tiempo, y quizá por esta razón, el sector de los servicios tiene aumentos mínimos de productividad. Esto sugiere que las tendencias de la productividad agregada dependen cada vez más del desempeño del sector de los servicios.

La culpa la tienen los servicios

Contrariamente a lo que se cree, el desempeño del sector de los servicios pesa más en la productividad agregada que el desempeño del sector industrial. Si la productividad industrial de América Latina hubiese crecido al mismo ritmo que en Asia oriental durante el período 1990–2005, el crecimiento de la productividad laboral agregada se habría incrementado del 1,5% al 1,8% anual, lo que difícilmente representa un cambio contundente. En cambio, si el crecimiento de la productividad laboral en los servicios hubiese igualado al de los países de Asia oriental, el crecimiento de la productividad habría aumentado al 3,1% anual, o aproximadamente el doble.[4]

Los cálculos que se explicaron anteriormente no toman en cuenta los posibles efectos que los cambios supuestos en la productividad de los sectores industrial o de servicios podrían tener en la reasignación, ni las implicaciones de estos para la productividad. Así, los cálculos suponen que los cambios de la productividad sectorial modifican únicamente los efectos "dentro" del sector pero no inducen cambios adicionales en los efectos "entre" sectores provocados por modificaciones en la asignación de empleos entre sectores como resultado de los cambios supuestos de la productividad. Para explicar todos estos efectos adicionales, se requieren estimaciones basadas en un modelo de equilibrio general. Duarte y Restuccia (de próxima publicación) lo hacen de esa manera, y sus resultados son similares a los que aquí se presentan, lo que indica que, en este caso en particular, los efectos en la reasignación inducidos por los cambios en el crecimiento de la productividad serían muy pequeños.[5]

Duarte y Restuccia también presentan algunos elementos adicionales y contundentes que ayudan a entender mejor el tema. Señalan que en una muestra grande de países, durante el período 1973–2004, el rápido crecimiento de la productividad en el sector industrial explica todos los episodios de convergencia con Estados Unidos. Esto es particularmente válido en los primeros años que abarca la muestra, cuando el empleo en el sector industrial tenía una ponderación mayor. Por otra parte, la baja productividad laboral en los servicios explica todos los casos de desaceleración, estancamiento y disminución de la productividad agregada relativa entre cada país y Estados Unidos.

La importancia del sector de los servicios reside precisamente en su volumen. En comparación, el rápido crecimiento de la productividad en el sector agropecuario, si bien es importante, produce efectos más pequeños en el agregado debido a que su tamaño es relativamente menor. Duarte y Restuccia también observan que los efectos del crecimiento de la productividad en el sector agropecuario se dispersan debido a que esos aumentos de productividad suelen venir acompañados de una mayor reasignación de trabajadores del campo hacia otros sectores. No obstante esto, el crecimiento más rápido de la productividad agropecuaria podría producir efectos considerables para algunos países, como Colombia y Perú, dado que tienen sectores agropecuarios relativamente grandes con una productividad relativamente baja.

Los servicios también son elementos clave para el crecimiento de la productividad en los países desarrollados. Farrell (2006) resume una serie de estudios sobre la productividad realizados por el McKinsey Global Institute y señala que la fuente primaria de la aceleración de la productividad en los años noventa no fue la tecnología de la información, como suele afirmarse. La autora atribuye el crecimiento de la productividad al desempeño de seis sectores de la economía (comercio mayorista, comercio minorista, valores, semiconductores, fabricación de computadoras y telecomunicaciones), de los cuales cuatro corresponden al sector de los servicios. Es más, el reciente estancamiento de la productividad laboral de muchos países europeos en relación con Estados Unidos está vinculado con el hecho de que el sector de los servicios no logró alcanzar la productividad de Estados Unidos (Duarte y Restuccia, de próxima publicación).

América Latina tiene una proporción menor del empleo en el sector industrial que Asia oriental o los países desarrollados. Si bien puede afirmarse que Asia oriental lleva una ventaja comparativa en la industria o que está menos avanzada en el proceso de transformación estructural que América Latina, es más difícil explicar por qué América Latina tiene menos empleo en el sector industrial que los países de ingresos altos, los cuales están más avanzados en la transformación estructural y tienen costos de mano de obra más elevados.

Son varias las posibles explicaciones de esta disminución más rápida de la proporción del empleo industrial en América Latina. Una razón obvia es que, como el crecimiento de la productividad en el sector de los servicios ha sido bajo, se necesitan más trabajadores en ese sector para producir un conjunto dado de bienes y servicios en América Latina, en relación con otras regiones.

Las políticas de gobierno que elevan los costos del capital también pueden inducir una reasignación más rápida del empleo hacia el sector de los servicios, que hace un uso más intensivo de la mano de obra y menos del capital. Esta es la respuesta que proponen Neumeyer y Hopenhayn (2004) para explicar la rápida reasignación del empleo a los servicios en Argentina durante el período 1975–90. Los autores construyen un modelo teórico en el cual el incremento del costo del capital explica esta reasignación del empleo. Sostienen que hubo una serie de factores que contribuyeron a elevar los costos del capital en ese período. En primer lugar, la cesación del pago de la deuda internacional provocó tasas de interés más altas. Segundo, el aumento de los aranceles y las cuotas de importación también tuvieron que ver con el aumento del costo de las importaciones de capital. Por último, la incertidumbre sobre la continuidad de la protección generó incertidumbre en las inversiones, porque los empresarios no estaban dispuestos a invertir recursos en sectores que hacen un uso intensivo del capital y que podrían volverse menos rentables si se eliminase la protección.

La liberalización del comercio internacional que tuvo lugar en el decenio de 1990 es otro factor al que se culpa con frecuencia por la contracción del empleo industrial en América Latina. En un período relativamente corto, los gobiernos eliminaron muchas de las restricciones al comercio internacional. Las reformas fueron profundas y abarcaron a todos los países. No solo se redujeron considerablemente los aranceles sino que además prácticamente se eliminó la dispersión entre distintos productos y sectores. Este proceso de reforma de amplio alcance golpeó con particular dureza al sector industrial porque, como existía protección, muchas empresas se sentían cómodas con el statu quo y poco hicieron por mejorar la productividad. A medida que se incrementó la competencia con la apertura, muchas empresas se reestructuraron y mejoraron su productividad, pero muchas otras tuvieron que reducir sus actividades o cerrar. La evidencia sugiere que la reducción de los aranceles trajo aparejada una contracción del empleo en el sector industrial (Revenga, 1997; Haltiwanger et al., 2004). Sin embargo, en general, los efectos atribuibles directamente al comercio exterior no parecen ser tan grandes, aunque las economías pequeñas y abiertas pueden ser la excepción, habida cuenta de los efectos relativamente mayores que se observaron en el empleo industrial en Uruguay (Casacuberta, Fachola y Gandelman, 2004).

Las deficiencias en el clima de negocios y las regulaciones e impuestos onerosos también pueden haber perjudicado al sector industrial más que a otros. En particular, las economías de escala en la producción de ciertos bienes pueden indicar que la escala óptima de producción es más grande en la industria; esto implica que es más difícil para las empresas industriales que para las de servicios operar sin ser detectadas por las autoridades, evadiendo el pago de impuestos y el cumplimiento de las obligaciones. Este factor podría explicar la proporción mucho más grande de actividades informales o el tamaño más pequeño de los establecimientos en el sector servicios (capítulo 4). Todos estos factores sesgarían la constitución de empresas y la asignación del empleo hacia el sector de los servicios.

A su vez, la enorme migración de trabajadores del sector industrial al sector de los servicios explicaría por qué ha aumentado tan poco la productividad laboral en este último. Si no existen mejores oportunidades y los trabajadores se ven obligados a crear sus propios empleos en actividades de servicios que tienen bajos costos de entrada y baja productividad, descenderá la productividad en este sector. La evidencia sugiere que las empresas creadas por necesidad y no como resultado de una iniciativa empresarial tienden a tener menor productividad y a invertir menos en mejorar la productividad o en capacitar a los trabajadores (Carpio y Pagés, 2009). En parte, esta tasa más baja de inversión puede estar vinculada con un menor acceso al crédito, dado que las empresas que operan de manera informal (es decir, que no están oficialmente registradas y no pagan impuestos) suelen tener menos acceso a los mercados formales de crédito.

Por otra parte, otro factor importante que podría explicar el bajo crecimiento de la productividad en el sector servicios es la gran proporción de empresas que operan de manera informal, lo cual puede desalentar la entrada de empresas de mayor productividad a este sector. Así, aun cuando las empresas de mayor productivad pueden producir bienes a menor costo y venderlos a precios más bajos que las empresas informales, estas últimas tienen una ventaja en sus costos porque evaden impuestos y no observan las regulaciones. La ventaja de costos que se adquiere de esta manera puede representar una proporción muy significativa de los costos y de las utilidades y puede impedir que las empresas formales más productivas ingresen en el mercado y/o aumenten su participación. Esto, a su vez, genera baja productividad, empleos con bajos salarios y condiciones de trabajo inferiores en el sector de los servicios. De este modo, el alto grado de informalidad puede ser no solo consecuencia de un bajo crecimiento de la productividad, sino también, en gran medida, una de las causas del bajo crecimiento de la productividad en el sector de los servicios de América Latina.

Por último, pero no en orden de importancia, es menester considerar las externalidades potenciales que genera el sector de los servicios en el resto de la economía. Una distribución más eficiente de bienes y servicios gracias a una mayor eficiencia en el transporte, las comunicaciones y las actividades del comercio minorista y mayorista mejora la productividad de las actividades agropecuarias e industriales (capítulo 5). Que América Latina padezca una productividad baja y estancada en estos sectores cruciales tiene mucho que ver con el bajo crecimiento de la productividad de las actividades industriales. De hecho, los elevados costos de transporte tienen efectos similares a los aranceles: ambos reducen la productividad de una empresa (véase el capítulo 5).

¿Podrá volver a industrializarse la región? El número creciente de ciudadanos de clase media con mayor poder adquisitivo y hábitos de consumo cada vez más sofisticados en países como India y China ofrece valiosas oportunidades para que crezca el sector industrial. Para encontrar estas oportunidades, los empresarios tienen que ser muy ingeniosos, pero también se requieren políticas públicas bien diseñadas que ayuden a coordinar a los diferentes participantes, promuevan la búsqueda de nichos potencialmente exitosos, corrijan las fallas de coordinación y suministren bienes públicos esenciales en las áreas de oportunidad (véase el capítulo 11). También será menester reducir los costos de transporte nacionales e internacionales, para que la ubicación geográfica de la región —lejos de los mercados emergentes de Asia— no les impida aprovechar esta oportunidad. Esto conllevará más inversiones en infraestructura, pero también reviste mucha importancia el aumento de la eficiencia del sector de los servicios. En definitiva, gran parte del éxito del sector industrial se resume en el mejoramiento de la logística, los puertos, los aeropuertos, las comunicaciones y el transporte.

Conclusión

Se ha vuelto común centrar la mira en el impulso a las exportaciones y en el mejoramiento de la calidad de los bienes transables como estrategia para incrementar la competitividad y los niveles de ingreso. Sin embargo, el análisis que se presenta en este capítulo sugiere que el aumento de la productividad en el sector de los servicios es crucial para elevar la productividad agregada en economías con grandes sectores terciarios. América Latina ya se ha unido a este grupo, y a menos que logre propulsar la productividad en vastos sectores de la economía, los niveles de productividad en relación con Estados Unidos y otros países desarrollados seguirán descendiendo. Las perspectivas son más optimistas en el sector agropecuario, pero su ponderación cada vez menor en la actividad económica general implica que su importancia como fuente de crecimiento de la productividad agregada disminuye. Si bien se requiere mucho más trabajo para entender el desempeño deficiente de los servicios en la región, en este capítulo se adelantan algunas hipótesis que se analizarán en las páginas subsiguientes. Una de las principales es que la magnitud del sector informal protege a las empresas más pequeñas —que en su gran mayoría son muy ineficientes— de la competencia de modelos empresariales mejores y más productivos. Además, la competencia insuficiente y la falta de regulación adecuada en puertos y aeropuertos, aunadas a la congestión del tránsito en las grandes ciudades, vuelven al transporte ineficiente y costoso, con efectos que repercuten en toda la economía.

Notas

[1] Véase, por ejemplo, Lewis (1954).

[2] Una notable excepción es la serie de estudios realizados por el McKinsey Global Institute en varios sectores económicos diferentes de un conjunto bastante numeroso de países. La serie se resume en Lewis (2004) y en Farrell (2006).

[3] En la jerga de los economistas, los productos marginales pueden ser diferentes de los productos promedio. Si se supone una función de producción de Cobb-Douglas y rendimientos constantes a escala, el cálculo de la proporción de la mano de obra a partir de las cuentas nacionales para cada sector permite calcular productos marginales en manufacturas y servicios. Esos cálculos indican que los productos marginales se igualaron alrededor de 1970. A partir de ese año, los productos marginales en servicios han disminuido constantemente en relación con los productos marginales en el sector manufacturero.

[4] Los cálculos son estimaciones de los autores utilizando los desgloses mencionados anteriormente —en los que el crecimiento de la productividad agregada se divide en los términos "dentro", "entre" y "cruzado"— y, en los cuales, en el término "dentro", se sustituyen el crecimiento en los sectores de manufacturas o de los servicios en América Latina por el crecimiento de estos sectores en Asia oriental, manteniendo constantes los términos "entre" y "cruzado".

[5] Duarte y Restuccia (de próxima publicación) señalan que estos efectos inducidos en la reasignación son fundamentales en algunos de los ejercicios con casos hipotéticos —particularmente al simular diferentes tasas de crecimiento en el sector agropecuario— demostrando de esa manera la importancia de construir y emplear un modelo de equilibrio general para explicar correctamente estos efectos.

4 PRODUCTIVIDAD DESDE LOS CIMIENTOS: EMPRESAS Y ASIGNACIÓN DE RECURSOS

Piénsese en un equipo de fútbol. Para poder ganar el campeonato debe contar con buenos jugadores y estos deben jugar en las posiciones correctas. Como en un equipo exitoso, la productividad de una economía depende de dos factores básicos: la productividad de sus empresas (los jugadores) y la asignación de los recursos de los que dispone —mano de obra y capital— a las empresas (las posiciones). De la misma manera que un equipo de jugadores "estrella" puede perder el campeonato si los jugadores juegan en las posiciones incorrectas, el incremento de la productividad agregada depende de muchas más cosas que la productividad de cada empresa. Por supuesto, es más fácil formar un equipo ganador —o una economía próspera— con jugadores buenos o expertos pero esto no es suficiente para garantizar una alta productividad.

Los resultados que se presentan en este capítulo sugieren que, en primer lugar, la productividad de las empresas de América Latina varía ampliamente: existen algunas empresas muy productivas y muchas de productividad extremadamente baja, lo cual redunda en un déficit de empresas con niveles medios de productividad. Existe también una fuerte relación entre la productividad y el tamaño: las empresas más productivas tienden a ser más grandes. Esto implica que hay muchos recursos en empresas muy pequeñas —a menudo de una sola persona—y de muy baja productividad. Si los países de América Latina tuviesen la misma proporción de empresas de productividad mediana y alta que Estados Unidos, la productividad y el producto interno bruto (PIB) de la región casi se duplicarían. Por el contrario, tratar de elevar la productividad agregada incrementando la productividad de las empresas más débiles y más pequeñas parecería no dar resultado a menos que estos aumentos fueran enormes.

En segundo lugar, América Latina no solo es una región de empresas que en su mayoría tienen un desempeño deficiente, sino que también hace un uso inadecuado de los recursos existentes (mano de obra y capital). Con las tecnologías actuales, la productividad y el PIB de la región podrían crecer entre un 40% y un 60%, dependiendo del país, mediante la reasignación más eficiente de la mano de obra y del capital entre las empresas existentes.

La gran dispersión de la productividad de las empresas y el uso ineficiente de los recursos disponibles plantea una serie de preguntas. ¿Qué explica la baja proporción de empresas con niveles medios de productividad? ¿Cómo pueden coexistir empresas muy eficientes con empresas que son mucho menos eficientes en la producción de bienes similares? ¿Cómo puede la región hacer un mejor uso de los recursos existentes? ¿En qué medida la asignación ineficiente de recursos en América Latina se debe a fallas del mercado o del Estado?

La productividad más allá de la tecnología

En general, los economistas estiman el crecimiento de la productividad agregada como la porción del crecimiento del PIB que no puede explicarse ni por la acumulación de capital físico y humano ni por el crecimiento del empleo. Esta fracción no explicada refleja la manera en que los países pueden obtener más producto de un conjunto dado de insumos. No obstante, debido a que con este método se calcula la productividad como un residuo, la productividad se convierte, según Robert Solow, en "una medida de nuestra ignorancia". Desde el original trabajo de este autor, realizado hace 50 años, se ha considerado este residuo como una medida del estado de la tecnología, y al progreso tecnológico como factor determinante del crecimiento de la productividad.

En los años recientes, sin embargo, una serie de novedosos estudios, producidos en la mayoría de los casos con base en el análisis de las economías desarrolladas, está comenzando a mirar más allá de las cifras agregadas para entender mejor qué determina este residuo. En estas investigaciones, realizadas a partir de datos de establecimientos individuales, se muestra que detrás de las cifras agregadas de productividad hay una enorme heterogeneidad en los niveles de productividad de las distintas empresas, incluso cuando el análisis se circunscribe a sectores particulares de la economía, y al comparar empresas que producen bienes similares (Eslava et al., 2004; Foster, Haltiwanger y Syverson, 2008; Syverson, 2004). Esto implica que los países de baja productividad pueden tener empresas que alcanzan niveles de eficiencia comparables o cercanos a los de las empresas en la frontera de la productividad mundial en ese sector, juntamente con empresas de productividad muy baja. De hecho, la heterogeneidad de la productividad dentro de cada país es mucho mayor que la dispersión de la productividad entre países pobres y ricos (Banerjee y Duflo, 2005).

Esta gran dispersión de la productividad de las empresas aporta una serie de elementos nuevos que permiten comprender mejor qué hay detrás de la productividad agregada. El más obvio es que como la productividad agregada está dada por el promedio de productividad de todas las empresas, ponderadas por su tamaño, las economías de baja productividad son aquellas en las que o bien existe un gran número de empresas poco productivas o, por alguna razón, las empresas muy productivas son pequeñas y por ello, tienen poco peso en el total. Esto, a su vez, plantea que para explicar la productividad hay que entender los factores que determinan qué conjunto de empresas operan en una economía, la productividad de cada una de ellas, y el tamaño de estas, dada su productividad. El argumento principal de este capítulo y de este libro es que cada uno de estos factores puede ser alterado por fallas del mercado o del Estado y que, de esta manera, estas fallas determinan la productividad de un país en el agregado.

Así, por ejemplo, en relación con el conjunto de empresas que operan en la economía, este capítulo plantea: ¿qué explica que puedan coexistir empresas sumamente eficientes con empresas mucho menos eficientes que producen bienes similares? ¿Cómo hacen para sobrevivir las empresas poco productivas? El desempeño de toda la economía sufrirá si hay factores que promueven la supervivencia de empresas de desempeño muy deficiente o generan la salida de las más eficientes.

En relación con el tamaño de las empresas, las fallas del mercado o del Estado también pueden afectar la productividad agregada al alterar el tamaño relativo de las empresas dentro de un sector, ayudando a que empresas poco productivas incrementen su participación en el mercado, o impidiendo que las empresas productivas crezcan. Si, por ejemplo, las políticas de crédito dirigido asignan créditos a empresas cuyo capital adicional tiene bajo rendimiento, o por problemas en el mercado de crédito se niegan créditos a empresas cuyo capital adicional podría redundar en ingresos muy altos, se reduce la productividad agregada porque las empresas productivas son demasiado pequeñas o las improductivas son demasiado grandes. En este contexto, son dos los tipos de medidas de política que elevan la productividad: las que ayudan a expandir el tamaño de las empresas en las que los recursos rinden mejor, y las que desvían recursos de empresas donde los recursos rinden menos a empresas donde rinden más. Ambas estrategias incrementan la producción agregada que puede obtenerse con exactamente las mismas tecnologías y las mismas cantidades de capital y mano de obra.

Debe subrayarse, por lo tanto, que cuando la asignación de recursos está distorsionada, existe el potencial de obtener grandes aumentos de productividad simplemente realizando los cambios adecuados en las políticas y sin tener que invertir en más recursos ni mejorar las tecnologías de las empresas. Como se señala más adelante, la asignación desacertada de los recursos (el uso inadecuado de los recursos existentes) está mucho más generalizada en los países en desarrollo. Por lo tanto, mientras los países desarrollados tienen que recurrir principalmente a innovaciones y mejoras de la tecnología para lograr aumentos de productividad, los países en desarrollo pueden imprimir un enorme impulso a la productividad mediante políticas que mejoren el uso de los recursos existentes. Es importante resaltar, sin embargo, que este proceso de transformación productiva no está libre de costos. La reasignación de mano de obra y de capital es onerosa porque puede ir acompañada de fuertes fricciones sociales y costos en términos de bienestar. Es por lo tanto prioritario encontrar maneras de proteger y compensar a quienes salen perdiendo cuando se aplican esas políticas, a fin de que se puedan lograr grandes ganancias generales.

Lo anterior no implica que la innovación o la adopción de tecnología no sean fuentes muy importantes de crecimiento de la productividad en los países en desarrollo (véase el capítulo 10, donde se trata este tema con más profundidad). Simplemente significa que en parte las economías en desarrollo tienen bajos ingresos precisamente porque existe un gran número de fallas que impiden el uso óptimo de los recursos. Por consiguiente, además de incrementar la productividad de cada empresa mediante políticas de fomento a la innovación y adopción de tecnología, los países en desarrollo tienen a su disposición otras fuentes potenciales de crecimiento, que deberían tomar en cuenta y poner a prueba, si se consideran adecuadas. Lo que es más importante es que parte de la disparidad de ingresos entre países más ricos y más pobres puede explicarse por esas distorsiones y la consecuente asignación desacertada de recursos. Se deduce entonces que la instrumentación de políticas adecuadas y la corrección de fallas importantes del mercado pueden ayudar a cerrar la brecha de productividad entre América Latina y la frontera mundial.

La productividad de las empresas latinoamericanas

La región de productividad más desigual

Como ya se sabe, América Latina padece la mayor desigualdad de ingresos del mundo. La región también se caracteriza por una gran desigualdad en materia de productividad, incluso dentro de sectores estrictamente definidos (gráfico 4.1). La productividad se mide como productividad total de los factores (PTF) y se calcula siguiendo la metodología propuesta por Hsieh y Klenow (de próxima publicación) (véase el recuadro 4.1).[1]

Gráfico 4.1 Dispersión de la productividad en empresas manufactureras, países seleccionados

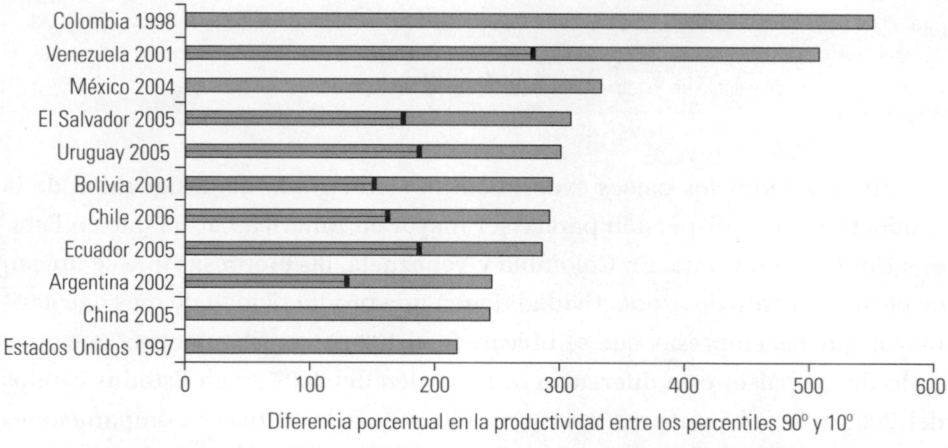

Fuentes: Argentina: Neumeyer y Sandleris (2009); Bolivia: Machicado y Birbuet (2009); Chile: Busso, Madrigal y Pagés (2009a, 2009b); Colombia: Camacho y Conover (2009); Ecuador: Arellano (2009); El Salvador: Atal, Busso y Cisneros (2009); México y Venezuela: cálculos de los autores con base en INEGI (2004) e INE (2001), respectivamente; Uruguay: Casacuberta y Gandelman (2009); China y Estados Unidos: Hsieh y Klenow (de próxima publicación).

Nota: Las cifras corresponden a establecimientos con 10 o más empleados, excepto en el caso de China, donde corresponden a plantas con ventas superiores a US$600.000, y Estados Unidos, donde corresponden a todos los establecimientos con uno o más empleados. Las líneas dentro de las barras representan la diferencia porcentual en productividad entre los percentiles 50° y 10° de la distribución de la productividad.

RECUADRO 4.1 LA IMPORTANCIA DE LOS DATOS

Los resultados que se presentan en este capítulo están basados en una serie de estudios de países en los que se analizan datos a nivel del establecimiento producidos por las oficinas de estadísticas de cada país. Lamentablemente, solo en una submuestra de países se recopilan estos datos, y de ellos, un número aún menor los pone a disposición de los investigadores. Pese a esas limitaciones, se compilaron datos para el siguiente grupo de países latinoamericanos: Argentina, Bolivia, Colombia, Chile, Ecuador, El Salvador, México, Uruguay y Venezuela). Los autores de este capítulo expresan su agradecimiento a todos los investigadores que participaron en esta tarea.

La cobertura de los datos varía de un país a otro, pero en general constituyen censos de las empresas más grandes establecidas formalmente y una muestra aleatoria de las más pequeñas. En todos los casos, los datos tienen un componente longitudinal, lo que permite el seguimiento de cada establecimiento en el tiempo (por lo menos con los datos censales). Los conjuntos de datos son representativos a nivel nacional y abarcan un período de casi 10 años. En la mayoría de los casos, la cobertura está restringida al sector manufacturero, aunque en México y Uruguay comprende también otros sectores económicos además del manufacturero.

Los datos han sido procesados con el objetivo de asegurar la posibilidad de efectuar comparaciones entre los países. Cabe destacar que en la mayoría de los casos el análisis se limitó a empresas con 10 o más empleados, porque en muchos países el marco de la muestra abarca únicamente este subconjunto de empresas. En el caso de disponer de información, se ha dado cuenta de las variaciones de los indicadores cuando se añaden las empresas más pequeñas. En todos los países, los sectores se definieron al nivel de desglose de cuatro dígitos de la Clasificación Industrial Internacional Uniforme (CIIU). Las medidas de productividad se definen como productividad total de los factores (PTF) a nivel del establecimiento, como se calculó en Hsieh y Klenow (de próxima publicación).

Aunque todos los países experimentan algún grado de desigualdad de la productividad, la dispersión parece ser mayor en América Latina que en Estados Unidos o en China. En Colombia y Venezuela, las empresas que se ubican en el 90º percentil de productividad tienen una productividad de más del 500% mayor que las empresas que se ubican en el 10º percentil, mientras que en el resto de los países esta diferencia es del orden del 300%, y en Estados Unidos del 200%.[2] No obstante, es necesario tener cautela al hacer comparaciones entre países, porque la cobertura de los datos varía de un país a otro y las medidas de dispersión son sensibles a la muestra utilizada. En Estados Unidos, los datos corresponden a todos los establecimientos de uno o más empleados; en China, a los establecimientos con ventas anuales superiores a US$600.000 y en América Latina a establecimientos con 10 empleados o más. Las cifras para el universo de establecimientos manufactureros de América Latina, en los países donde se dispone de este tipo de datos (México y El Salvador), también indican una mayor dispersión de la productividad que en Estados Unidos.[3]

Comparados con estas grandes diferencias (entre 300% y 500% entre el 90º y 10º percentil de productividad), los diferenciales de productividad agregada entre países ricos y pobres pierden importancia. Por ejemplo, la PTF de Estados Unidos es el doble de la de América Latina, un diferencial mucho más pequeño que el que se observa entre empresas dentro de un país y sector económico dados.

Esta amplia dispersión implica que, dentro de sectores definidos, ciertas empresas pueden obtener mucho más producto a partir de una misma cantidad de insumos que otras. Esta disparidad puede deberse a variaciones extremas en los procesos y las tecnologías que emplean las empresas para producir y competir en el mismo sector, o podría estar relacionada con diferencias en el capital humano o la capacidad gerencial de los gerentes o propietarios de las empresas.[4] Carpio y Pagés (2009) encuentran evidencia de esta última hipótesis en una muestra de microempresas de Brasil donde muestran que existe una fuerte relación entre el nivel educativo del propietario y la PTF de una empresa. Esta heterogeneidad extrema obedece a brechas de productividad entre las empresas más productivas y las de mediana productividad, y sobre todo a las importantes brechas entre empresas de mediana productividad y las de muy baja (véanse las líneas dentro de las barras del gráfico 4.1, que representan la diferencia porcentual de productividad entre la mediana y el 10º percentil más bajo de productividad). Esto indica que la heterogeneidad es mayor en el extremo más bajo de la distribución debido a la presencia de empresas muy improductivas (lo cual se evidencia por el hecho de que la distancia entre la productividad en el 10º percentil más bajo y en la mediana es mayor que la distancia entre los percentiles 50º y 90º, representada por el resto de la barra que no tiene línea en el gráfico 4.1).

La diferencia de productividad entre empresas parece ser aun mucho mayor fuera del sector manufacturero. Aunque solo se dispone de ese tipo de datos para México y Uruguay, en ambos países las diferencias de productividad entre las distintas empresas son mucho mayores en el sector servicios que en la manufactura, particularmente en comunicaciones y transporte en Uruguay, y en comercio minorista en México.[5] La pregunta pertinente —a la cual se vuelve más adelante— es: ¿qué causa esa heterogeneidad tan extensa y, lo que es más importante, qué factores inciden en la predominancia de empresas muy improductivas, en particular en el sector de los servicios?

Pequeñas en tamaño y en productividad

En una economía que funcione bien, el tamaño de la empresa (medido por su valor agregado, el empleo o los activos) debería mantener una correlación positiva y muy estrecha con su productividad.[6] Ello es debido a que con el tiempo las empresas que son más productivas que sus competidoras pueden vender más barato y por lo tanto aumentar su participación en el mercado, contratar más mano de obra, incrementar su capital y expandir su producción. La evidencia empírica para América Latina indica que efectivamente existe una importante relación positiva entre productividad y tamaño. En comparación con las empresas manufactureras que emplean de 10 a 19 trabajadores, las que emplean entre 20 y 49 trabajadores son aproximadamente 50% más productivas. La productividad se duplica con creces en empresas con más de 100 trabajadores. En Bolivia, Venezuela y El Salvador, la productividad de las empresas más grandes supera en más del 180% a la de las empresas con 10 a 19 trabajadores (gráfico 4.2).[7]

A pesar de que existe una fuerte relación entre el tamaño de la empresa y su productividad, existe también mucha heterogeneidad en materia de pro-

Gráfico 4.2 Productividad por tamaño de la empresa en relación con empresas de 10 a 19 trabajadores, establecimientos manufactureros

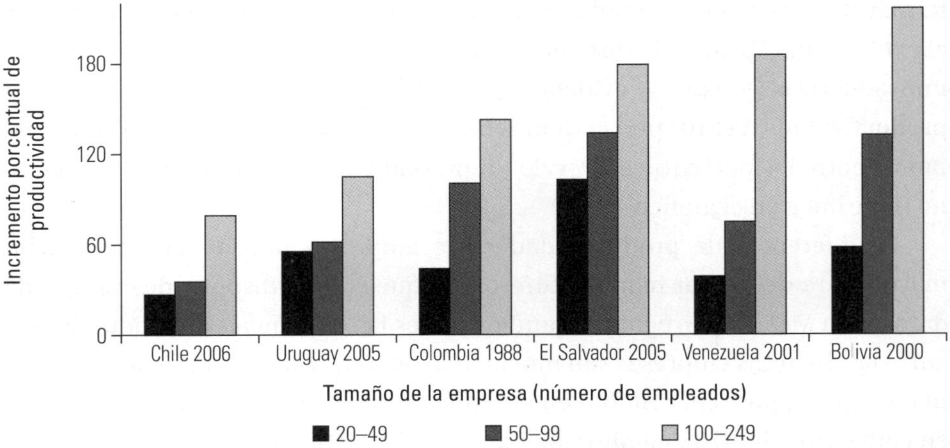

Fuentes: Bolivia: Machicado y Birbuet (2009); Chile: Busso, Madrigal y Pagés (2009a, 2009b); Colombia: Camacho y Conover (2009); El Salvador: Atal, Busso y Cisneros (2009); Uruguay: Casacuberta y Gandelman (2009); Venezuela: cálculos de los autores basados en INE (2001).
Nota: Véase la nota del gráfico 4.1.

ductividad entre empresas manufactureras de casi el mismo tamaño, como se destaca en el gráfico 4.3 para México (panel a) y El Salvador (panel b), los únicos países de la región donde se consiguieron datos sobre el universo de establecimientos manufactureros. En cuanto a las empresas pequeñas (de hasta 10 empleados), algunas son muy productivas en relación con el promedio del sector, sobre todo en México. Entre las grandes, algunas son muy improductivas, también en relación con el promedio del sector al que pertenecen. Sin embargo, el extremo bajo de la distribución de productividades está dominado por empresas de hasta 10 empleados lo que sugiere que parte del problema de la baja productividad en América Latina puede tener que ver con el peso excesivo de las empresas pequeñas e improductivas en la productividad total.

Las comparaciones con Estados Unidos también dan cierta validez a la hipótesis del "medio faltante". Es muy notorio que tanto en México como en El Salvador haya muchas más empresas manufactureras en la parte más baja de la

Gráfico 4.3 Distribución de la productividad de las empresas en México y El Salvador, todos los establecimientos manufactureros

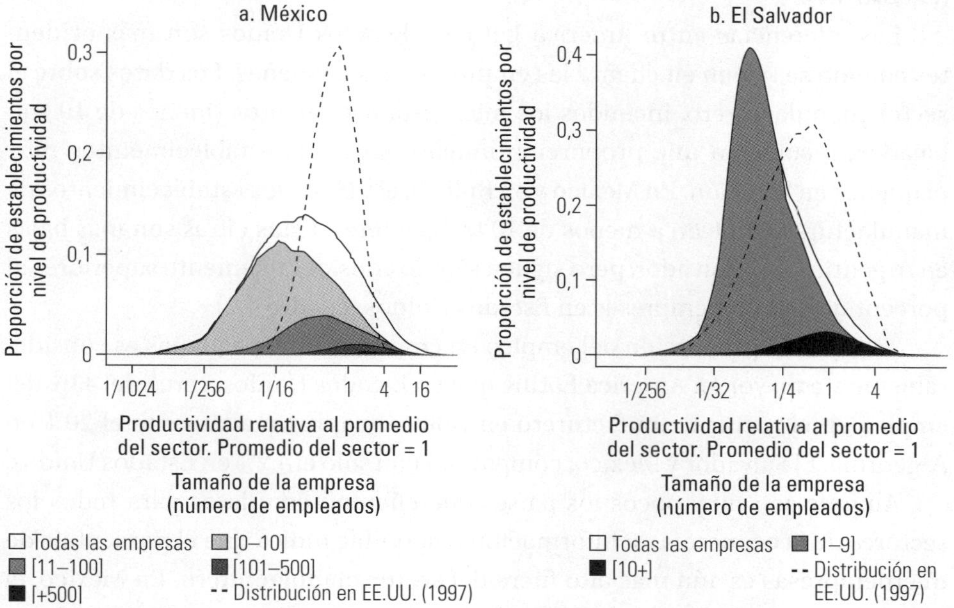

Fuentes: El Salvador: Atal, Busso y Cisneros (2009); México: INEGI (2004, 2005).
Nota: La productividad se mide como fracción del promedio de cada industria. Las industrias se definen con cuatro dígitos de desagregación.

distribución de productividades, y menos alrededor del promedio de la distribución en comparación con Estados Unidos (línea punteada en el gráfico 4.3). Esto es particularmente claro en México, donde la proporción de empresas con alta productividad en relación con el promedio es mayor que en Estados Unidos. En El Salvador, faltan las empresas de productividad media y alta (véase el gráfico 4.3).

Una región de pequeñas empresas

Tal y como se anticipa en la sección anterior, la evidencia revela que América Latina es una región de empresas muy pequeñas en comparación con Estados Unidos.[8] Al comparar la submuestra de establecimientos manufactureros con 10 o más empleados, la distribución por tamaño de las empresas en los distintos países de la región y en Estados Unidos es muy similar. Solo en Bolivia, Argentina, México y El Salvador la proporción de establecimientos pequeños (10 a 49 trabajadores) es mayor que en Estados Unidos, en tanto que en cinco países de América Latina, esta proporción parece ser similar o incluso menor (cuadro 4.1).

Las diferencias entre América Latina y Estados Unidos son más evidentes cuando se tienen en cuenta las empresas más pequeñas. Los datos sobre el sector manufacturero, incluidos los microestablecimientos (menos de 10 trabajadores) sugieren una proporción mucho mayor de establecimeintos muy pequeños en la región. En México y en Bolivia, el 91% de los establecimientos de manufacturas emplean a menos de 10 trabajadores. Estas cifras son más bajas en Argentina o El Salvador, pero siguen siendo considerablemente superiores al porcentaje de microempresas en Estados Unidos (cuadro 4.2).

También la proporción del empleo en empresas muy pequeñas es considerablemente mayor en América Latina que en Estados Unidos: cerca del 43% del empleo en el sector manufacturero en Bolivia y aproximadamente el 20% en Argentina, El Salvador y México, comparado con solo el 4,2% en Estados Unidos.

Aunque son muy pocos los países que cuentan con datos para todos los sectores de la economía, la información disponible indica que el porcentaje de microempresas es aún más alto fuera del sector manufacturero. En México, el 97% de los establecimientos en el sector de comercio minorista y el 94% en el sector de los servicios emplean a menos de 10 trabajadores, y el promedio para toda la economía es 95%. En el comercio minorista, el 72% de los establecimientos

Cuadro 4.1 Distribución de empresas y empleo en el sector manufacturero, por tamaño de la empresa. Empresas con 10 o más empleados (porcentaje)

Tamaño de la empresa	Argentina (1993)		Bolivia (1992)		Chile (2006)		Colombia (1998)		Ecuador (2005)	
	Empresas	Empleo	Empresas	Empleo	Empresas	Empleo	Empresas	Empleo	Empresas	Empleo
[10–19]	56,9	17,2	51,3	17,7	26,8	4,0	28,7	4,56	30,3	3,9
[20–49]	21,6	14,4	31,6	24,0	34,3	10,6	31,6	11,07	31,2	8,9
[50–99]	15,4	24,3	9,9	17,5	17,3	12,3	18,2	14,49	16,0	10,2
[100–249]	2,9	10,6	7,2	40,8	12,5	19,8	13,9	24,48	13,4	19,8
[250+]	3,3	33,5			9,2	53,3	7,6	45,4	9,1	57,3

Tamaño de la empresa	El Salvador (2005)		México (2004)		Uruguay (2005)		Venezuela (2001)		Estados Unidos (2005)	
	Empresas	Empleo	Empresas	Empleo	Empresas	Empleo	Empresas	Empleo	Empresas	Empleo
[10–19]	40,8	8,1	44,3	7,1	15,4	2,1	16,5	1,5	31,9	5,0
[20–49]	29,4	13,4	28,1	10,4	34,9	11,2	25,3	5,2	32,4	11,5
[50–99]	14,3	15,0	11,4	9,7	23,4	16,0	15,9	7,0	16,2	12,9
[100–249]	9,5	23,0	9,3	17,3	17,5	25,2	25,1	26,9	12,8	22,2
[250+]	6,0	40,5	6,9	55,5	8,8	45,5	17,3	59,4	6,8	48,4

Fuentes: Argentina: Neumeyer y Sandleris (2009); Bolivia: Machicado y Birbuet (2009); Chile: Busso, Madrigal y Pagés (2009a); Colombia: Camacho y Conover (2009); Ecuador: Arellano (2009); El Salvador: Atal, Busso y Cisneros (2009); México: Hsieh y Klenow (2009); Uruguay: Casacuberta y Gandelman (2009); Venezuela: cálculos de los autores basados en INE (2001); Estados Unidos: BLS (2005).

Nota: Las categorías de tamaño de la empresa en Argentina son: 11–25, 26–40, 41–50, 51–150, 250+.

Cuadro 4.2 Distribución de empresas y empleo en el sector manufacturero, por tamaño de la empresa. Todas las empresas manufactureras (porcentaje)

Tamaño de la empresa	Argentina (1994)		Bolivia (1992)		El Salvador (2005)	
	Empresas	Empleo	Empresas	Empleo	Empresas	Empleo
[1–9]	84,0	22	91,7	43,6	82,0	17,7
[10–19]	12,9	25	4,2	10,0	8,3	6,2
[20–49]	2,5	19	2,6	13,6	3,9	6,2
[50–99]	0,8	35	0,8	9,8	2,8	10,2
[100+]	0,2	18	0,6	23,0	2,9	59,7

Tamaño de la empresa	México (2004)		Estados Unidos (2005)	
	Empresas	Empleo	Empresas	Empleo
[1–9]	90,5	22,7	54,5	4,2
[10–19]	4,2	5,5	14,5	4,8
[20–49]	2,7	8	14,7	11
[50–99]	1,1	7,5	7,4	12,3
[100+]	1,6	56,3	8,9	67,7

Fuentes: Argentina: Neumeyer y Sandleris (2009); Bolivia: Machicado y Birbuet (2009); El Salvador: Atal, Busso y Cisneros (2009); México: Hsieh y Klenow (2009), y Estados Unidos: BLS (2005).

Nota: Las categorías de tamaño de la empresa en Argentina son: 11–25, 26–40,41–50, 51–150 y 250+.

tiene dos trabajadores o menos (Hsieh y Klenow, 2009). Esta fuerte presencia de empresas muy pequeñas podría explicar la mayor dispersión de la productividad en el sector de los servicios. Sin embargo, es importante enfatizar que los censos económicos subestiman la importancia de las empresas muy pequeñas en los datos a nivel de establecimiento porque solo se toman en cuenta los establecimientos con domicilio fijo. Las empresas itinerantes o los vendedores ambulantes no suelen incluirse en los datos censales. En México, los establecimientos que abarca el censo económico representan únicamente el 40% de la fuerza de trabajo. Otro 26% está empleado en sectores como el agropecuario o la administración pública, que no se incluyen en las encuestas. Esto deja sin contabilizar la cantidad muy considerable de 13,6 millones de trabajadores (33,5% de la fuerza de trabajo). Los datos de la Encuesta Nacional de Ocupación y Empleo (ENOE) (INEGI, 2003) indican que estas personas trabajan sin un establecimiento fijo, que tres millones de ellas trabajan por cuenta propia y seis millones en empresas con menos de cinco trabajadores. Haciendo un desglose por sector, el porcentaje de trabajadores sin establecimiento fijo no contabilizado en el censo es del 8,4% en manufacturas, del 17% en comercio minorista y del 95% en servicios no financieros (INEGI, 2002).

La abundancia de empresas muy pequeñas y de personas que trabajan por su cuenta, aunada a su productividad mucho más baja, puede ser un importante factor que explique por qué la PTF de la región es baja. Es por ello preocupante que el número de empresas pequeñas o por cuenta propia no vaya disminuyendo. En México, por ejemplo, la proporción de microestablecimientos se mantuvo constante desde 1988, en alrededor del 95% de todas las empresas. De manera similar, el porcentaje de personas que trabajan por cuenta propia o en microempresas no ha cambiado mucho durante los últimos 15 años en toda la región.[9] Considerando los bajos niveles de productividad, y el hecho de que es poco probable que las empresas pequeñas innoven (véase el capítulo 10) o capaciten a sus trabajadores,[10] quizá no sea tan sorprendente que la productividad de la región se haya estancado.

El tamaño importa

Un par de ejercicios hipotéticos demuestran la importancia que tiene para la productividad agregada de la región la abundancia de empresas muy poco productivas. En el primero se evalúa qué pasaría con la productividad promedio si un país tuviese las mismas proporciones de empresas de productividad baja, media y alta que Estados Unidos, sin modificar los niveles de productividad de las empresas de productividad baja, media y alta. Obsérvese que este ejercicio se centra en modificar la forma de la distribución de productividades de las empresas, lo que en el caso de México implica elevar la proporción de empresas con niveles medios de productividad y en el de El Salvador, elevar la proporción de empresas de media y alta productividad. Estos ajustes incrementarían la productividad promedio en alrededor de un 90% en El Salvador y aproximadamente un 120% en México, lo suficiente para cerrar la brecha de productividad con Estados Unidos.[11] Los resultados son un claro indicio de que el problema de la productividad de la región no es un problema de baja productividad en todas las empresas sino más bien un déficit de empresas de productividad media, o de empresas de productividad media y alta.

En una segunda simulación se evalúa cómo aumentaría la productividad agregada si las políticas de fomento a la productividad escogieran como meta aumentar la productividad del extremo más bajo de la distribución de productividades. Es decir, se estima cuánto se elevaría la productividad en el agregado si se incrementara la productividad de las empresas menos eficientes (con asistencia técnica o políticas que promuevan la innovación focalizadas en las empresas menos productivas) por encima de un cierto nivel mínimo. Este mínimo nivel de productividad, denominado *x*, está expresado como porcentaje del promedio del sector: por ejemplo, un décimo del promedio del sector. En este ejercicio a todas las empresas que tienen una productividad inferior a *x*, se les asigna una productividad de *x*. Por ejemplo, en el caso de que *x* sea igual a un décimo, a todas las empresas que tienen una productividad de menos de un décimo del promedio del sector al que pertenece la empresa se les asigna una productividad de un décimo del promedio. Los resultados en el gráfico 4.4 muestran los aumentos de la PTF al realizar este ejercicio para diferentes valores de *x* en El Salvador y México. Como era de esperar, el incremento de la productividad de las empresas menos productivas eleva la productividad promedio. Sin embargo, el aumento no es muy grande, lo que refleja el hecho de que la contribución de las empresas menos productivas al agregado es muy pequeña. A

Gráfico 4.4 Efecto en la productividad agregada del aumento de la productividad en las empresas manufactureras menos productivas, El Salvador y México (aumento porcentual)

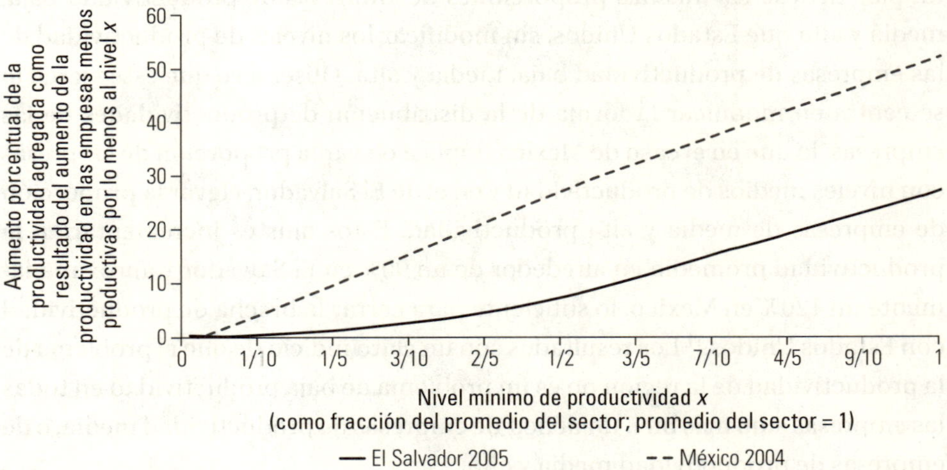

Fuentes: El Salvador: Atal, Busso y Cisneros (2009); México: INEGI (2004).

Nota: Este gráfico ilustra el incremento de la productividad agregada resultante del aumento de la productividad en todas las empresas con productividad inferior a *x* a un nivel mínimo *x* (representado como una fracción de la productividad promedio del sector).

medida que se va subiendo el nivel mínimo *x* y las empresas menos productivas se vuelven más productivas, el producto agregado aumenta más rápidamente. Este cálculo indica que si todas las empresas de baja productividad suben a un nivel mínimo de un décimo del promedio de cada sector, aumentaría la PTF agregada en el sector manufacturero en México en un 3,8%, mientras que en El Salvador este aumento sería cercano a cero.

Lo anterior indica que debido a los bajos niveles de productividad de las empresas menos eficientes, ciertas medidas de política o intervenciones pueden fortalecer apreciablemente la productividad de las compañías en términos porcentuales, pero no resolverían el problema de la baja productividad en el agregado. Por lo tanto, desde el punto de vista de la política pública es importante entender por qué persisten tantas empresas improductivas y cómo reorientar el trabajo y el capital empleado en estas hacia empresas y empleos más productivos.

Asignación inadecuada: ¿un potencial de productividad sin explotar en América Latina?

Al inicio de este capítulo se señaló que en economías que sufren de una mala asignación de recursos, una mejora en la asignación podría dar un impulso a la productividad comparable al producido por decenios de crecimiento tecnológico. ¿Existe ese potencial en América Latina?

Para poder responder a esta pregunta, es necesario entender primero cómo se asignan los recursos a las empresas, y cómo es que los recursos terminan asignados de forma inadecuada. Como se indicó, en economías que funcionan relativamente bien, los trabajadores y el capital son asignados de manera que favorecen el crecimiento de las empresas más productivas. En virtud de sus tecnologías superiores o mejor administración, las empresas más productivas pueden obtener más producto de cada unidad de insumo, y por lo tanto pueden vender a un menor precio. Los precios más bajos (ajustados por la calidad) se traducen en más ventas y un tamaño mayor de la empresa. Las empresas no crecen indefinidamente porque, para vender más, tendrían que rebajar los precios hasta un punto en que bajaría la rentabilidad.

Sin embargo, la relación entre el tamaño de la empresa y la productividad se debilita si las fallas de los mercados o las políticas del gobierno favorecen a algunas empresas por encima de otras, permitiendo que algunas aumenten su participación en el mercado (tamaño) aunque sean menos productivas, o impidiendo que otras crezcan aunque sean muy productivas. Esto distorsiona la asignación de recursos en las empresas y reduce el producto que pueden obtener con el capital y la mano de obra existentes.

¿Cuáles son las fuentes potenciales de una mala asignación? Uno de los potenciales culpables más obvios de una asignación inadecuada de recursos es el mercado financiero. Como se describe en el capítulo 6, los mercados financieros de América Latina están poco desarrollados y dejan a muchas empresas subatendidas. Si las instituciones financieras son incapaces o no están dispuestas a otorgar crédito a las empresas muy productivas pero que no tienen historial de crédito o garantías suficientes, esas empresas no pueden expandirse hasta el tamaño al cual sus ideas o proyectos las podrían llevar si los mercados funcionaran debidamente. Lo anterior indica que en una economía en la que las buenas empresas tienen limitaciones de crédito, la transferencia de recursos adicionales a esas empresas puede dar muy altos rendimientos y aumentar el producto que una economía puede generar con los mismos insumos. Por otro lado, el crédito dirigido también puede dar lugar a una asignación inadecuada de recursos si provee de préstamos baratos a empresas ineficientes, permitiéndoles su expansión a costa de empresas más eficientes.

Un segundo factor que puede incidir en una asignación inadecuada de recursos es un sistema que redunde en impuestos mucho más altos a empresas más productivas. Esto es particularmente cierto en la región, donde una combinación de impuestos altos y un control deficiente del cumplimiento de las obligaciones fiscales crea fuertes incentivos para la evasión, particularmente para las empresas más pequeñas y de menor productividad. Esto está exarcerbado por las mismas autoridades tributarias, las cuales al querer mejorar la eficiencia de la recaudación de impuestos, centran sus actividades de control en las empresas más grandes y más productivas, olvidándose prácticamente de las microempresas y las PyME (capítulo 7). Como los impuestos a las empresas son elevados, el no cumplir las obligaciones fiscales es equivalente a un considerable subsidio a las empresas que no pagan impuestos, con lo cual se incrementa artificialmente su tamaño y su peso en la economía, a la vez que se restringe el tamaño de las empresas más grandes y más productivas.

Un tercer factor que puede incidir en una asignación inadecuada de recursos es la cobertura incompleta de los sistemas de seguridad social. Además de dejar a muchos trabajadores desprotegidos contra los riesgos de la vejez, la pobreza, las enfermedades o el desempleo, la cobertura incompleta de los programas de seguridad social para todos los trabajadores, y los servicios disparejos que se ofrecen a quienes están cubiertos, también pueden tener efectos negativos en la asignación de recursos y en la productividad. Al evadir contribuciones sociales, algunas empresas pueden ahorrar una serie de costos vinculados a estas y a las disposiciones regulatorias, con lo cual compiten de manera desleal con empresas más productivas que sí las pagan. En la medida en que la evasión de algunas empresas esté motivada por un intento deliberado de competir con empresas más productivas, pueden desviarse recursos de las mejores empresas y promoverse, en cambio, la expansión o la supervivencia de las menos eficientes.[12]

Estos efectos pueden amplificarse por el hecho de que los gobiernos proporcionan cada vez más algunas prestaciones (seguro médico, pensiones) gratuitamente a los trabajadores siempre y cuando no estén afiliados a la seguridad social (Levy, 2008). Si bien los beneficios de esos programas para la población no cubierta son sin duda muy importantes, los efectos adversos en la productividad también pueden ser considerables si simplemente avivan el fuego e incitan a muchos trabajadores —que no están satisfechos con el valor de los servicios que les ofrece la seguridad social— a trabajar por cuenta propia, y de esta manera evitar el pago de las aportaciones a la seguridad social y seguir obteniendo algunas prestaciones gratuitas, siempre que se mantengan en la economía informal. Esto no quiere decir que los gobiernos no deberían ayudar a los trabajadores desprotegidos. Significa solamente que no deberían condicionar la cobertura de los programas al hecho de que los participantes trabajen en el sector informal. De lo contrario, los programas bien intencionados pueden contribuir a la proliferación de muchas empresas pequeñas o constituidas por una sola persona que no necesariamente son muy productivas pero que se benefician al no aportar a programas de seguridad social y al no cumplir con la normativa laboral. En el capítulo 8 se describe este problema con más detalle y se sugieren maneras de conciliar la protección y la productividad.

A nivel práctico, para evaluar qué tan bien asignados están los recursos en un país, es necesario medir cuán lejos se encuentra la economía de la asignación eficiente, lo que se logra cuando al transferir mano de obra o capital de unas empresas a otras no se modifica la productividad agregada. Cuando la asignación es eficiente, los ingresos que resultan de una unidad adicional de mano de obra o capital —lo que los economistas llaman ingreso marginal de la mano de obra o del capital— son equiparables en todas las empresas. En cambio, si las políticas mal concebidas o las fallas del mercado impiden la expansión de las empresas muy productivas, una unidad adicional de mano de obra o de capital en estas empresas puede dar un rendimiento muy superior que en otras. Por lo tanto, la reasignación de recursos de empresas con bajos rendimientos a empresas con altos rendimientos ofrece una manera de incrementar el producto simplemente utilizando los mismos recursos de diferente manera. De igual modo, si el funcionamiento de una empresa ha sido subsidiado por el crédito dirigido o porque se hace caso omiso de la evasión de impuestos, esta empresa puede estar empleando demasiados recursos en relación con la asignación eficiente, lo que implica que el rendimiento de una unidad adicional de mano de obra o de capital sería menor que en otras empresas. En este caso, reorientar trabajo y capital hacia otras empresas aumenta la PTF en el conjunto de la economía.

Siguiendo esta línea de razonamiento, la dispersión del producto del ingreso marginal de la mano de obra y del capital en las distintas empresas es una medida adecuada de la ineficiencia de la asignación de recursos. Ello se debe a que en una asignación eficiente, los rendimientos marginales son equiparables en todas las empresas y la dispersión de los rendimientos marginales sería cero, con lo cual una mayor dispersión indica una asignación más ineficiente. Es evidente, según esta métrica, que América Latina padece un grado considerable de mala asignación de recursos. En este estudio, los productos marginales de la mano de obra y el capital se calcularon siguiendo la metodología de Hsieh y Klenow (de próxima publicación). En el gráfico 4.5 se compara la dispersión de los productos marginales de la mano de obra y del capital en las diferentes empresas dentro de un sector dado en países seleccionados de América Latina en relación con Estados Unidos y China. La dispersión de los productos del ingreso marginal es más baja en Estados Unidos, lo que indica una mejor asignación de recursos en este país. En la región, la dispersión es más alta en Venezuela, Colombia, Uruguay y México, todos con diferencias entre productos marginales altos y bajos superiores al 200%. Esta amplia dispersión no es el resultado de comparar elementos dispares, porque se calculan las diferencias dentro de cada sector (a un nivel de desglose de cuatro dígitos) y sugiere que existen importantes aumentos potenciales de la productividad que podrían obtenerse moviendo factores entre empresas.[13]

Gráfico 4.5 Dispersión del producto del ingreso marginal de la mano de obra y del capital en el sector manufacturero en países seleccionados, empresas con 10 o más trabajadores

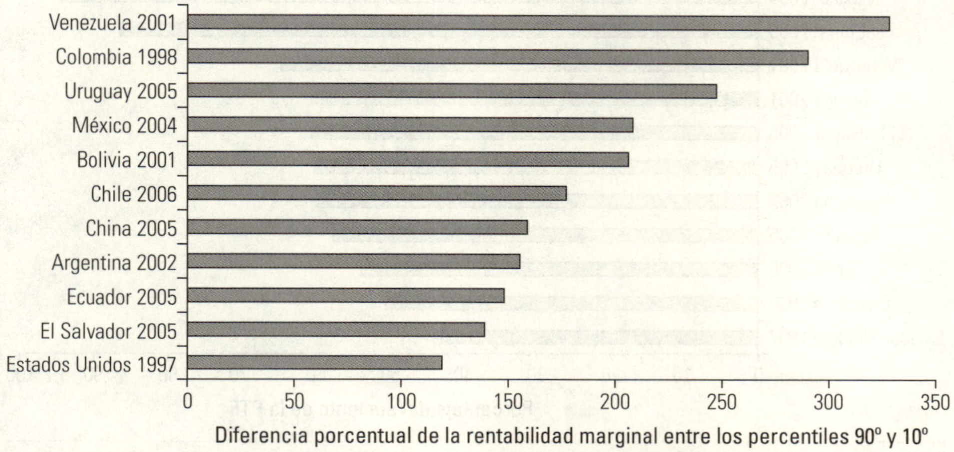

Fuentes: Argentina: Neumeyer y Sandleris (2009); Bolivia: Machicado y Birbuet (2009); Chile: Busso, Madrigal y Pagés (2009a, 2009b); Colombia: Camacho y Conover (2009); Ecuador: Arellano (2009); El Salvador: Atal, Busso y Cisneros (2009); México y Venezuela: cálculos de los autores con base en INEGI (2004) e INE (2001), respectivamente; Uruguay: Casacuberta y Gandelman (2009); China y Estados Unidos: Hsieh y Klenow (de próxima publicación).
Nota: Véase la nota del gráfico 4.1.

En la siguiente sección se examina qué fallas del mercado o del Estado pueden ser responsables de la mala asignación de recursos en el conjunto de países de la región sobre los cuales se consiguieron datos a nivel de la empresa. Pero antes de eso, es útil cuantificar el costo que representa la asignación inadecuada para la productividad agregada de América Latina. Al reasignar el capital y la mano de obra existentes entre las distintas empresas, la productividad agregada de la mayoría de los países de la región podría aumentar aproximadamente entre un 50% y un 60% (gráfico 4.6). En México, podría crecer por encima del 90%. Estos cálculos se hicieron siguiendo la metodología de un estudio reciente en el que se evalúan los aumentos potenciales de la reasignación de recursos en China, India y Estados Unidos (Hsieh y Klenow, de próxima publicación). Como en el estudio mencionado, estos aumentos solo consideran la reasignación "dentro" de sectores a cuatro dígitos de desagregación. En principio, podrían obtenerse aumentos adicionales reasignando factores entre sectores, tal y como se describe en el capítulo 3.

Gráfico 4.6 Aumentos de la PTF agregada como resultado de la reasignación de recursos en el sector manufacturero (como porcentaje de la productividad inicial)

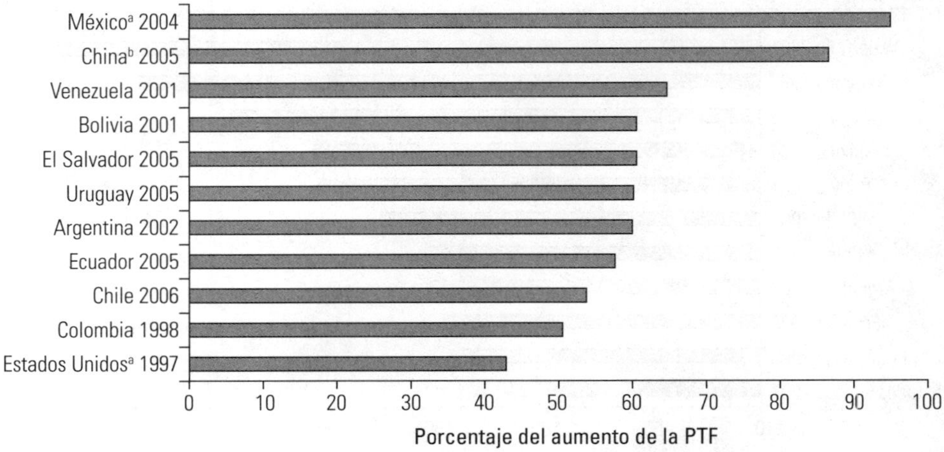

Fuentes: Argentina: Neumeyer y Sandleris (2009); Bolivia: Machicado y Birbuet (2009); Chile: Busso, Madrigal y Pagés (2009a, 2009b); Colombia: Camacho y Conover (2009); Ecuador: Arellano (2009); El Salvador: Atal, Busso y Cisneros (2009); México: Hsieh y Klenow (2009); Uruguay: Casacuberta y Gandelman (2009); Venezuela: cálculos de los autores basados en INE (2001); China y Estados Unidos: Hsieh y Klenow (de próxima publicación).

Nota: Los datos de Estados Unidos y México corresponden a todos los establecimientos manufactureros; los de China corresponden únicamente a plantas con ventas anuales superiores a US$600.000.

[a] Los datos para Estados Unidos y México cubren todos los establecimientos manufactureros.

[b] Los datos para China cubren solo plantas con ventas anuales por más de US$600.000.

Estas estimaciones sugieren que los aumentos potenciales resultantes de mejorar la asignación de recursos son más grandes en la mayoría de los países de la región que en Estados Unidos —donde la cifra comparable es 43% (Hsieh y Klenow, de próxima publicación)— pero más pequeños que en China.

Para poner estas cifras en perspectiva, las estimaciones que se presentan en el capítulo 2 sugieren que, a fin de cerrar la brecha de productividad con Estados Unidos, debe duplicarse la productividad de la región. Sin embargo, las diferencias entre los países en cuanto a la productividad del sector manufacturero son menores que para el total de la economía (Duarte y Restuccia, de próxima publicación), lo que indica que la brecha de productividad entre América Latina y Estados Unidos en el sector manufacturero es inferior al 50%. La magnitud de estas cifras sugiere que una mejor asignación de recursos cerraría una importante porción de la brecha entre América Latina y Estados Unidos, sobre todo en el caso de México.

Es más, los aumentos de la PTF que resultan de una mejor asignación de recursos probablemente propicien un incremento de la tasa de inversión, porque una mayor productividad está asociada con mayores rendimientos del capital y de la mano de obra. En ese caso, el efecto general sería mucho mayor, del orden del 90% (en lugar del 60%).[14]

Las oportunidades de crecimiento sin explotar son incluso mayores fuera del sector manufacturero, particularmente en el sector de los servicios, el cual, como se explicó en el capítulo 3, tiene las brechas más amplias de productividad con la frontera mundial. En Uruguay, los aumentos más pronunciados se presentan en el comercio (75%) y en el transporte (52%). En México, los aumentos que pueden resultar de la transferencia de recursos de unas empresas a otras en el sector de los servicios son enormes, del orden del 267% en el comercio minorista y del 246% en servicios personales y comunitarios. De manera similar, en el sector minorista de Brasil, los aumentos a los que puede dar lugar la reasignación de recursos hacia los comerciantes minoristas más eficientes son inmensos, del orden del 257%.[15] Estos grandes aumentos subrayan que buena parte de la productividad extremadamente baja en el sector de los servicios obedece no solo a la baja productividad de las empresas, sino también a la manera inadecuada en que se asignan los recursos entre ellas.

El hecho que las fallas del mercado y/o las políticas mal concebidas parecieran concentrarse más en el sector de los servicios, podría explicar por qué, en todo el mundo, hay más convergencia con la frontera de productividad en el sector manufacturero que en el de los servicios (Duarte y Restuccia, de próxima publicación). Considerando la importancia cada vez más notable del sector servicios en todas las economías y el crecimiento más rápido de la productividad en ese mismo sector en el mundo desarrollado, resulta fundamental mejorar la asignación de recursos en este sector y así reducir la brecha de la productividad agregada en relación con los países de ingresos más altos (capítulo 3). Duarte y Restuccia señalan el grado más bajo de competencia en el sector de los servicios en relación con el manufacturero como una posible razón que explica por qué aquel sector no ha logrado ponerse a la par.

En general los servicios no son transables, y a menudo están muy protegidos por un gran número de regulaciones; además, las variables como la ubicación geográfica desempeñan un papel mucho más destacado en el caso de los servicios que en las manufacturas. Todos estos factores protegen a los servicios de la competencia, que suele considerarse un importante motor del crecimiento de la productividad. Una asignación muy ineficiente es un síntoma de falta de competencia justa por los recursos, porque las políticas, las fallas del mercado o las ventajas de la ubicación geográfica favorecen a algunas empresas en relación con otras por razones que no tienen que ver con su eficiencia relativa. En la siguiente sección se analiza con más detenimiento cuáles pueden ser las causas de esta asignación ineficiente en América Latina.

Explicación de la baja productividad y de la asignación inadecuada de recursos: el papel de las fallas del mercado y del Estado

Como se señaló al inicio de este capítulo, la baja productividad de América Latina puede explicarse por dos factores importantes. En primer lugar, existen demasiado pocas empresas con niveles medios de productividad. Segundo, los recursos están asignados de manera inadecuada entre las empresas existentes, sobre todo en el sector de los servicios. Ahora es el momento de regresar a la pregunta sobre cómo se explican estos dos factores determinantes de los bajos niveles de productividad en la región.

Factores determinantes de la asignación inadecuada de recursos

Constatar que la asignación es inadecuada indica que la mano de obra y el capital que opera en las distintas empresas no corresponden a su productividad relativa. Como se indicó anteriormente, si bien muchas fallas de las políticas y del mercado pueden alterar la asignación de recursos, sobresalen tres causas principales: fallas de los mercados financieros, disparidades en los regímenes tributarios y su cumplimiento, y cobertura y cumplimiento de las políticas sociales y laborales poco uniforme. Cada una de ellas constituye la base de un capítulo de este libro; muchos de los detalles sobre la forma en que operan estas políticas y sus impactos potenciales en la productividad pueden encontrarse en ellos. El objetivo aquí es analizar cómo estas fallas se relacionan con las pérdidas de la PTF que resultan de la mala asignación documentada previamente (o, de otra manera, los aumentos potenciales derivados de la reasignación de recursos). Los tres posibles factores determinantes de la asignación inadecuada generan predicciones sobre la relación entre la mala asignación y el tamaño de la empresa que pueden ayudar a identificar la fuente de esa asignación inadecuada. Si se debe a fallas de los mercados financieros, esto se reflejaría en la presencia de muchas empresas pequeñas que tienen dificultades para crecer —aunque tengan buenos proyectos— porque no pueden conseguir acceso al crédito. Para estas empresas, los rendimientos del capital adicional serían muy altos, mucho más altos que para las empresas cuyas necesidades de financiamiento fueron satisfechas por el mercado de capitales y a las que por lo tanto no les queda ningún otro proyecto de alta rentabilidad para financiar. Si el problema está en los mercados de crédito, los rendimientos promedio del capital adicional serían más altos en las empresas pequeñas que en las más grandes.

Por otra parte, si la mala asignación se debe a esfuerzos desiguales para hacer cumplir las obligaciones impositivas, las aportaciones a la seguridad social o la normativa laboral, entonces se esperaría que los rendimientos del capital o la mano de obra adicionales fuesen más bajos en las empresas más pequeñas. Esto obedece a que las empresas que no cumplen son en general pequeñas y la evasión de impuestos es como un subsidio que las ayuda a expandirse más de lo que podrían si hubiesen pagado impuestos, lo que reduce los rendimientos marginales de los factores en relación con las empresas que cumplen.

¿Qué revela la relación entre los retornos marginales de los factores y el tamaño de la empresa sobre los orígenes de la mala asignación de recursos? Esta relación varía de un país a otro, pero en la mayoría de los casos los rendimientos aumentan de acuerdo con el tamaño de la empresa. En un grupo de países, tales como Colombia, El Salvador y México, el retorno marginal de una unidad adicional de recursos tiende a ser mayor en las empresas medianas y grandes que en las más pequeñas. Esto sugiere que, en estos países, la mayoría de las empresas pequeñas no son demasiado pequeñas, sino más bien demasiado grandes, en relación al tamaño que tendrían en una asignación eficiente de recursos. En cambio, las empresas medianas y grandes parecen ser demasiado pequeñas en relación con el tamaño que deberían tener si se asignaran los recursos en función de las productividades relativas. Es por lo tanto difícil afirmar que en estos países la fuente principal de esas distorsiones son las restricciones de los mercados de capitales, a menos que pueda demostrarse que las empresas medianas o grandes son las que tienen más limitaciones por falta de acceso al financiamiento. También podría ocurrir que las empresas pequeñas

Gráfico 4.7 Producto del ingreso marginal del capital y la mano de obra por tamaño de la empresa en países latinoamericanos seleccionados, empresas con 10 o más empleados

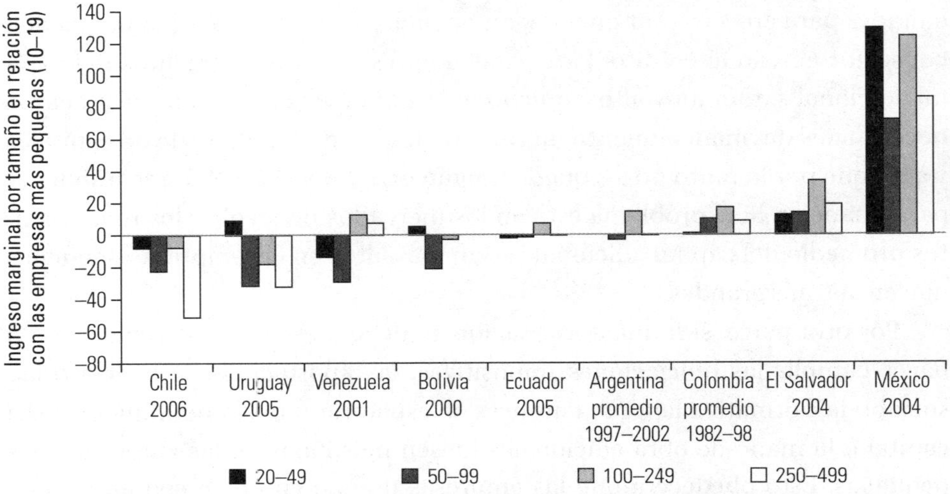

Fuentes: Argentina: Neumeyer y Sandleris (2009); Bolivia: Machicado y Birbuet (2009); Chile: Busso, Madrigal y Pagés (2009a, 2009b); Colombia: Camacho y Conover (2009); Ecuador: Arellano (2009); El Salvador: Atal, Busso y Cisneros (2009); México: Hsieh y Klenow (2009); Uruguay: Casacuberta y Gandelman (2009); Venezuela: cálculos de los autores basados en INE (2001).

Nota: Los datos de México cubren todos los establecimientos. Los datos de Argentina muestran resultados para las categorías 80–200 trabajadores y más de 200. Las cifras del eje vertical indican el ingreso marginal promedio por tamaño de la empresa en relación con las empresas más pequeñas de la muestra (10–19 trabajadores).

tengan limitaciones de crédito pero compensen estos costos más altos o una mayor dificultad de acceso al crédito mediante la evasión de impuestos y regulaciones. Este último efecto parece ser el dominante. En este conjunto de países, es muy posible que la evasión de impuestos y la informalidad que se concentran en las empresas más pequeñas sean un factor importante para explicar la mala asignación.

Los datos que se presentan en el gráfico 4.7 corresponden al sector manufacturero, pero los perfiles son similares en todos los sectores económicos. En México, los rendimientos de una unidad adicional de mano de obra y capital también son mayores en las empresas medianas de comercio minorista (con 50 a 99 trabajadores), en tanto que en el sector de los servicios aumentan consistentemente con el tamaño de la empresa, y llegan a su valor máximo en la categoría de tamaño de 500 a 999 empleados. La evasión de impuestos y aportaciones a la seguridad social podría explicar por qué prevalecen más las distorsiones en el sector de los servicios, donde la evasión es mucho más pronunciada.

Sin embargo, como se ha indicado, los perfiles difieren de un país a otro. Las limitaciones de crédito parecen ser una fuente más probable de distorsiones en Chile y Uruguay. En estos dos países, los rendimientos de una unidad adicional de capital y mano de obra tienden a disminuir con el tamaño de la empresa, lo que indica que las empresas más pequeñas tendrían problemas para crecer. El nivel más bajo de evasión y el nivel más alto de formalidad en Chile y Uruguay podría explicar por qué en estos dos países las empresas más pequeñas están relativamente más limitadas en su crecimiento y no pueden compensar fácilmente el bajo acceso al crédito con la evasión de impuestos y aportaciones a la seguridad social. Sin embargo, este patrón también podría ser explicado por una evasión de impuestos que favorece a las más grandes. De hecho, en Chile, pareciera que las empresas manufactureras más grandes evaden más impuestos y reciben más subsidios del Estado que las más pequeñas (véanse el capítulo 7 y Busso, Madrigal y Pagés, 2009b).

En definitiva, lo anterior aporta algunos indicios interesantes sobre las posibles fuentes de la mala asignación de recursos en América Latina. Contrariamente a lo que se piensa, no existe mucho sustento para la hipótesis de que las empresas muy pequeñas tienen problemas para crecer. Solo en Chile y Uruguay los productos marginales del capital claramente disminuyen de tamaño, como esta hipótesis implicaría y, en Chile, la evasión de impuestos de las empresas más grandes también puede explicar esta tendencia. Como se señaló, aun si las empresas pequeñas se enfrentan a restricciones de acceso al capital, otros factores, como su incumplimiento parcial o total de las obligaciones impositivas y de la seguridad social, les otorgan un subsidio implícito que les permitíra crecer a un tamaño mayor del que se justificaría por su productividad.

¿Quién opera en el mercado? Selección de empresas

Hasta ahora, el análisis se ha centrado en los canales por los cuales las fallas de las políticas y del mercado pueden modificar la asignación de recursos entre distintas empresas, tomando como dado el conjunto de empresas que operan en el mercado.

Sin embargo, como se señaló, un factor clave que explica gran parte de la diferencia de productividad entre América Latina y la frontera guarda relación con la composición de empresas que opera en la región. Aparentemente, existen demasiadas empresas con baja productividad y demasiado pocas con niveles medios de productividad. Cuáles son las empresas que sobreviven en el mercado es algo que está determinado por las recompensas y los incentivos que brindan las políticas y las condiciones del mercado, que son importantes porque la productividad agregada es la productividad promedio de todas las empresas activas. ¿Qué factores permiten a las empresas improductivas sobrevivir en un país y perecer en otro? ¿Qué condiciones permiten que empresas de alta productividad entren al mercado en algunos países y en otros no?

Algunas de las políticas que conducen a una mala asignación de recursos también pueden explicar la selección de empresas. La evasión de impuestos y el incumplimiento de las aportaciones a la seguridad social y de la normativa laboral pueden ayudar a muchas empresas poco productivas a captar una proporción del mercado, y al mismo tiempo mejorar sus probabilidades de sobrevivir y competir con empresas mucho más productivas. Si bien esto sería positivo desde el punto de vista de los propietarios de esas empresas, representa importantes costos en el conjunto, porque la productividad disminuye debido al peso excesivo de las empresas poco productivas y a las restricciones que padecen las más productivas.

Una baja exposición al comercio internacional y/o altos costos de transporte también protegen a las empresas de baja productividad de la competencia de productores geográficamente distantes, lo que permite la supervivencia de los menos eficientes. Una mayor exposición al comercio internacional (o costos más bajos de transporte) aceleran la velocidad a la cual las empresas poco productivas salen del mercado, y de esa forma abren un canal para que aumente la productividad (véase el capítulo 5).

Las regulaciones sobre quiebras, que son costosas y engorrosas, y los altos costos de despido también mejoran la tasa de supervivencia de las empresas poco productivas y desaceleran el proceso de reasignación de trabajadores y capital en las distintas empresas.

En cambio, aparentemente las fallas del mercado de crédito desempeñan un papel limitado para explicar la supervivencia de empresas de baja productividad, dado que no prevalece en América Latina el crédito dirigido y solo una fracción de las empresas pequeñas y menos productivas recibe alguna forma de crédito.

Gráfico 4.8 Desgloses de la productividad total de los factores, empresas manufactureras con 10 o más empleados, 1997–2006

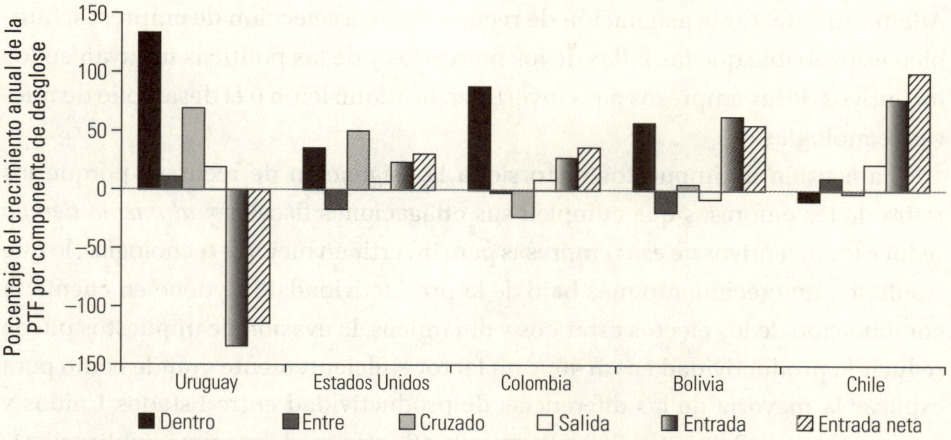

Fuentes: Busso, Madrigal y Pagés (2009a); Estados Unidos: Foster, Haltiwanger y Syverson (2008).
Nota: Los desgloses están basados en Foster, Haltiwanger y Krizan (2001) utilizando ponderaciones del empleo. Los datos de Uruguay corresponden al período 1997–2005; los de Estados Unidos, al período 1977–97 y los de Bolivia, al período 1998–2001.

Tal vez más importante que identificar las razones de la supervivencia de las empresas con muy baja productividad sea evaluar qué es lo que impide la entrada de empresas de productividad media o alta. Nuevamente, los altos niveles de informalidad y de tasas impositivas podrían explicar el "medio faltante", porque solo las empresas muy productivas pueden competir con la ventaja relativa de costos que aporta la evasión de impuestos y de aportaciones a la seguridad social.

Aunque la región tiene un exceso de empresas de baja productividad y un defecto de empresas de mediana y alta productividad, la entrada de empresas más productivas y la salida de las menos productivas representa solo una fracción ligeramente mayor de crecimiento de la productividad que en Estados Unidos (gráfico 4.8), lo que sugiere que las barreras a la entrada y a la salida que se mencionaron antes podrían estar limitando el crecimiento de la productividad. Chile es una excepción, porque el componente de entrada-salida del crecimiento de la productividad es más grande que en otros países de la región. Esto se observa en el gráfico 4.8, donde el efecto neto de la entrada es mayor que en los demás países.[16]

Mejora tecnológica y dinámica de las empresas

Además de afectar la asignación de recursos y/o la selección de empresas, también es probable que las fallas de los mercados y de las políticas influyan en los incentivos de las empresas para invertir en la adquisición o el desarrollo de nuevas tecnologías.

La evasión de impuestos distorsiona la asignación de recursos porque los retira de las empresas que cumplen sus obligaciones fiscales y *al mismo tiempo* reduce los incentivos de esas empresas para invertir en mejores tecnologías, lo que resulta en un crecimiento más bajo de la productividad. Si se tiene en cuenta la combinación de los efectos estáticos y dinámicos, la evasión de impuestos puede reducir la productividad en un 40%, un factor suficientemente grande como para explicar la mayoría de las diferencias de productividad entre Estados Unidos y América Latina (Restuccia, 2008; Restuccia y Rogerson, de próxima publicación).

A su vez, las restricciones de crédito pueden limitar la capacidad de los empresarios para adquirir mejores tecnologías y, por lo tanto, reducir el crecimiento de la productividad de las empresas (Banerjee y Duflo, 2005; Jeong y Townsend, 2007). El acceso insuficiente al capital disminuiría entonces la productividad promedio porque además de reducir el peso económico de las empresas muy productivas pero con restricciones de capital, incrementa la proporción de empresas poco productivas y atrasadas.

Por último, una menor exposición al comercio y/o altos costos de transporte reducen los incentivos para invertir en tecnología al disminuir la competencia de empresas extranjeras más productivas, o de empresas del mismo país pero geográficamente distantes.

¿Cuán importantes son las mejoras tecnológicas para explicar el crecimiento de la productividad en la región? Con excepción de Chile, este factor explica una fracción más grande del crecimiento de la productividad en los países latinoamericanos que en Estados Unidos. Esto se observa en el gráfico 4.8, donde el crecimiento de la productividad total en los establecimientos manufactureros suele explicarse por el crecimiento de la PTF de cada empresa (ponderado por la proporción del empleo de cada empresa en la economía). Esto es así, aun cuando en el capítulo 10 se documenta que en la región se innova menos que en países de ingresos más altos. Esto nuevamente sugiere que, además de la innovación, en la región se han utilizado muy poco los otros dos canales del crecimiento: una mejor asignación de recursos y una mejor selección de empresas.

Conclusión

América Latina se caracteriza por amplias disparidades de la productividad y una asignación muy inadecuada de recursos, lo cual abre importantes vías para el crecimiento de la productividad agregada. Si bien los aumentos resultantes de una mejor asignación de recursos y selección de empresas aportarían solo fuentes temporales de crecimiento, podrían ayudar a dar un enorme salto, similar al que tuvo lugar en la región durante el período de rápida urbanización y transformación estructural de los decenios de 1950 y 1960 (véase el capítulo 3). Esta transformación exigiría reformas encaminadas a reducir las distorsiones creadas por diferencias en los códigos impositivos y las medidas poco uniformes para asegurar el cumplimiento de los impuestos y las regulaciones, mejorar las políticas de seguridad social, optimizar el funcionamiento de los mercados de capitales y estimular la competencia, sobre todo en el sector de los servicios. En los siguientes capítulos se examina más detalladamente cada uno de estos aspectos.

Al mejorar la asignación de recursos y la selección de empresas pueden surgir muchos ganadores pero también algunos perdedores. Deberán aplicarse medidas de compensación y mitigación de riesgos adecuadas para proteger el bienestar de los que salgan perdiendo, y para que no se erijan obstáculos a las reformas que generan importantes avances sociales. Todo ello requiere optimizar los seguros de desempleo, los sistemas de intermediación, los programas de readaptación laboral y las regulaciones sobre quiebras empresariales.

Notas

[1] Véase en Busso, Madrigal y Pagés (2009a) una descripción detallada de los datos empleados, la metodología utilizada y un conjunto de resultados adicionales que caracterizan la dispersión de la productividad y la asignación de recursos en América Latina.

[2] Para comparar entre empresas que producen bienes similares (por ejemplo, productos cárnicos), se calcula la productividad de cada una como la razón entre la productividad de la empresa y el promedio del sector al que pertenece. Los sectores se definen con un nivel de desglose de cuatro dígitos.

[3] Las cifras de dispersión para México y El Salvador, cuando también incluyen establecimientos manufactureros de menos de 10 trabajadores, son 389 y 288, respectivamente (contra 333 y 309 cuando no se los incluye). Por lo tanto, en México, la dispersión medida de la productividad aumenta cuando se incluye la muestra de microempresas junto con la muestra de establecimientos de 10 o más trabajadores. En El Salvador, sin embargo, la heterogeneidad de la productividad es menor para toda la muestra que para la submuestra de empresas con 10 o más trabajadores. Esto refleja la falta de dispersión que existe dentro del grupo de microempresas (todas tienen bajos niveles de productividad), y que el grupo de 10 o menos trabajadores constituye la mayoría de los establecimientos. Las cifras para México y El Salvador se basan en datos de censos de establecimientos que abarcan todos los establecimientos con un domicilio fijo. Los establecimientos sin domicilio fijo, como los vendedores ambulantes, no están representados en los datos censales. Los datos de Estados Unidos excluyen a las empresas que no tienen empleador (en general, las personas que trabajan por cuenta propia), en tanto que los datos de El Salvador y México sí las incluyen. Los resultados prácticamente no cambian, sin embargo, aunque se excluyan las personas que trabajan por su cuenta de los cálculos para estos dos países.

[4] Siguiendo a Hsieh y Klenow (de próxima publicación), las estimaciones de la productividad de las empresas toman en cuenta las diferencias del capital humano de trabajadores en las distintas empresas, utilizando la masa salarial como medida de la mano de obra.

[5] Casacuberta y Gandelman (2009), y Hsieh y Klenow (2009).

[6] El planteo es que la productividad determina el tamaño y son las empresas más productivas las que tienden a expandirse y no viceversa, o sea que las

empresas más grandes no se vuelven más productivas como resultado de su tamaño. Sin embargo, se puede derivar una relación positiva entre la productividad total de los factores y el tamaño debido a las economías de escala. Esto se debe a que la mayoría de los métodos para calcular la PTF suponen rendimientos constantes a escala; por lo tanto, los aumentos de rendimientos a escala aparecerían erróneamente como una PTF más alta en las empresas más grandes.

[7] Es difícil conseguir indicadores de productividad para las empresas más pequeñas (menos de 10 trabajadores), porque son pocos los países que poseen datos a nivel del establecimiento que abarcan toda la gama de empresas (véase el recuadro 4.1).

[8] Los datos para el grupo seleccionado de países que se presentan aquí también indican que, además del tamaño, la productividad aumenta con la antigüedad y con la condición de exportación.

[9] Cedlas y Banco Mundial (2009). En esta fuente se consideran microempresas a las empresas con cinco o menos empleados, y en algunos países, cuatro o menos.

[10] Por ejemplo, los datos recogidos en 2006 de la encuesta de empresas que realizó el Banco Mundial en 15 países de América Latina indican que, en promedio, solo el 33% de las empresas con menos de 20 trabajadores imparte capacitación formal a sus empleados, en tanto que la cifra correspondiente a empresas con 100 o más trabajadores asciende al 75%.

[11] Se supone una brecha de productividad en manufactura igual a la brecha de productividad total identificada en el capítulo 2 entre América Latina y Estados Unidos. En los resultados también se suponen 33 intervalos de productividad. En el cálculo se supone que no cambian los niveles promedio de productividad (en relación con el promedio del sector) en cada intervalo, pero cambia la proporción de las empresas en cada intervalo para que coincida con la de Estados Unidos.

[12] Otra razón que llevaría a una mala asignación de recursos sería una concentración de poder en manos de unas pocas empresas, las cuales podrían abusar de su poder monopolístico.

[13] Nuevamente, es necesario tener cuidado al comparar países con diferente cobertura de datos (véase el recuadro 4.1). En este caso, las comparaciones para México y El Salvador, incluyendo y excluyendo las empresas más pequeñas, indican que al incluirlas puede aumentar o disminuir el grado estimado

de asignación inadecuada. En México, por ejemplo, la dispersión de ingresos marginales es 227 cuando se incluyen todas las empresas y solo 208 para empresas de 10 o más empleados. En cambio, en El Salvador, la dispersión es 135 para todas las empresas y 138 para empresas de 10 o más empleados.

[14] En este cálculo se supone una participación del capital en el valor agregado de un tercio.

[15] Casacuberta y Gandelman (2009) para Uruguay; Hsieh y Klenow (2009) para México, y De Vries (2009) para Brasil.

[16] Las cifras se obtuvieron desglosando el crecimiento de la productividad total de los factores en cinco componentes: crecimiento dentro de la empresa, crecimiento entre las empresas, término cruzado, entrada de empresas y salida de empresas, siguiendo a Foster, Haltiwanger y Krizan (2001).

5 EL COMERCIO Y LA PRODUCTIVIDAD: UN CAMINO POR EXPLORAR

Es mucho lo que se ha escrito sobre el tema del comercio y la productividad, particularmente en América Latina y el Caribe. Aunque los resultados son ambivalentes cuando se usan datos nacionales y sectoriales, la mayoría de las pruebas más robustas a nivel de empresas parecen confirmar lo que los economistas profesionales han sabido durante siglos: el comercio impulsa la productividad (véanse BID, 2002; Fernandes, 2007; López-Córdova y Mesquita Moreira, 2004; Muendler, 2002 y Pavcnik, 2002).

Los gobiernos de la región, con pocas excepciones, no parecen cuestionar esta conclusión. La mayoría de los países han liberalizado radicalmente el comercio y algunos están ampliando los límites de este proceso con la firma de acuerdos comerciales bilaterales integrales con países tales como Estados Unidos y China. Aunque en la región no se logró impulsar mucho la productividad después de las reformas comerciales y las presiones ocasionadas por la crisis financiera reciente han creado un entorno propicio para una reacción proteccionista, hasta ahora los retrocesos de ese tipo han sido pocos. Entonces, ¿por qué volver a abordar este tema?

Los motivos son tres. Primero, desde la primera ola de estudios, algunos avances teóricos importantes han arrojado luz sobre uno de los canales que suelen pasarse por alto mediante los cuales el comercio afecta a la productividad: el llamado canal de la reasignación (Bernard et al., 2003 y Melitz, 2003). Hasta ahora, la atención se ha concentrado en el impacto del comercio en la productividad de las empresas. Sin embargo, el comercio tiene un efecto darwiniano: lleva a la desaparición de las empresas poco productivas e impulsa a aquellas que son muy productivas, lo cual aumenta la productividad media de la economía. Al pasar por alto la reasignación, la mayoría de los estudios anteriores probablemente han subestimado el efecto positivo del comercio en la productividad.

El segundo motivo surge de otro factor que también se ha pasado por alto: el papel de los costos de transporte. En la esfera de la economía, especialmente en campos tales como el comercio internacional, se acostumbra considerar el costo del transporte de mercancías como un factor molesto, y suele suponerse que es igual a cero en aras de la simplicidad. Esa actitud también prevaleció en la primera ola de estudios sobre el comercio y la productividad. Ocurre, sin embargo, que los costos de transporte, en vez de ser un residuo molesto, posiblemente se hayan convertido en el obstáculo más importante para el comercio en América Latina (Mesquita Moreira, Volpe y Blyde, 2008). En la práctica, esto significa que no se puede comprender cabalmente el impacto del comercio en la productividad sin tener en cuenta un costo del comercio que no solo parece influir, sino que también difiere de los aranceles de importación en cuanto a su índole, efectos e implicaciones de política.

El tercer motivo es puramente de política. El desempeño de la productividad de la región tras las reformas comerciales ha estado muy por debajo de lo que se esperaba, un resultado que se deriva principalmente de estimaciones agregadas de la productividad de la economía. Este asunto, que se ha tratado extensamente en capítulos anteriores, lleva naturalmente a preguntarse qué pasó con todos esos avances de la productividad atribuidos al comercio que los economistas habían encontrado en los estudios a nivel de empresa.

La pregunta es menos desconcertante cuando se señala que los estudios se centraron únicamente en el sector de la economía de los bienes manufacturados transables, cuya productividad repuntó tras las reformas y donde, por definición, cabía esperar un impacto del comercio. Asimismo, la mayoría de las economías de América Latina tienen un gran sector de servicios no transables, cuya productividad se ha mantenido invariable o incluso ha disminuido, con pocas excepciones. Por último, incluso en el sector transable, a pesar de la retórica que ha acompañado a las reformas no hay razones teóricas o empíricas para esperar que el comercio por sí solo pueda resolver el problema. Hay muchos otros factores determinantes de la productividad que van mucho más allá del comercio internacional.

Por más sólidos que sean estos argumentos, no absuelven por completo a los economistas que estudian el tema del comercio. A pesar de la recuperación, el aumento de la productividad ha sido decepcionante incluso en el sector manufacturero, a menudo con tasas muy inferiores a las alcanzadas por los países de la región durante el apogeo de los regímenes orientados al mercado interno y claramente inferiores a las mediciones de productividad de Asia oriental o incluso de India. Aunque tal vez influyan otros factores, no resulta claro si el canal de la reasignación en América Latina ha funcionado de la forma prevista o si hay políticas o fallas del mercado que socaven su efectividad. Asimismo, los costos de transporte son, en promedio, mayores que los aranceles y mucho mayores en América Latina que en los países desarrollados y no se han hecho suficientes análisis para comprender los nexos entre estos, el comercio y la productividad. Los gobiernos de la región siguen encarando la política comercial solamente en términos de barreras arancelarias y no arancelarias.

Esta estrecha combinación de factores académicos y de políticas es suficientemente importante como para que valga la pena volver a abordar el tema del comercio y la productividad. En este capítulo se procura utilizar adelantos teóricos y metodológicos para arrojar luz sobre los "agujeros negros" de la reasignación y los costos de transporte que persisten en la relación entre el comercio y la productividad en la región, y de esa forma promover una agenda de política centrada en un aumento de la productividad de América Latina y el Caribe.

El efecto de reasignación y la productividad

Los costos del comercio pueden influir en la productividad de un país al afectar a la productividad a nivel de la empresa o al distorsionar la reasignación de recursos en la economía. El efecto en la productividad a nivel de la empresa, a su vez, puede deberse a varios mecanismos. Uno de ellos es el llamado efecto de disciplina de las importaciones. Este canal se refiere a la idea de que la disminución de las barreras al comercio fomenta la competencia del exterior, obligando a las empresas nacionales a reducir la disparidad entre la productividad real y la máxima productividad posible, conocida como ineficiencia X, mediante la mejora de sus procesos productivos y el máximo aprovechamiento de la capacidad gerencial (Martin, 1978). La intensificación de la competencia de las importaciones también puede estimular la innovación por medio de los llamados incentivos schumpeterianos,[1] que conducen a una mayor productividad. Otro mecanismo está relacionado con los insumos. La reducción de los costos del comercio puede llevar a una mayor productividad de la planta cuando los equipos de buena calidad y los bienes intermedios extranjeros permiten a las empresas adoptar métodos de producción nuevos o cuando el aumento del número de bienes intermedios permite armonizar mejor la combinación de insumos y la tecnología existente (Ethier, 1982).

Cuando los costos del comercio son más bajos también se puede lograr una mayor productividad de la planta ampliando las exportaciones, lo que podría permitir a los productores acceder a la pericia técnica extranjera de compradores con conocimientos más avanzados (Grossman y Helpman, 1991) o aprovechar economías de escala. Existe otro canal relacionado con la inversión extranjera directa. La productividad de la planta podría aumentar como consecuencia de la presencia de competidores de primera clase en el país, los efectos de derrame de conocimiento y los vínculos entre las empresas extranjeras y nacionales.

En numerosos trabajos empíricos se analiza la evidencia de muchos de estos canales. Los relacionados con América Latina se examinan detenidamente en trabajos de López-Córdova y Mesquita Moreira (2004) y del BID (2002). En general, los resultados muestran un efecto positivo del comercio en la productividad: respaldan sistemáticamente el canal de la disciplina de las importaciones, aunque son más ambiguos en lo que concierne a los otros canales.[2]

Sin embargo, el comercio podría afectar a la productividad (que en adelante se denomina también productividad total de los factores) no solo por medio de su impacto en la planta: el comercio puede influir en la productividad total agregada de los factores, incluso sin cambiar la productividad de la planta, al afectar al proceso de reasignación de recursos entre plantas con distintos grados de productividad. Los modelos de comercio internacional recientes que incorporan empresas heterogéneas (Bernard et al., 2003; Melitz, 2003) muestran que, cuando los costos del comercio son más bajos, pueden llevar a un aumento de la productividad agregada al desplazar del mercado a las empresas menos productivas —cortando el extremo inferior de la distribución de la productividad— o al fomentar el crecimiento de las plantas más productivas por medio del incremento de sus exportaciones.

Aunque se han encontrado pruebas de la existencia de estos efectos en países desarrollados (véase Bernard, Jensen y Schott, 2006), no se han realizado muchos estudios de América Latina y el Caribe para demostrar empíricamente la existencia de estos canales de reasignación inducidos por el comercio. Algunas excepciones son Tybout (1991) y Pavcnik (2002), que muestran que los aumentos en la participación de mercado de las plantas más eficientes contribuyen con un crecimiento de la productividad en los sectores transables de la economía. Partiendo de esa bibliografía, en esta sección se presenta nueva evidencia de los nexos entre el comercio y la productividad en la región a través del proceso de reasignación de recursos.

Según estos nuevos modelos de comercio, cuando los costos del comercio bajan, la productividad agregada aumenta debido a la salida de empresas no exportadoras poco productivas y a la expansión por medio de las exportaciones de las empresas muy productivas.[3] Lo que desencadena la salida podría ser una mayor competencia del exterior o la ampliación de las empresas más productivas, que propician un aumento de los salarios reales.[4] En el gráfico 5.1, elaborado con datos de Brasil y Chile, se presenta evidencia preliminar de los mecanismos necesarios para que se produzcan los efectos de la reasignación inducida por el comercio, es decir, que las plantas que salen normalmente son, en promedio, menos productivas que aquellas que no salen y que las plantas que exportan o a la larga se convierten en exportadoras generalmente son más productivas que las plantas que no exportan. Por ejemplo, las plantas que salen

Gráfico 5.1 Diferencia en la productividad media de las plantas entre grupos comparativos

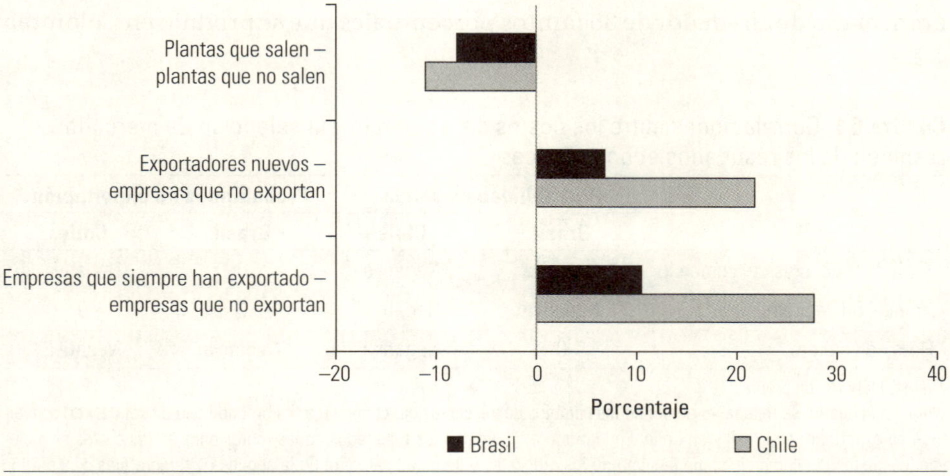

Fuente: Elaboración propia.

Nota: Las diferencias en la productividad media de las plantas entre grupos comparativos mantienen constante el efecto de las diferencias en el tamaño de las plantas y las características de la industria. Los datos de Brasil corresponden al período 1996–2000, y los de Chile, al período 1995–2006.

son, en promedio, 8% menos productivas que las plantas que no salen en Brasil y 11% menos productivas en Chile.[5]

Dada esta evidencia, la pregunta relevante es si una reducción de los costos del comercio ayuda a desplazar del mercado a las plantas ineficientes. Igualmente pertinente es la pregunta de si una disminución de los costos del comercio da a los posibles exportadores mejores oportunidades para operar con mercados extranjeros. En el cuadro 5.1 se resumen las principales conclusiones de un análisis econométrico realizado junto con este estudio. Los resultados generales de Brasil y Chile (primera fila) indican que las plantas de las industrias que presentan la mayor disminución de los costos totales del comercio[6] tienen mayores probabilidades de salir. Los efectos distan mucho de ser insignificantes. Una disminución de 10 puntos porcentuales en los costos del comercio aumenta las probabilidades de salida alrededor de 7% en Chile y alrededor de 3% en Brasil. Los resultados correspondientes a Chile muestran también que la probabilidad de convertirse en exportador es mayor en las industrias que presentan una mayor disminución de los costos del comercio, como se desprende de la bibliografía. Una disminución de 10 puntos porcentuales en los costos del comercio, por ejemplo, aumenta la probabilidad de exportar en un 7%.[7]

Colombia ofrece otro ejemplo de efectos de reasignación inducidos por el comercio. Utilizando una metodología ligeramente diferente de la empleada en el estudio econométrico anterior, Eslava et al. (2009) muestran que la reducción arancelaria de alrededor de 35 puntos porcentuales que se produjo en Colombia

Cuadro 5.1 Correlaciones entre los costos del comercio y la selección de mercado: resumen de los resultados econométricos

	Probabilidad de salida		Probabilidad de exportación	
	Brasil	**Chile**	**Brasil**	**Chile**
Total de los costos del comercio	Negativa	Negativa	0	Negativa
Arancel ad valórem	Negativa	Negativa	0	0
Flete ad valórem	0	Negativa	Negativa	Negativa

Fuente: Elaboración propia.

Nota: En el cuadro se resume el efecto de los cambios de los costos del comercio en la probabilidad de salida y de convertirse en exportador en Brasil y en Chile. En la primera fila figuran los resultados de las regresiones en las cuales se incluyen los costos del comercio como la suma de los aranceles y fletes ad valórem. En la segunda y tercera filas constan los resultados de otra especificación según la cual los aranceles y fletes se incluyen por separado pero en la misma regresión. "Negativa" significa que el cambio de los costos del comercio y la probabilidad correspondiente están inversamente relacionados. "0" indica que la relación no es estadísticamente significativa. Todas las regresiones incluyen otras variables como controles.

RECUADRO 5.1 LAS REFORMAS COMERCIALES Y LA SELECCIÓN DE MERCADO EN COLOMBIA

Igual que otros países de América Latina, Colombia liberalizó el comercio sustancialmente durante la primera mitad de los años noventa. El arancel nominal promedio total bajó de 27% a 10% y de 50% a 13% para las manufacturas. La dispersión de los aranceles también se redujo considerablemente. Este episodio proporciona una oportunidad excelente para evaluar el efecto de una reforma comercial en la selección de mercado aprovechando las diferencias entre los distintos sectores en lo que se refiere a las reducciones arancelarias. Eso fue justamente lo que hicieron Eslava et al. (2009), con datos detallados de la encuesta anual de manufacturas de Colombia.

Los autores calculan un modelo probit para medir el efecto de distintos factores que determinan la rentabilidad de un establecimiento sobre su probabilidad de salida. La disponibilidad de datos sobre precios a nivel de empresa les permite desglosar el margen de ganancia de la planta en cuatro partes: productividad, shocks de la demanda, aumentos de precio y costo de los insumos. Después aprovechan las diferencias entre sectores en lo que se refiere a los cambios de aranceles de la reforma comercial a fin de determinar el efecto de estos factores fundamentales del mercado en la salida de las plantas. Los resultados muestran que la intensificación de la competencia internacional resultante de la reforma comercial amplificó el efecto de la productividad y de los otros factores en la salida de las plantas. Por ejemplo, las plantas poco productivas tendían a salir más del mercado después de la reforma comercial. Utilizando análisis contrafácticos, los autores calculan cuál habría sido el nivel de la productividad promedio si la tasa de supervivencia de las plantas hubiera sido aquella asociada con las tasas arancelarias iniciales en comparación con las tasas actuales. Observaron que la productividad promedio es 3,3 puntos porcentuales mayor de lo que habría sido sin una mejora en la selección de mercado.

Fuente: Resumen de los autores basado en Eslava et al. (2009).

durante la primera mitad de la década de 1990 condujo a un aumento de la tasa de salida de las plantas de más de 10%. En el recuadro 5.1 se describe este estudio más detalladamente.

Habiendo demostrado que los costos del comercio influyen en la reasignación de recursos, es importante analizar cuán pertinentes son esos efectos para la productividad de la economía en conjunto, tarea que dista de ser trivial. Este tipo de análisis generalmente consiste en simulaciones con supuestos muy simplificados que tal vez no reflejen la realidad. Sin embargo, son útiles porque permiten obtener una estimación del orden de magnitud de estos efectos. Por ejemplo, Eslava et al. (2009) usan este método de simulación para estimar el nivel medio de productividad que habría tenido Colombia si no se hubieran producido cambios en la supervivencia de las plantas tras la liberalización del comercio. Concluyen que la mejora de la selección de mercado tras la disminución de los aranceles condujo a un aumento del promedio de la productividad total de los factores de alrededor de 3 puntos porcentuales entre 1992 y 1998. Eso es sustancial, considerando que, durante ese período, el promedio de la productividad total de los factores de la industria en Colombia aumentó alrededor de 12 puntos porcentuales (Eslava et al., 2004).

Con simulaciones similares se calculó el aumento de la productividad total de los factores promedio que se produciría en Chile dada una reducción hipotética de los aranceles y los fletes a un nivel similar al de Estados Unidos. Igual que en el caso de Colombia, la mejora de la selección de mercado como consecuencia del incremento de la tasa de salida de las plantas puede tener un efecto importante en la productividad: el promedio de la productividad total de los factores en Chile podría aumentar 2,4 puntos porcentuales en el curso de cinco años tras la disminución de los fletes y 1 punto porcentual adicional como consecuencia de la reducción arancelaria.[8]

Los costos de transporte y la productividad

Aunque los aranceles son ciertamente los obstáculos más visibles para el comercio, no son los únicos. En términos generales, los costos del comercio incluyen todos los gastos realizados para hacer llegar un bien hasta el usuario final, entre ellos los costos de transporte y los ocasionados por la reglamentación y las diferencias de moneda o de idioma (Anderson y van Wincoop, 2004). Los análisis empíricos en los cuales se da seguimiento a muchos de estos costos no arancelarios en los flujos comerciales son muy diversos, pero a menudo tropiezan con dificultades para medir las barreras correctamente. No obstante, la mayoría de los estudios son inequívocos en lo que se refiere a la importancia estadística y económica de estos costos en la restricción de los flujos comerciales, sean barreras técnicas tales como las relacionadas con la salud, la reglamentación sanitaria y ambiental o normas industriales, de calidad y de seguridad (Baldwin, 2000; Hufbauer, Kotschwar y Wilson, 2002; Chen, Wilson y Otsuki, 2008; Wilson, 2008), regulaciones mercantiles (Freund y Bolaky, 2008) o efectos cambiarios (Rose, 2000; Glick y Rose, 2002; Micco, Stein y Ordóñez, 2003; Frankel, 2008).

Aunque muchos de estos factores ciertamente limitan las perspectivas del comercio y la integración, y su capacidad para fomentar la productividad, este capítulo se centra solo en una de esas barreras: los costos de transporte, por razones a la vez pragmáticas y analíticas. Las razones pragmáticas se refieren a la dificultad de obtener mediciones exactas de todos los factores mencionados anteriormente. Las razones analíticas se centran en la prominencia de los costos de transporte entre las barreras no arancelarias y en los indicios crecientes de que la infraestructura de transporte es una limitación importante para el crecimiento del comercio en América Latina.

Los economistas generalmente consideran que los costos de transporte tienen un efecto similar al de los aranceles en el comercio y, por consiguiente, en la productividad. Sin embargo, en el mundo real las cosas no son tan sencillas. Hay por lo menos tres factores por los cuales los costos de transporte se diferencian de los aranceles (Mesquita Moreira, Volpe y Blyde, 2008).

Primero, los costos de transporte son sumamente variables. La incertidumbre asociada a estas fluctuaciones puede perjudicar al comercio, especialmente si los costos de transporte son elevados.

Segundo, a diferencia de los aranceles, los costos de transporte no son un porcentaje simple y fijo (ad valórem) del precio de los productos. Los costos de transporte tienen un componente unitario que depende de varias características, como peso, volumen y carácter perecedero. Estas características varían mucho de un producto a otro y, por ende, tienen implicaciones muy diferentes para los efectos del comercio en la productividad, particularmente cuando se combinan con los rasgos geográficos y la infraestructura del país. Por ejemplo, un productor de un bien al cual no se aplican aranceles para la importación tal vez no esté sometido en absoluto a la "disciplina de las importaciones" si los costos de transporte son suficientemente altos como para desincentivar la competencia debido a las características intrínsecas del bien, la mala infraestructura del país o una combinación de ambos factores.

Tercero, los costos de transporte no se decretan arbitrariamente, sino que responden a variables tales como los flujos comerciales, la calidad de la infraestructura del país y el grado de competencia en la industria del transporte. En consecuencia, la reducción de los costos de transporte no se limita a la economía política de la protección, sino que requiere medidas de política más complejas que aquellas que se toman en el marco habitual de la liberalización del comercio.

Estas características distintivas bastarían para justificar un examen más detenido del efecto de los costos de transporte en la relación entre el comercio y la productividad. En América Latina, este tema adquiere una importancia incluso mayor por dos razones fundamentales. Primero, las exportaciones de la región dependen en gran medida de bienes que hacen un uso intensivo de medios de transporte (es decir, los costos de transporte representan una gran proporción del precio de costo, seguro y flete [CIF]), sean recursos naturales (como minerales y granos) o productos que pierden utilidad con el tiempo (como frutas, flores cortadas y prendas de vestir).[9] Segundo, la región sufre de deficiencias muy conocidas de infraestructura.

¿Cómo se da exactamente esta compleja relación entre el transporte, el comercio y la productividad en la región? Una forma de buscar respuestas consiste en determinar el efecto específico de los costos de transporte tanto en la reasignación como en la productividad dentro de las empresas. En la tercera fila del cuadro 5.1 se presentan los resultados de un análisis de la reasignación en Brasil y Chile. Para colocar las cosas en su justa perspectiva, los resultados correspondientes a los aranceles se presentan en la segunda fila. Aunque hay algunas diferencias según el tipo de efecto de selección y el país, las estimaciones parecen indicar en general que ambos tipos de costos del comercio influyen en la reasignación. Por ejemplo, en Chile se observa que no solo los aranceles, sino también los fletes, están relacionados con la salida de las plantas. Una disminución de 10 puntos porcentuales en los aranceles aumenta la probabilidad de salida de la planta alrededor de 2,1%, mientras que una disminución de 10 puntos porcentuales en el flete aumenta la probabilidad de salida en un 1,5% adicional. Los costos de transporte elevados también tienen un efecto negativo en la posibilidad de ingresar en el mercado de las exportaciones. Cuando los costos de transporte son altos, tanto en Brasil como en Chile las plantas tienen menores probabilidades de convertirse en exportadoras.

La importancia de los costos de transporte se vuelve más evidente cuando se comparan las magnitudes relativas de los aranceles y el flete. En el panel a del gráfico 5.2 se presenta un ejemplo tomado de la industria manufacturera en Chile. Los gastos de transporte ad valórem son actualmente más del cuádruplo de los aranceles ad valórem, lo cual implica que el margen para reducir estos gastos —y sus posibles efectos— también es mucho mayor. Eso se confirmó en un ejercicio cuyos resultados se muestran en el panel b del gráfico 5.2 y que consistió en una medición del aumento de la tasa promedio de salida de plantas en Chile que se produciría si las tasas arancelarias y el flete bajaran a los niveles observados en Estados Unidos. El aumento de la tasa de salida provocado por

Gráfico 5.2 Costos del comercio en Chile y cambios en la tasa de salida resultante de la disminución de los aranceles y los fletes a los niveles observados en Estados Unidos

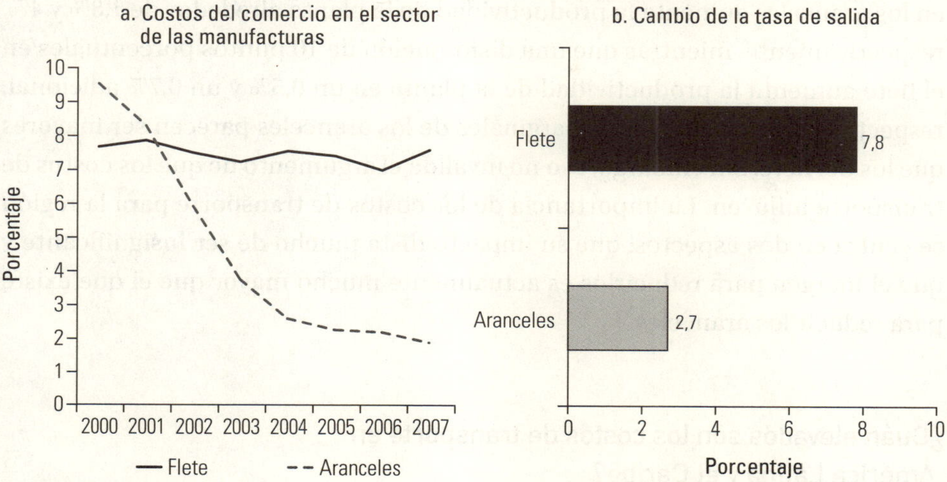

Fuente: Elaboración propia.
Nota: El flete y los aranceles ad valórem constituyen la relación entre los gastos de flete y los aranceles, por una parte, y las importaciones, por la otra. Los costos comerciales derivan de datos a nivel de productos recopilados en la frontera y agregados utilizando los valores correspondientes a las importaciones.

la reducción del flete sería casi el triple que el resultante de una disminución de los aranceles, a pesar de que el efecto marginal del arancel es mayor que el efecto marginal del flete. Esto se debe a que la disminución necesaria del flete (de alrededor del 50%) es mucho mayor que la disminución necesaria de la tasa arancelaria (de alrededor del 10%). Este ejemplo ilustra un punto fundamental: que el tema de los costos de transporte es importante en América Latina en gran parte porque en la actualidad los fletes representan un obstáculo mucho mayor al comercio que la tasa arancelaria. Esta característica no es exclusiva de la economía chilena sino que se observa en toda la región.

Con respecto a los efectos dentro de las empresas, el estudio econométrico realizado como parte de este trabajo determina si los efectos en la productividad de la planta se deben no solo a los aranceles sino también a los costos de transporte. En esta tarea se amplía la especificación de López-Córdova y Mesquita Moreira (2004) a fin de incluir no solo la tasa arancelaria y el índice de penetración de las importaciones, variable última que usualmente se agrega para medir el impacto de las barreras no arancelarias, sino también los fletes internacionales ad valórem.[10]

Las conclusiones muestran que ambos costos del comercio son importantes. En los casos de Brasil y Chile,[11] una disminución de 10 puntos porcentuales en los aranceles aumenta la productividad de la planta alrededor de 1,8% y 4%, respectivamente, mientras que una disminución de 10 puntos porcentuales en el flete aumenta la productividad de la planta en un 0,5% y un 0,7% adicional, respectivamente. Los efectos marginales de los aranceles parecen ser mayores que los del flete. Sin embargo, eso no invalida el argumento de que los costos de transporte influyen. La importancia de los costos de transporte para la región se centra en dos aspectos: que su impacto dista mucho de ser insignificante y que el margen para reducirlos es actualmente mucho mayor que el que existe para reducir los aranceles.

¿Cuán elevados son los costos de transporte en América Latina y el Caribe?

La evidencia examinada hasta ahora muestra que los costos del comercio afectan a la reasignación y, por consiguiente, a la productividad de la economía en conjunto, al proteger a los productores ineficientes, lo cual disminuye las probabilidades de su salida, y al limitar la ampliación de las plantas eficientes, lo cual disminuye la probabilidad de que exporten. Asimismo, estos costos tienen un efecto negativo en la productividad de las empresas al socavar la competencia. Por último, los aranceles no son el único costo del comercio que debe preocupar a los encargados de la formulación de políticas. Los costos de transporte también pueden ser un obstáculo importante para la competencia y para la asignación eficiente de recursos entre las empresas.

El argumento a favor de prestar más atención a los costos de transporte tanto en la investigación como en la formulación de políticas es aun más convincente cuando se comparan los aranceles con los fletes en la región y cuando se comparan los costos de transporte en América Latina con los del mundo desarrollado. El primer análisis de esta sección muestra claramente que Chile no es una excepción. Los costos de transporte son mucho mayores que los aranceles en la mayoría de los países de la región. En el gráfico 5.3 se presenta un panorama general del comercio intrarregional y extrarregional en América Latina. En el caso de las importaciones, que se muestran en el panel a, los costos de transporte son mayores que los aranceles por un gran margen. En conse-

Gráfico 5.3 Relación entre el flete y los aranceles ad valórem en América Latina, 2006

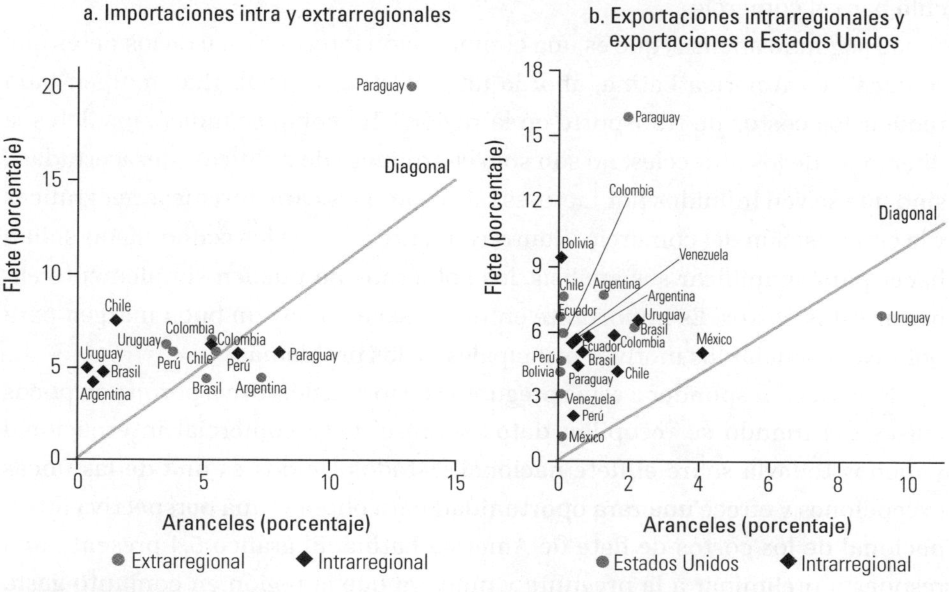

Fuente: Elaboración propia basada en el conjunto de datos de la Asociación Latinoamericana de Integración (Aladi) y la Oficina de Censos de Estados Unidos.

Nota: El flete es la relación entre los gastos de flete y las importaciones. Los aranceles constituyen la relación entre los ingresos arancelarios y las importaciones. Los datos sobre las importaciones de Paraguay y Colombia corresponden a 2000 y 2003, respectivamente. Las exportaciones intrarregionales incluyen Argentina, Brasil, Chile, Perú y Uruguay.

cuencia, la mayoría de los países están a la izquierda de la diagonal. Incluso en las pocas excepciones que están a la derecha de la diagonal, los aranceles son demasiado pequeños en relación con los gastos de flete como para justificar una agenda comercial basada únicamente en barreras arancelarias.

En el panel b se presenta el caso de las exportaciones. Como la composición de los productos y del mercado de estos dos flujos es notablemente diferente, los datos sobre las exportaciones podrían contar una historia distinta. Infortunadamente, solo se dispone de datos sobre los costos del comercio relacionados con las exportaciones a Estados Unidos y a cinco países de América Latina. De todas maneras, es obvio que el predominio de los gastos de flete en comparación con los aranceles es aun más pronunciado, con todos los países situados a la izquierda de la diagonal, excepto por las exportaciones de Uruguay a Estados Unidos. Dada esta evidencia, es claro que tras un proceso de liberalización de gran alcance, la región ahora se enfrenta con una realidad diferente de la que existía hace 20 años, cuando las barreras arancelarias eran el principal obstáculo para el comercio.

El segundo análisis, que es una comparación internacional de los fletes que se pagan en América Latina, aborda una cuestión crucial: ¿hay margen para reducir los costos de transporte en la región? Tal como se indicó, los fletes, a diferencia de los aranceles, no son solo el producto de políticas (desacertadas), sino que se ven influidos por factores tales como las características geográficas y la composición del comercio. Contrariamente a lo que los economistas solían hacer para simplificar sus análisis, los gobiernos no pueden simplemente eliminar estos costos. Es importante entonces saber si hay un buen margen para políticas y señalar los motivos principales de los problemas.

No es fácil responder a estas preguntas de forma definitiva porque en pocos países del mundo se recopilan datos sobre el flete comercial internacional y menos todavía sobre el flete nacional. Estados Unidos es una de las pocas excepciones y ofrece una rara oportunidad para obtener una perspectiva internacional de los costos de flete de América Latina. El gráfico 5.4 presenta una respuesta preliminar a la pregunta y muestra que la región en conjunto gasta en fletes casi el doble que Estados Unidos para importar sus bienes: Argentina

Gráfico 5.4 Costos de flete de las importaciones como porcentaje de las importaciones, Estados Unidos y algunos países de América Latina, 2006

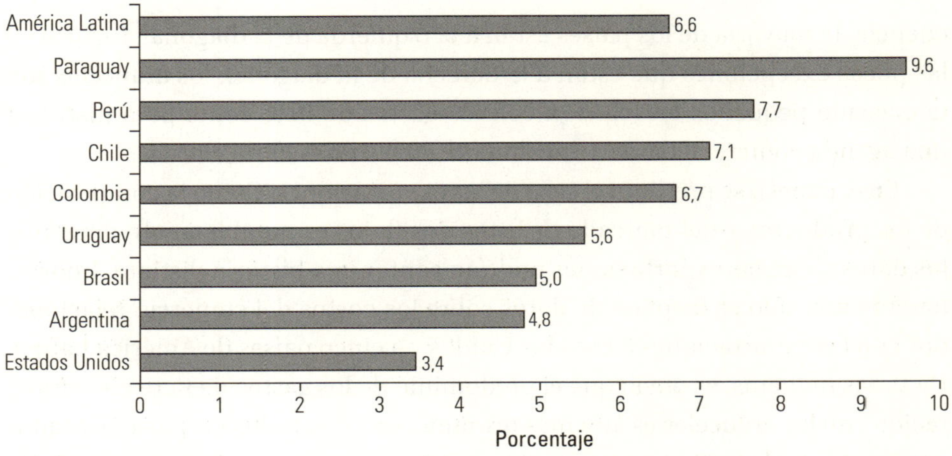

Fuente: Elaboración propia basada en el conjunto de datos de la Asociación Latinoamericana de Integración (Aladi) y en datos de la Oficina de Censos de Estados Unidos.
Nota: La cifra relativa a América Latina es el promedio simple de Argentina, Brasil, Chile, Colombia, Paraguay, Perú y Uruguay.

tiene los costos más bajos de la región, en tanto que no causa sorpresa que Paraguay, que no tiene salida al mar, tenga los costos más altos. Pero solo con estos datos no se puede determinar si lo que lleva a estos resultados es el volumen o la composición del comercio, los rasgos geográficos o algún asunto relacionado con las políticas, como la calidad de la infraestructura.

El gráfico 5.5 compara los costos de transporte de América Latina con los de otros países que exportan a Estados Unidos. Igual que ocurre con el flete

Gráfico 5.5 Costos de flete como porcentaje de las exportaciones a Estados Unidos, 2006

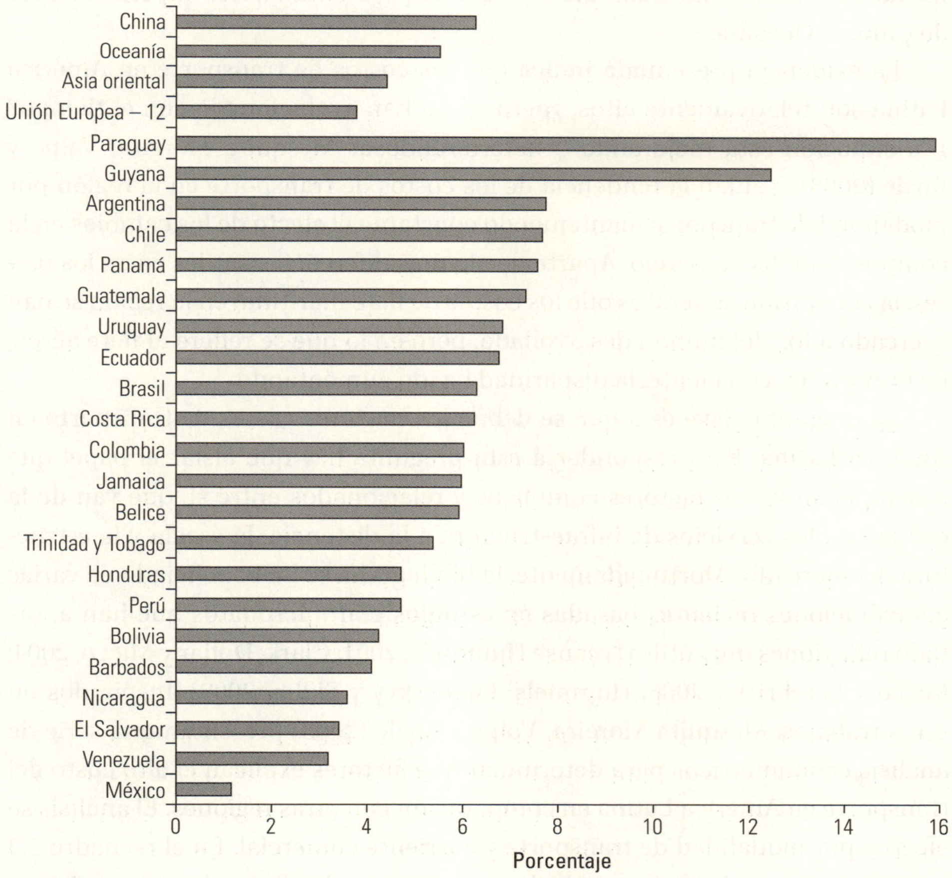

Fuente: Elaboración propia basada en datos de la Oficina de Censos de Estados Unidos.

Nota: Los 12 países europeos son Alemania, Austria, Bélgica, Dinamarca, Finlandia, Francia, Irlanda, Italia, Luxemburgo, Países Bajos, Reino Unido y Suecia.

de las importaciones, es poco lo que se puede decir sobre los factores determinantes de estos resultados. No obstante, la comparación permite efectuar observaciones interesantes que confirman las conclusiones a las que se llega con las importaciones. La conclusión general es que la proximidad no siempre se traduce en costos de flete menores. La mayoría de los países latinoamericanos presentan tasas mayores que los países del Lejano Oriente y Europa. Eso es sorprendente, en particular cuando se consideran los países que están muy cerca de Estados Unidos, como los del Caribe. Como cabe prever, la mayoría de los países del Cono Sur se encuentra en el extremo superior del espectro, pero incluso esos países, así como algunos de Centroamérica que están muy cerca de Estados Unidos, como Guatemala y Panamá, presentan fletes superiores a los de China u Oceanía.

La evidencia presentada indica que los costos de transporte en América Latina son relativamente altos, ¿pero cómo han evolucionado con el tiempo? ¿La situación está mejorando o deteriorándose? Mesquita Moreira, Volpe y Blyde (2008) evalúan la tendencia de los costos de transporte en la región por modalidad de transporte manteniendo constante el efecto de los cambios en la composición del comercio. Aparte de algunas diferencias sutiles entre los países, la conclusión general es que los costos de flete marítimo en la región se han acercado a los del mundo desarrollado, pero en lo que se refiere al flete aéreo, de importancia creciente, la disparidad ha ido aumentando.

La pregunta clave es a qué se deben los mayores costos de transporte en América Latina. Para responder a esta pregunta hay que aislar el papel que desempeñan varios factores complejos y relacionados entre sí, que van de la calidad de los servicios de infraestructura a la distancia, la escala y la estructura del mercado. Afortunadamente, la bibliografía se ha beneficiado de varias contribuciones recientes basadas en estudios con microdatos que han aportado reflexiones muy útiles (véanse Hummels, 2001; Clark, Dollar y Micco, 2004; Micco y Serebrisky, 2006; Hummels, Lugovskyy y Skiba, 2009). Inspirados en estos trabajos, Mesquita Moreira, Volpe y Blyde (2008) presentan una serie de análisis econométricos para determinar qué factores explican el alto costo del transporte en América Latina en comparación con otras regiones. El análisis se efectúa por modalidad de transporte y corriente comercial. En el recuadro 5.2 se resume el caso de los gastos de flete marítimo en los flujos de exportaciones.

Al margen de las diferencias sutiles por modalidad de transporte, país y flujo comercial, vale la pena poner de relieve algunas conclusiones generales.

RECUADRO 5.2 EXPLICACIÓN DE LAS DIFERENCIAS EN LOS GASTOS DE FLETE MARÍTIMO ENTRE LOS PAÍSES LATINOAMERICANOS Y OTROS PAÍSES

Hay varios factores que explican los gastos de flete internacional. El primer factor, y el más estudiado, se refiere a las características geográficas, en particular la distancia. Otro factor obvio es la transportabilidad del producto. A valores constantes, el precio ad valórem del envío de los productos más pesados normalmente es mayor. El volumen de las importaciones es otro factor que influye en los gastos de transporte, ya que la industria del transporte generalmente está asociada a economías de escala. Los desequilibrios comerciales entre mercados también pueden influir en los precios de envío. Cuando un buque se ve obligado a navegar sin carga en una dirección, los fletes tienden a ser más altos, ya que el expedidor normalmente paga la capacidad no utilizada en el viaje de ida o de vuelta (Clark, Dollar y Micco, 2004). Los precios de los envíos dependen también del grado de competencia en la ruta comercial. La discriminación de precios también es una característica de la industria naviera. Por ejemplo, es de esperar que se cobren precios más altos por productos que tienen una demanda de importaciones relativamente inelástica y con tasas arancelarias más altas (véanse más detalles en Hummels, Lugovskyy y Skiba, 2009). Otros dos factores determinantes de los fletes marítimos son la calidad de la infraestructura portuaria y el grado de contenedorización.

Desglose de las diferencias en el flete marítimo entre América Latina y los Países Bajos: exportaciones a Estados Unidos, 2000–05

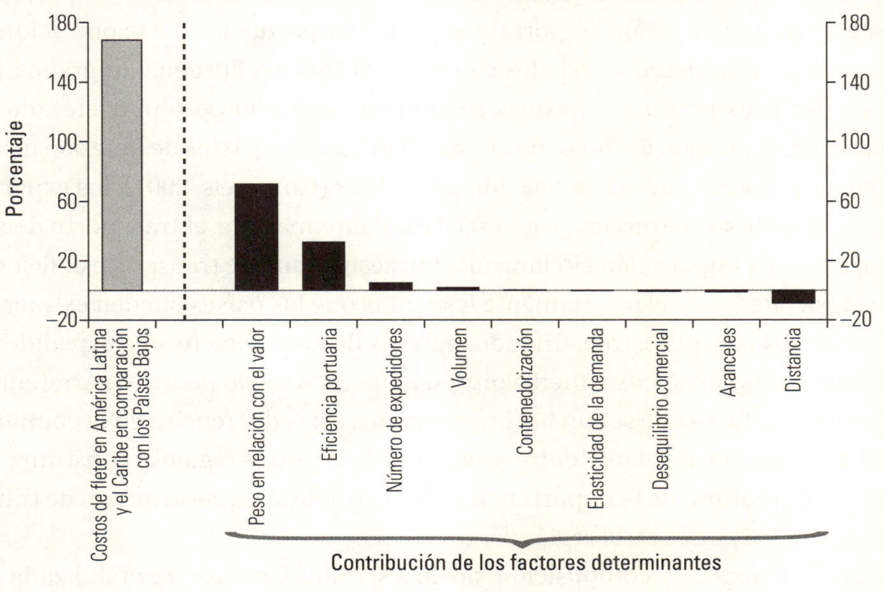

Fuente: Elaboración propia basada en Mesquita Moreira, Volpe y Blyde (2008).

(*continúa en la página siguiente*)

RECUADRO 5.2 *(continuación)*

Mesquita Moreira, Volpe y Blyde (2008) proporcionan detalles de un cálculo econométrico en el cual se estima una relación entre los cargos de transporte pagados por las importaciones estadounidenses provenientes de varios puertos de todo el mundo y de todas las variables antedichas. Con los resultados de este cálculo hacen un desglose basado en Hummels, Lugovskyy y Skiba (2009) para comparar los fletes de las exportaciones de América Latina a Estados Unidos con los de los Países Bajos.[a] Este análisis se efectúa para 11 países latinoamericanos. En el gráfico de este recuadro se presentan los resultados del promedio simple de la región. Los fletes que se pagan por las exportaciones de América Latina a Estados Unidos son 70% más altos que los que se pagan en promedio por las exportaciones de los Países Bajos. Los principales factores que explican esta diferencia son la relación peso–valor y la eficiencia portuaria, seguidos del grado de competencia entre las compañías navieras y, en menor media, el volumen del comercio.

[a] Se seleccionó a los Países Bajos como grupo de referencia porque es un país conocido por la calidad de sus instalaciones portuarias. Sin embargo, desde el punto de vista cualitativo, los resultados no varían si se usan otros países de referencia.

Gran parte del costo elevado del transporte en América Latina en comparación con el mundo desarrollado puede atribuirse a las diferencias en la composición. Los bienes que la región importa y exporta, en particular las exportaciones, son mucho más "pesados" que los de Estados Unidos o Europa. Los granos, los minerales y los productos básicos en general tienen un peso muy elevado en relación con su valor. Como se ha comprobado que los gastos de flete son directamente proporcionales a la relación peso-valor (Hummels, 2001), los exportadores de recursos naturales pagan relativamente más por el transporte de sus productos. La implicación es clara: una infraestructura de transporte deficiente y costosa puede socavar seriamente las rentas que los países pueden extraer de sus recursos naturales, transfiriendo ingresos de los productores a expedidores de fletes monopolísticos e ineficientes o a operadores de puertos, carreteras y aeropuertos. En vez de ser un hecho inevitable, estas diferencias en la composición de la canasta de bienes entre América Latina y otras regiones constituye un fuerte recordatorio de la importancia estratégica de la infraestructura de transporte para los países de la región.[12]

Sin embargo, la composición no lo es todo. Una vez contabilizada su influencia, otros factores relacionados con la eficiencia de la infraestructura de puertos y aeropuertos generalmente explican alrededor del 40% de la diferencia en los costos de transporte entre América Latina, por una parte, y Estados

Unidos y Europa por la otra.[13] Son muchos los factores que influyen en la eficiencia portuaria y aeroportuaria. En el caso de los puertos, por ejemplo, su eficiencia está relacionada no solo con la calidad de las instalaciones físicas, sino también con otras actividades de apoyo, como los servicios de pilotaje, remolque y asistencia de remolcadores, y carga y descarga. La eficiencia portuaria también depende de aspectos tales como la claridad de los procedimientos del puerto, la exactitud de los sistemas de información y la existencia de restricciones legales, como los requisitos de permisos especiales para efectuar operaciones de carga y descarga, que pueden influir en el desempeño del puerto (Fink, Mattoo y Neagu, 2002). El grado de eficiencia de los aeropuertos depende de aspectos similares.

Es difícil encontrar datos detallados sobre la eficiencia de puertos y aeropuertos. Los trabajos empíricos sobre los factores determinantes de los gastos de transporte —incluido el estudio que se reseña en el recuadro 5.2— suelen recurrir a estimaciones econométricas para recuperar un parámetro que capta la eficiencia del puerto o aeropuerto (véase también Blonigen y Wilson, 2006). Los datos agregados a nivel de país son más comunes (por ejemplo, en el *Informe de competitividad mundial* del Foro Económico Mundial), pero esta información generalmente depende de opiniones subjetivas. En el gráfico 5.6 se presentan dos mediciones de la productividad de los puertos basadas en datos

Gráfico 5.6 Medición de la productividad portuaria: promedios regionales de 2001

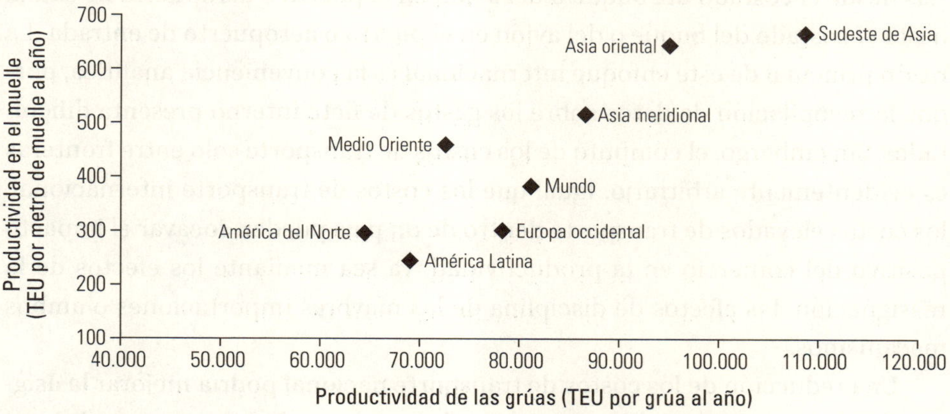

Fuente: Drewry (2002).

Nota: El gráfico presenta el promedio de la productividad regional de los puertos con terminales para contenedores. La TEU (unidad equivalente a 20 pies de contenedores) se refiere al tamaño de los contendores utilizados para el transporte marítimo.

fidedignos tomados de Drewry (2002). Esta base constituye un conjunto poco común de datos compilados para alrededor de 600 puertos de todo el mundo. Los datos están agregados a nivel regional a efectos de la comparación. Cabe señalar que la productividad se mide de forma convencional: el nivel de producción (número de contenedores cargados y descargados por año) en relación con los insumos, como el número de grúas (véase el eje X) o los metros de muelle (véase el eje Y). Estas mediciones confirman que América Latina está rezagada con respecto a muchas otras regiones en lo que se refiere a la productividad de sus sistemas portuarios.

El análisis del recuadro 5.2 también revela un tercer factor, aunque de menor importancia, que contribuye a los gastos de transporte elevados en América Latina: la poca competencia entre las compañías navieras. En Hummels, Lugovskyy y Skiba (2009) se encuentra un resultado similar. Las ventajas con respecto a la reducción de los costos de transporte que se obtendrían con una mayor competencia en el sector de transporte posiblemente no se limiten a los servicios de las empresas transportistas. Hay toda una gama de servicios portuarios y aeroportuarios auxiliares, como almacenamiento y depósito, aprovisionamiento, reparaciones y abastecimiento de combustible, que también pueden asignarse de forma competitiva. En este sentido, la competencia y la eficiencia portuaria están relacionadas entre sí.[14]

Hasta ahora, este capítulo se ha centrado en la dimensión internacional de los costos de transporte, es decir, los gastos realizados para trasladar mercaderías desde el costado del buque o del avión en el puerto o aeropuerto de salida hasta el costado del buque o del avión en el puerto o aeropuerto de entrada. La razón principal de este enfoque internacional es la conveniencia analítica, porque la recopilación de datos sobre los gastos de flete interno presenta dificultades. Sin embargo, el cómputo de los costos de transporte solo entre fronteras es evidentemente arbitrario. Igual que los costos de transporte internacional, los costos elevados de transporte dentro de un país pueden socavar el impacto positivo del comercio en la productividad, ya sea mediante los efectos de la reasignación, los efectos de disciplina de las mayores importaciones o ambos mecanismos.

Una reducción de los costos de transporte nacional podría mejorar la asignación de recursos entre las regiones y los sectores de la economía, lo cual aumentaría la productividad agregada de forma semejante a las ganancias clásicas del comercio internacional. Herrendorf, Schmitz y Teixeira (2007) presentan pruebas empíricas de este efecto en un análisis del impacto de las mejoras realizadas en el siglo XIX en el sistema de transporte de Estados Unidos. Los autores muestran que la disminución de los costos de transporte para el comercio interno fomentó la especialización de la producción entre regiones de Estados Unidos, lo cual, a su vez, llevó a un gran aumento del producto interno bruto (PIB). Syverson (2004) muestra también que, con gastos de transporte más bajos, hay mayores posibilidades de sustitución geográfica en el mercado de productos, de modo que a los consumidores les resulta más fácil cambiar de proveedores. Este efecto aumenta las probabilidades de salida de los productores ineficientes, lo cual, a su vez, mejora la productividad agregada.

Incluso en el ámbito de las ciudades, las ventajas de la densidad urbana emanadas de las externalidades de la aglomeración pueden disminuir rápidamente con la congestión y llevar a deseconomías de aglomeración (véase Graham, 2007). En muchas ciudades grandes de América Latina hay congestión del tráfico, lo cual aumenta directamente el costo del traslado de personas y productos. En Brasil, por ejemplo, se calcula que la congestión del tráfico aumenta los costos operativos del transporte público en un 15,8% en São Paulo pero solo 0,9% en Brasilia, una ciudad mediana con amplias carreteras (ANTP, 1999). En Chile, se calcula que la reducción de la velocidad media de los trayectos en automóviles particulares y en medios de transporte público de un kilómetro por hora y de medio kilómetro por hora, respectivamente, generan un costo equivalente al 0,1% del PIB (Thomson, 2000). Además de estos costos directos, la congestión del tráfico genera costos indirectos relacionados con una menor interacción entre proveedores, compradores, trabajadores y empresas, lo cual restringe posibles incrementos en la productividad derivados de la escala y la aglomeración, y limita las perspectivas comerciales.

El recuadro 5.3 muestra la importancia para el comercio de los costos de transporte internos en América Latina. Presenta dos estudios de casos referidos a las exportaciones de soya en Brasil y de flores cortadas en Ecuador. Los estudios abordan la cadena logística de estos productos y señalan los principales problemas y cuellos de botella. El estudio de Brasil, por ejemplo, revela que la erosión de la competitividad en las exportaciones de soya en comparación con Estados Unidos se debe principalmente al alto costo del transporte nacional. En ambos análisis se señalan aspectos tales como la reglamentación, la calidad de la infraestructura y la falta de competencia en la industria del transporte como los principales factores que influyen en estos costos.

RECUADRO 5.3 LOS GASTOS DE TRANSPORTE NACIONAL Y EL COMERCIO: ESTUDIOS DE CASOS DE BRASIL Y ECUADOR

Los estudios de casos de dos industrias en Brasil y Ecuador ofrecen ejemplos claros de la pesada carga que pueden imponer al comercio las deficiencias en los sistemas de logística y transporte internos.

La soya en Brasil. Brasil es el segundo productor y exportador de soya del mundo, después de Estados Unidos. Esto se debe a que los costos de producción y de las tierras son mucho más bajos en la región centroccidental del país que en muchas otras partes del mundo, incluido Estados Unidos. No obstante, una parte importante de esta ventaja basada en el costo se pierde debido a los gastos elevados de transporte interno. Una comparación de los costos de la producción y el transporte interno de soya en Brasil (norte de Mato Grosso) y en Estados Unidos (Minneapolis, Minnesota) ilustra claramente la situación. El valor de la soya en la finca es menor en Brasil que en Estados Unidos, pero esta ventaja inicial se erosiona cuando se agrega el costo del transporte interno para colocar la soya en el puerto de salida. Los gastos de transporte nacional representan 32% del valor de la soya en la finca en Brasil, pero solo 18% en Estados Unidos. Cuando se combinan los costos de transporte interno y de producción, la soya cuesta prácticamente lo mismo en ambos países: cerca de US$250 por tonelada. Sin llegar a hacer un análisis econométrico formal, cabe señalar que la distancia desde Minneapolis hasta el golfo de México es bastante similar a la distancia desde el norte de Mato Grosso hasta el puerto de Paranaguá (alrededor de 2.100 kilómetros). Por lo tanto, es difícil atribuir estas diferencias a la distancia únicamente. Los costos más elevados en Brasil se deben principalmente a la falta de competencia intermodal y a la mala calidad de las carreteras. En Mato Grosso prácticamente no hay ferrocarril, de modo que hay que transportar los granos en camión directamente hasta el puerto o hasta terminales de ferrocarril o de vías navegables que están lejos de las fincas. La situación se exacerba con el mal estado de los caminos, muchos de los cuales no están pavimentados.

Las flores cortadas en Ecuador. Aunque Ecuador ha logrado desarrollar una importante industria de las flores cortadas, el país permanece en desventaja en comparación con competidores como Colombia. Esta desventaja se debe principalmente a factores relacionados con la infraestructura del país. El primer factor es un tanto exógeno y está relacionado con las características geográficas. En el aeropuerto internacional de Quito, construido a 2.814 metros sobre el nivel del mar, pueden aterrizar solamente aviones de corto o mediano alcance y no pueden despegar aviones completamente cargados. Las limitaciones de la capacidad de transporte se ven exacerbadas por el pequeño número de líneas aéreas que operan en las rutas principales. Eso es especialmente problemático durante la temporada alta. Otra deficiencia es la poca superficie disponible en el aeropuerto para el almacenamiento con refrigeración. No es raro ver cajas de flores apiladas en la pista a una temperatura muy superior a la apropiada. Una última deficiencia tiene que ver con los cargos que el aeropuerto cobra por el aterrizaje y otros servicios, destinados en parte a financiar la construcción de un aeropuerto nuevo[a] pero también a un subsidio cruzado para los servicios de navegación aérea en aeropuertos pequeños y rurales donde hay pocos vuelos programados o no los hay. A US$2.211 por vuelo, este cargo es uno de los más altos en América Latina.[b]

Fuente: Resumen de los autores basado en Batista (2008) y Vega (2008).

[a] Se está construyendo un aeropuerto nuevo a 2.400 metros sobre el nivel del mar que se inaugurará en 2010.

[b] Dato para marzo de 2007 de la Asociación de Transporte Aéreo Internacional (IATA).

Qué pueden hacer los gobiernos

Es evidente que el alto costo del transporte en América Latina socava los avances de la productividad relacionados con el comercio y que estos costos pueden atribuirse en gran medida a la calidad relativamente mala de su infraestructura y a la ineficiencia de los servicios de transporte. ¿Qué pueden hacer los gobiernos? Aunque una lista exhaustiva de recomendaciones de políticas sobrepasaría el alcance de este capítulo, hay varios aspectos generales que vale la pena mencionar.

Con respecto al flete marítimo, los costos de transporte ya han comenzado a disminuir en la región como consecuencia de los avances en la liberalización de la industria (Hoffman, 2000). Varios países de la región han eliminado las reservas de carga para las compañías navieras estatales, han privatizado empresas de transporte nacionales y han adjudicado concesiones para varias operaciones portuarias. Sin embargo, no todos los países han avanzado al mismo ritmo. Muchos puertos centroamericanos, por ejemplo, todavía tienen que aprender de la experiencia de países tales como Colombia, donde las concesiones adjudicadas a operadores privados de terminales estuvieron acompañadas de la introducción de métodos modernos de operaciones portuarias[15] que llevaron a una reducción considerable del tiempo de espera y a un aumento de la capacidad de despacho de buques.

Sin embargo, la liberalización de la industria y la descentralización de las operaciones portuarias tal vez no basten. Algunas inversiones no se materializan sin la intervención del gobierno, como el dragado de canales para que los buques de mayor porte y menor costo operativo puedan entrar en el puerto. La reglamentación efectiva del mercado es otro aspecto en el cual los gobiernos deberían intervenir, ya que no es raro que las empresas de transporte y las compañías de navegación de la región empleen prácticas anticompetitivas (Sánchez y Wilmsmeier, 2009). Otro problema, particularmente para varios países insulares del Caribe, es la atomización de las operaciones portuarias, con muchas terminales privadas pequeñas que operan sin la supervisión de una autoridad portuaria unificadora (Banco Mundial, 2009a). Como la aglomeración de la carga es importante para reducir los costos de envío por medio de economías de escala, a los gobiernos de esos países les convendría fomentar la consolidación o coordinación de los pequeños operadores privados. Los países pequeños también se beneficiarían de la coordinación entre gobiernos para facilitar el crecimiento de los transbordos, que consisten en el uso de centros portuarios intermedios para trasladar la carga a su destino final.

Con respecto al flete aéreo, la eficiencia de los aeropuertos y la reglamentación constituyen los problemas fundamentales de la región. La reglamentación parece ser particularmente disfuncional (Ricover y Negre, 2003). La reglamentación de los servicios de transporte aéreo en la región, basada en antiguos acuerdos bilaterales con limitaciones estrictas de acceso a los mercados, no ha avanzado a la par de la liberalización en otras partes del mundo, lograda principalmente por medio de acuerdos sobre libertad del espacio aéreo, conocidos también como acuerdos de "cielos abiertos".[16] Estos acuerdos han ayudado a reducir considerablemente el costo del transporte aéreo. Micco y Serebrisky (2006), por ejemplo, muestran que los acuerdos sobre libertad del espacio aéreo firmados por Estados Unidos han reducido los costos de transporte aéreo en 8% en promedio.

Aunque algunos países de América Latina han firmado acuerdos bilaterales con Estados Unidos sobre libertad del espacio aéreo, hay muy pocos acuerdos dentro de la región (OMC, 2005). Los países de la región podrían celebrar acuerdos bilaterales similares. Un enfoque más audaz de la liberalización sería un acuerdo multilateral sobre libertad del espacio aéreo con el objetivo de crear un mercado regional verdaderamente integrado. Por ejemplo, Brasil propuso recientemente un acuerdo sobre libertad del espacio aéreo para América del Sur.[17]

Otra área en la cual se necesitan mejoras es en los servicios aeroportuarios. Con la excepción de algunos servicios operacionales, como los meteorológicos, la mayoría de las operaciones comerciales y de carga y descarga podrían estar sujetas a fuerzas competitivas. De hecho, a fin de promover la eficiencia de los aeropuertos, el modelo tradicional de propiedad estatal que existía en la mayor parte del mundo hasta mediados de los años ochenta ha sido reemplazado gradualmente con distintos sistemas de privatización y contratos de concesión. La tendencia a la privatización ha sido mucho más lenta en América Latina que en otros lugares del mundo, particularmente en los países desarrollados o en la región de Asia y el Pacífico. Por ejemplo, el porcentaje de los ingresos no aeronáuticos de los aeropuertos de América Latina es solo de 28%, alrededor de la mitad del porcentaje en América del Norte. Eso se debe principalmente a las pocas concesiones para negocios minoristas y operaciones comerciales que se ofrecen en los aeropuertos de la región (ACI, 2008).[18]

Aunque en todo el mundo la privatización de los aeropuertos ha conducido en general a una mayor eficiencia, el traspaso de la propiedad no siempre ha dado los resultados previstos (OMC, 2006). Una de las razones ha sido la falta de una regulación adecuada de la industria aeroportuaria (ACI, 2004). Esta brecha pone de relieve el importante papel de los gobiernos en la adopción de políticas regulatorias apropiadas para abordar aspectos tales como la seguridad y la calidad de los servicios (Betancor y Rendeiro, 1999).

Otro campo en el cual los gobiernos pueden trabajar activamente para reducir el costo del traslado de productos en el plano internacional es la disminución de las ineficiencias del sistema aduanero. Los costos del comercio ocasionados por las demoras en las aduanas incrementan considerablemente los costos de logística del envío de bienes entre países (Mesquita Moreira, Volpe y Blyde, 2008). Las ineficiencias aduaneras pueden deberse a varios factores, desde la complejidad de los formularios para las declaraciones, los procedimientos y el despacho de aduanas hasta la falta de coordinación entre los servicios fitosanitarios y aduaneros en el país y la falta de colaboración entre organismos aduaneros de países limítrofes (Banco Mundial, 2009a). La reducción de estas ineficiencias puede ahorrar mucho tiempo y dinero, lo cual es importante en particular para los productos que pierden utilidad con el tiempo.

Otro factor que puede representar una parte importante del costo del comercio de productos entre países reside en los gastos de transporte nacional, como se explicó en el recuadro 5.3. El problema se debe en parte a la falta de competencia intermodal. Sin embargo, la causa principal es normalmente la mala calidad del sistema vial. No se puede exagerar la importancia de invertir en la red vial para reducir los gastos excesivos de transporte interno. Es bien sabido, por ejemplo, que el valor presente del mantenimiento regular de una carretera es mucho menor que el costo de realizar grandes reparaciones esporádicamente.

La reducción de la congestión del tráfico en los centros urbanos de América Latina también debería ser una meta de política. Además del problema obvio de que menoscaba la calidad de la vida urbana, la congestión interfiere en la eficiencia económica de las ciudades, cercenando la sinergia resultante de la concentración de servicios y, en última instancia, reduciendo la capacidad de las empresas para competir a nivel internacional. Se han propuesto varias medidas para hacer frente a este problema. Por el lado de la oferta, se ha propuesto desde la mejora de la señalización vial hasta la sincronización de los semáforos, el cambio de la dirección de la circulación del tráfico, el establecimiento de carriles para uso exclusivo de autobuses y, lo más obvio, pero también lo más costoso, la construcción o ampliación de las vías. Por el lado de la demanda podrían tomarse medidas tales como la reglamentación y la aplicación de restricciones o el uso de incentivos y/o desincentivos para que se adopten comportamientos que tiendan a reducir la congestión (CEPAL, 2003). La combinación apropiada de medidas dependerá de las idiosincrasias de la ciudad, incluida la capacidad de las autoridades pertinentes para hacer cumplir ciertas normas. A más largo plazo, también es fundamental tener una visión estratégica del desarrollo de la ciudad. Obtener resultados en esta área está condicionado en muchos casos a la forma en que estén organizadas las autoridades del transporte. La tarea podría ser más fácil, por ejemplo, cuando los encargados de la planificación urbana y las autoridades del transporte de los distintos municipios de una ciudad están bien coordinados o cuando hay una sola entidad unificada para la zona metropolitana (CEPAL, 2003).

Aun así, los gastos de transporte constituyen solamente uno de los factores relacionados con la infraestructura de un país que pueden influir en la productividad. Como muestra un informe de la Corporación Andina de Fomento (CAF, 2009), otros campos tales como la energía o las telecomunicaciones también pueden desempeñar un papel importante y, por lo tanto, merecen formar parte de la agenda general para impulsar la productividad de la región.

Conclusiones

La relación entre el comercio y la productividad en general, y en América Latina y el Caribe en particular, es más intricada y tiene un alcance mayor que lo señalado en estudios anteriores. Los costos del comercio tienen un efecto negativo no solo en la productividad de las empresas, sino también en la forma en que se asignan recursos entre empresas. No es solo que la competencia generada por mayores importaciones, por ejemplo, impulsa a las empresas a aumentar la productividad; el comercio también ayuda a los mercados a seleccionar las empresas más eficientes, aumentando así la productividad agregada de la economía. Varios análisis empíricos en este capítulo han comprobado la existencia de estos mecanismos en América Latina y el Caribe.

Otro elemento importante que se ha pasado por alto en estudios anteriores es el papel de los costos de transporte. Los costos del comercio no se limitan a los aranceles. Eso es especialmente importante para los encargados de la formulación de políticas en América Latina, en vista de los tipos de productos que la región exporta y de la calidad de su infraestructura. Reducir los aranceles, como lo han hecho la mayoría de los países de la región en las últimas décadas, no es suficiente para aprovechar al máximo los efectos positivos del comercio en la productividad. Es necesario reducir al mismo tiempo los costos de transporte a fin de propiciar una mayor competencia de las importaciones, mayores oportunidades para exportar y una asignación de recursos más rápida y eficiente entre las empresas. Hay mucho margen para reducir estos costos en consonancia con los costos prevalentes en los países desarrollados. El esquema de una agenda para realizar esta tarea también es claro. Se debería dar máxima prioridad al aumento de la eficiencia de los puertos y aeropuertos y a la reforma del marco regulatorio a fin de promover las inversiones y la competencia.

Sin embargo, la agenda no se limita a los gastos de flete y no se detiene en la frontera. Otros costos del comercio, como los procedimientos aduaneros y los reglamentos técnicos, que generalmente quedan comprendidos en la frase comodín "facilitación del comercio", también merecen ser observados con detenimiento por los gobiernos e investigadores a fin de aumentar al máximo los flujos comerciales y por consiguiente sus efectos positivos en la productividad. Las redes de logística que llevan los productos a los puertos, aeropuertos y cruces fronterizos también deben formar parte del sistema. De lo contrario, los avances realizados en la reducción de los gastos de flete internacional podrían evaporarse fácilmente debido a los caminos congestionados y en mal estado, o a la falta de modalidades de transporte más eficaces en función del costo, como los ferrocarriles.

El momento para esta agenda no podría ser más oportuno, en vista de que la región todavía lucha para aumentar la productividad y consolidar el repunte reciente del crecimiento. El comercio no puede dar todas las respuestas para el acertijo de la productividad, pero la región todavía no ha sentado plenamente las bases para beneficiarse de toda la productividad que puede extraerse del comercio.

Notas

[1] El concepto, popularizado por Schumpeter, refiere a que una empresa que se enfrenta con una mayor competencia procura invertir en innovación para adquirir una ventaja tecnológica con respecto a sus competidores.

[2] Un análisis más reciente de Casacuberta y Zaclicever (2009) también respalda firmemente el canal de la disciplina de las importaciones en Uruguay.

[3] Los modelos teóricos prevén reducciones simétricas de los costos del comercio, es decir que los costos del comercio relacionados tanto con las importaciones como con las exportaciones cambian de la misma forma.

[4] Véanse en Melitz (2003) los detalles de estos efectos.

[5] Otros autores han encontrado indicios similares. Véase Álvarez y López (2005), por ejemplo, para el caso de los exportadores en Chile.

[6] Los costos totales del comercio consisten en la suma de los aranceles y los fletes ad valórem.

[7] La productividad agregada también podría aumentar con la expansión de las empresas más eficientes que ya están en el mercado de las exportaciones y cuyas ventas externas aumentan debido a la disminución de los costos del comercio. Sin embargo, los resultados correspondientes a Brasil y Chile no proporcionan un respaldo empírico para este canal en particular.

[8] Véanse los detalles en Blyde, Iberti y Mesquita Moreira (2009). Los datos probatorios presentados en esta sección respaldan los resultados de Tybout (1991) y Pavcnik (2002).

[9] Los productos que pierden utilidad con el tiempo son aquellos cuyo costo es sumamente sensible a la duración del transporte en virtud de la depreciación acelerada, debida en el lado de la oferta a las características físicas del producto (por ejemplo, productos perecederos tales como fruta, hortalizas frescas y flores cortadas) o a los rápidos avances de la tecnología (como en el caso de los semiconductores) y, en el lado de la demanda, a plazos estrictos (como en el caso de los insumos para el ensamblaje "justo a tiempo") o a la imprevisibilidad y la volatilidad de las preferencias de los consumidores (como en el caso de los juguetes que se venden para las fiestas y las prendas de alta costura) (Hummels, 2001).

[10] La tasa arancelaria y el coeficiente de penetración de las importaciones podrían ser factores endógenos de las variables de la productividad; por lo tanto, la regresión se calcula con técnicas de variables instrumentales. La tasa

arancelaria se instrumenta utilizando el arancel de nación más favorecida de México; las dos variables tienen un coeficiente de correlación de 0,5 y es improbable que los productores brasileños adapten sus niveles de eficiencia a la protección mexicana. El coeficiente de penetración de las importaciones se instrumenta utilizando un enfoque de ecuación gravitacional, como hacen Frankel y Romer (1999). Véanse más detalles en López-Córdova y Mesquita Moreira (2004).

11 La tasa arancelaria chilena se instrumenta utilizando el arancel de nación más favorecida de Filipinas. La evolución de ambos aranceles siguió un trayecto muy similar. La correlación de 0,54 entre las tasas arancelarias de Chile y Filipinas es una de las mayores que existen, a pesar de que el intercambio comercial entre ambos países es muy pequeño. Eso indica que es improbable que los productores de Chile adapten sus niveles de eficiencia a la protección en Filipinas. La variable de penetración de las importaciones se instrumenta utilizando el mismo enfoque de la ecuación gravitacional empleado en la estimación para Brasil.

12 La composición del comercio no es un factor exógeno de los gastos de transporte. Por ejemplo, si los gastos de transporte son altos, los exportadores podrían tratar de evitar el envío de productos pesados. Sin embargo, eso no ocurre en el caso de América Latina porque hay muchos otros factores que influyen en los bienes que se producen y se comercian, y las ventajas comparativas en los recursos naturales desempeñan un papel importante en la región. El detalle de este argumento es que una disminución de los costos de transporte en la región podría llevar a un aumento aun mayor de la proporción de bienes comerciados con un peso elevado en relación con su valor. Pero incluso si eso ocurriera, las rentas que los países extraen de sus recursos naturales no se desperdiciarían en sistemas de transporte ineficientes.

13 En Clark, Dollar y Micco (2005) también se observó que la eficiencia de los puertos es un importante factor determinante de los gastos de transporte marítimo.

14 El análisis de Mesquita Moreira, Volpe y Blyde (2008) también revela que factores tales como la distancia, el volumen, el grado de contenedorización y la elasticidad de los bienes a las importaciones son factores determinantes de los gastos de transporte. Sin embargo, las *diferencias* en estos factores generalmente no ayudan mucho a explicar las *diferencias* en los gastos de transporte entre América Latina y otros países.

[15] Algunos ejemplos de estas prácticas son la introducción del seguimiento electrónico de los contenedores y de equipo moderno de carga y descarga, como las grúas de pórtico, que reducen la mano de obra necesaria para esas operaciones (Banco Mundial, 2009a).

[16] La frase "cielos abiertos", que significa "libertad del espacio aéreo", se acuñó en 1992 cuando Estados Unidos firmó un acuerdo bilateral con los Países Bajos que contenía disposiciones mucho más liberales que los acuerdos vigentes en ese momento. Desde entonces, esta frase se ha usado en otros acuerdos que también son más liberales.

[17] Véase http://oglobo.globo.com/pais/mat/2008/03/03/anac_quer_tratado_de_ceus_abertos_na_america_do_sul-426054295.asp. Fecha de acceso: 12/XI/2009.

[18] La tendencia a la privatización de los aeropuertos en América Latina, a pesar de ser más lenta, continúa. Brasil, por ejemplo, anunció hace poco la privatización de los aeropuertos internacionales de Rio de Janeiro (Galeão-Antônio Carlos Jobim) y São Paulo (Viracopos/Campinas). La decisión se vio impulsada principalmente por los preparativos para la Copa Mundial de 2014 y la candidatura de Brasil para ser sede de los Juegos Olímpicos de 2016, pero a eso se sumó la urgente necesidad de refacciones en ambos aeropuertos (ACI, 2008).

6 POR QUÉ ES IMPORTANTE EL CRÉDITO PARA LA PRODUCTIVIDAD

Una economía sin crédito es como un automóvil sin combustible: simplemente no puede avanzar. Es bien sabido que el crédito es un factor importante que impulsa el crecimiento económico.[1] En su concepción más básica, el crédito es el mecanismo mediante el cual los ahorristas se conectan con los prestatarios, permitiéndoles llevar a cabo proyectos de inversión que constituyen la base de la acumulación de capital. Pero el crédito no solo fomenta el crecimiento económico por medio de tales inversiones, sino que también promueve el aumento de la productividad de varias formas. De hecho, el "canal de la productividad" mediante el cual el crédito influye en el crecimiento económico es un mecanismo que ha sido ampliamente estudiado.[2]

El acceso a los mercados de crédito permite a las empresas adquirir ciertos tipos de bienes, principalmente bienes de capital, que no podrían obtener sin financiamiento apropiado. También las ayuda a pasar por largos períodos de gestación, desarrollando tecnologías o procesos nuevos. Por lo tanto, para poder actualizar su tecnología o sus procesos y aumentar su productividad, las empresas necesitan obtener préstamos y distribuir su costo durante un período lo suficientemente prolongado.

Los mercados de crédito también mejoran la productividad agregada al fomentar una mejor asignación de los recursos entre empresas. La idea fundamental se remonta como mínimo a Bagehot (1873) y Schumpeter (1983). El argumento central es que el crédito aumenta la productividad al reasignar el capital, de manera eficiente, entre firmas. En los mercados de capital poco desarrollados, la escala de las actividades empresariales depende del patrimonio que posean los empresarios y no de la calidad de sus proyectos. Puede haber proyectos productivos que no cuenten con suficientes recursos debido a la falta de financiamiento y puede haber también empresarios incompetentes pero acaudalados que se mantienen en operación porque no cuentan con mecanismos para transferir sus recursos a otros empresarios más idóneos. Los mercados financieros más desarrollados permiten el ingreso de empresarios más competentes en la esfera de la producción, y contribuyen a filtrar de forma más eficiente los mejores proyectos y los mejores empresarios. Los sistemas financieros más profundos desempeñan un papel importante en la distribución y redistribución de fondos de una empresa a otra o de un sector a otro a fin de lograr una mayor productividad agregada. De esta forma, la productividad agregada aumenta porque las empresas e industrias sumamente productivas pueden crecer mientras que las menos productivas se achican o liquidan sus negocios.[3]

El crédito también puede tener efectos positivos en la productividad al reducir la incidencia de la informalidad, entendida como las empresas y los trabajadores que evaden impuestos y no están inscritos en el sistema de seguridad social. Uno de los costos de la informalidad es la falta de acceso a los mercados formales de crédito; cuanto mayor es la oferta de crédito, mayor es el costo de oportunidad de la informalidad.

Por último, el acceso al crédito permite a las empresas lidiar mejor con la volatilidad macroeconómica. El acceso al crédito durante crisis financieras sistémicas puede ser cuestión de vida o muerte para las empresas con problemas, incluso para las que son bastante productivas; la falta de información sobre la calidad de los proyectos puede causar una asignación ineficiente del crédito y llevar a la eliminación de empresas más productivas para salvar a otras menos productivas que tienen mejores conexiones con los mercados de crédito. La volatilidad también puede afectar a la productividad de otras formas. Por ejemplo, ofrece incentivos a los inversionistas para adoptar "tecnologías más maleables" que les permitan adaptarse con mayor facilidad a cambios abruptos y frecuentes en los precios relativos, pero a expensas de impedir el descubrimiento o el uso de métodos de producción más eficientes. Este efecto de la asignación de la inversión, a su vez, es más fuerte en economías con mercados financieros poco desarrollados, ya que las empresas de esos países tienen menos oportunidades para diversificar los riesgos.[4]

En este contexto, la poca profundidad financiera de América Latina es motivo de gran preocupación. Por lo tanto, es importante determinar si los mercados financieros de la región, en su mayor parte poco desarrollados, pueden explicar las tasas crónicamente bajas de aumento de la productividad que se documentan en el capítulo 2.

¿Es realmente importante el crédito? Un vistazo a la evidencia

En economías donde el crédito es más abundante, la productividad agregada aumenta como consecuencia del impulso de la productividad individual de las empresas y de los efectos de reasignación. Desde ese punto de vista, el poco desarrollo de los mercados de crédito de América Latina constituye un grave problema (BID, 2004). Este es un problema común al mundo en desarrollo, con contadas excepciones en algunos países de Asia oriental.[5] En los últimos 40 años, la participación de crédito al sector privado como porcentaje del PIB, un indicador ampliamente utilizado de disponibilidad de crédito, alcanzó en los países de Asia oriental niveles comparables a los de los países desarrollados (77% y 74% respectivamente) y el doble de los registrados en América Latina (31%).[6] Durante el mismo período, el crecimiento medio de la productividad agregada en América Latina, medido sobre la base del crecimiento de la productividad total de los factores (PTF), fue inferior al de los países desarrollados y, lo que es incluso más preocupante, al de Asia oriental (cuadro 6.1).

Cuadro 6.1 Desarrollo financiero y crecimiento de la productividad total de los factores (PTF) por región, 1965–2003

Región	Número de países	Crédito para el sector privado (porcentaje del PIB)	Crecimiento de la PTF (porcentaje)
Asia oriental	7	77	1,3
Países desarrollados	22	74	0,6
África	16	18	–0,1
América Latina	18	31	–0,5

Fuente: Crédito para el sector privado: Banco Mundial (2009d); PTF: Fernández-Arias y Daude (2010).
Nota: Los valores son promedios simples de las regiones correspondientes al período 1965–2003. Los países de América Latina son: Argentina, Bolivia, Brasil, Chile, Colombia, Costa Rica, Ecuador, El Salvador, Honduras, Jamaica, México, Nicaragua, Panamá, Perú, Paraguay, República Dominicana, Uruguay y Venezuela. Asia oriental abarca: Filipinas, Hong Kong, Indonesia, Malasia, República de Corea, Singapur y Tailandia. Los países desarrollados son: Alemania, Australia, Austria, Bélgica, Canadá, Dinamarca, España, Estados Unidos, Finlandia, Francia, Grecia, Irlanda, Italia, Japón, Noruega, Nueva Zelandia, Países Bajos, Portugal, Reino Unido, Sudáfrica, Suecia y Turquía. Por último, los países de África son: Argelia, Benin, Camerún, Ghana, Kenya, Lesotho, Malí, Malawi, Mozambique, Níger, Senegal, Sierra Leona, Togo, Túnez, Uganda y Zambia.

Gráfico 6.1 Desarrollo financiero y crecimiento de la productividad total de los factores (PTF) en América Latina, 1965–2003

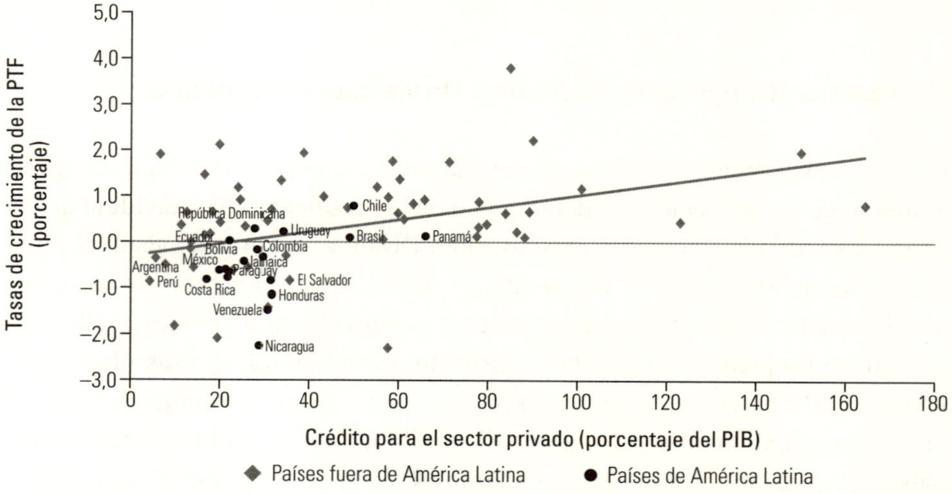

Fuente: Crédito para el sector privado: Banco Mundial (2009d); PTF: Fernández-Arias y Daude (2010).

La correlación de la profundidad financiera y el crecimiento de la PTF en una amplia muestra de países del mundo es muy fuerte. En el gráfico 6.1 se presenta la relación entre la disponibilidad de crédito al sector privado como porcentaje del PIB y las tasas medias de crecimiento agregado de la PTF. La correlación es significativamente positiva, y las estimaciones de ejercicios de regresión muestran que persiste incluso después de aislar los efectos atribuibles a diferencias en el PIB per cápita. Como se muestra en el gráfico, los países de América Latina están concentrados en el cuadrante inferior izquierdo, lo cual significa que coexiste en la región una escasa profundidad financiera con bajas tasas de crecimiento de la PTF.

El grado de profundidad financiera y la PTF han presentado una correlación muy fuerte en los últimos 40 años y podrían explicar en parte la disparidad que ha surgido entre América Latina y Asia oriental. En el gráfico 6.2, tomado de un estudio de Arizala, Cavallo y Galindo (2009), se presenta el promedio de la PTF del sector de las manufacturas y el promedio de profundidad financiera en América Latina y en Asia oriental en comparación con los países desarrollados. El gráfico muestra que la PTF en América Latina era muy superior a la de Asia oriental a fines de los años sesenta y principios de los

Gráfico 6.2 Productividad total de los factores (PTF) y grado de desarrollo financiero en comparación con los países desarrollados, 1965–2003

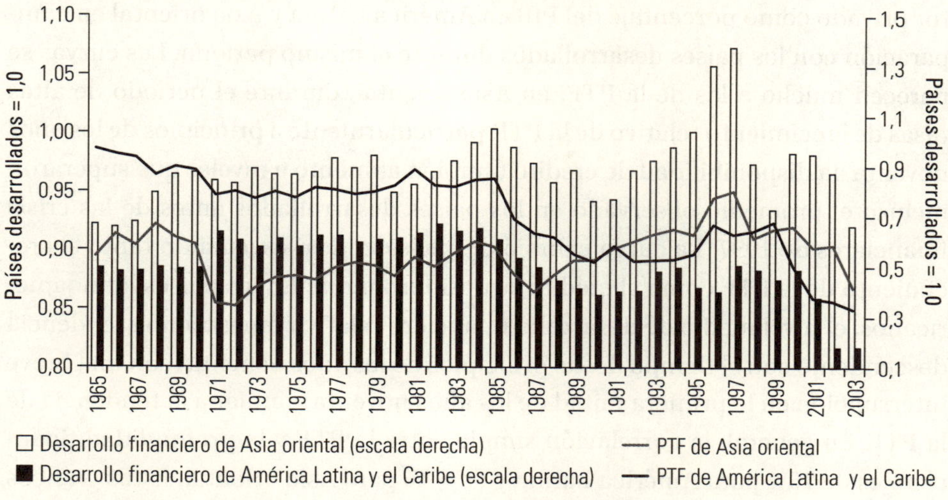

Fuente: Cálculos de los autores basados en Arizala, Cavallo y Galindo (2009).
Nota: Los valores son promedios simples de las regiones correspondientes al período 1965–2003. Los países de América Latina y el Caribe son: Argentina, Bolivia, Brasil, Chile, Colombia, Costa Rica, Ecuador, El Salvador, Honduras, Jamaica, México, Nicaragua, Panamá, Perú, Paraguay, República Dominicana, Uruguay y Venezuela. La región de Asia oriental abarca: Filipinas, Hong Kong, Indonesia, Malasia, República de Corea, Singapur y Tailandia. Los países desarrollados son: Alemania, Australia, Austria, Bélgica, Canadá, Dinamarca, España, Estados Unidos, Finlandia, Francia, Grecia, Irlanda, Italia, Japón, Noruega, Nueva Zelandia, Países Bajos, Portugal, Reino Unido, Sudáfrica, Suecia y Turquía.

setenta. Esta diferencia persistió hasta que los países latinoamericanos iniciaron una declinación secular en la época de las crisis de la deuda que asediaron a la región a principios de los años ochenta. La declinación se revirtió temporalmente en los años noventa, período de importantes reformas orientadas a promover el funcionamiento de los mercados, hasta la última parte de la década, cuando una nueva ola de crisis financieras, comenzando por las de Asia y Rusia en 1997 y 1998, respectivamente, asestó un duro golpe a la región y se produjo un colapso de la PTF. Asia oriental, en cambio, pasó por un período de estancamiento e incluso una pequeña contracción a principios de los años ochenta, que arrasó con una parte de los avances realizados durante la década anterior, pero a los países de mediados de esa década inició un proceso de rápida recuperación que continuó hasta las crisis financieras de 1997. Este crecimiento impresionante fue lo que le valió a los países de la región el apodo de "tigres asiáticos".[7]

El crédito al sector privado es relativamente escaso y volátil en América Latina. En el gráfico 6.2 se presenta la evolución del promedio del crédito al sector privado como porcentaje del PIB en América Latina y Asia oriental en comparación con los países desarrollados durante el mismo período. Las curvas se parecen mucho a las de la PTF: en Asia oriental, durante el período de altas tasas de crecimiento relativo de la PTF, particularmente a principios de los años noventa, la disponibilidad de crédito también aumentó a niveles que superaron incluso el promedio observado en los países desarrollados antes de las crisis financieras de 1997. La curva cambió después de la crisis, cuando tanto el crecimiento de la PTF como el crédito se desmoronaron. En los países latinoamericanos, el nivel medio de desarrollo financiero relativo muestra una tendencia descendente con el tiempo desde principios de los años ochenta (con una breve interrupción en la primera mitad de los años noventa) similar a la tendencia de la PTF. En general, la correlación simple entre la PTF y la profundidad financiera es de 75% para América Latina y de 67% para Asia oriental. Estos gráficos también muestran el papel de las crisis financieras, así como de la volatilidad conexa, como importante elemento en la explicación del movimiento conjunto del crédito y la PTF. Como las crisis financieras afectaron a los mercados emergentes en 1997 y 1998, y con particular dureza a los países asiáticos, el desempeño de la PTF en esa región ha sido bastante decepcionante desde entonces.

Aunque las correlaciones no son prueba de causalidad, son indicativas de relaciones agregadas que merecen un análisis más detenido. Arizala, Cavallo y Galindo (2009) examinan la forma en que industrias con características diferentes en distintos países responden a cambios en la oferta de crédito local. Una de las características decisivas que distinguen a una industria de otra es la cantidad de crédito necesaria en su proceso productivo típico. Por motivos tecnológicos, entre otros, las empresas de algunos sectores necesitan más crédito que las de otros. La industria farmacéutica, por ejemplo, es muy intensiva en actividades de investigación y desarrollo. La obtención de un fármaco apropiado puede llevar muchos años de investigación, para lo cual se necesita una gran cantidad de financiamiento. En otros sectores, las empresas obtienen un retorno más rápido de sus inversiones, de manera que pueden financiar una mayor cantidad de su actividad con el flujo de caja derivado de su operación, y por lo tanto requieren de una menor cantidad de financiamiento para funcionar. Desde este punto de vista, los mercados de crédito más profundos tendrían mayor impacto en las industrias que más crédito requieren para operar.

Gráfico 6.3 Efectos del aumento del crédito en el crecimiento de la productividad

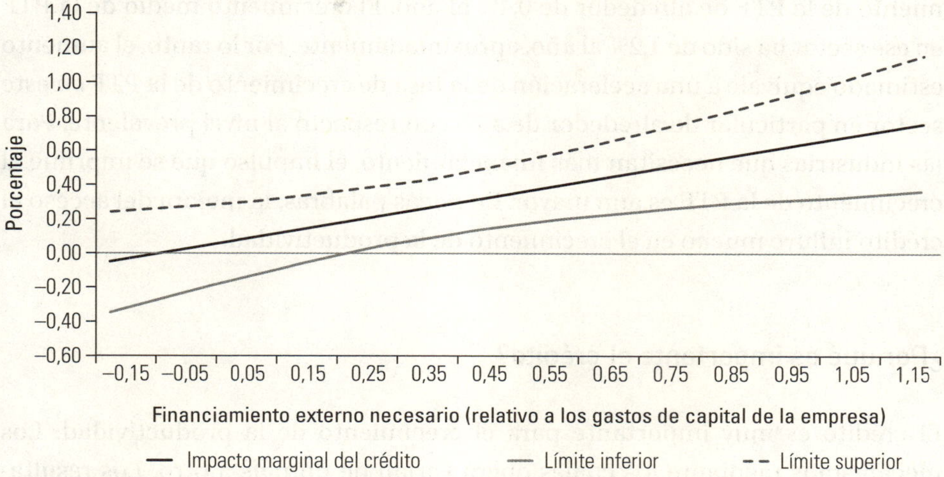

Fuente: Cálculos de los autores basados en Arizala, Cavallo y Galindo (2009).

El acceso a los mercados de crédito es un elemento fundamental para aumentar la productividad. De hecho, como se muestra en el gráfico 6.3, la profundización de los mercados de crédito puede tener un efecto importante en la tasa de crecimiento de la productividad de un sector. En el eje vertical del gráfico 6.3 se presenta el aumento anual de la tasa de crecimiento de la productividad total de los factores resultante de un aumento de 35 puntos porcentuales en el tamaño de los mercados de crédito.[8] Eso equivale aproximadamente a lo que se necesitaría para elevar el nivel de desarrollo financiero de Bolivia al que existe en Portugal. En el eje horizontal se presenta una medición de los requisitos financieros por sector económico: la diferencia entre las inversiones que las empresas necesitan (gastos de capital) y su flujo de caja dividido por los gastos de capital.[9] Cuanto mayor es el valor de esta medición, más financiamiento necesitan las empresas de ese sector para continuar operando. En resumen, el gráfico muestra que el crédito imprime el mayor impulso al crecimiento de la productividad en las empresas que más crédito necesitan. La importancia del desarrollo financiero para explicar el crecimiento de la productividad aumenta a medida que aumentan las necesidades de financiamiento de las firmas. Por ejemplo, para una industria que necesita en promedio un nivel de financiamiento de 0,53 (la industria del vidrio), el efecto previsto de un aumento de 35 puntos porcentuales en el desarrollo financiero es una aceleración del crecimiento de la PTF de alrededor de 0,4% al año. El crecimiento medio de la PTF en ese sector ha sido de 1,2% al año, aproximadamente. Por lo tanto, el aumento estimado equivale a una aceleración de la tasa de crecimiento de la PTF en este sector en particular de alrededor de 33% con respecto al nivel prevalente. Para las industrias que necesitan más financiamiento, el impulso que se imprime al crecimiento de la PTF es aun mayor. En pocas palabras, la mejora del acceso al crédito influye mucho en el crecimiento de la productividad.

¿Por qué es importante el crédito?

El crédito es muy importante para el crecimiento de la productividad. Los mecanismos mediante los cuales opera varían de un país a otro. Los resultados precedentes no aclaran la forma en que el crédito influye en la productividad. Parecen indicar que la mayor disponibilidad de crédito conduce a una mayor productividad en un sector económico, pero no explican por qué. ¿Se debe a que los mercados de crédito más profundos asignan recursos de una forma más efectiva? ¿Se debe a que las empresas pueden aumentar individualmente su propia productividad cuando se dispone de más crédito? ¿Se debe a una combinación de ambos factores?

Las respuestas a estas preguntas son escasas. Un estudio de Bergoeing et al. (2002) señala la importancia de las reformas financieras para el crecimiento de la PTF, al comparar las diferencias en México y Chile tras las crisis de la deuda de los años ochenta. Aunque ambos países experimentaron graves crisis económicas, Chile se recuperó con mucha mayor rapidez y solidez que México. Mediante la contabilidad del crecimiento, un modelo de crecimiento calibrado y otros instrumentos, los autores concluyeron que la diferencia crucial entre ambos países se hallaba en las reformas más tempranas y decisivas a los sistemas financieros y a los procesos de quiebras que se llevaron a cabo en Chile y que condujeron a un crecimiento de la productividad. El elemento distintivo fundamental fue la profundización financiera, que fue mayor en Chile que en México. Con mercados financieros más desarrollados, hay menos margen para una asignación desacertada de los recursos. Uno de los elementos regulatorios que apoyaron la profundización de los mercados financieros en Chile fue la correcta formulación de las normas en materia de quiebras. La estructura institucional tras los procedimientos de quiebra llevó a una mayor productividad agregada al impulsar a las empresas con un desempeño deficiente a abandonar la producción.

En un estudio sobre Tailandia realizado por Jeong y Townsend (2007) se ponen de relieve las decisiones ocupacionales como canal importante que conecta el desarrollo financiero y el crecimiento de la PTF. En el modelo, el crecimiento de la productividad deriva de la mejora de la eficiencia de la asignación de la mano de obra, lo cual, a su vez, depende de la distribución de la riqueza y la eficiencia y la profundidad del sistema financiero. La gente puede elegir ocupaciones que emplean técnicas de producción modernas o técnicas tradicionales. La tecnología moderna, que es más productiva, es más apropiada para personas idóneas. Aunque ambas técnicas de producción están disponibles para todos, la tecnología moderna es costosa, de modo que los empresarios competentes pero pobres que no tienen acceso al crédito podrían verse obligados a adoptar ocupaciones menos eficientes que usan una tecnología tradicional menos costosa. El acceso limitado al crédito genera un descalce entre la idoneidad y la riqueza en la elección de la ocupación. Por lo tanto, el acceso al crédito reduce la limitación que la obtención de préstamos representa para las decisiones ocupacionales de los pobres, brindando acceso a la tecnología moderna a los pobres que son competentes. En el caso de las personas ricas pero menos idóneas que no están limitadas por el crédito, el acceso al crédito, al cambiar los precios relativos de los factores en la economía, podría terminar desincentivando la elección de técnicas modernas para las cuales no tienen las aptitudes necesarias. Por lo tanto, la productividad agregada depende de la eficiencia en la asignación de aptitudes en la economía, la cual mejora a medida que el sector financiero crece.[10]

Otro estudio reciente que aborda algunas de las preguntas antedichas usando un conjunto muy rico de datos de empresas manufactureras de Colombia es el de Eslava et al. (2009). Aunque es difícil generalizar, los resultados proporcionan un punto de referencia para comprender la forma en que los mercados de crédito influyen en la productividad.

En Colombia, cuando hay más crédito, la productividad de las empresas del sector que lo recibe suele aumentar. Este resultado es similar al presentado anteriormente, que hacía alusión a un número mayor de países, pero con una salvedad. En el estudio para Colombia se observa que la relación entre la productividad agregada del sector y la disponibilidad de crédito depende del tamaño promedio de las empresas del sector. El nexo entre el acceso al crédito y la productividad agregada sectorial es más fuerte en los sectores que cuentan con empresas de menor tamaño. Una posible explicación de este resultado es que los mercados de crédito estimulan la reasignación de recursos de empresas menos productivas hacia las más productivas del sector. De forma análoga, las industrias con empresas más pequeñas, que por lo general enfrentan mayores limitaciones crediticias con relación a las empresas más grandes, probablemente tienen más margen para que el mecanismo de reasignación funcione, ya que puede asignarse crédito a unidades que tienen limitaciones pero cuyo producto marginal del capital es mayor. En vista de estas características, se prevé que el crédito tenga un efecto mayor en las industrias con empresas más pequeñas que en las industrias con empresas de mayor tamaño.[11]

Estas conclusiones se resumen en el gráfico 6.4. En el eje horizontal se presenta el tamaño promedio de las empresas del sector, y en el eje vertical, el efecto de un aumento del crédito de una desviación estándar (14% en la muestra estudiada) sobre la productividad. En los sectores con empresas pequeñas, el efecto es muy grande. Un aumento del crédito de 14% puede llevar a un incremento de la productividad superior al 50%. A medida que el tamaño promedio de las empresas del sector aumenta, el efecto del crédito va desapareciendo. El efecto es positivo y estadísticamente diferente de cero (es decir, el límite inferior es mayor que cero) en los sectores en los cuales la empresa

Gráfico 6.4 Efecto del aumento del crédito en la productividad en Colombia

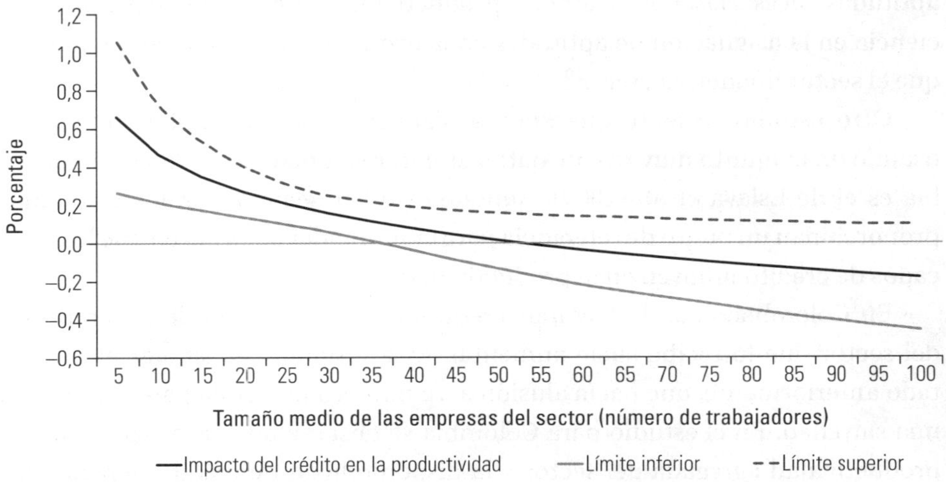

Fuente: Cálculos de los autores basados en Eslava et al. (2009).

media tiene menos de 40 trabajadores.[12] Para los sectores con empresas más grandes, el acceso al crédito no influye mucho en la productividad. Al desglosar el aumento de la productividad en la parte atribuible al aumento del tamaño medio de la empresa del sector y el componente de reasignación, en el estudio se observa que la mayor parte del aumento del crédito en Colombia se debe al efecto de reasignación.

Estos resultados son muy reveladores en lo que se refiere al papel del crédito en el aumento de la productividad. Los sistemas financieros más desarrollados tienen la virtud de detectar las mejores oportunidades de rentabilidad y asignar recursos en esa dirección. Los datos correspondientes a Colombia muestran que eso podría ser especialmente pertinente en el caso de las empresas más pequeñas, que generalmente tienen mayores limitaciones crediticias.

¿Es importante el tamaño?

El análisis precedente sugiere que el tamaño de las firmas importa. El efecto de obtener crédito difiere según el tamaño. En el estudio colombiano mencionado anteriormente se calcula el efecto del aumento del crédito en la productividad de una empresa y se observa que es positivo y relevante hasta cierto tamaño de empresas.[13] En un estudio basado en encuestas realizadas por el Banco Mundial en 43 países, entre ellos 17 de América Latina y el Caribe, se obtienen resultados similares y se llega a la conclusión de que el acceso al crédito se correlaciona con la productividad de formas diferentes según el tamaño de la empresa que recibe el crédito. No todos los estudios permiten sacar conclusiones sobre causalidad, es decir no todas las bases de datos permiten inferir que una cosa, tal como la disponibilidad de crédito, lleva a otra, tal como el aumento de la productividad. Es posible que el crédito aumente la productividad o que las empresas reciban crédito porque son muy productivas. Infortunadamente, en muchos casos no puede determinarse qué vino primero: el huevo o la gallina, y a lo sumo puede decirse que ambas cosas se produjeron al mismo tiempo o que estaban correlacionadas. Eso es lo que ocurre en este caso.

La determinación de la causalidad no es el único problema que surge al analizar estos datos. También es poca la información disponible para medir la productividad acertadamente. Estas dos salvedades plantean la necesidad de proceder con suma cautela al interpretar las correlaciones entre las mediciones del acceso al crédito, el tamaño de la empresa y la productividad. Sin embargo, cuando se usan los datos obtenidos en las encuestas para medir la productividad de los ingresos, que es la diferencia entre el valor del producto y el valor de la combinación de insumos en una función de producción, el acceso al crédito presenta una fuerte correlación con la productividad.[14] Reviste especial interés la correlación relativamente mayor entre el crédito y la productividad en las empresas más pequeñas que en las más grandes.[15]

Una forma de interpretar esta conclusión es que las empresas grandes tienen menos limitaciones crediticias que las más pequeñas. Cuando se reducen las restricciones crediticias, las pequeñas y medianas empresas pueden adoptar tecnologías nuevas para aumentar la productividad. Las empresas grandes posiblemente ya sean muy productivas. Pueden tener acceso al crédito o a otras fuentes de financiamiento y crecer manteniendo su productividad elevada, en cuyo caso aumentarían de tamaño pero no serían necesariamente mucho más productivas.

En teoría el aumento del acceso de las empresas pequeñas al crédito podría acrecentar su productividad. Pero hay que tener en cuenta que esto se logra de acuerdo con el tipo de crédito que la empresa reciba. No todo el crédito es igual. La "calidad" del crédito varía. Generalmente, las empresas más pequeñas tienen acceso a tipos de crédito con características diferentes que las empresas más grandes. En el cuadro 6.2 se usan datos de las encuestas para mostrar la forma en que las empresas financian sus inversiones en América Latina en comparación con otras regiones del mundo. Vale la pena resaltar algunos de los resultados.

Primero, las empresas de América Latina tienen menos acceso a crédito otorgado por instituciones financieras que sus homólogas de las economías avanzadas y otros mercados emergentes. Esto ocurre en empresas de casi todos los tamaños, pero la disparidad entre el porcentaje de las inversiones financiadas por instituciones financieras en América Latina en comparación con las economías avanzadas es mayor en empresas grandes.

Segundo, en América Latina, las empresas recurren más a créditos con proveedores que en otras regiones del mundo para financiar su inversión. Esto ocurre en empresas de distintos tamaños y debería considerarse como una señal de alerta en vista de las características de este tipo de financiamiento. Por lo general, el crédito con proveedores es un instrumento financiero de muy corto plazo.

Cuadro 6.2 Financiamiento de las inversiones de las empresas

Tamaño de la empresa	Región: Economías avanzadas	Región: Mercados emergentes	Región: América Latina
	Porcentaje financiado con instituciones financieras		
Pequeña	24,1	18,7	20,2
Mediana	33,6	24,3	22,5
Grande	34,2	32,9	26,7
	Porcentaje financiado con crédito comercial		
Pequeña	2,7	2,5	7,3
Mediana	2,4	3,9	8,2
Grande	2,7	3,2	6,5
	Porcentaje financiado con venta de activos		
Pequeña	5,9	7,7	0,8
Mediana	7,3	5,7	1,5
Grande	5,9	4,9	1,2
	Porcentaje financiado con otras fuentes		
Pequeña	3,3	5,8	4,5
Mediana	0,4	6,7	3,8
Grande	0,7	2,6	1,8

Fuente: Banco Mundial (2009c).

Notas: Las empresas pequeñas son las que tienen menos de 20 trabajadores, las medianas son las que tienen más de 20 y menos de 100, y las grandes son las que tienen 100 o más trabajadores. Los países de la muestra son los siguientes: economías avanzadas: Alemania, Eslovaquia, Grecia, Irlanda, Portugal y República Checa; mercados emergentes: Argelia, Bulgaria, China, Croacia, Egipto, Filipinas, Georgia, Hungría, India, Indonesia, Kazajstán, Líbano, Malasia, Marruecos, Montenegro, Pakistán, Rusia, Serbia, Turquía, Ucrania y Vietnam; América Latina: Argentina, Bolivia, Brasil, Chile, Colombia, Costa Rica, Ecuador, El Salvador, Guatemala, Honduras, Jamaica, México, Nicaragua, Panamá, Paraguay, Perú, República Dominicana, Uruguay y Venezuela.

Las decisiones de inversión que impulsan la productividad de las empresas suelen abarcar plazos más largos. El financiamiento de proyectos de ese tipo con crédito a corto plazo podría indicar que se trata de inversiones de "mala" calidad o exponer a las empresas a la posibilidad de interrupciones súbitas en sus planes de inversión.

Tercero, los mercados de capital en América Latina no son una fuente importante de financiamiento para las empresas.

Cuarto, en las economías emergentes, las empresas necesitan recurrir más que sus homólogas de las economías avanzadas a otras fuentes de financiamiento, en su mayoría informales. Como cabe suponer, esto es más común en las empresas más pequeñas que en las más grandes. Las fuentes informales generalmente son mucho más costosas que las fuentes formales, lo que significa que las empresas más pequeñas no solo tienen menos acceso a financiamiento externo sino que también pagan un costo desproporcionadamente alto para tener acceso a los fondos.

¿Qué relación tiene esto con el análisis de la productividad? Como ya se dijo, el acceso al crédito es un ingrediente crucial para el crecimiento de la productividad. Por lo tanto, si hay grandes diferencias entre la forma en que las empresas de distintos tamaños se financian, podría haber disparidades en el papel del crédito en diferentes tipos de empresas. Las empresas más pequeñas tienen menos acceso a fuentes formales de crédito. Debido a los problemas de información, el crédito suele ser más costoso para ellas y probablemente de "calidad inferior". Asimismo, el crédito que pueden obtener (en su mayor parte a corto plazo) no es de la mejor calidad para realizar la mejor inversión posible en actividades orientadas a acrecentar la productividad.

Es conveniente aumentar el acceso a los mercados formales de crédito y a plazos de vencimiento más largos a fin de lograr un mayor rendimiento de las inversiones. Las fallas regulatorias y del mercado generalmente obstaculizan el acceso de las empresas más pequeñas al tipo de crédito apropiado. Este problema puede corregirse.

¿Induce el crédito la formalización de los mercados laborales?

El crédito también puede incrementar la productividad al afectar los incentivos de las empresas para operar en la informalidad. Como se dijo en otros capítulos de este libro, la informalidad generalizada tiende a socavar la eficiencia en la asignación de recursos, lo cual podría tener importantes consecuencias para la productividad. Si la informalidad se debe a las decisiones racionales adoptadas por agentes optimizadores, la explicación del fenómeno se reduce a sopesar los costos y beneficios de optar por la informalidad. Un costo importante de la informalidad es la imposibilidad de recurrir a los mercados formales de crédito.[16] Este costo de oportunidad es mayor a medida que se profundizan los mercados financieros y el crédito se vuelve más abundante, menos costoso y, en general, más accesible.

Catão, Pagés y Rosales (2009) encuentran fuertes indicios del nexo entre el crédito, la formalidad y la productividad en Brasil. Entre mediados de 2004 y el primer semestre de 2008, la formalización, medida sobre la base del porcentaje de trabajadores urbanos con un contrato laboral formal, subió del 38% al 45% de la fuerza laboral urbana. Durante el mismo período, el crédito bancario pasó del 25% al 38% del PIB, en tanto que el crédito para las empresas formales aumentó del 15% al 24%.[17] El estudio muestra una relación entre el financiamiento externo que cada industria necesita y la disponibilidad de una oferta de crédito de mayor alcance. Al examinar si las tasas de formalización suben más en las industrias que más financiamiento externo necesitan cuando la oferta de crédito aumenta, se observa que la relación entre la profundización financiera y el empleo formal es más fuerte en los sectores que más recurren al crédito.

El fomento de la inscripción y formalización de las empresas, lo cual, a su vez, tiene un efecto positivo en la productividad al reducir los incentivos para que las empresas sigan siendo pequeñas e invisibles para las autoridades, crea condiciones equitativas, ya que reduce el subsidio implícito que el incumplimiento de ciertas regulaciones representa para un gran número de empresas a expensas de empresas más grandes y productivas que cumplen las leyes y normas fiscales.[18]

¿Son importantes la volatilidad y las crisis?

La falta de desarrollo de los mercados de crédito está estrechamente relacionada con la volatilidad macroeconómica. A su vez la volatilidad está correlacionada con un desempeño deficiente del crecimiento de la PTF. En el gráfico 6.5 se presenta la relación entre la volatilidad promedio del tipo de cambio real en un amplio conjunto de países (indicador fundamental de la volatilidad de las crisis) y las tasas de crecimiento de la PTF.[19] Cabe destacar que la correlación simple no es tan fuerte (en valores absolutos) como en el caso de la profundidad financiera. Sin embargo, es bastante pronunciada en los mercados emergentes, en los cuales llega a 65%. Ejercicios de regresión (que no se presentan aquí) muestran que la asociación entre las variables es positiva en una submuestra de países desarrollados, y negativa en las economías emergentes. Esto parece indicar que los países avanzados están en mejores condiciones para hacer frente a

Gráfico 6.5 Crecimiento de la productividad total de los factores (PTF) y volatilidad del tipo de cambio real, 1965–2003

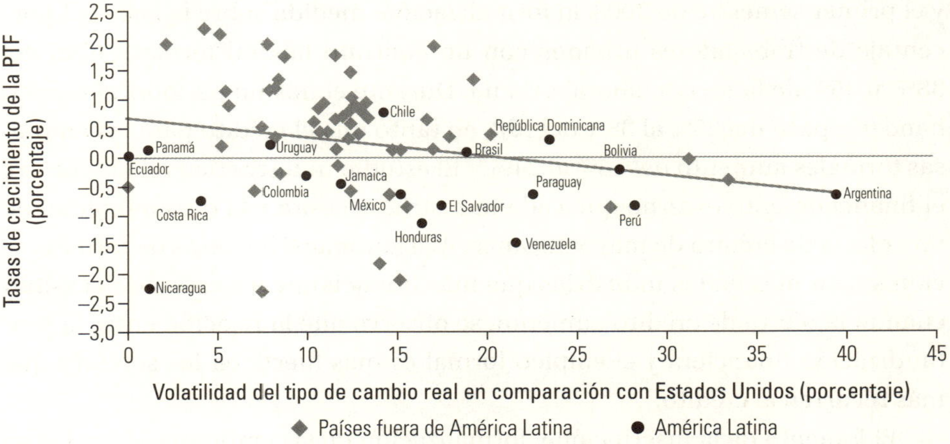

Fuente: Volatilidad: cálculos de los autores basados en FMI (2009); PTF: Fernández-Arias y Daude (2010).

la volatilidad. Asimismo, sugiere que la volatilidad en sí misma no tiene efectos perjudiciales en el crecimiento de la PTF, pero combinada con otras fricciones puede exacerbar los efectos negativos.

Una característica distintiva de los mercados emergentes es que, aunque la mayor parte del tiempo gozan de las ventajas de la integración financiera, también son susceptibles a crisis financieras periódicas que generalmente están acompañadas de perturbaciones en el sistema bancario (véase BID, 2004). De hecho, América Latina ha sido siempre la región con el mayor número de crisis bancarias sistémicas y, al menos hasta hace poco, con el mayor porcentaje de países que reinciden en crisis bancarias. Hasta ahora, América Latina ha resistido la actual crisis financiera mundial con una capacidad de recuperación desacostumbrada. Dos factores que se ponen de relieve en investigaciones recientes sobre la crisis financiera podrían ayudar a explicar esta capacidad de recuperación: el nivel de dolarización de las obligaciones es históricamente bajo, especialmente en comparación con lo que ocurría a fines de los años noventa, cuando la crisis rusa hizo estragos en la región, y la posición de la balanza de la cuenta corriente es mucho mejor que en el pasado, lo cual implica que los cambios en el tipo de cambio real ante una interrupción súbita del financiamiento externo serían menos severos.[20] Eso es una buena noticia, ya que la posibilidad de evitar una crisis financiera mantiene a raya el espectro de una gran devaluación del tipo de cambio real y sus efectos conexos negativos sobre las hojas de balance de entidades públicas y privadas cuando existe descalce de monedas en la denominación de los activos y pasivos. Tal vez sea la primera vez en mucho tiempo que América Latina se encuentra en una posición relativamente ventajosa al entrar en una crisis global.

Sin embargo, en el pobre desempeño pasado de la región han influido en gran medida las fluctuaciones externas y las crisis financieras. Estudios recientes muestran que el comportamiento de la producción en la región es muy sensible a factores externos, algunos de ellos reales (como los términos de intercambio, el crecimiento de los países del G-7), pero también financieros, como las tasas de interés internacionales y los márgenes con respecto a tasas globales.[21] La influencia de factores externos se vuelve más crucial cuando las crisis financieras sistémicas llevan a una interrupción súbita de los flujos de capital en un país. Durante esos episodios, no solo se produce un colapso de la producción, sino que también el colapso puede atribuirse en su mayor parte a una caída drástica de la PTF. El gráfico 6.6, en el cual se presentan el PIB promedio y el comportamiento de la PTF en 22 episodios de crisis sistémicas en mercados emergentes (tomado de Calvo, Izquierdo y Talvi, 2006), constata esa relación.

Gráfico 6.6 Comportamiento de la productividad total de los factores (PTF) en los mercados emergentes durante los frenazos súbitos de los flujos de capital

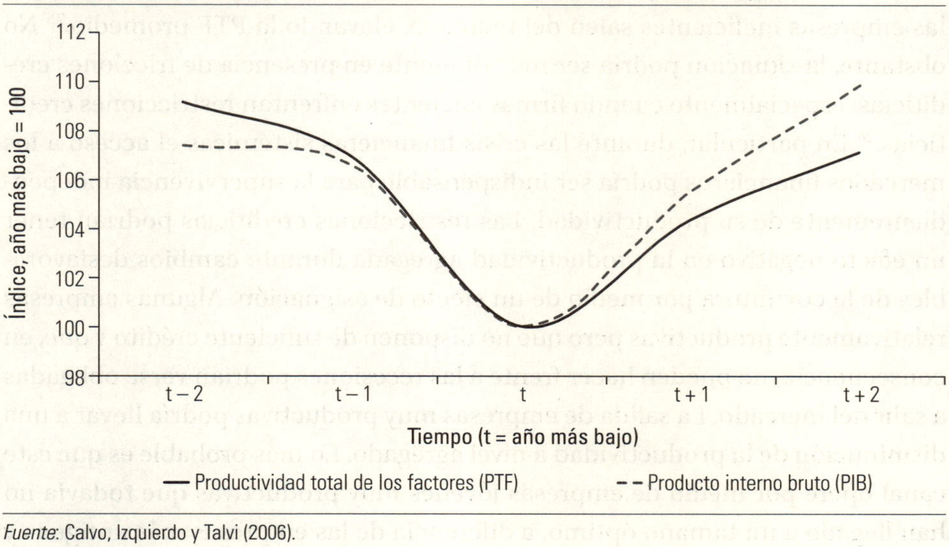

Fuente: Calvo, Izquierdo y Talvi (2006).

Sin embargo, de una forma que parece milagrosa, el retorno de la producción a los niveles anteriores a las crisis se produce en su mayor parte con relativa rapidez, con el retorno concomitante de la PTF a los niveles anteriores a las crisis. ¿Significa esto que los países, por lo tanto, no deberían preocuparse por las consecuencias de las crisis financieras para la productividad? Por el contrario, aunque los países parecen volver a los niveles de PTF anteriores a la crisis con relativa rapidez, casi nunca vuelven a presentar las tendencias imperantes antes de la crisis.[22] Asimismo, hay indicios de que la producción tampoco vuelve a presentar las tendencias previas a la crisis.[23]

Una posible explicación de este comportamiento radica en la forma en que se financia la recuperación. Durante los episodios de crisis, la falta de acceso al crédito se compensa con una reducción sustancial de la inversión (del 34% en promedio entre los niveles máximo y mínimo), lo cual libera recursos para financiar el capital necesario a fin de poner a trabajar nuevamente el capital físico ocioso.[24] Sin embargo, esto tiene un costo: la postergación de las inversiones y de la adopción de tecnologías nuevas afecta al desempeño futuro de la PTF.

Otra explicación arraigada en sucesos microeconómicos está relacionada con el desempeño de las empresas en momentos de crisis. La visión estándar de la bibliografía que estudia el comportamiento de la productividad durante los períodos de recesión es un tanto schumpeteriana, en la medida en que resalta que en las crisis se produce un efecto de "depuración" dado que las empresas ineficientes salen del mercado, elevando la PTF promedio.[25] No obstante, la situación podría ser muy diferente en presencia de fricciones crediticias, especialmente cuando firmas eficientes enfrentan restricciones crediticias.[26] En particular, durante las crisis financieras sistémicas el acceso a los mercados financieros podría ser indispensable para la supervivencia independientemente de su productividad. Las restricciones crediticias podrían tener un efecto negativo en la productividad agregada durante cambios desfavorables de la coyuntura por medio de un efecto de asignación. Algunas empresas relativamente productivas pero que no disponen de suficiente crédito y que, en consecuencia, no pueden hacer frente a las recesiones podrían verse obligadas a salir del mercado. La salida de empresas muy productivas podría llevar a una disminución de la productividad a nivel agregado. Lo más probable es que este canal opere por medio de empresas jóvenes muy productivas que todavía no han llegado a un tamaño óptimo, a diferencia de las empresas más antiguas y menos productivas que probablemente se enfrenten con menos restricciones crediticias, en particular cuando el crédito se asigna según la capacidad de las firmas para constituir garantías en vez de tener en cuenta la rentabilidad de los proyectos.

Eslava et al. (2009) lo demuestran en un trabajo realizado a nivel de plantas en Colombia. Para las empresas con niveles similares de productividad, la probabilidad de salida de una empresa varía mucho según su tamaño. El gráfico 6.7 muestra la probabilidad de salida de una empresa a distintos niveles de PTF, tanto para empresas con menos de 20 empleados —número estándar que distingue las empresas pequeñas de las grandes— como para empresas con 20 o más empleados. El trabajo muestra que una empresa pequeña con un nivel de productividad promedio, tiene una probabilidad casi cuatro veces mayor de salir que una empresa más grande con el mismo nivel de PTF.[27] ¿Cuánto más productiva tiene que ser una empresa pequeña para tener la misma probabilidad de salida que una firma grande? Para mantener una probabilidad de salida del 10%, por ejemplo, una empresa pequeña tiene que ser tres veces y media más productiva que una empresa más grande. En otras palabras, la supervivencia depende no solo de la productividad, sino de otros factores. Si el tamaño constituye un indicador adecuado del acceso al crédito, podría utilizarse para

Gráfico 6.7 Probabilidad de salida de empresas pequeñas y grandes con distintos niveles de productividad total de los factores (PTF)

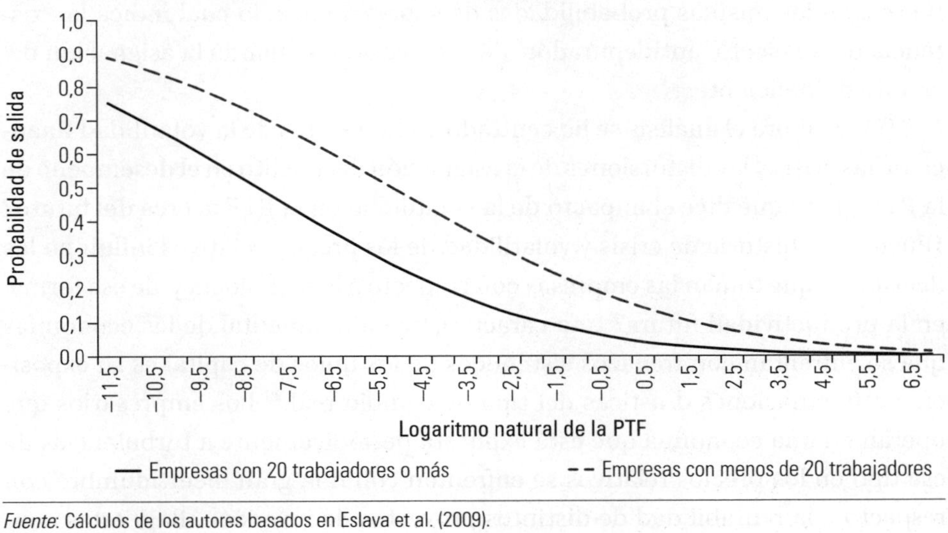

Fuente: Cálculos de los autores basados en Eslava et al. (2009).

explicar las diferencias en las tasas de supervivencia en casos de niveles de productividad similares.

Esto resulta particularmente claro al analizar la probabilidad de salida de empresas pequeñas y grandes en años de crisis en comparación con los años en que no se producen crisis. Los años de crisis en la muestra estudiada son los años de las crisis asiática y rusa de 1997 y 1998, durante los cuales muchos países se enfrentaron con restricciones financieras y la región experimentó una interrupción súbita de los flujos de capital. En momentos como esos, el acceso al crédito bien pudo ser lo que determinó el éxito o a la ruina. El gráfico 6.8 muestra la diferencia en la probabilidad de salida entre las empresas pequeñas y grandes en épocas de crisis y sin crisis. La diferencia aumenta enormemente en épocas de crisis, en particular en firmas con niveles más bajos de PTF, lo cual respalda la hipótesis de que las empresas más productivas que tienen pocas conexiones con el crédito posiblemente no hayan sobrevivido, mientras que las empresas menos eficientes pero con mejores conexiones con el crédito quizás hayan superado la tormenta.[28] En la medida en que el tamaño sea un indicador del acceso al crédito, y suponiendo que las empresas más grandes en general no tienen las mismas restricciones que las empresas pequeñas, la diferencia en la probabilidad de salida entre las empresas pequeñas y grandes que se muestra en el gráfico 6.8 puede ser un indicador de las distorsiones en la asignación del crédito que están presentes durante los episodios de crisis. Por lo tanto, las empresas con niveles de PTF similares pero de tamaño diferente posiblemente no tengan las mismas probabilidades de supervivencia, lo cual indica la existencia de un efecto "antidepurador" de las recesiones cuando la asignación del crédito es ineficiente.

Hasta ahora el análisis se ha centrado en los efectos de la volatilidad financiera, las crisis y las distorsiones de la asignación del crédito en el desempeño de la PTF. ¿Pero qué dice el impacto de la volatilidad en la PTF acerca del futuro? ¿Puede una historia de crisis y volatilidad de los precios relativos influir en las decisiones que toman las empresas con respecto a la tecnología y, de esa forma, en la productividad futura? Una característica fundamental de las economías que se enfrentan con frenazos sistémicos de los flujos de capital es su exposición a fluctuaciones drásticas del tipo de cambio real.[29] Los empresarios que operan en una economía que está expuesta periódicamente a turbulencias de ese tipo en los precios relativos se enfrentan con una gran incertidumbre con respecto a la rentabilidad de distintos proyectos de inversión. Bajo estas con-

Gráfico 6.8 Diferencia entre empresas pequeñas y grandes (con distintos niveles de PTF) en épocas de recesión y sin recesión

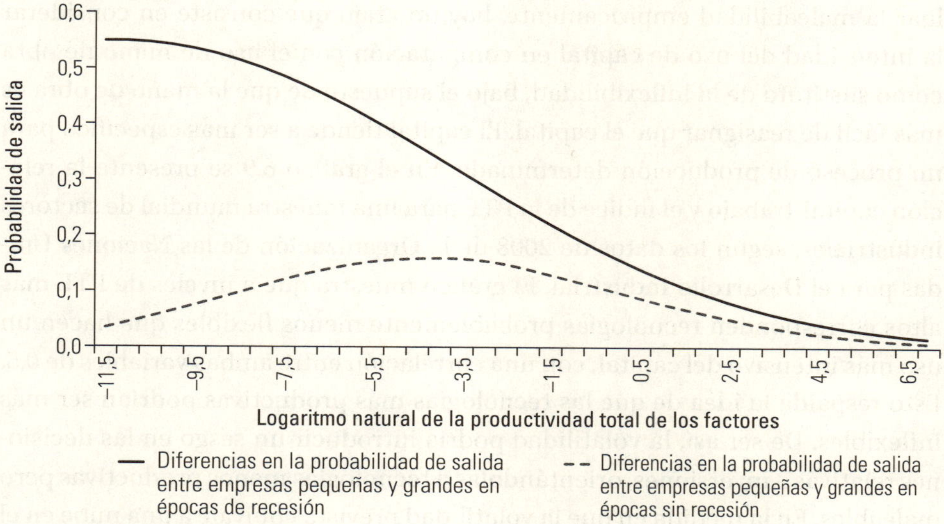

Fuente: Cálculos de los autores basados en Eslava et al. (2009).
Nota: PTF = productividad total de los factores.

diciones, una cualidad decisiva de una firma es su capacidad para adaptarse a un entorno tan volátil. En un marco de mercados incompletos, donde no existe la opción de asegurarse frente a cambios de precios relativos, como suele ocurrir en los mercados emergentes, una forma de hacer frente a la volatilidad es optar por invertir en procesos productivos altamente maleables. Algunos trabajos recientes de economistas latinoamericanos se han referido a esta situación como un caso de "producción especulativa", ya que los empresarios, que se la pasan especulando sobre la volatilidad de los precios relativos, seleccionan tecnologías que facilitan el paso de un producto a otro.[30] Uno de los ejemplos más claros es la producción de cultivos transitorios en el sector agrícola, que permite a los productores cambiar rápidamente de cultivo según los precios relativos.

Sin embargo, una mayor maleabilidad no está exenta de costos, ya que saltar constantemente de una actividad a otra podría impedir el descubrimiento o el uso de métodos de producción más eficientes.[31] En esta afirmación está implícita la idea de que la especialización y la concentración en actividades focalizadas conducen a una mayor innovación o eficiencia productiva. En consecuencia, las tecnologías más especializadas y menos maleables tienden a ser más productivas. ¿En qué medida es esto cierto? Aunque es difícil evaluar la maleabilidad empíricamente, hay un atajo que consiste en considerar la intensidad del uso de capital en comparación con el uso de mano de obra como sustituto de la inflexibilidad, bajo el supuesto de que la mano de obra es más fácil de reasignar que el capital. El capital tiende a ser más específico para un proceso de producción determinado. En el gráfico 6.9 se presenta la relación capital-trabajo y el índice de la PTF para una muestra mundial de sectores industriales, según los datos de 2008 de la Organización de las Naciones Unidas para el Desarrollo Industrial. El gráfico muestra que a niveles de PTF más altos corresponden tecnologías probablemente menos flexibles que hacen un uso más intensivo del capital, con una correlación entre ambas variables de 0,5. Esto respalda la idea de que las tecnologías más productivas podrían ser más inflexibles. De ser así, la volatilidad podría introducir un sesgo en las decisiones relativas a inversiones, orientándolas a tecnologías menos productivas pero maleables. En la medida en que la volatilidad prevista equivale a una nube en el horizonte de las inversiones, las economías podrían permanecer atascadas en entornos menos productivos que los de otras con menor volatilidad.[32]

La idea de que la volatilidad afecta a la composición de las inversiones se formalizó en la bibliografía especializada mediante un modelo de asigna-

Gráfico 6.9 Productividad total de los factores (PTF) y flexibilidad de la tecnología medida sobre la base de la relación capital-trabajo (promedios de los sectores industriales)

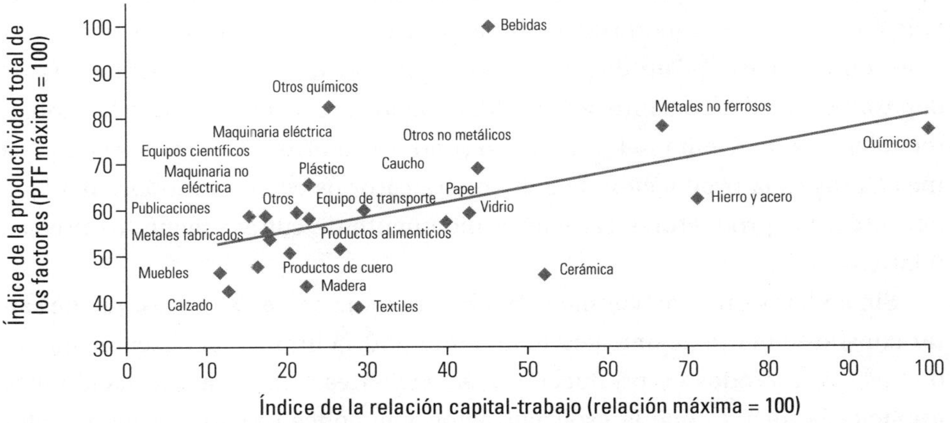

Fuente: Cálculos de los autores basados en Eslava et al. (2009).

ción de la inversión extranjera directa (IED).[33] En este marco se muestra que la volatilidad estimula la inversión en el exterior. Sin embargo, en estos estudios no se examina la asignación de la inversión sobre la base de la productividad implícita de las tecnologías y su maleabilidad. En un trabajo reciente de Cavallo et al. (2009) se combina la idea de que la volatilidad macroeconómica conspira contra la selección de tecnologías más productivas con la idea de que la volatilidad influye en la composición de las inversiones y se plantea la pregunta de si la volatilidad puede afectar la asignación de la inversión entre diferentes sectores económicos, apartándola de lo que las diferencias de la PTF indicarían. La respuesta es afirmativa en el caso de las economías emergentes.

En el gráfico 6.10 se presenta la participación de la inversión en un sector determinado en el total de la inversión en un país en el eje vertical y la productividad relativa de ese sector en comparación con el promedio de la economía en el eje horizontal. El gráfico muestra la relación entre estas dos variables para distintos niveles de volatilidad de los precios relativos, definida aquí como la volatilidad del tipo de cambio real. Con poca volatilidad, hay una fuerte relación positiva entre la PTF relativa y la participación de la inversión en el sector con alta PTF, lo cual significa que, si se mantiene constante el efecto de otros

Gráfico 6.10 Inversión, productividad total de los factores (PTF) y volatilidad en los mercados emergentes

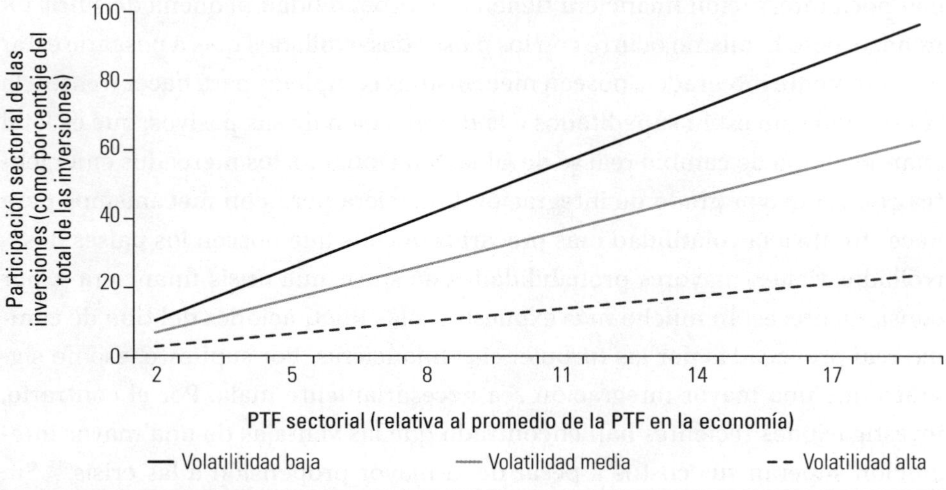

Fuente: Cálculos de los autores basados en Cavallo et al. (2009).

factores, la inversión tiende a asignarse a áreas más productivas. Sin embargo, a medida que la volatilidad aumenta, esta relación se vuelve menos pronunciada, lo cual parece indicar que los empresarios pueden elegir tecnologías relativamente menos eficientes (pero más maleables) en una situación de volatilidad. A fin de explicar esto de una forma más concreta, considérese qué ocurriría con la inversión en un sector sumamente productivo (en el 90º percentil de la PTF relativa) si la volatilidad bajara del percentil 95 al percentil 5. En este caso en particular, el aumento de la participación del sector en el total de las inversiones sería de 11 puntos porcentuales. Esta diferencia puede interpretarse como ineficiencia en la producción debida a la presencia de volatilidad. Sin embargo, desde el punto de vista de un empresario, eso podría ser perfectamente óptimo. En este caso, la volatilidad actúa como una externalidad negativa que obstaculiza una asignación más productiva de la inversión.

Es interesante que estos resultados son estadísticamente significativos para los mercados emergentes, pero no para los países desarrollados o los países en desarrollo no incluidos en el grupo de mercados emergentes. Aparentemente, la volatilidad es más perjudicial en los países que, a pesar de estar integrados a los mercados de capital internacionales, carecen de suficientes mecanismos institucionales para hacerle frente. Este mismo resultado se encuentra en conclusiones de estudios sobre la relación entre la probabilidad de enfrentar una interrupción súbita de flujos de capital, un determinante central de la volatilidad del tipo de cambio real, y el grado de integración financiera.[34] Los países con poca integración financiera tienen una probabilidad pequeña de sufrir un frenazo, pero lo mismo ocurre con los países desarrollados que, a pesar de estar enormemente integrados, poseen mecanismos complejos para hacer frente a la volatilidad y no están supeditados a la dolarización de sus pasivos, que es letal cuando el tipo de cambio real se devalúa. Sin embargo, los mercados emergentes con un mayor grado de integración financiera pero con mecanismos para hacer frente a la volatilidad más precarios que los que poseen los países desarrollados tienen mayores probabilidades de sufrir una crisis financiera y, por consiguiente, están mucho más expuestos a las fluctuaciones del tipo de cambio real provocadas por las turbulencias financieras. Por supuesto, eso no significa que una mayor integración sea necesariamente mala. Por el contrario, investigaciones recientes han encontrado que las ventajas de una mayor integración superan sus costos a pesar de la mayor propensión a las crisis.[35] Sin embargo, eso implica que los mercados emergentes probablemente sean los más afectados por la volatilidad del tipo de cambio real en vista de su mayor probabilidad de atravesar crisis financieras. La amenaza que representa vivir en un entorno potencialmente volátil podría ser el motivo de la selección de tecnologías menos productivas y de una PTF más baja en promedio que en otras regiones más estables.[36]

A nivel de microdatos, la idea de que la volatilidad conspira contra la selección de tecnologías productivas concuerda con los resultados presentados en Banerjee y Duflo (2005), quienes muestran que la imposibilidad de suavizar el consumo cuando varían los ingresos debido a los mercados de seguros débiles de muchos países en desarrollo podría llevar a los hogares a seleccionar tecnologías menos eficientes pero también menos arriesgadas.[37] En particular, la falta de seguros podría llevar a las familias a usar bienes productivos como resguardo y como mecanismos para suavizar el consumo, lo cual conduciría a inversiones ineficientes y a la asignación desacertada de los recursos productivos.

En resumen, hay dos elementos financieros que se combinan para explicar el desempeño relativamente deficiente de la PTF en América Latina en comparación con los países desarrollados y Asia oriental. Por una parte, la región es más propensa a las turbulencias financieras, pero la volatilidad por sí sola no basta para explicar la divergencia relativa, ya que algunos países la enfrentan mejor que otros. El factor decisivo que exacerba la situación es la falta de desarrollo de los mercados financieros. En ese contexto, la región carece de los mecanismos de aseguramiento que permiten a otros países hacer frente a la volatilidad macroeconómica.

¿Cómo profundizar el crédito?

El crédito es bueno para la productividad, pero ¿cómo pueden desarrollarse mercados de crédito profundos y estables? A igual que como ocurre en casi cualquier otro ámbito, no hay una receta única para crear mercados de crédito. Los países de todo el mundo e incluso los de América Latina entre sí difieren en muchas dimensiones. Una multitud de condiciones concomitantes ha limitado el desarrollo de los mercados financieros de muchas formas diferentes. Sin embargo, algunos estudios en varios países han señalado factores comunes que suelen afectar a los mercados de crédito.

Inestabilidad macroeconómica

En América Latina, la inestabilidad macroeconómica ha sido una de las principales barreras para el desarrollo de los mercados financieros. Muchas de las características actuales de los mercados financieros de la región están firmemente arraigadas en su historia macroeconómica. Los episodios de hiperinflación y de caos fiscal de los años setenta y ochenta desencadenaron una gran volatilidad e incertidumbre, limitando el flujo de recursos financieros a los países y el espacio para que los contratos pudieran prosperar. Posteriormente, las políticas de liberalización financiera de los años noventa tuvieron el efecto secundario imprevisto de provocar la volatilidad de los mercados de capital, lo cual afectó también al desarrollo del sector financiero.

Últimamente, la región ha avanzado mucho en el ámbito de la gestión macroeconómica. Se ha logrado contener la inflación en la mayoría de los países, la situación fiscal ha mejorado y se han reducido las fallas estructurales relacionadas con una mayor probabilidad de crisis de los mercados de capital, como la dolarización de los pasivos financieros y la estructura inadecuada de los plazos de la deuda. Aunque subsisten muchas fallas y la situación macroeconómica tal vez no sea todavía tan buena como cabría desear, ciertamente se han hecho mejoras dignas de mención, gracias a las cuales la crisis actual en los mercados internacionales de capital ha afectado menos a América Latina que a otras regiones del mundo.

Mantener estos logros y la credibilidad de la región a fin de dominar la inflación y al mismo tiempo seguir abordando las vulnerabilidades implícitas, en particular las fallas fiscales, es crucial para que los mercados financieros puedan prosperar.[38] Sin embargo, reducir la volatilidad macroeconómica no es tarea fácil ni algo que pueda hacerse de la noche a la mañana. ¿Qué puede hacerse entretanto? ¿Pueden adoptarse estrategias para hacer frente a la volatilidad mientras se trata de reducirla? La respuesta es que sí, siempre y cuando se desarrollen los mercados de seguros. Si las empresas tienen acceso a instrumentos de seguro que ofrecen una salvaguardia contra las grandes oscilaciones de la rentabilidad debidas a las fluctuaciones de los precios relativos, posiblemente estén mejor posicionadas para utilizar tecnologías menos maleables pero más productivas. Sin embargo, el costo de estos mecanismos de seguro, si es que existen, puede ser prohibitivo en los mercados emergentes. Hasta hace poco, el seguro en la forma de contratos a futuro en los mercados de divisas no era común. Por lo tanto, habría que buscar formas de desarrollar los mercados de seguros como primera medida para tratar de hacer frente a la volatilidad. La capacidad de recuperación de la región tras la primera ronda de shocks de la crisis mundial sin una devaluación drástica del tipo de cambio real y sin un colapso financiero podría ofrecer nuevas oportunidades para crear seguros de menor costo, particularmente en vista de que, esta vez, no se han producido los episodios extremos de crisis financieras tan temidos por los aseguradores.

Sin embargo, ni siquiera eso basta. Las imperfecciones y fricciones a nivel microeconómico en la forma en que funcionan los mercados de crédito requieren políticas orientadas específicamente a la promoción del desarrollo y la estabilidad del sector financiero. Estas políticas deberían estar acompañadas de iniciativas para enfrentar y reducir la volatilidad macroeconómica.

Políticas financieras específicas

Una de las principales limitaciones regulatorias e institucionales para el desarrollo financiero en América Latina es la enorme dificultad para exigir el cumplimiento de los contratos de crédito. Para que las relaciones financieras prosperen se deben explicitar las obligaciones de cada parte en un contrato de crédito y debe haber un agente que esté dispuesto a actuar para exigir su cumplimiento si es necesario. Infortunadamente, la protección efectiva de los derechos de propiedad en la región es débil.

La protección de los acreedores por medio de reglamentos que establecen claramente la propiedad de los activos en los contratos de crédito y la eficiencia de su aplicación son campos cruciales para fomentar el desarrollo y la estabilidad de los mercados financieros y aumentar el acceso de sectores específicos al crédito. El aumento de la protección de los derechos de los acreedores puede tener importantes repercusiones en la profundidad de los mercados de crédito, estabilizarlos y promover el acceso al crédito en sectores tales como las pequeñas y medianas empresas, que generalmente se han enfrentado con mayores restricciones crediticias.[39]

La falta de una protección adecuada de los derechos de los acreedores, sumada a las asimetrías de la información, ha llevado en muchos casos a una asignación ineficiente del crédito basada en la disponibilidad de una garantía, en vez de la calidad de los proyectos. En muchas ocasiones, eso ha abierto las puertas para la intervención del sector público en los mercados de crédito con la creación de bancos públicos, que pueden servir de paliativo hasta que se corrigen las ineficiencias del mercado. Sin embargo, el impacto de la intervención de los bancos públicos en el crecimiento de la productividad no resulta claro.[40]

Mientras se avanza en la mejora de la protección de los derechos de los acreedores, se puede trabajar en políticas para aumentar la disponibilidad de garantías. En muchos países hay reglamentos que restringen el uso de activos valiosos como garantía en contratos de crédito. En algunos países, los códigos civil y comercial limitan el alcance de los activos que pueden usarse como garantía. Por ejemplo, hay casos en los cuales no se aceptan bienes muebles (como existencias, camiones, ciertas máquinas, cultivos, ganado, etc.) como garantía o, si se los acepta, el prestamista toma posesión del bien, limitando así el proceso de producción del prestatario. A menudo no se permite el uso de activos rotatorios (por ejemplo, existencias) como garantía o se exige una descripción detallada de los activos para poder usarlos como garantía. En algunos países, es imposible extender la garantía a productos o sustitutos de los bienes originales prendados. Eso es especialmente importante, una vez más, para las existencias. Además, las leyes tienden a desincentivar el uso de partes específicas de una operación comercial, en vez de la operación completa, como garantía de crédito.

Los reglamentos en materia de quiebras también limitan la utilidad de las garantías. Cuando una empresa declara la quiebra, el orden en el cual se paga a los acreedores garantizados es muy importante. Por lo general, a los acreedores garantizados se les paga después de que se salden las deudas con el fisco y los reclamos de los empleados. En algunos países están incluso más abajo en la cadena. En otros, no pueden hacer valer sus reclamos durante el trámite judicial de quiebra, que puede llevar años. Esa brecha desincentiva la oferta de crédito. Otro desincentivo para el crédito es la norma de la quiebra que impide que las partes de un contrato de crédito lleguen a un arreglo extrajudicial.

Por último, otro impedimento institucional para la constitución de garantías es la falta de registros organizados de garantías que permitan a los prestamistas verificar qué activos han sido prendados y con qué condiciones. Eso es especialmente notorio en lo que se refiere a los bienes que pueden usarse para constituir garantías mobiliarias, como máquinas, ganado, cultivos, existencias, etc.

Cuadro 6.3 Indicadores institucionales del mercado de crédito

Región o economía	Índice de derechos de los acreedores[a] (0–10) (1)	Procedimientos (número)[b] (2)	Duración (días)[c] (3)	Costo (porcentaje de la deuda)[d] (4)	Índice de información crediticia[e] (0–10) (5)
América Latina y el Caribe	4,8	38,2	749,6	31,9	4,0
Otras economías emergentes	6,6	34,9	609,3	28,8	4,7
Economías avanzadas	6,6	31,2	474,6	19,7	4,9

Fuente: Banco Mundial (2009b).

Notas: Países de la muestra: América Latina y el Caribe: Argentina, Bahamas, Belice, Bolivia, Brasil, Chile, Colombia, Costa Rica, Ecuador, El Salvador, Guatemala, Guyana, Haití, Honduras, Jamaica, México, Nicaragua, Panamá, Paraguay, Perú, República Dominicana, Suriname, Trinidad y Tobago, Uruguay y Venezuela; otras economías emergentes: China, Corea, Egipto, Filipinas, Hong Kong, Hungría, India, Indonesia, Israel, Malasia, Pakistán, Singapur, Sudáfrica, Tailandia y Turquía; economías avanzadas: Australia, Austria, Bélgica, Canadá, Dinamarca, España, Estados Unidos, Finlandia, Francia, Grecia, Irlanda, Italia, Japón, Nueva Zelanda, Noruega, Países Bajos, Portugal, Reino Unido y Suecia.

[a] El índice de derechos de los acreedores mide ocho aspectos de la reglamentación que protegen los derechos de los acreedores. Los valores más altos corresponden a una mayor protección de los derechos de los acreedores.

[b] Los procedimientos se refieren a la cantidad de procedimientos desde el momento en que el demandante interpone una demanda ante un tribunal hasta el momento del pago en una controversia.

[c] El número de días para resolver la controversia.

[d] El costo, en aranceles judiciales y honorarios de abogados, como porcentaje de la deuda que es objeto del litigio.

[e] El índice de información crediticia mide las normas que influyen en el alcance, la accesibilidad y la calidad de la información crediticia disponible por medio de registros de crédito públicos o privados. Los valores más altos corresponden a una mayor información crediticia.

Incluso en los casos en que se ofrecen activos en prenda, garantizar los derechos de propiedad es una tarea engorrosa, costosa e ineficiente debido a la aplicación poco estricta de las leyes y la ineficacia del Poder Judicial en la región. En el cuadro 6.3 se muestra el rezago de América Latina respecto de las economías avanzadas y otros países con mercados emergentes en lo que se refiere a la protección de los derechos de los acreedores. El índice de derechos jurídicos de la columna 1 parece indicar que las condiciones jurídicas para la constitución de garantías en América Latina son precarias en comparación con otras economías que se encuentran en una etapa de desarrollo similar y con los países avanzados.

Los problemas que enfrentan los países latinoamericanos no se limitan a las normas en materia de constitución de garantías. En las columnas 2 y 4 del cuadro 6.3 se plantean cuestiones relacionadas con la aplicación de la normativa. Tanto el número de procedimientos como el costo de los procedimientos para exigir el cumplimiento de los contratos son muy altos. La combinación de un marco jurídico desfavorable y un entorno judicial ineficiente y costoso es trágica y seguramente impide el desarrollo pleno de los mercados financieros.

La mejora de la protección de los derechos de los acreedores fomenta la productividad, no solo al proporcionar más recursos para empresas de toda clase, sino también al ayudar a las empresas más pequeñas pero productivas a alcanzar una mayor escala y adoptar tecnologías nuevas y más eficientes. Infortunadamente, la economía política de la ejecución de reformas de este tipo es muy compleja. El aumento de la protección de los derechos de los acreedores suele interpretarse como un mecanismo para dar más poder a los prestamistas a fin de que lo usen en contra del ciudadano común y corriente. Con frecuencia, los políticos se preguntan si el refuerzo de los derechos de los acreedores podría aumentar el riesgo de que los bancos se queden con la propiedad de una mujer soltera que es jefa de hogar. La respuesta es que, en realidad, aumenta la probabilidad de que más mujeres solteras que son jefas de familia tengan propiedades. Lamentablemente, muchos debates de este tipo terminan amplificando este tipo de riesgos, en lugar de evaluar los beneficios de forma racional, y en última instancia muy pocos países deciden reformar este campo crucial.

Algunos tipos de empresas tal vez no tengan acceso a los tipos de bienes que generalmente se ofrecen en prenda o podrían encontrarse en una etapa de su desarrollo en la cual todavía no han adquirido suficientes activos y, por lo tanto, no tienen mucho que prendar. Para estas empresas, la fuente más valiosa de garantías es la información sobre sus antecedentes de crédito. En toda la región hay servicios o registros de información crediticia, y algunos cuentan con más de 100 años. En algunos países, la información crediticia es abundante; en otros es escasa porque no hay una cultura de difusión de este tipo de información o porque el entorno jurídico no favorece el almacenamiento e intercambio de este valioso recurso. Como se muestra en la columna 5 del cuadro 6.3, en general el marco regulatorio es menos conducente al intercambio de información en América Latina que en otras regiones del mundo. Una reforma con miras a fomentar la difusión de información crediticia sería útil para ofrecer un mayor acceso al crédito a las empresas más pequeñas, en particular las microempresas o los segmentos más pequeños de las pequeñas y medianas empresas (PyME).

Sin embargo, como ha demostrado nuevamente la actual crisis financiera internacional, la expansión del crédito debe estar acompañada de políticas prudenciales que garanticen la estabilidad. Se necesita un marco financiero adecuado que propicie la toma de riesgos de forma responsable. Actualmente hay un debate importante y animado sobre el futuro de la regulación financiera y la mejor forma de organizar a los supervisores y la cooperación internacional entre ellos. Continúan avanzando las conversaciones sobre la necesidad de mejorar la vigilancia del crédito, la liquidez y los riesgos relacionados con la titulización, sobre la consolidación de riesgos con fines de supervisión y sobre la necesidad de reforzar los requisitos de capital en relación con algunos riesgos. El debate sobre el fortalecimiento de las normas prudenciales en América Latina no es nuevo: comenzó a principios de los años noventa. Algunos países han avanzado con mucha más rapidez que otros hacia nuevos sistemas de regulación y supervisión conducentes a sistemas financieros más estables, pero todavía queda un largo camino por delante. Los progresos actuales seguramente estarán acompañados de avances en los mecanismos internacionales de cooperación en el ámbito de la supervisión.

Con respecto a las políticas de asignación del crédito, ha habido un largo debate sobre las ventajas de orientar el crédito a sectores específicos. La orientación por vías administrativas del crédito a la producción agropecuaria, las PyME, las microempresas y muchos otros ha figurado en la agenda de políticas de muchos países de América Latina. A principios de los años setenta se aplicaron políticas financieras de *laissez-faire* en gran parte de la región que llevaron a quiebras masivas y crisis financieras generalizadas. La estrategia se revirtió en los años ochenta y principios de los noventa, con la nacionalización de la mayoría de los sistemas bancarios y la fijación de metas crediticias. Posteriormente, en los años noventa, se produjo una nueva ola de liberalización, esta vez acompañada de una regulación prudencial más fuerte. Desde entonces, la región ha atravesado varias crisis y hasta ahora la respuesta ha consistido en reforzar la regulación prudencial, en vez de promover la fijación de metas crediticias. De acuerdo con varios estudios, este ha sido el enfoque acertado para promover el crecimiento económico y asignar de forma eficiente las inversiones a los sectores que ofrezcan el mayor rendimiento productivo.[41]

La orientación del crédito a las PyME es ciertamente una política crucial que actualmente se implementa en muchos países de la región. Podría haber muchas razones para hacerlo desde un punto de vista social o político, pero todavía no hay una respuesta definitiva a la pregunta de si esta política es la acertada para impulsar la productividad. El efecto general de la orientación del crédito a sectores específicos en la productividad individual y agregada depende de muchas características del país, del sector y de la empresa. Gran parte de las investigaciones sobre las cuales se informa en este libro parecen indicar que conviene proporcionar crédito a las empresas pequeñas si hay indicios de que son productivas pero se enfrentan con limitaciones crediticias y, por consiguiente, no han podido alcanzar un tamaño óptimo, o de que pueden usar productivamente los préstamos para actualizar su tecnología y sus procesos. No es fácil seleccionar esas empresas, pero muchos programas han encontrado formas ingeniosas de hacerlo. En esos casos, el otorgamiento de crédito a estas empresas ciertamente impulsará su productividad o la productividad agregada de los sectores a los cuales pertenecen.

Sin embargo, la orientación del crédito a las PyME también puede tener efectos adversos en la productividad agregada si se otorga a empresas poco productivas o que no pueden usar los préstamos para aumentar su productividad. En ese caso, una política de este tipo podría crear distorsiones que trasladen recursos escasos de empresas muy productivas y posiblemente más grandes a empresas más pequeñas y menos productivas, menoscabando la productividad agregada.

En la agenda de América Latina para promover el crecimiento de la productividad por medio de estrategias de crédito se plantean varios retos. Las políticas que aquí se proponen señalan claramente que el uso de la profundidad financiera como instrumento para aumentar la productividad es un problema multidimensional con limitaciones que deben encararse en varios frentes. Una preocupación fundamental es que las políticas orientadas a aumentar la productividad por medio del canal del crédito requieren un conocimiento mucho más profundo que vincule las mediciones tangibles del acceso de las empresas al crédito con las desviaciones respecto de las escalas óptimas de producción. Lamentablemente, la región está a la zaga en lo que se refiere a la disponibilidad de datos microeconómicos y financieros detallados para adquirir esos conocimientos. Una estrategia de crédito para promover el crecimiento de la productividad también requiere políticas a nivel macroeconómico que estimulen el crecimiento del crédito y fomenten su estabilidad. Las ventajas de una mayor integración y profundización financiera no se aprovecharán a pleno hasta que esa profundidad sea suficientemente estable y persistente.

Notas

[1] La mayoría de los estudios que muestran nexos fuertes entre el desarrollo financiero y el crecimiento se basan en regresiones de crecimiento que utilizan datos transversales agregados de países (véanse, por ejemplo, King y Levine, 1993a y 1993b; Levine, 1997; Levine y Zervos, 1998); otros se basan en datos transversales y de series de tiempo a nivel de país (véanse Beck, Levine y Loayza, 2000, y Levine, Loayza y Beck, 2000). A nivel macro, la profundidad del acceso al crédito presenta una correlación negativa con las tasas de pobreza (Levine, 1997; Honohan, 2004).

[2] Como señala Levine (2004), los canales mediante los cuales operan las finanzas son las tasas de ahorro elevadas, las mayores inversiones, la innovación tecnológica y los aumentos de la productividad.

[3] En varias monografías se presenta la base analítica de esta idea. Véase un análisis general en Levine (1997) y Bencivenga, Smith y Starr (1995). Asimismo, Buera y Shin (2008), Buera, Kaboski y Shin (2008), Jeong y Townsend (2007), Aghion et al. (2005) y Greenwald, Kohn y Stiglitz (1990) son ejemplos de modelos que describen la forma en que las restricciones financieras conducen a una asignación ineficiente de recursos entre sectores o actividades con diferentes niveles de productividad.

[4] Por ejemplo, Aghion et al. (2005) muestran que, cuando las empresas se enfrentan con grandes restricciones del crédito, las inversiones a largo plazo, como en investigación y desarrollo, se vuelven procíclicas.

[5] La región de Asia oriental abarca los llamados "tigres asiáticos": Hong Kong, Indonesia, Malasia, Filipinas, República de Corea, Singapur y Tailandia.

[6] Otros indicadores del desarrollo financiero, como "el crédito y la capitalización de los mercados", presentan un panorama similar. Véase BID (2004).

[7] En estudios anteriores se afirmaba que el crecimiento de Asia oriental se debía principalmente a un incremento súbito del capital, pero Hsieh (2002) muestra que el aumento de la productividad fue un factor importante que impulsó dicho incremento.

[8] Esta no es una cifra mágica, sino que corresponde a la desviación estándar del cociente entre el crédito para el sector privado y el PIB en la muestra de países analizada en el estudio antedicho.

[9] Esta medición ingeniosa, que se ha usado mucho, fue ideada por Rajan y Zingales (1998) con datos sobre empresas estadounidenses.

[10] Los autores adaptan su modelo a Tailandia y observan que la profundización financiera y los cambios de ocupación explican el 73% del crecimiento agregado de la PTF en Tailandia durante los 20 años transcurridos entre 1976 y 1996.

[11] Cabe destacar que estos cálculos no incluyen las microempresas ni las empresas que operan en el sector informal. Asimismo, como las empresas más pequeñas que se enfrentan con limitaciones crediticias no pueden actualizar la tecnología al mismo ritmo que las empresas más grandes con menos limitaciones crediticias, la disminución de las restricciones del crédito en las industrias con empresas más pequeñas también llevaría a un crecimiento más acelerado de la productividad.

[12] Estos sectores abarcan un gran porcentaje de las empresas. El promedio del número de trabajadores de las empresas de la muestra de Colombia es 24; la mediana es 20.

[13] En el estudio de Colombia, la productividad se calcula utilizando mediciones específicas de los precios en relación con cada empresa, lo cual constituye una peculiaridad del conjunto de datos que lleva a una medición muy exacta de la PTF de una empresa.

[14] En estos análisis, el acceso al crédito consiste en contar con un mecanismo de sobregiro.

[15] Técnicamente, este resultado se obtiene examinando la correlación parcial de una regresión entre las mediciones de la productividad por empresa, el acceso al crédito por empresa, los indicadores del tamaño, las interacciones entre estos factores y el acceso al crédito, los efectos de la industria del país y una serie de mecanismos de control pertinentes a nivel de empresa. Las correlaciones diferenciales entre la productividad y el acceso al crédito entre empresas de diferente tamaño no se observan al medir la productividad tras haber hecho los ajustes correspondientes a las diferencias en los precios, como sugieren Hsieh y Klenow (2007).

[16] Para obtener préstamos de bancos o de otras intermediarias financieras reguladas, una empresa debe no solo estar inscrita formalmente (o en algunos casos constituida legalmente como compañía de responsabilidad limitada), sino también cumplir una serie de requisitos en materia de información sobre las posiciones del balance y los flujos de ingresos a fin de permitir al menos cierto grado de supervisión de sus actividades por parte de las intermediarias financieras y las autoridades regulatorias. Estos requisitos

para la utilización de los mercados formales de crédito en general han adquirido un carácter más obligatorio en los últimos años, ya que en la mayoría de los países los distintos órganos regulatorios y del orden público pueden intercambiar información más fácilmente y tomar medidas más drásticas y efectivas contra las prácticas crediticias ilegales y la evasión fiscal concomitante asociada a la informalidad.

[17] Como el crecimiento real del PIB se aceleró durante este período, el crecimiento del crédito ha sido especialmente robusto, con una expansión superior al 10%. Lo importante es que esta expansión del crédito se ha producido en un marco de rápido descenso de las tasas de interés en el caso del crédito otorgado a las empresas (legales) y del crédito personal que permite el reembolso de los bancos por medio de descuentos directos de la nómina ("crédito consignado").

[18] En el capítulo 7 se presenta un análisis pormenorizado de los impuestos y la productividad.

[19] Los períodos de crisis financieras están asociados a una gran volatilidad del tipo de cambio real. Véase Calvo, Izquierdo y Loo-Kung (2006).

[20] Véase, por ejemplo, Calvo, Izquierdo y Mejía (2008).

[21] Véase, por ejemplo, Izquierdo, Romero y Talvi (2008) u Österholm y Zettelmeyer (2007).

[22] Véase Blyde, Daude y Fernández-Arias (2009).

[23] Véase Cerra y Saxena (2008).

[24] Véanse Calvo, Izquierdo y Talvi (2006) e Izquierdo, Llosa y Talvi (2009).

[25] Véase Caballero y Hammour (1994).

[26] Véase un análisis teórico en Barlevy (2003).

[27] No se hace una distinción entre las probabilidades de salida por sector.

[28] Esto equivale a decir que la probabilidad de salida de empresas pequeñas durante períodos de recesión, en particular con niveles bajos de PTF, se vuelve proporcionalmente mayor que para las empresas grandes.

[29] Véase, por ejemplo, Calvo, Izquierdo y Mejía (2008).

[30] Véase Ocampo (1984).

[31] Esta idea está implícita en Calvo (2005), junto con las consecuencias de la volatilidad del tipo de cambio real para la selección de tecnologías.

[32] Esto es justamente lo que se analiza en Calvo (2005).

[33] Véase Goldberg y Kolstad (1995).

[34] Véase Calvo, Izquierdo y Mejía (2008).

35 Véanse, por ejemplo, Rancière, Tornell y Westermann (2008) o Calvo y Loo-Kung (2009).

36 Véanse datos al respecto en Demir (2009a y 2009b) y Arza (2008).

37 Banerjee y Newman (1991) afirman que las diferencias en la disponibilidad de seguros en distintos lugares pueden llevar a decisiones ineficientes de migración, ya que algunas personas con gran potencial para un lugar determinado (como la ciudad) podrían optar por quedarse en otro lugar simplemente para no perder el seguro.

38 En BID (2008a y 2009b) se presentan análisis de los puntos débiles macroeconómicos, las vulnerabilidades y las opciones de política para encararlos.

39 Véase BID (2004).

40 Por ejemplo, en un estudio reciente realizado por Ribeiro y de Negri (2009) con datos del Banco Nacional de Desarrollo Económico y Social (BNDES) de Brasil se examina el impacto de Finame —línea de crédito para la adquisición de maquinaria— en la productividad total de los factores de las empresas manufactureras. El programa de financiamiento Finame tiene dos características importantes: ofrece crédito a plazos más largos que los que se ofrecen en el mercado privado de Brasil (hasta cinco años) y a tasas de interés subsidiadas. Esta línea de crédito desempeña un papel importante en la creación de empleo y el fortalecimiento de las empresas. Sin embargo, no aumenta la productividad de las empresas individualmente, algo sobre lo que cabe destacar que no es el fin con el cual se creó el programa. Una posible explicación es que el crédito está orientado a empresas que ya son productivas pero se ven limitadas por la falta de crédito. En esos casos, las empresas no compran tecnologías mejores, sino más capital para ampliar la escala de sus operaciones. En cierto sentido, el BNDES estaría actuando de forma responsable al encauzar el dinero de los contribuyentes directamente hacia actividades rentables pero que los bancos privados de alguna forma han pasado por alto.

41 Véanse análisis detallados de estos estudios en Galindo, Schiantarelli y Weiss (2007) y en Galindo, Micco y Ordóñez (2002).

7 IMPUESTOS Y PRODUCTIVIDAD: EL JUEGO DEL ESCONDITE

En materia tributaria, el sector empresarial de América Latina se caracteriza por una carga impositiva y una evasión fiscal considerables, lo que a menudo se considera parte de un orden natural. En este capítulo se argumenta que la combinación de impuestos elevados y evasión generalizada tiene efectos adversos sobre la productividad. La evasión puede ser una estrategia de supervivencia de las empresas, que de otro modo quebrarían debido a normativas onerosas y engorrosas. Sin embargo, la combinación de impuestos elevados y marcada evasión fiscal distorsiona las decisiones de las empresas en materia de inversión, reduce la eficiencia de los mercados e impide que los gobiernos inviertan en bienes públicos esenciales lo cual perjudica las posibilidades productivas de una sociedad. Desde este punto de vista, la evasión fiscal es a la vez una consecuencia y una causa de la baja productividad y debe afrontarse en forma directa si se quiere que la productividad de la región crezca.

Los impuestos altos y engorrosos aunados a la evasión fiscal generalizada afectan la productividad de diversas maneras. Los impuestos altos pueden menguar los incentivos de las empresas para invertir en tecnología y adoptar otras estrategias que favorezcan la productividad, ya que los impuestos reducen las utilidades que podrían generar dichas inversiones. Asimismo, la evasión fiscal cercena la capacidad del gobierno para invertir en bienes públicos que mejoran la productividad, tales como carreteras y educación.

Además de estos dos canales, en este capítulo se examinan otros dos menos explorados. Primero, la coexistencia de empresas contribuyentes y evasoras de impuestos genera dificultades a las que acatan las normas tributarias, ya que estas últimas afrontan una carga impositiva abultada y la competencia de las empresas evasoras. En contraposición a la postura de que las empresas evasoras de impuestos (o las abiertamente informales) no constituyen una amenaza a las empresas contribuyentes (La Porta y Shleifer, 2008), en este capítulo se aduce que la evasión fiscal puede llegar a ser un subsidio cuantioso para las empresas de baja productividad.[1] Este subsidio efectivo incide sobre la calidad de los puestos de trabajo generados —la mayoría de ellos en empresas de baja productividad— y sobre la productividad agregada, que disminuye por el peso creciente de las empresas de baja productividad.

El segundo canal atañe a los remedios usuales al problema de la elevada evasión fiscal, que pueden ser peores que la enfermedad. Los numerosos regímenes especiales creados para reducir los impuestos de las micro y pequeñas empresas generan obstáculos al crecimiento de las empresas productivas. Esto, a su vez, disminuye la productividad agregada porque atenúa el peso económico de las empresas productivas.

En este capítulo se procura colocar estos temas en perspectiva, comparando la situación de diversos países de la región, así como entre América Latina y otras regiones del mundo, y establecer los pasos necesarios a fin de que la política tributaria sea un medio para elevar la productividad de la región, en lugar de reducirla.

Situación tributaria actual

Los ingresos tributarios de América Latina son bajos para los estándares internacionales. En 2005 dichos ingresos, excluidas las aportaciones a la seguridad social, ascendieron a aproximadamente 17% del producto interno bruto (PIB). Esta cifra no ha cambiado prácticamente desde hace 10 años, a pesar de una serie de reformas establecidas en dicho período (Lora, 2008). En cambio, la recaudación tributaria de los países desarrollados se aproxima al 36% del PIB y ronda el 27% en Estados Unidos (Cetrángolo y Gómez-Sabaini, 2007).

A pesar de la escasa recaudación tributaria, las tasas impositivas de la región son altas y están típicamente asociadas a los elevados costos de transacción. Según los datos del informe *Doing Business* (2009) del Banco Mundial, las tasas impositivas de América Latina y el Caribe son superiores a las de otras regiones. En particular, los impuestos a las ganancias, en promedio, solo son superados por los de África subsahariana. Las bajas recaudaciones tributarias

Gráfico 7.1 Tasas impositivas de América Latina comparadas con las de otras regiones, 2007

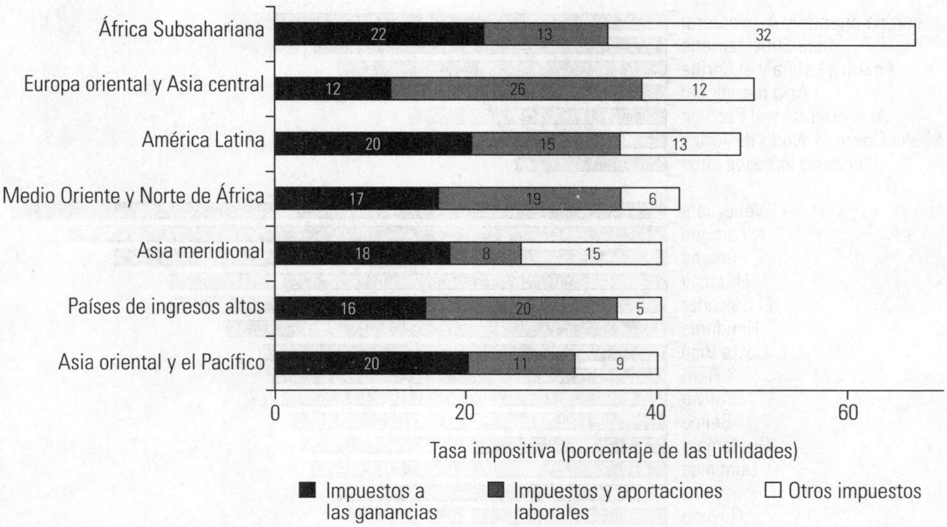

Fuente: Cálculos de los autores con base en Banco Mundial (2009e).
Nota: El gráfico se basa en información de 181 países, con datos de enero a diciembre de 2007.

juntamente con las altas tasas impositivas señalan la notoria incidencia de la evasión fiscal (gráfico 7.1).

Usualmente se aduce que los impuestos a las ganancias, constituidos en su mayor parte por la renta del capital, son ineficaces porque la oferta de capital es muy sensible a los impuestos; por otro lado, los impuestos sobre la renta del trabajo no lo son tanto porque la oferta de mano de obra es menos flexible. Este argumento es menos válido en América Latina y el Caribe porque la evasión fiscal probablemente haga que la renta del trabajo sea muy sensible a las tasas impositivas. No obstante, en la medida en que la oferta de capital siga siendo sensible a los impuestos de la región, las tasas impositivas altas probablemente constituyan una forma ineficaz de gravar a las empresas.

Esta situación desfavorable está agravada por el hecho de que los costos de las transacciones relacionadas con los impuestos de la región también se encuentran entre los más elevados del mundo (véase el gráfico 7.2). Por ejemplo, en lo referente a las transacciones anuales que deben llevar a cabo las empresas para efectuar el pago de impuestos, América Latina y el Caribe se ubican cerca de la cifra de África subsahariana, con 35 transacciones anuales. Sin embargo,

Gráfico 7.2 Número de transacciones anuales relacionadas con el pago de impuestos, 2007

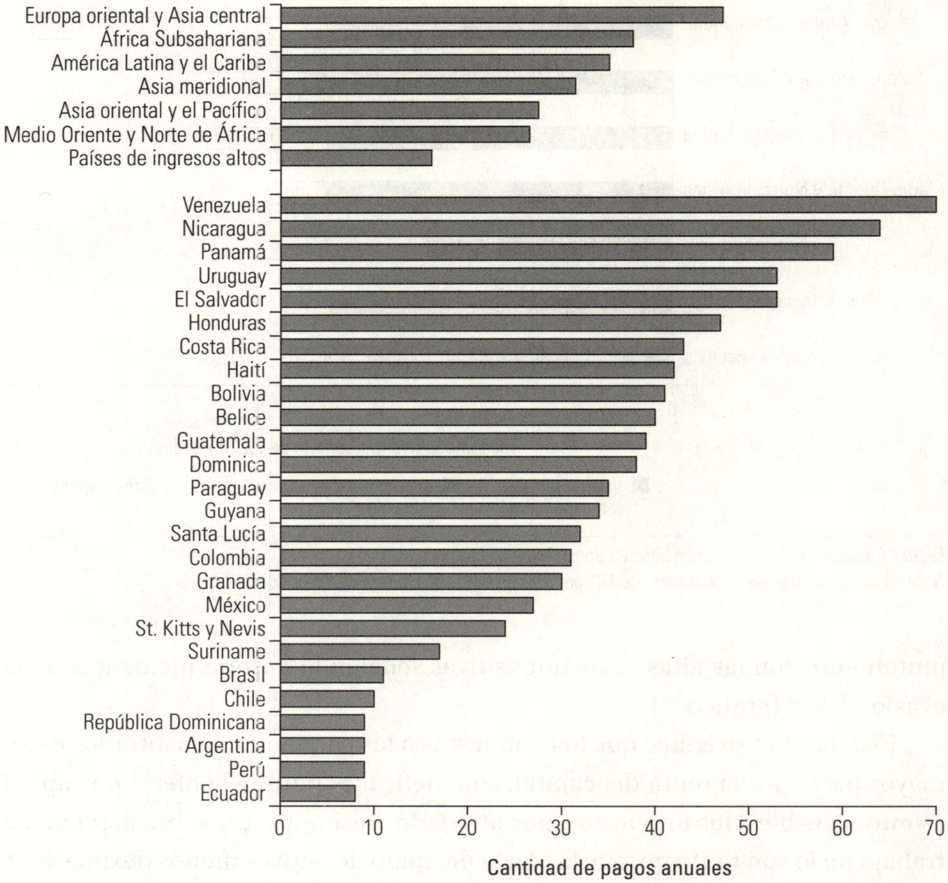

Fuente: Cálculos de los autores basados en Banco Mundial (2009e).

Nota: El indicador de pago de impuestos refleja el número total de impuestos y aportaciones pagadas, considerando el método de pago, la frecuencia de pago y la cantidad de organismos involucrados en este caso estandarizado.

esta cifra varía ampliamente en los distintos países de la región. En un extremo se encuentran Nicaragua y Venezuela con 64 y 70 transacciones anuales relacionadas con los impuestos, respectivamente. En el extremo opuesto, Argentina, Ecuador, Perú y República Dominicana requieren menos de 10.

Una mayor cantidad de transacciones implica que las empresas deben dedicar más tiempo a la preparación, declaración y pago (o retención) de los impuestos. En este sentido, América Latina y el Caribe también figura entre las regiones

Gráfico 7.3 Tiempo requerido para efectuar el pago de impuestos, 2007

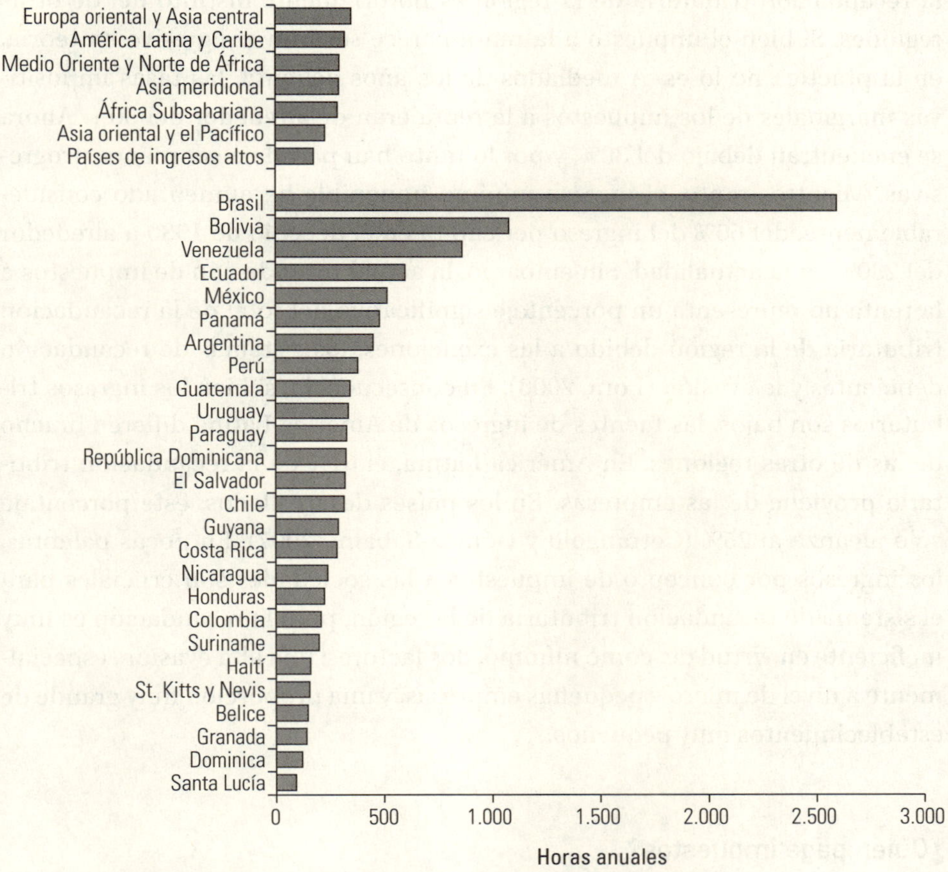

Fuente: Cálculos de los autores basados en Banco Mundial (2009e).

Nota: Información basada en datos correspondientes a 2007–08 de 181 países. El tiempo está expresado en horas anuales, e incluye el tiempo para preparar, presentar y pagar (o retener) tres tipos principales de impuestos y aportaciones: el impuesto a la renta de las sociedades, el impuesto al valor agregado o a las ventas, y los impuestos sobre el trabajo, que incluyen los impuestos sobre la nómina y las aportaciones sociales.

que más tiempo dedican en comparación con otras regiones del mundo (gráfico 7.3) y la diferencia no es trivial. En tanto que las empresas de los países de altos ingresos emplean en promedio 177 horas anuales en transacciones relacionadas con los impuestos, las empresas latinoamericanas emplean 320 horas, siendo superadas solamente por las de Europa oriental y Asia central. Dentro de América Latina y el Caribe, las empresas de Brasil y Bolivia son las que emplean más horas en este tipo de transacciones (2.600 y 1.080, respectivamente).

Como resultado de estas y otras distorsiones institucionales, el perfil de la recaudación tributaria de la región es notoriamente distinto del de otras regiones. Si bien el impuesto a la renta parece ser muy progresivo en teoría, en la práctica no lo es. A mediados de los años ochenta, las tasas impositivas marginales de los impuestos a la renta eran de alrededor del 50%. Ahora se encuentran debajo del 30%, y por lo tanto han pasado a ser menos progresivas. Mientras tanto, el ingreso mínimo imponible ha aumentado considerablemente, del 60% del ingreso per cápita en el decenio de 1980 a alrededor del 230% en la actualidad. Sin embargo, la actual recaudación de impuestos a la renta no representa un porcentaje significativo del total de la recaudación tributaria de la región debido a las exenciones, los sistemas de recaudación deficientes y la evasión (Lora, 2008). En consecuencia, si bien los ingresos tributarios son bajos, las fuentes de ingresos de América Latina difieren mucho de las de otras regiones. En América Latina, el 61% de la recaudación tributaria proviene de las empresas. En los países desarrollados, este porcentaje solo alcanza al 25% (Cetrángolo y Gómez-Sabaini, 2007). En pocas palabras, los ingresos por concepto de impuestos a las sociedades son cruciales para el sistema de recaudación tributaria de la región, pero la recaudación es muy ineficiente en virtud de, como mínimo, dos factores: una alta evasión, especialmente a nivel de micro y pequeñas empresas, y una proporción muy grande de establecimientos muy pequeños.

¿Quién paga impuestos?

Si bien es notoriamente difícil rastrear la evasión fiscal de las empresas a nivel individual, los datos disponibles indican que la evasión es especialmente alta en el caso de las pequeñas empresas y microempresas, que en la mayoría de los casos no están registradas, y por ello se las considera informales. Pero la evasión fiscal también es alta a nivel de las empresas medianas y grandes, aun cuando dichas empresas están registradas. A esta modalidad de incumplimiento parcial a menudo se la denomina economía subterránea. Perry et al. (2007) estiman que las empresas subdeclaran un gran porcentaje de sus ventas a efectos fiscales, aunque ese porcentaje varía considerablemente según los países. La subdeclaración es mayor en Brasil y Panamá, donde alcanza entre el 30% y el 40% de las ventas, mientras que la más baja se constata en Chile, donde es inferior al 5%. Dichas cifras, sin embargo, son estimaciones de las propias empresas sobre cuánto evaden las *otras* empresas.

Resulta sorprendente que las cifras basadas en los pagos de impuestos *declarados por las empresas* en encuestas empresariales llevadas a cabo en un pequeño grupo de países seleccionados indican niveles análogamente altos de evasión, o tal vez mayores. Por ejemplo, casi el 70% de las microempresas (empresas con no más de 10 empleados) de México declararon que no están registradas y por lo tanto no pagan ningún impuesto (cuadro 7.1). Solo el 9% de las microempresas pagan por encima de un 50% de lo que deberían (lo que podría considerarse una medida muy conservadora de la evasión). Además, a nivel de empresas pequeñas y medianas, el 63%, o sea la mayoría, está registrado pero manifiesta no pagar impuestos. En el caso de las grandes empresas, la mayor parte de ellas, el 48%, no paga impuestos (McKinsey, 2009).

La situación es aún más grave en El Salvador. Solamente un 1% del total de las microempresas y el 3% del resto de las empresas están registradas (McKinsey, 2009). Si bien la evasión fiscal es mucho menor en Chile, no es insignificante en el caso de algunos tipos de impuestos. Se estima que el 66% de los establecimientos con un mínimo de 10 trabajadores paga menos de lo debido por concepto de impuestos al valor agregado (IVA), el 58% paga menos de lo debido por concepto de impuestos a las ganancias y el 34% por concepto de aportaciones a la seguridad social (cuadro 7.2). Si bien en promedio, el porcentaje de evasión de las aportaciones a la seguridad social es ínfimo (alrededor de 1 punto

Cuadro 7.1 Informalidad relacionada con los impuestos, México

Grado de informalidad relacionada con los impuestos	Tamaño de la empresa (porcentaje) Micro	Pequeña y mediana	Grande
Totalmente informal (no registrada)	67	s.d.	s.d.
No paga impuestos (menos del 4% de lo que corresponde)	11	63	48
Semiformal (paga del 4% al 50% de lo que corresponde)	12	19	25
Formal (paga más del 50% de lo que corresponde)	9	17	28
Total	100	100	100

Fuente: McKinsey (2009).
Nota: Las estimaciones incluyen solamente las empresas con ganancias positivas. Las cifras fueron redondeadas.
s.d. = sin datos.

Cuadro 7.2 Evasión tributaria en Chile

	Establecimientos con 10 trabajadores o más		
	Evasión (porcentaje de establecimientos)	**Evasión media si la evasión > 0 (porcentaje de la base imponible)**	**Tasa impositiva legal promedio**
Aportaciones a la seguridad social	34	1	19
Impuestos al valor agregado (IVA)	66	5	18–19
Impuestos a las ganancias	58	5	17

Fuente: Busso, Madrigal y Pagés (2009).
Nota: Para calcular la evasión, se utilizó la tasa impositiva legal de cada año menos 3 puntos porcentuales.

porcentual de la base tributaria), la evasión del IVA y los impuestos a las ganancias sería de alrededor de 5 puntos porcentuales de la base. En este caso, y contrario al patrón esperado, la evasión fiscal y los subsidios estatales parecen aumentar con el tamaño de las empresas, según se aprecia en el gráfico 7.4 (Busso, Madrigal, y Pagés, 2009).[2]

¿Cuáles son las empresas que no pagan impuestos? Carpio y Pagés (2009) utilizan una encuesta de microempresas de las áreas urbanas de Brasil (IBGE, 2003) para examinar las características asociadas con las microempresas que pagan impuestos a las ganancias (que en la encuesta se definen como las empresas con menos de cinco trabajadores asalariados). Los autores concluyen que la probabilidad de que se paguen impuestos a las ganancias aumenta con el tamaño y la antigüedad de la empresa, así como con el nivel educativo y el grado de iniciativa empresarial del propietario.[3] Otra conclusión interesante es que la probabilidad de pagar impuestos disminuye con la cantidad de parientes no remunerados, si el propietario es un trabajador independiente y con la dificultad para acceder a los servicios financieros. Existen indicios de que el crédito está estrechamente ligado a que las empresas formalicen su actividad y paguen impuestos. Catão, Pagés y Rosales (2009) concluyen que en Brasil las tasas de formalidad aumentan con el acceso al crédito. En particular, las industrias o los sectores económicos que son más dependientes del crédito tienden a formalizarse más rápidamente en los períodos en los que aumenta la oferta de crédito. Esto lo atribuyen al hecho de que los bancos normalmente exigen que las empresas estén registradas y, muchas veces, que documenten el pago de impuestos para concederles un crédito. Cuando crece la oferta de crédito y las empresas tienen más posibili-

Gráfico 7.4 Probabilidad de evasión fiscal y de recibir subsidios, por tamaño de empresa en relación con las empresas con 10–19 trabajadores, Chile

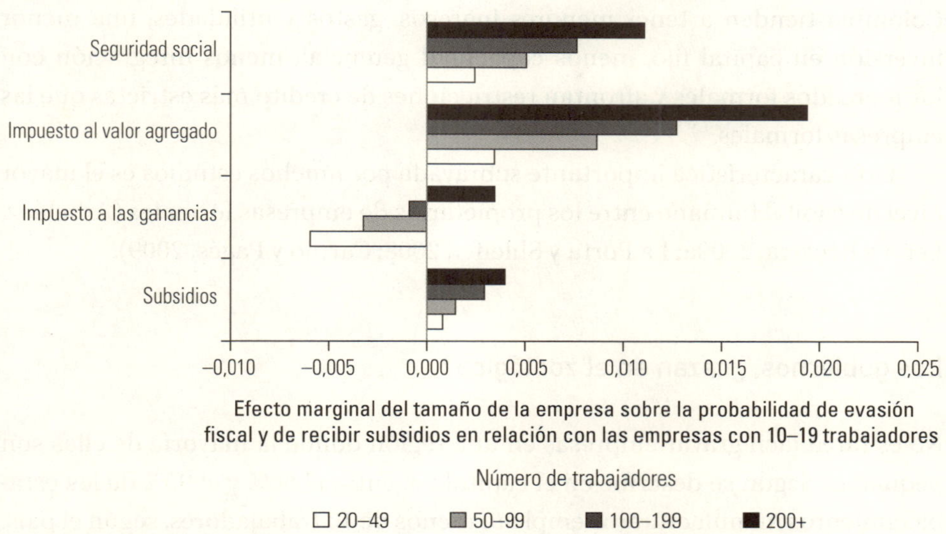

Fuente: Busso, Madrigal y Pagés (2009).

Nota: Los efectos marginales se estimaron utilizando estimaciones con un modelo Tobit. Variables dependientes: datos declarados sobre evasión de la seguridad social, evasión al impuesto al valor agregado (IVA), evasión al impuesto a las ganancias, y subsidios declarados. Las variables de control son: tamaño y antigüedad de la empresa, si la empresa exporta, porcentaje de trabajadores no calificados, y efectos fijos por año. Observaciones: alrededor de 22.000. Todos los efectos marginales son estadísticamente significativos al 1% excepto para el impuesto a las ganancias en las categorías de 100–249 trabajadores y de 250 trabajadores o más. Para calcular la evasión, se utilizó la tasa impositiva legal de cada año menos 3 puntos porcentuales.

dades de obtener préstamos, también aumentan los incentivos para que formalicen su actividad.

Diversos estudios han examinado la naturaleza de las empresas informales de Colombia. Cárdenas y Mejía (2007) llegan a la conclusión de que es mucho menos probable que las empresas informales operen en establecimientos adecuados; además, son más recientes y pequeñas, y están más concentradas en los sectores de servicios que las empresas formales. Análogamente, Santamaría y Rozo (2008) concluyen que la informalidad es muy frecuente a nivel de la pequeña empresa y tiende a disminuir con el tamaño de la empresa. También enfatizan las diferencias de ubicación y acondicionamiento físico: la mayoría de las empresas formales (alrededor del 75%) están instaladas en locales comerciales mientras que muchas de las empresas informales están instaladas en las residencias de sus respectivos propietarios (alrededor del 42%), utilizan kioscos de la vía pública, o se dedican a la venta ambulante. Arbeláez, León y Becerra (2009a) también llegan a la conclusión de que las empresas informales de Colombia tienden a tener menores ingresos, gastos y utilidades, una menor inversión en capital fijo, menos capacidad gerencial, menos integración con los mercados formales y afrontan restricciones de crédito más estrictas que las empresas formales.

Otra característica importante subrayada por muchos estudios es el mayor nivel de capital humano entre los propietarios de empresas formales (Arbeláez, León y Becerra, 2009a; La Porta y Shleifer, 2008; Carpio y Pagés, 2009).

Los gobiernos, ¿cazan en el zoológico?

No es tarea fácil gravar empresas en una región donde la mayoría de ellas son pequeñas. Según se describe en el capítulo 4, entre el 80% y el 90% de los establecimientos manufactureros emplean menos de 10 trabajadores, según el país. Estos porcentajes son aún mayores en el sector servicios. Por ejemplo, el 97% de los establecimientos de comercio minorista de México se encuentra dentro de esa categoría. Un gran número de empresas pequeñas implica una gran cantidad de establecimientos per cápita, lo cual hace que la recaudación de impuestos de las empresas signifique para el Estado una tarea costosa y difícil desde el punto de vista operacional.

Para facilitar la formalización y la recaudación de impuestos, muchos países han establecido regímenes tributarios especiales para las micro y pequeñas empresas, simplificando los procedimientos y reduciendo las tasas impositivas de este grupo de empresas. Sin embargo, la recaudación de impuestos proveniente de dicho grupo representa un porcentaje más bien pequeño del total de ingresos tributarios de un país, aunque constituyan una proporción significativa del total de contribuyentes (Arias, 2009). Esta incongruencia entre la cantidad de empresas y su porcentaje de contribución a la recaudación impositiva refleja en general la menor productividad y la mayor evasión de las pequeñas empresas. Por ejemplo, en Bolivia y Chile, los contribuyentes inscritos en los regímenes tributarios simplificados para las micro y pequeñas empresas representan el 18,2% y el 9% del total de contribuyentes de estos países, respectivamente, pero aportan solo el 0,1% del total de sus ingresos tributarios (cuadro 7.3). Lo más llamativo es que en Paraguay, más del 60% de los contribuyentes

Cuadro 7.3 Recaudación en los regímenes tributarios simplificados (RTS)

País	Regímenes tributarios simplificados (RTS)	Recaudación tributaria (porcentaje del ingreso tributario total)	Año	Contribuyentes incluidos en el RTS (porcentaje del total de contribuyentes inscritos)	Año
Brasil	SIMPLES (Pequeñas)	4,0	2004	9,7	2004
Brasil	SIMPLES (Micro)	2,3	2004	57,9	2004
Uruguay	IPE	0,6	2007	s.d.	s.d.
Nicaragua	Impuesto único	0,5	2008	s.d.	s.d.
Perú	RUS / RER	0,2	2008	15,2	2008
Paraguay	Impuesto único	0,1	2007	62,9	2007
Chile	RS	0,1	2007	9,0	1998
Bolivia	RTS / RAU / RTI	0,1	2007	18,2	2006

Fuente: Arias (2009).
s.d.= sin datos.

son micro y pequeñas empresas registradas en regímenes tributarios simplificados, pero únicamente aportan el 0,1% del total de la recaudación de impuestos. En virtud de estos exiguos rendimientos, las oficinas recaudadoras de impuestos tienen pocos incentivos para hacer que las micro y pequeñas empresas cumplan las normas impositivas.

La dificultad de hacer que las pequeñas empresas cumplan las normas impositivas, junto con el rendimiento relativamente bajo que se obtiene al imponer el cumplimiento, implica que las empresas más grandes y productivas pagan la mayor parte de los impuestos de América Latina. Dichas empresas son objeto de un estrecho monitoreo, ya que la coerción se centra principalmente en ellas. Si bien esta es una característica general que al parecer también se constata en otras regiones, el diferencial del tiempo invertido en la inspección de las empresas más grandes respecto de las más pequeñas es mucho mayor en América Latina (gráfico 7.5).[4] Aunque las empresas pequeñas son mucho más numerosas, son difíciles de rastrear, de modo que las autoridades tributarias concentran sus esfuerzos en las empresas grandes que, además de ser accesibles, aportan la mayor parte de los impuestos. En otras palabras, las oficinas recaudadoras de impuestos no cazan animales en la jungla, sino en el zoológico. Como puede apreciarse en el gráfico 7.5, las empresas de mayor tamaño

Gráfico 7.5 Recaudación de impuestos por tamaño de empresa en relación con las microempresas

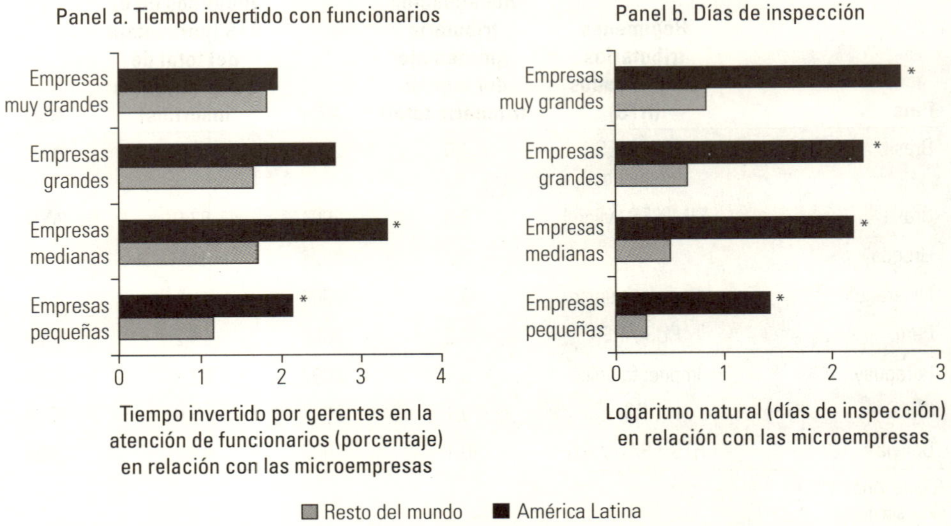

Fuente: Pagés, Pierre y Scarpetta (2009).
* Indica que las diferencias entre América Latina y el resto del mundo son estadísticamente significativas.

tienden a pasar más tiempo que las empresas pequeñas atendiendo a funcionarios estatales o siendo objeto de inspecciones.

La desigual aplicación de las obligaciones tributarias en las empresas grandes y pequeñas incide en el comportamiento de los gerentes de ambos tipos de empresas y, en particular, en la forma en que asignan los recursos. Los costos en términos de productividad empresarial no son triviales. Si los gobiernos se focalizan en las empresas más grandes y productivas, la evasión fiscal se convierte en un subsidio para las empresas menos productivas y en una carga adicional para las más productivas. Desde este punto de vista, la evasión fiscal haría disminuir la productividad media, ya que la competencia de las empresas evasoras e informales reduce la participación en el mercado de las empresas que cumplen sus obligaciones tributarias.

Para ilustrar esta distorsión, considérese una situación en la que los consumidores pueden comprar dos tipos de dispositivos para conservar alimentos: bolsas de hielo, producidas por empresas pequeñas de baja productividad que no cumplen las normas tributarias, o refrigeradores, producidos por empresas más grandes, más productivas y que acatan más las normas tributarias. Los productores de bolsas de hielo pueden vender su producto a bajo costo a pesar de su baja productividad porque no pagan impuestos o no cumplen las normas. Si bien se puede argumentar que el hielo es más barato de comprar y operar que los refrigeradores y por lo tanto más atractivo para los consumidores de menores ingresos, la distorsión de precios generada por la evasión fiscal incrementa el consumo de bolsas de hielo y reduce el consumo de refrigeradores con respecto a una situación en la que todas las empresas pagan sus impuestos y acatan las disposiciones reglamentarias. Esto reduce la demanda de empleos por parte de las empresas más productivas —y por lo tanto su tamaño— así como la productividad agregada.

¿Las empresas informales son parásitas, marginales o románticas?

La teoría de que las empresas informales son *parásitas*, en el sentido de que sustraen participación de mercado a las empresas que pagan impuestos, no es la única teoría acerca del sector informal. Otras dos teorías predominantes son la *romántica* y la *dual*.[5] En la teoría romántica (según se describe en La Porta y Shleifer, 2008), las empresas informales son potencialmente productivas pero se ven frenadas por la burocracia o las disposiciones reglamentarias (De Soto, 2000). Según la teoría dual, el sector informal está integrado por empresas que desempeñan actividades muy ineficientes con muy baja productividad, tales como la venta ambulante, y que existen en un mundo paralelo inocuo para las empresas formales (Harris y Todaro, 1970). Por lo tanto, las predicciones de estas tres teorías alternativas son claras. En la tesis romántica, la productividad total de los factores (PTF) de las empresas informales es cuantiosa, pero su tamaño es pequeño debido a que su crecimiento está obstaculizado (costos elevados —tanto financieros como burocráticos— de registro, acceso limitado al financiamiento, etc.). Según la tesis dual, la PTF de las empresas informales es baja, tan baja que solo operan en mercados muy marginales y segmentados a los que las empresas formales nunca atenderían. Según la tesis parasitaria, la PTF de las empresas informales es menor que la de las empresas formales pero aquellas optan por evadir los impuestos y las disposiciones reglamentarias para poder competir con las empresas más productivas y más formales. La diferencia fundamental entre la tesis parasitaria y la dual es que en la primera, las empresas informales reducen la participación de mercado de las empresas formales, porque las empresas informales producen bienes que son suficientemente similares y por lo tanto sustitutos cercanos a los productos de las empresas formales. Dadas las radicales diferencias entre las predicciones de las tres teorías y sus posibles efectos sobre la productividad, así como las políticas de reducción de la pobreza y la desigualdad, es importante establecer cuál de las teorías se ajusta mejor a los hechos observados en América Latina.

La Porta y Shleifer (2008) afirman que la teoría parasitaria tiene escaso fundamento. Sin embargo, llegan a esta conclusión basándose en la observación de que las empresas informales son en promedio menos productivas que las formales, lo cual es algo que de hecho no contradice la teoría parasitaria. Además, sus observaciones corresponden principalmente a países pobres de África y Asia, donde el papel del sector informal puede ser muy distinto que en América Latina, ya que la evidencia sugiere que en la región la competencia de las empresas informales constituye un mayor obstáculo para el crecimiento de las empresas formales que en otras regiones.

Con base en datos de la encuesta empresarial del Banco Mundial (WBES, por sus siglas en inglés), Pagés, Pierre y Scarpetta (2009) concluyen que, entre los obstáculos más importantes para el crecimiento de las empresas de América Latina, las prácticas anticompetitivas del sector informal ocupan el tercer lugar, precedidas por la corrupción y la inestabilidad macroeconómica, y seguidas por otros problemas apremiantes, tales como las normas ineficaces, las altas tasas impositivas, el costo económico del delito, el elevado costo de la electricidad, o la ineficiencia de las administraciones tributarias (gráfico 7.6). Por añadidura, según estos datos este problema parece ser más acuciante en América Latina que en otras regiones del mundo, donde los problemas relacionados con la incertidumbre sobre la política económica y regulatoria, así como con la inestabilidad macroeconómica son relativamente más relevantes (gráfico 7.7).

Además, datos recientes a nivel de empresa sobre Brasil (Carpio y Pagés, 2009) y sobre Colombia (Arbeláez, León y Becerra, 2009a) indican que si bien las empresas informales son menos productivas que las formales en términos de PTF, la evasión fiscal puede distorsionar la competencia entre ambos tipos de empresas. En ambos estudios, la comparación entre las empresas formales e informales se realiza solamente entre empresas pequeñas a fin de aislar el efecto de la formalidad del efecto del tamaño sobre la productividad. La muestra incluye empresas con menos de cinco trabajadores asalariados (Brasil) o menos de 10 trabajadores asalariados (Colombia).

Gráfico 7.6 Limitaciones al clima de inversión en América Latina

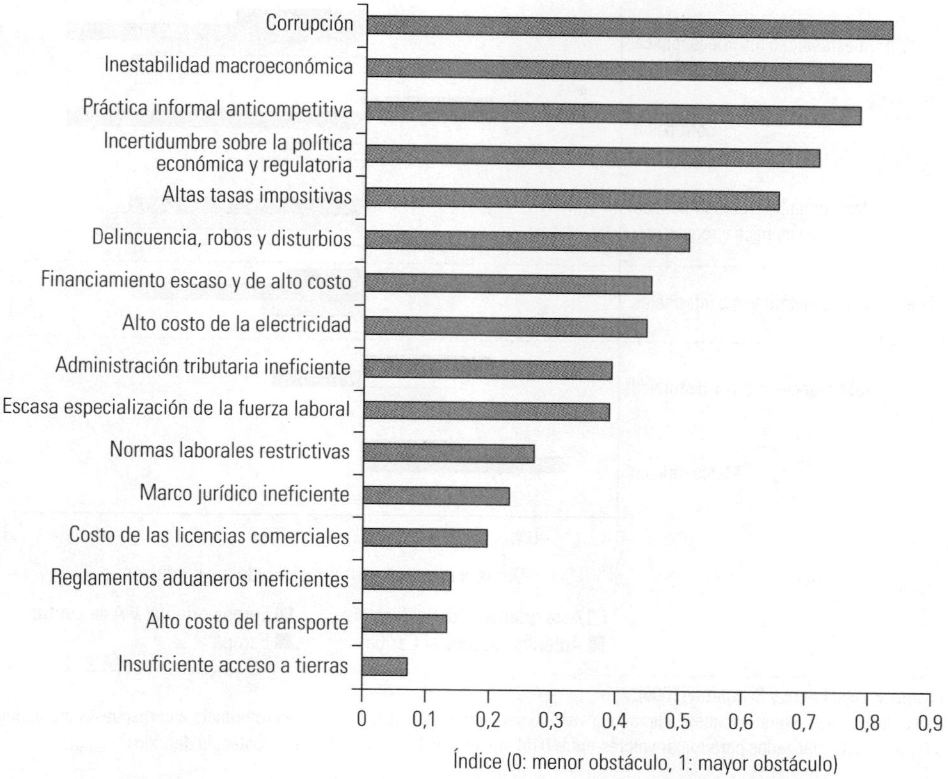

Fuente: Pagés, Pierre y Scarpetta (2009).
Nota: De los países considerados, los datos de Brasil, Ecuador, El Salvador, Guatemala, Honduras y Nicaragua corresponden a 2003; los de Chile y Guyana, a 2004; los de Costa Rica, a 2005; y los de Argentina, Bolivia, Colombia, México, Panamá, Paraguay, Perú y Uruguay, a 2006.

En el gráfico 7.8 se muestra la distribución de la PTF de diversas empresas expresada como la diferencia con la productividad media del sector al que pertenecen. Una cifra positiva (negativa) en el eje horizontal implica una productividad mayor (menor) que el promedio de todas las empresas de dicha rama de actividad, ya sean formales o informales. Esto permite comparar las empresas exclusivamente en forma relativa a las de su propio sector, pues la comparación de empresas de distintas ramas de actividad (por ejemplo, metalúrgica y textil) puede no ser muy relevante. La mayor productividad de las empresas formales se manifiesta por el hecho de que la distribución de la productividad de estas empresas siempre está a la derecha de la distribución de las

Gráfico 7.7 Limitaciones al clima de inversión, América Latina y otras regiones

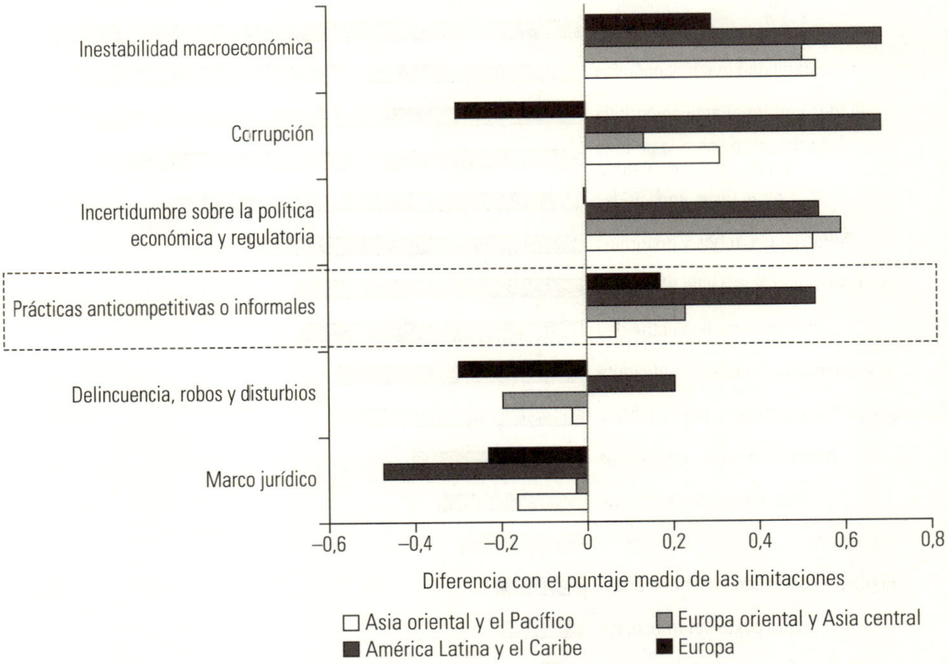

Fuente: Pagés, Pierre y Scarpetta (2009).
Nota: Respuestas a limitaciones al clima de inversión para cada obstaculo medidas en referencia a la respuesta promedio por país y estandarizadas para tomar valores entre 0 (el menor obstáculo) y 1 (el mayor obstáculo de todos).

empresas informales, lo cual implica que un mayor número de empresas formales tiende a ubicarse por encima del promedio frente a las empresas informales de sus respectivas ramas de actividad. Puede observarse esta tendencia en los casos de Brasil y Colombia.[6]

En Brasil, la brecha media de PTF entre las microempresas informales y formales es del 55%. Para el subconjunto de empresas que emplean trabajadores asalariados, la brecha es de solo del 13%. En el caso de Colombia, la brecha de productividad entre las empresas formales e informales es del 80%. En comparación, la brecha de PTF entre las empresas formales ubicadas en el 25º y el 75º percentil de mayor productividad dentro de una rama de actividad dada es de 182% en Brasil y 266% en Colombia.[7] Las cifras respectivas entre las empresas informales son 130% en Brasil y 279% en Colombia. Esto implica que hay más diferencias de productividad dentro del grupo de empresas formales o dentro

Gráfico 7.8 Productividad a nivel del establecimiento en relación con la productividad media del sector, Brasil y Colombia

a. Brasil: productividad total de los factores (productividad de los ingresos), 2003

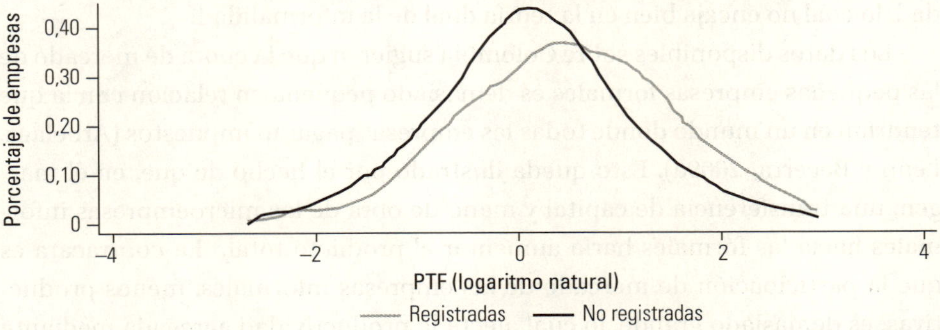

b. Brasil: productividad total de los factores (PTF), 2003 (calculada según Hsieh-Klenow, 2009)

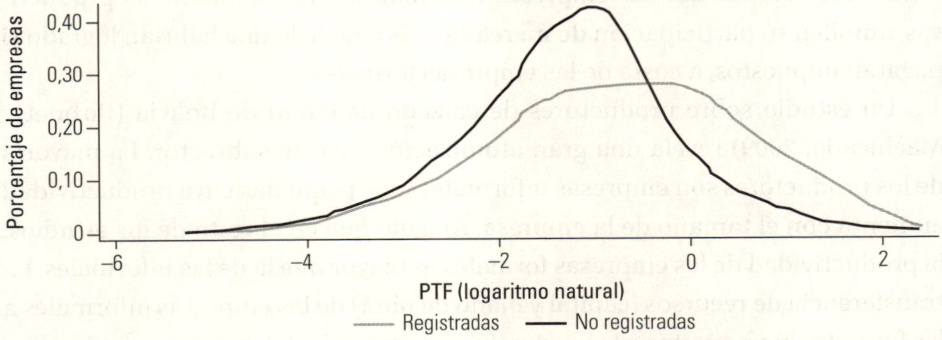

c. Colombia: productividad total de los factores (PTF) calculada según Hsieh-Klenow, 2009

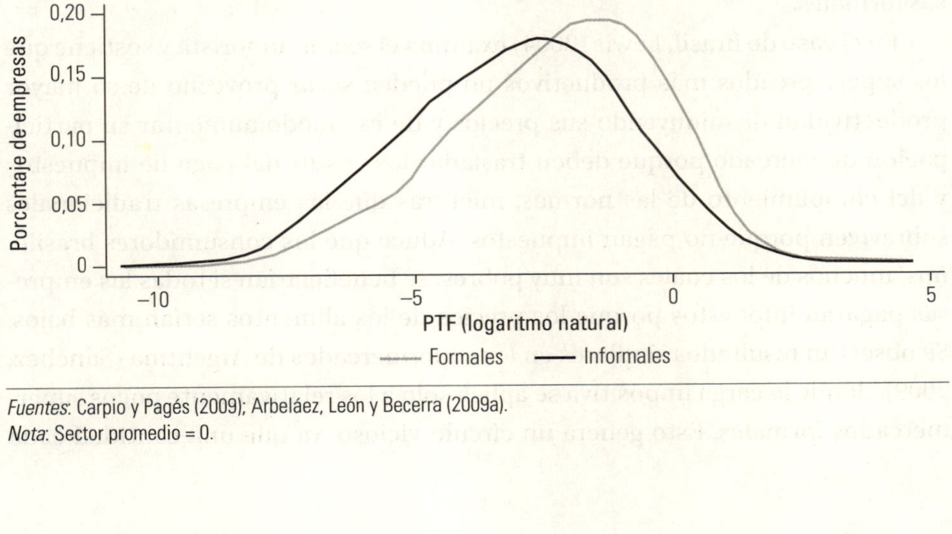

Fuentes: Carpio y Pagés (2009); Arbeláez, León y Becerra (2009a).
Nota: Sector promedio = 0.

de las empresas informales que entre las formales y las informales. Esto apoya la conclusión de que para cada microempresa formal hay varias microempresas informales del mismo sector que no distan mucho en términos de productividad, lo cual no encaja bien en la teoría dual de la informalidad.

Los datos disponibles sobre Colombia sugieren que la cuota de mercado de las pequeñas empresas formales es demasiado pequeña en relación con la que tendrían en un mundo donde todas las empresas pagaran impuestos (Arbeláez, León y Becerra, 2009a). Esto queda ilustrado por el hecho de que, en el margen, una transferencia de capital y mano de obra de las microempresas informales hacia las formales haría aumentar el producto total.[8] La contracara es que la participación de mercado de las empresas informales, menos productivas, es demasiado grande, lo cual afecta la productividad agregada mediante un efecto de composición. El estudio sobre Brasil también sugiere que la evasión fiscal permite que las empresas informales, especialmente las productivas, amplíen su participación de mercado más allá de lo que habrían logrado si pagaran impuestos, a costa de las empresas formales.

Un estudio sobre productores de calzado de cuero de Bolivia (Birbuet y Machicado, 2009) revela una gran atomización de este subsector. La mayoría de los productores son empresas informales muy pequeñas cuya productividad aumenta con el tamaño de la empresa. Al igual que en el resto de los estudios, la productividad de las empresas formales es mayor que la de las informales. La transferencia de recursos (capital y mano de obra) de las empresas informales a las formales incrementaría la productividad agregada del sector, ya que los productos marginales de la mano de obra y del capital son mayores en las empresas formales.

En el caso de Brasil, Lewis (2004) examina el sector minorista y sostiene que los supermercados más productivos no pueden sacar provecho de su mayor productividad disminuyendo sus precios y de ese modo aumentar su participación de mercado porque deben trasladar los costos del pago de impuestos y del cumplimiento de las normas, mientras que las empresas tradicionales sobreviven porque no pagan impuestos. Aduce que los consumidores brasileños, muchos de los cuales son muy pobres, se beneficiarían si todas las empresas pagaran impuestos porque los precios de los alimentos serían más bajos. Se observan resultados similares en los supermercados de Argentina (Sánchez, 2009), donde la carga impositiva se aplica solo a los relativamente pocos supermercados formales. Esto genera un círculo vicioso, ya que una cantidad cada vez menor de contribuyentes aumenta aún más la presión tributaria sobre el resto de las cadenas formales, forzando a gran cantidad de pequeñas tiendas de autoservicio y tiendas tradicionales formales a entrar en la informalidad. Además, muchos de los impuestos, especialmente a nivel municipal, se implantaron o aumentaron luego de haberse establecido los supermercados. Esto crea un problema de incoherencia temporal de las políticas tributarias, que podrían desalentar más aún la expansión de los supermercados formales. Estos impuestos actúan como un freno al producto que perjudica fundamentalmente a las empresas más productivas.

Considérese el caso de la industria hotelera de Colombia. Arbeláez, León y Becerra (2009b) demuestran que los hoteles informales tienen una gran ventaja en materia de costos respecto de los hoteles formales, ya que estos últimos están obligados a pagar el impuesto a la renta, el IVA, el impuesto sobre la nómina, así como otros impuestos que superan el 60% de las ventas. Por añadidura, los hoteles formales se registran como establecimientos comerciales, mientras que los hoteles informales se registran como residencias, y las tarifas de los servicios públicos para los establecimientos comerciales casi duplican a las de los hoteles informales. Sin embargo, los hoteles informales son menos productivos pues no pueden sacar provecho de las economías de escala comunes a los servicios hoteleros porque el gobierno lo advertiría y los gravaría. Cuando los hoteles informales crecen, aumenta su consumo de servicios públicos, lo cual atrae la atención de los proveedores de dichos servicios. Análogamente, los establecimientos informales no pueden utilizar una marca comercial registrada, lo que elimina las posibles economías de escala que aprovechan las cadenas hoteleras. Debido a estas barreras, los servicios de hoteles informales tienden a crecer mediante la proliferación de pequeñas empresas independientes. Además, escasea la capacidad gerencial, que es fundamental en los servicios hoteleros. Por consiguiente, cuantos más establecimientos haya en el mercado, más probable será que muchos de ellos carezcan de la capacidad gerencial adecuada, y por ello tendrán una productividad exigua.

En un estudio reciente llevado a cabo por Hopenhayn y Neumeyer (2008) se incluyen estimaciones cuantitativas de los efectos de estas distorsiones sobre la productividad agregada. En el contexto de un modelo de equilibrio general, los autores suponen que un 20% de las empresas producen el 80% del producto, y calculan el efecto de un impuesto a las sociedades de 25% sobre las ganancias que recae sobre el 75% de las empresas más eficientes, en tanto que el resto de las empresas opera en el sector informal. Este escenario reduce el producto entre 5 y 10 puntos porcentuales, dependiendo del nivel de los impuestos sobre la nómina, la función de producción, el tipo de competencia que afrontan las empresas y las diferencias de costos del capital entre las empresas formales e informales.[9] Estas cifras no tienen en cuenta los efectos indirectos que una reducción de la productividad tiene en la inversión, por lo que se subestiman los efectos totales en el producto.

En síntesis, los datos disponibles sobre América Latina indican que las empresas informales pueden estar reduciendo la participación de mercado de las empresas formales debido a sus menores costos, que les permiten cobrar precios bajos a pesar de su productividad relativamente inferior. Por otro lado, la evidencia que indica que las empresas informales son en promedio menos productivas es compatible con la teoría romántica. Además, hay pocos indicios de que la mayoría de las empresas inicien sus actividades como informales y luego se formalicen; más bien, permanecen en la informalidad (Arbeláez, León y Becerra, 2009a). Las encuestas empresariales del Banco Mundial sobre América Latina, que se limitan al sector formal, arrojan resultados similares. Solamente el 9% de las empresas encuestadas inició sus operaciones sin registrarse y posteriormente formalizó su situación (La Porta y Shleifer, 2008).

Sin embargo, la falta de formalización de las empresas informales puede estar asociada a los muy altos costos de registro. Algunos estudios sugieren que la reducción de los costos de la formalización puede inducir a las empresas a formalizarse y crecer. Aun así, según Perry et al. (2007), la magnitud de dichos efectos sigue siendo objeto de discusión. En dos estudios (Fajnzylber, Maloney y Montes Rojas, 2006; Monteiro y Assunção, 2006) se evalúan los efectos del programa SIMPLES (programa para reducir los costos de registro y los impuestos en las nuevas microempresas brasileñas), y se concluye que induce un aumento de 6 a 13 puntos porcentuales en la formalización. En el estudio de Monteiro y Assunção también se comprobó que las empresas brasileñas recientemente formalizadas invirtieron más y cambiaron la composición de los gastos con miras a proyectos a largo plazo. Sin embargo, los resultados de un programa para simplificar el registro en México (Sistema de Apertura Rápida de Empresas, SARE) fueron más ambiguos. Bruhn (2008) concluye que este programa tuvo un gran efecto sobre la formalización, aunque la afluencia de empresas formalizadas no provino del conjunto de trabajadores por cuenta propia que no estaban inscritos, sino más bien del de ex trabajadores asalariados con sueldos altos que presumiblemente se sintieron atraídos por los costos inferiores de formalización. En cambio, Kaplan, Piedra y Seira (2007) concluyen que la reducción de los costos de registro da lugar a muy pocas incorporaciones al sistema de seguridad social. Estas divergencias podrían deberse a que ambos estudios utilizan distintas medidas de la formalización (inscripción en el registro comercial en contraposición a la inscripción en el sistema de seguridad social); la inscripción en el sistema de seguridad social es mucho más difícil que la inscripción con las autoridades impositivas.

En resumen, la evidencia disponible en América Latina indica que las empresas informales pueden estar ganando una participación desproporcionada en el mercado debido a la evasión tributaria y normativa. Con todo, puede haber diferencias importantes entre los sectores económicos. En dos estudios sobre Colombia (Arbeláez, León y Becerra, 2009a y 2009b) se concluye que si bien en algunos sectores la teoría parasitaria caracteriza mejor la situación (hoteles), en otros (manufactura de ropa interior), la situación se ajusta mejor a la teoría dual, donde las empresas informales abastecen solamente nichos de mercado residuales no cubiertos por las empresas formales. En otros sectores, las empresas formales subcontratan trabajos con empresas informales para ganar flexibilidad en su producción, así como para superar la extrema rigidez de las regulaciones del mercado laboral. Esta diversidad de conclusiones implica que es necesario evaluar cuidadosamente en cada caso la relación entre la informalidad y la productividad.

Los impuestos y la productividad de las empresas formales e informales

Además de los efectos ya mencionados, la bibliografía sobre esta materia también hace hincapié en otros canales por los cuales los impuestos y el incumplimiento afectan la productividad de las empresas formales e informales.

Los impuestos altos pueden perjudicar la productividad si reducen los incentivos de las empresas formales para desarrollar o adoptar nuevas tecnologías. Sin embargo también podrían generar el efecto contrario, si inducen a las empresas formales, actuales o futuras, a innovar más para compensar las ventajas de costos de las empresas informales. El camino que tomen las empresas formales probablemente dependerá de sus recursos financieros, su costo/

acceso al crédito, y su probabilidad relativa de ganar (y mantener) una amplia participación de mercado con esa inversión.

La evidencia sin embargo indica una relación negativa entre los impuestos a las sociedades y la productividad a nivel de la empresa. Galindo et al. (2009) utilizan datos individuales a nivel de la empresa aportados al WBES por empresas formales de 42 países en desarrollo para examinar el nexo entre los impuestos empresariales y la productividad. Su metodología corrige la posibilidad de causalidad inversa: es decir, que la productividad de la empresa genere mayores pagos de impuestos, en lugar de que los impuestos afecten la productividad. Sus conclusiones también indican que el efecto de los impuestos a las sociedades sobre la inversión y la productividad crece a medida que aumenta el tamaño de las empresas. Cuanto más grande sea la empresa, mayor será el impacto negativo de las tasas de los impuestos a las sociedades sobre la inversión y la productividad. Estos resultados sugieren que las políticas tributarias pueden traer aparejadas consecuencias importantes para el desarrollo económico, y ponen de manifiesto el posible compromiso entre la recaudación de impuestos a las sociedades y el crecimiento a largo plazo.

Otro efecto importante de la evasión fiscal sobre la productividad se deriva de la limitada capacidad del Estado para financiar bienes públicos esenciales, como la infraestructura, que podrían mejorar la productividad de todas las empresas. En el capítulo 5 se subraya la importancia de los costos bajos de transporte para la productividad. El efecto negativo de este bien público puede representar una reducción del 12% del producto con respecto a una economía en la que el gobierno puede recaudar impuestos de todas las empresas (Robles, 2009).

La bibliografía económica también pone énfasis en el efecto del incumplimiento sobre el crecimiento de la productividad de las empresas informales. Al no formalizarse, estas empresas se privarían de acceder a una serie de beneficios y bienes públicos, lo cual perjudicaría el crecimiento de su productividad. Al reducirse el acceso de las empresas al crédito, la evasión fiscal limitaría la capacidad de las empresas informales para financiar el desarrollo o la adopción de nuevas tecnologías. También se verían más incentivadas a seguir siendo pequeñas (para evitar la detección) y como consecuencia, si los rendimientos de escala fueran importantes, sacrificarían productividad.

¿Cómo se manifiestan estos efectos? Por un lado, la mayoría de los estudios indica que las economías de escala tienden a ser pequeñas, lo que a su vez indica que las empresas más grandes no pasan a ser más productivas debido a su tamaño, sino más bien que la productividad genera más tamaño, y cuanto mayor sea la productividad, mayor será su crecimiento. Esto implica que las empresas informales son pequeñas debido a que su nivel inicial de productividad es bajo, pero posiblemente no pierdan mucho en materia de productividad manteniéndose pequeñas. Ahora bien, aun cuando las empresas informales no pierdan productividad por motivos simplemente de escala, sí podrían tener pérdidas de productividad importantes por no emprender inversiones en mejoras productivas e innovación. Pero cabe aducir que si las empresas pudieran lograr ganancias importantes por el mero hecho de formalizarse —y así acceder al crédito y a bienes públicos— ¿por qué no lo harían? Se argumenta a veces que los propietarios de las empresas informales podrían no estar al tanto de los beneficios que la formalización trae aparejados, lo cual es una explicación verosímil en virtud de sus bajos niveles de capital humano.

Sin embargo, una segunda explicación, más relacionada con el punto central de este capítulo, es que cuando las tasas tributarias son altas y la formalización implica no solo pagar impuestos sino también efectuar altas aportaciones a la seguridad social (véase el capítulo 8) y acatar numerosas disposiciones, los beneficios de la formalización pueden ser bastante importantes pero los impuestos podrían disuadir a las empresas de volverse formales aunque tengan pleno conocimiento de los beneficios que obtienen. Cuanto más elevado sea el nivel de los impuestos y mayor sea el número de disposiciones reglamentarias, mayores serán los beneficios para la productividad que las empresas informales estarán dispuestas a sacrificar por no formalizarse, y peor será el impacto sobre la productividad agregada.

¿Peor el remedio que la enfermedad? Regímenes tributarios simplificados

Para hacer frente a la baja recaudación tributaria y los altos costos administrativos de recaudar los impuestos de numerosas pequeñas empresas, los gobiernos han adoptado lo que se conoce como regímenes tributarios especiales que procuran ampliar la base tributaria, aumentar los ingresos fiscales, y —a través de efectos secundarios positivos— sentar las bases para beneficiar aún más a la economía. El fundamento del diseño y la implementación de los regímenes tributarios especiales para las empresas más pequeñas pueden ser sensatos.

Primero, estos regímenes tratan de simplificar el proceso impositivo y reducir los costos de la administración tributaria. Segundo, procuran fomentar la formalidad y a la vez incrementar el control sobre los pequeños contribuyentes. Tercero, intentan reducir las aportaciones patronales por concepto de mano de obra a efectos de estimular el empleo y ampliar las prestaciones laborales a los trabajadores de bajos ingresos. Por último, están concebidos para ayudar a liberar recursos a fin de que la labor de las administraciones tributarias pueda centrarse más en el monitoreo de las empresas de mayor tamaño.

Por más sensatos que sean estos objetivos, la pregunta obvia es si estos regímenes tributarios especiales realmente funcionan. Para abordar esta cuestión, conviene dividirla en dos interrogantes. Primero, determinar si estos programas aumentan la formalización de las micro y pequeñas empresas, y reducen de ese modo algunas de las distorsiones antes descritas. Segundo, determinar si estos regímenes tienen efectos no intencionales que conspiran contra sus objetivos originales. Antes de responder a estos dos interrogantes, conviene repasar brevemente las características de dichos programas.

En el cuadro 7.4 se presenta un resumen de los regímenes tributarios simplificados de muchos países de América Latina. De los 17 países considerados, 13 (los incluidos en el cuadro) tienen al menos un régimen tributario especial. Dos países, El Salvador y Panamá, simplemente excluyen a ciertas empresas de su régimen general, es decir que esas empresas no son gravadas. Venezuela y Ecuador son los dos únicos países que actualmente carecen de regímenes tributarios simplificados para las empresas más pequeñas (Arias, 2009).

Es de destacar que muchos países tienen más de un régimen simplificado; la cantidad varía según los sectores e impuestos afectados. Por ejemplo, Perú tiene dos regímenes simplificados, Bolivia tiene tres y Chile cuatro. Además, la palabra "simplificado" es un eufemismo: los requisitos para tener derecho a esos regímenes tributarios no son sencillos en absoluto. Abarcan desde el monto de los ingresos y activos, hasta el número de establecimientos y trabajadores, e incluso la superficie que ocupan los establecimientos. Cabe señalar que de los 25 regímenes especiales enumerados en el cuadro 7.4, ocho de ellos solo se aplican a empresas con un único propietario,[10] mientras que seis se conceden a empresas con más de un socio. Por consiguiente, de hecho, cuando un único propietario de una micro o pequeña empresa decide asociarse con otra persona, la empresa se ve forzada a abandonar el régimen simplificado y elegir entre la economía subterránea y el régimen tributario general. Esta disyuntiva

Cuadro 7.4 Regímenes tributarios simplificados (RTS) de América Latina

		Requisitos para pertenecer a un RTS									Tipos de contribuyentes		
												Empresas	
País	**Nombre del programa**	**Total**	**Ingreso**	**Activos**	**Compras**	**Área**	**Precios unit.**	**Estab. (Nº)**	**Empleados (Nº)**	**Otros**	**Personas físicas o individuos**	**Propietario único**	**Sociedades anónimas**
Argentina	Régimen Simplificado para Pequeños Contribuyentes (Monotributo)	2	x			x	x	x		Consumo de electricidad	x	x	
	Régimen Simplificado para Pequeños Contribuyentes Eventuales (RSCE)		x								x		
Bolivia	Régimen Tributario Simplificado (RTS)	3	x				x			Capital	x		
	Sistema Tributario Integrado (STI)									Número de vehículos	x		
	Régimen Agropecuario Unificado (RAU)					x					x	x	
Brasil	SIMPLES	2	x								x	x	
	Régimen Tributario de Renta Ficta		x								x	x	x
Colombia	Régimen simplificado del IVA (RS IVA)	1	x	x				x		Transacciones financieras	x		
Costa Rica	Régimen de Tributación Simplificada (RTS)	1			x			x	x		x	x	x
Chile	Régimen Simplificado de Impuesto a la Renta (RSIR)	4								Minería: Nº de dependientes. Artesanías: capital y Nº de operaciones. Pesca local: Nº de embarcaciones y peso	x	x	
Honduras	Régimen Simplificado de IVA (RSIV)	1	x					x			x		
México	Régimen de Pequeños Contribuyentes (Repecos)	4	x								x		
	Régimen Intermedio (RI)		x								x		

(*continúa en la página siguiente*)

Cuadro 7.4 Regímenes tributarios simplificados (RTS) de América Latina *(continuación)*

		Requisitos para pertenecer a un RTS									Tipos de contribuyentes	Empresas	
País	**Nombre del programa**	**Total**	**Ingreso**	**Activos**	**Compras**	**Área**	**Precios unit.**	**Estab. (Nº)**	**Empleados (Nº)**	**Otros**	**Personas físicas o individuos**	**Propietario único**	**Sociedades anónimas**
México (*cont.*)	Régimen simplificado para agricultura, ganadería, silvicultura y pesca (RSAGP)		X								X	X	X
	Régimen simplificado para el sector autotransporte (RST)		X								X	X	X
Nicaragua	Régimen Especial de Estimación Administrativa (REEA)	1	X							Inventario	X		
Paraguay	Impuesto único	1	X								X	X	
Perú	Régimen Único Simplificado (RUS)	2	X	X	X						X		
	Régimen Especial del Impuesto a la Renta (RER)		X	X	X				X		X	X	X
República Dominicana	Régimen que grava la renta ficta de las explotaciones agropecuarias (RRPA)		X								X	X	
	Régimen Tributario Simplificado para Pequeños Contribuyentes (RTSPC)		X								X		
	Cambio de sujeto en el régimen de IVA (RCS IVA)		X							Valoración fiscal	X		
	Régimen de Estimación Simple (RES)	1	X								X	X	
Uruguay	Impuesto a las Pequeñas Empresas (IPE)	2	X	X					X		X	X	X
	Monotributo		X						X		X	X	

Fuente: Arias (2009).

no es trivial y está directamente relacionada con el perfil tributario actual de América Latina.

¿Ayudan estos programas a resolver el espinoso problema de la recaudación impositiva de América Latina y a fomentar una mayor formalización? La respuesta depende de la capacidad del régimen simplificado para facilitar la transición de las empresas hacia el registro y el pago de impuestos.

En general, parece que los regímenes tributarios simplificados ayudan a reducir el gran obstáculo que impide que las empresas empiecen a pagar impuestos. Esto resulta evidente en los gráficos 7.9 y 7.10, que se centran en Perú y Argentina, respectivamente, y describen las utilidades de una empresa como función de las ventas para distintos regímenes tributarios, basados en el supuesto de que un mayor volumen de ventas está asociado a más utilidades.[11] Los gráficos muestran la correspondiente brecha potencial de utilidades que afronta una pequeña empresa cuando pasa de no pagar impuestos (la línea continua de la parte superior) a pagarlos bajo los distintos regímenes. En todos los casos, el pago de impuestos reduce las utilidades, a menos que

Gráfico 7.9 Regímenes tributarios simplificados, Perú

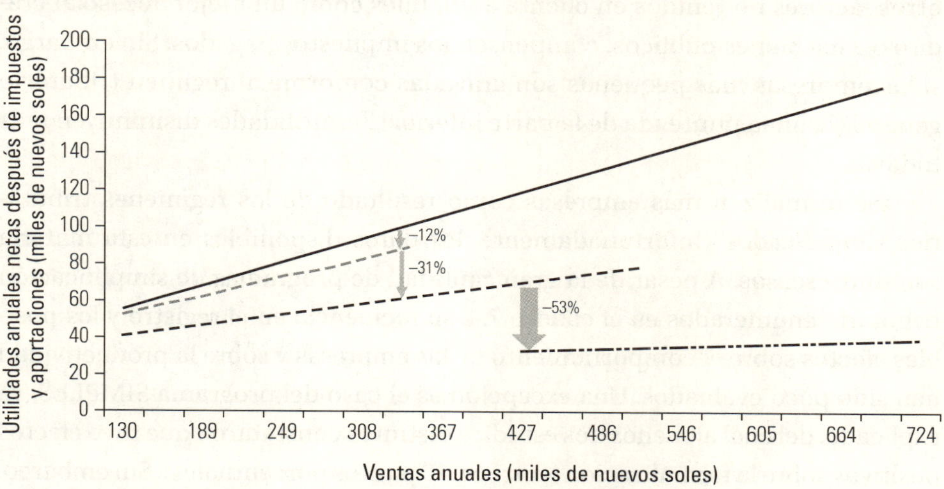

Fuente: Cálculos de los autores basados en el sistema tributario.

Nota: Inversión de reposición anual: 10% de las ventas. Insumos: 50% de las ventas. Depreciación anual: 10%. Las ventas anuales son una función lineal del número de trabajadores. Las aportaciones por concepto de mano de obra se estiman de acuerdo con la legislación pertinente de los regímenes tributarios general y simplificado, considerando el salario mínimo legal de 50 nuevos soles mensuales. RER: Régimen Especial del Impuesto a la Renta; RUS: Régimen Único Simplificado.

Gráfico 7.10 Régimen tributario simplificado, Argentina

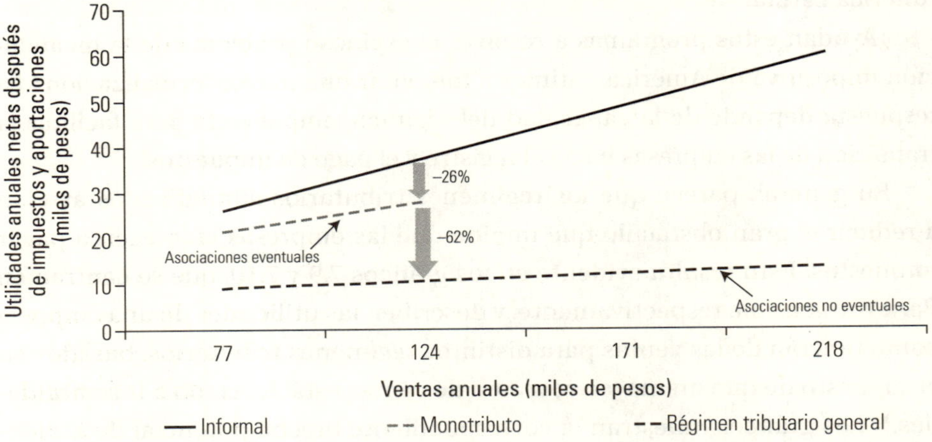

Fuente: Cálculos de los autores basados en el sistema tributario.
Nota: Inversión de reposición anual: 10% de las ventas. Insumos: 50% de las ventas. Depreciación anual: 10%. Las ventas anuales son una función lineal del número de trabajadores. Las aportaciones por concepto de mano de obra se estiman según la legislación pertinente de los regímenes tributarios general y simplificado, considerando el salario mínimo legal de 980 pesos mensuales.

otros factores no tenidos en cuenta aquí, tales como un mejor acceso al crédito o a los bienes públicos, compensen los impuestos pagados. Sin embargo, si las empresas más pequeñas son gravadas conforme al régimen tributario general (la línea punteada de la parte inferior), las utilidades disminuyen más todavía.

¿Se formalizan más empresas como resultado de los regímenes tributarios simplificados? Infortunadamente, los datos disponibles en esta materia son muy escasos. A pesar de la gran cantidad de programas de simplificación tributaria enumerados en el cuadro 7.4, su incidencia en el registro y los posibles efectos sobre el comportamiento de las empresas y sobre la productividad han sido poco evaluados. Una excepción es el caso del programa SIMPLES, ya explicado, del cual al menos dos estudios distintos constataron que tuvo efectos positivos sobre la formalización (entre 6 y 13 puntos porcentuales). Sin embargo, los efectos de estos programas probablemente difieran según los países. Inducir a las empresas a pagar impuestos simplificando y reduciendo obligaciones tributarias puede no ser suficiente si, al volverse formales, las empresas también afrontan considerables costos adicionales asociados con las disposiciones reglamentarias sobre el trabajo y el mercado de productos.

Con todo, pese a algunos resultados favorables marginales en lo concerniente a la formalización, hay algunos efectos no intencionales que pueden exacerbar y perpetuar los problemas que dichos regímenes procuran solucionar. El problema fundamental de estos regímenes es que pueden atrofiar el crecimiento de las pequeñas empresas. Estos regímenes generan brechas —o "no linealidades"— que implican que las empresas que procuran crecer no tienen los incentivos correctos para hacerlo. Quizá la mejor manera de concebir estas brechas sea imaginar una carretera mal construida con un tramo plagado de baches. No importa cuán buenos sean los automóviles, o cuán liso sea el asfalto, o incluso cuán pesado sea el tránsito: los automóviles se verán forzados a disminuir la velocidad o detenerse a medida que se acerquen al tramo con baches.

Estos posibles baches son evidentes en los gráficos 7.9 y 7.10. Para una empresa peruana cuyas ventas rondan el umbral de pasaje del régimen tributario simplificado al régimen tributario general, un crecimiento de las ventas de, por ejemplo, 400.000 a 450.000 nuevos soles implica una disminución del 53% en las ganancias, lo que reduce la probabilidad de que una inversión para aumentar las ventas sea rentable. Esta gran discontinuidad en la tasa impositiva marginal puede generar fuertes incentivos para mantenerse en el régimen tributario simplificado, a menos que a la empresa se le presente la oportunidad de un crecimiento extraordinario que le brinde los medios para sortear este tramo disparejo y repleto de baches. En Argentina, la discontinuidad del crecimiento es aún mayor, ya que implica una reducción del 62% en las utilidades.

Resulta sorprendente que estos posibles efectos adversos hayan pasado inadvertidos y por lo tanto son escasos los estudios que evalúan empíricamente sus consecuencias. Sin embargo, en un estudio muy reciente sobre México se demuestra que los desincentivos para el crecimiento pueden jugar un papel importante (McKinsey, 2009). En 2004, México tenía dos regímenes tributarios: un régimen simplificado y uno general. El primero fue concebido para empresas con ventas anuales inferiores a 2 millones de pesos, que deben pagar alrededor del 2% del ingreso como impuesto. El segundo sistema fue concebido para empresas con ventas anuales superiores a 2 millones de pesos, que pagan como impuesto aproximadamente el 28% de las utilidades. Utilizando datos del censo nacional de empresas de 2004 y de la encuesta nacional de microempresas de 2002, en el estudio se calculó la distribución de las empresas según sus ventas y se constató una concentración significativa de empresas exactamente en la

Gráfico 7.11 Número de empresas y el régimen tributario simplificado, México

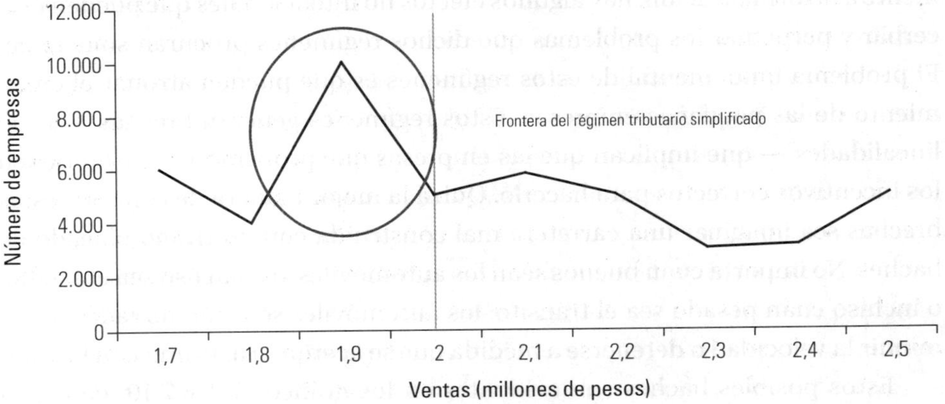

Fuente: McKinsey y Cía. (2009).
Notas: Las compañías informales pagan menos del 50% de lo que deberían. En 2004 el régimen simplificado de impuestos se aplicó a aquellas empresas con ventas anuales inferiores a los 2 millones de pesos, y que eran gravadas a una tasa de aproximadamente 2% del ingreso.

frontera del cambio de régimen tributario (gráfico 7.11). Esto sugiere que las empresas se estancan en torno a la frontera de los regímenes.

Una mejor política tributaria para la productividad

En este capítulo se ha examinado la estructura institucional del sistema tributario de América Latina con especial énfasis en los efectos de los regímenes tributarios, la recaudación fiscal y las características de la evasión fiscal de las empresas sobre la productividad. La evasión fiscal por parte de las empresas es algo frecuente en la región y dista mucho de limitarse a las empresas más pequeñas; en el capítulo también se muestra que existe una evasión fiscal significativa incluso a nivel de empresas grandes. Luego se examinaron los distintos canales a través de los cuales los regímenes tributarios, la aplicación de las leyes tributarias y la evasión distorsionan el uso de los recursos existentes y por lo tanto disminuyen la productividad potencial de los recursos existentes en la región, reducen el suministro de bienes públicos que favorecen la productividad, y frenan el apetito de las empresas para invertir en mejoras que también favorecen la productividad, independientemente de que cumplan o no con sus obligaciones tributarias.

Los hechos observados indican que la mayoría de estos canales opera de una u otra manera. Los impuestos reducen el tamaño y la productividad de las empresas formales, y la evasión permite que las empresas evasoras capten una participación del mercado que de otro modo pasaría a manos de empresas de mayor tamaño y productividad, todo lo cual contribuye a disminuir los niveles de productividad y crecimiento.

El gran dilema de la política tributaria es que la evasión fiscal y, en particular, la informalidad —la forma más extrema de evasión— son estrategias de supervivencia para muchos hogares de bajo ingreso. A corto plazo, las políticas para mejorar la recaudación de impuestos también pueden aumentar el desempleo. Esto resalta las dificultades para pasar de la situación imperante a otra en la que esos hogares encuentren mejores fuentes de ingresos en empresas de mayor tamaño y productividad. Una posible estrategia para los gobiernos de la región es focalizar en primer término los sectores específicos en los que resulte más claro que la informalidad esté perjudicando a las empresas formales. Dentro de un sector, en primer término podría intensificarse el control de los establecimientos evasores que más probablemente compitan directamente con los que cumplen con sus obligaciones tributarias. Además, podrían adoptarse medidas temporales que favorezcan la transición de los trabajadores hacia las empresas más eficientes que acaten las obligaciones fiscales.

También es necesario simplificar verdaderamente los regímenes tributarios, reduciendo los obstáculos y el tiempo necesario para cumplir con ellos. Los sistemas tributarios también deberían disminuir al mínimo las abruptas diferencias entre los regímenes para las pequeñas y medianas empresas (PyME) y el régimen general. Por lo menos, podrían reducirse agregando tramos a la escala de ventas y estableciendo incrementos más continuos de la tasa tributaria hasta fusionarla con la tasa impositiva generalizada.

Otra alternativa aún más deseable es bajar la tasa general de impuestos a las sociedades para que la tasa impositiva global sea más uniforme. En América Latina, una tasa fija sería lo más conveniente ya que no exigiría registros ni otras características específicas. Sin embargo, dichas cuotas deberían fijarse a niveles más realistas (González, 2006). Esto tendría el doble beneficio de reducir la discontinuidad entre los regímenes tributarios simplificados y el régimen general, y de disminuir la evasión. Si la reducción de la tasa tributaria de las sociedades induce a más empresas a pagar, los ingresos fiscales no necesariamente menguarán, un lujo que la región no podría permitirse.[12] Por añadidura, al reducirse las tasas también se reducen los incentivos de las pequeñas empresas para no crecer, y los de las grandes empresas para evadir impuestos.

Además de reducir el costo de pagar impuestos, los gobiernos deben prestar atención a la mejora de los beneficios de la formalidad. Uno de los principales beneficios es la posibilidad de acceder al crédito. Los gobiernos pueden aumentar la oferta del crédito y con ella —como muestran Catão, Pagés y Rosales (2009) para el caso de Brasil— aumentar la formalidad. Ello se debe a que una mayor oferta de crédito incrementa los costos de oportunidad de las empresas que permanecen en la informalidad, lo cual promueve que las empresas se formalicen, o aumenta la posibilidad de que las empresas formales crezcan y absorban trabajadores del sector informal. Según se muestra en el capítulo 6, si bien la escasa oferta de crédito en la región obedece en parte a un historial de gestión macroeconómica volátil, existe un gran margen para ampliarla, y con ella, el cumplimiento tributario, de modo que mejore el marco de la política y la regulación financieras de la región. Pero también es importante subrayar que la oferta creciente por parte de los prestamistas de microcréditos, de hecho, puede debilitar el nexo entre el crédito y la formalidad si se otorgan créditos sin exigir que las empresas presenten documentos que prueben que están registradas y pagan impuestos. En la medida en que las empresas registradas puedan acceder a créditos de otras fuentes, puede ser de interés para los prestamistas de microcréditos no exigir el registro, lo cual favorece la falta de disposición de las empresas para registrarse. Sin embargo, esta situación es ineficiente desde el punto de vista de la sociedad, por lo que deberían tomarse medidas ulteriores para reforzar el nexo entre el microcrédito y el registro.

Otras políticas complementarias para bajar la informalidad atañen al uso de la tecnología y a cambios en la organización. Un ejemplo de lo primero es estimular a las empresas a que utilicen el sistema bancario.[13] Un ejemplo de lo segundo es establecer la obligatoriedad de los recibos. Además de las reformas operacionales, los países que han procurado reducir la evasión fiscal hicieron hincapié en la recopilación de información y el intercambio de datos y, sobre todo, establecieron penas más severas por incumplimiento. Por ejemplo, podría perfeccionarse el intercambio de datos entre las autoridades tributarias y otros organismos pertinentes. En materia de sanciones, los países podrían considerar medidas que contemplen el incremento de las multas por incumplimiento, mayores sanciones por falta de certificación del origen de los bienes o de inscripción de los empleados, así como la suspensión de números de identificación de contribuyente (González, 2006; Lewis, 2004; Banco Mundial, 2009e).

Las autoridades tributarias también deberían tratar de basarse menos en los impuestos a las sociedades y más en el gravamen de otras fuentes, tales como la renta de las personas físicas. Sin embargo, las múltiples reformas que han procurado lograrlo —en gran medida sin éxito— avalan la dificultad de implementar estos (y muchos otros) cambios que promueven la productividad.

Notas

[1] En este volumen se define a las empresas informales como aquellas que no están registradas y que no pagan impuestos a las ganancias o sobre la nómina, como las aportaciones a la seguridad social.

[2] Es importante advertir que los datos de Chile, el Salvador y México están calculados con la aplicación de las tasas impositivas obligatorias a los pagos declarados de valor agregado, utilidades o nómina, y por consiguiente podrían subestimar algunas formas de exenciones legales, imputaciones al ejercicio siguiente, u otras deducciones contables legales que generan divergencias entre la base imponible y las cifras declaradas.

[3] Se pudo diferenciar entre los propietarios que creaban sus empresas para generar utilidades y crecimiento, y los que fundaban una empresa porque carecían de empleo.

[4] La definición de microempresa varía según los conjuntos de datos y estudios. En la encuesta brasileña sobre la economía urbana informal (IBGE, 2003), el concepto abarca a las empresas con menos de cinco trabajadores asalariados y, en otros conjuntos de datos, las que tienen menos de 10 trabajadores asalariados.

[5] Los calificativos de *parásitas, románticas* y *duales* son traducciones de los términos acuñados en La Porta y Shleifer (2008).

[6] El cálculo de las diferencias de productividad entre las empresas formales e informales depende, entre otros factores, de que la productividad se mida ajustándola por el hecho de que las empresas informales tienden a emplear más trabajadores no asalariados y operan con menos capital humano, o de que se tengan en cuenta las diferencias de precios que se cobran a nivel de la empresa. Sin embargo, los resultados son cuantitativamente similares en los dos métodos para calcular la productividad. En Carpio y Pagés (2009) se presenta un resumen de los resultados.

[7] La cifra de Brasil corresponde a 2003 y la de Colombia a 2006.

[8] Es decir, el producto del ingreso marginal del capital y de la mano de obra es más alto en las empresas formales que en las informales.

[9] Alesina et al. (2002) demuestran que los impuestos tienen efectos negativos sobre las utilidades. Cummins, Hassett y Hubbard (1996) concluyen que la inversión actúa en función de los cambios impositivos en los países desarrollados. Alfaro, Charlton y Kanczuk (2008) concluyen que la asignación

de recursos determina diferencias en los ingresos. Chongvilaivan y Jinjarak (2008) concluyen que las tasas impositivas más elevadas están asociadas a un número inferior de empresas. Dabla-Norris, Gradstein e Inchauste (2008) y Chong y Gradstein (2008) concluyen que la calidad del marco jurídico es de importancia crucial para la dimensión del sector informal, mientras que los impuestos, las normas y las limitaciones financieras son menos significativas en el contexto de un marco jurídico que funciona correctamente.

[10] Las sociedades quedan excluidas.

[11] También se adoptan los siguientes supuestos: una inversión anual de reposición del 10% de las ventas; insumos, 50% de las ventas, y una depreciación anual de 10%. Las ventas anuales son una función lineal del número de trabajadores. Las aportaciones laborales se estiman de acuerdo con la legislación correspondiente al régimen tributario general y al régimen tributario simplificado de cada país (RUR y RER para Perú; monotributo para Argentina). Los salarios son los mínimos legales (nuevos soles mensuales en Perú; pesos mensuales en Argentina).

[12] En un estudio reciente de Djankov et al. (2009) se presentan pruebas de una importante asociación entre la tasa efectiva de impuesto a las sociedades y el tamaño de la economía informal.

[13] La experiencia actual de Argentina sirve como advertencia respecto del uso del sistema bancario para mejorar el monitoreo por parte de las autoridades tributarias. Allí coexiste un sistema de devolución de impuestos (una reducción de 3 a 5 puntos porcentuales del impuesto al valor agregado) para los pagos efectuados con tarjetas de débito, con un impuesto sobre transacciones financieras a una tasa máxima de 0,6%. Un sistema deja sin efecto al otro.

8 POLÍTICA SOCIAL SÓLIDA Y SEGURA: CÓMO CONCILIAR LA PROTECCIÓN CON LA PRODUCTIVIDAD

Las sociedades necesitan proteger a sus ciudadanos contra ciertos riesgos, especialmente problemas de salud, pobreza, despidos y otros imprevistos laborales, presentes y futuros. Al diseñar esta protección social, la mayoría de los países latinoamericanos ha seguido la tradición bismarckiana de recaudar los ingresos que necesitan para ofrecer esa cobertura en los mercados laborales. Infortunadamente, este enfoque no ha dado como resultado una cobertura universal y grandes segmentos de la población, especialmente los pobres, siguen siendo vulnerables. Los gobiernos han atacado este problema mediante políticas de protección social, protegiendo a los trabajadores no cubiertos y sus hogares con bienes y servicios públicos sustitutos, como seguros médicos gratuitos o de bajo costo, vales para comida y para capacitación, transferencias de efectivo, créditos subsidiados y subsidios a la vivienda. Si bien estas políticas pueden mejorar el bienestar de los ciudadanos, también pueden alentar la informalidad y tener ciertos efectos perjudiciales sobre la productividad (Levy, 2008). En este capítulo se sostiene que las políticas sociales deberían rediseñarse teniendo en cuenta los daños colaterales que estas puedan causar en la productividad.

Considérese el caso del seguro médico gratuito otorgado a familias que no tienen derecho a él a través del empleo formal. Como resultado de esta política se producen dos efectos muy diferentes: uno esperado y otro no intencional. El impacto inmediato y deseable es la mitigación de las consecuencias negativas de una enfermedad o lesión. Sin embargo, el seguro médico gratuito también reduce el incentivo de las personas para obtener un seguro médico proporcionado por el empleo formal y por lo tanto disminuye su interés en buscar un empleo adecuado (o por lo menos uno amparado por la seguridad social). Cuando las personas tienen la opción de estar cubiertas dentro o fuera de los mercados laborales (y una opción es costosa, mientras que la otra es gratuita) se producen distorsiones en los salarios, ya que individuos igualmente productivos reciben salarios diferentes, según si se encuentran cubiertos o no a través del empleo. A su vez, las empresas enfrentan precios distorsionados de la mano de obra y se ven inducidas a tomar decisiones sobre la asignación de la mano de obra y la escala de operaciones que pueden reducir la productividad total de los factores (PTF) (véase el capítulo 4) y obstaculizar la productividad.

En este capítulo se estudiará en qué medida las políticas sociales —ya sea a través de gasto público o legislación— inducen a los trabajadores y a las empresas a pasar a la economía informal, incurriendo así en pérdidas de productividad. Sin embargo, antes de proseguir, debe recordarse que las políticas sociales desempeñan un papel fundamental al ayudar al Estado a realizar diversas funciones: coordinar la prestación de servicios públicos, sustituir mercados faltantes (como los mecanismos de mancomunación de riesgos), y mitigar el impacto negativo de los desequilibrios de poder y los problemas de distribución. Al satisfacer estas necesidades, las políticas sociales ayudan a mantener sociedades armoniosas y cohesivas. Estas sociedades, a su vez, son más propicias para la productividad, porque reducen los costos de transacción y extienden las fronteras de las posibilidades empresariales (BID, 2007). Sin embargo, en este capítulo se plantea que algunas políticas sociales fomentan inadvertidamente la informalidad y agravan algunos de los males que limitan el potencial productivo de las economías. Por eso es importante enfocarse en los incentivos que generan algunas de ellas y revaluar su diseño y aplicación para aumentar sus logros al máximo.

Las políticas sociales y la informalidad

Antes de profundizar en un análisis del impacto de las políticas sociales sobre la informalidad, es importante establecer algunas definiciones prácticas y un marco conceptual para estos términos. Como señala Kanbur (2009), *informa-*

lidad "es un término que tiene la dudosa distinción de combinar la máxima importancia para las políticas y prominencia en la política con la mínima claridad y coherencia conceptuales". Para poder realizar comparaciones entre países, los trabajadores formales son definidos aquí como todos aquellos que se encuentran efectivamente amparados por regulaciones gubernamentales (es decir, cubiertos por la seguridad social, por mandato y con un cumplimiento efectivo). Por lo tanto, los términos *cobertura efectiva* y *formalidad* se usan aquí en forma intercambiable. Este punto de vista combina la definición legalista de informalidad con la noción de cumplimiento. La evasión es un elemento importante dentro de este concepto, ya que así como las compañías evaden los aportes a la seguridad social también evaden los impuestos, como se muestra en el capítulo 7, dedicado a este último tema.

El nivel de incumplimiento y evasión de las regulaciones que exigen a los empleadores proporcionar y pagar los servicios sociales de su trabajadores es alto en toda la región. Por ejemplo, más de dos terceras partes de la población carece de seguros de vejez o pensiones. Como se muestra en el gráfico 8.1a, la cobertura en muchos países latinoamericanos no solo es menor que en los países desarrollados, sino que también es menor que en otros países con niveles similares de ingresos. En la región el 68,5% de los trabajadores no está amparado por sistemas de pensiones, mientras que esta proporción es del 51% en los países con producto interno bruto (PIB) per cápita similar (que oscila entre US$5.000 y US$15.000 al año), y de solo el 10,5% en los países avanzados.

América Latina no solo es la tierra de los no cubiertos, sino que es también la tierra del espíritu empresarial y el empleo por cuenta propia. Como se muestra en el gráfico 8.1b, el porcentaje de trabajadores por cuenta propia en la región es mayor que en el resto del mundo, incluso si se compara con los países con ingresos similares. En la región, cerca de uno de cada cuatro trabajadores trabaja por cuenta propia (23%) en comparación con uno de cada seis (17%) en países con niveles de ingresos similares y ligeramente más de uno de cada diez (11%) en países desarrollados.[1] Como señala Kanbur (2009), el exceso de trabajadores por cuenta propia puede considerarse otra forma de comportamiento estratégico de los individuos, como un medio de eludir las contribuciones a la seguridad social (que en general no es obligatoria para quienes trabajan por cuenta propia).

La formalidad y la productividad están vinculadas de muchas formas. Por ejemplo, puede que las empresas informales funcionen por debajo de su nivel

Gráfico 8.1a Fuerza laboral no cubierta por pensiones en el mundo

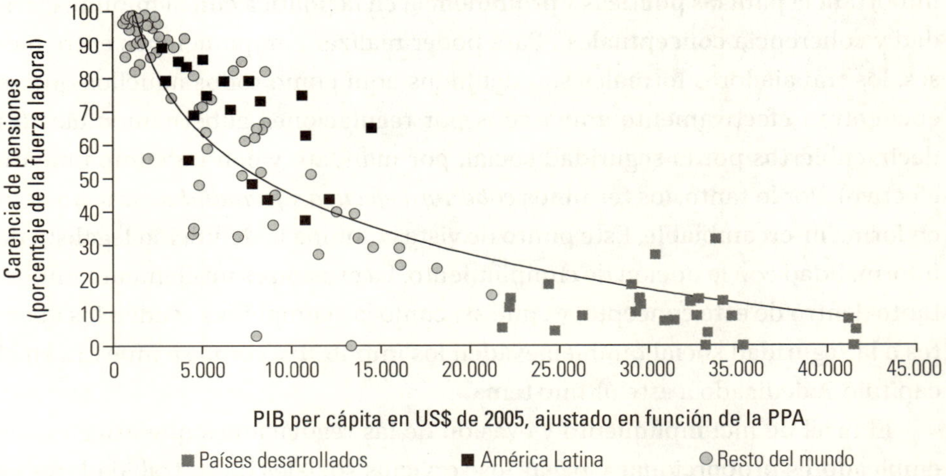

Fuente: Cálculos de los autores con base en Perry et al. (2007) con datos de OIT (2009a) y Banco Mundial (2009f).
Notas: La carencia de pensiones corresponde a la proporción de la fuerza laboral no cubierta por un programa de pensiones.
PPA = paridad del poder adquisitivo.

Gráfico 8.1b Trabajo por cuenta propia en el mundo

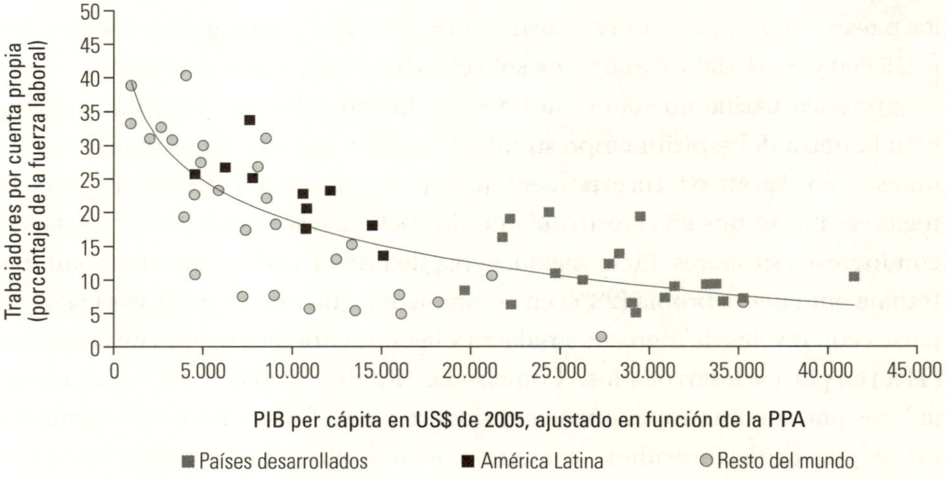

Fuente: Cálculos de los autores con base en Perry et al. (2007) con datos de OIT (2009a) y Banco Mundial (2009).
Nota: El trabajo por cuenta propia se mide como porcentaje de los trabajadores que trabajan por su cuenta con respecto a la población activa total.
PPA = paridad del poder adquisitivo.

óptimo por falta de acceso al crédito o a fuentes de innovación. Además, puede que las compañías formales sufran pérdidas en su productividad debido a la competencia con empresas que no cumplen sus obligaciones. A otro nivel, los trabajadores que no están asegurados frente a problemas de salud, vejez y otros riesgos pueden ser menos productivos, tener menos incentivos para invertir en su capital humano, o incurrir en estrategias riesgosas que conspiran contra el crecimiento a largo plazo (como vender activos productivos, sacar a los niños de la escuela o aplazar el uso de servicios de salud, preventivos o curativos). Por otra parte, un sector informal extenso que no paga impuestos ni aportaciones a la seguridad social debilita la capacidad del gobierno para proporcionar bienes públicos (como instituciones e infraestructura) y resolver fallas del mercado (Perry et al., 2007).

Aunque todos estos canales son importantes, este capítulo solo se refiere a la forma en que algunas políticas sociales fomentan un exceso de informalidad,[2] produciendo una asignación ineficiente de la mano de obra entre el sector informal y formal. Esta asignación ineficiente disminuye la productividad de los mercados laborales. Cabe notar que el uso de la mano de obra por debajo de lo óptimo se encuentra vinculado al uso también por debajo de lo óptimo del capital, al asignarse en mayor medida de lo eficiente a compañías que tienen costos de mano de obra artificialmente bajos.

Volviendo a las definiciones, se entiende por *políticas sociales* las acciones a través de las cuales el Estado intenta proporcionar asistencia directa a los ciudadanos para elevar sus niveles de vida. La naturaleza "directa" de la asistencia es fundamental, ya que puede considerarse que muchas otras políticas (como por ejemplo la monetaria y la de comercio exterior) también mejoran el bienestar, pero funcionan en forma indirecta. Las políticas directas también pueden consistir en gasto público (educación, salud, transferencias condicionales de efectivo, vales para comida, ferias de salud) o legislación (el mandato de aportar a los sistemas de pensiones, seguros médicos y seguro de desempleo).

Las políticas sociales se aplican a través de diversos canales y mecanismos de focalización. Un enfoque prominente ha sido el de emplear los mercados laborales como un canal para prestar servicios, y la situación de formalidad como el mecanismo de focalización para dar cobertura. Este es el caso de las políticas dirigidas a la protección contra riesgos (salud, seguridad social) y las políticas con metas redistributivas (por ejemplo, programas de vivienda, transferencias de efectivo, entre otras). Estas políticas afectan los incentivos de los hogares y los individuos y, por lo tanto, su comportamiento, especialmente en los mercados laborales (Levy, 2008). Este análisis no cubrirá políticas como las que conciernen a la educación universal, ya que aun cuando están dirigidas a elevar la productividad individual invirtiendo en capital humano, sus mecanismos de focalización generalmente no se vinculan con el mercado laboral y, por lo tanto, no alteran directamente los incentivos de los individuos o de las empresas en la asignación de la mano de obra.

Muchas políticas sociales influyen en los comportamientos de los mercados laborales. El grado y la extensión de esa influencia dependen de las características fundamentales de su diseño, especialmente el mecanismo de focalización y los criterios de elegibilidad. Estas características no solo afectan la eficacia y eficiencia del uso de los recursos públicos, sino que además generan incentivos que alteran el comportamiento individual. Las políticas sociales que proporcionan cobertura a los hogares a través del mercado laboral formal se denominan colectivamente *seguridad social.* En América Latina y el Caribe, con ciertas variaciones entre países, los trabajadores asalariados tienen derecho a un mecanismo de ahorro para la jubilación, seguro médico y seguro de desempleo, indemnización por cesantía, vacaciones pagas, primas (como un aguinaldo equivalente a uno o incluso dos meses de salario por año), guarderías infantiles y financiamiento para la vivienda, entre otros. Estos servicios son financiados juntamente por los empleados y los empleadores pero, en general, la recaudación de los pagos es responsabilidad de los empleadores. Además, estos deben pagar en algún momento por los servicios nacionales de capacitación y otros impuestos solidarios para sus trabajadores asalariados. Por supuesto, estas prestaciones no son gratuitas: su costo más el impuesto al trabajo constituyen los costos no salariales de la mano de obra contratada formalmente. Estos costos varian de un país a otro, según las regulaciones. En el cuadro 8.1 se presenta una estimación de los mismos, desglosados en cuatro componentes, para una submuestra de los países de la región.

Ya sea por la evasión legal (principalmente a través del empleo por cuenta propia) o por la evasión ilegal, muchos hogares carecen de algún miembro de la familia en el mercado laboral que reciba protección contra riesgos. Los gobiernos han intentado aliviar este problema proporcionando *protección social* a estas familias no amparadas. Por lo tanto, siguiendo a Levy (2008), la diferencia entre *seguridad social* y *protección social* depende de la cobertura que

Cuadro 8.1 Costos no salariales de la mano de obra (como porcentaje de los salarios), países seleccionados de América Latina y el Caribe

	Argentina	Bolivia	Brasil	Chile	Colombia	Costa Rica	Ecuador	El Salvador
Aportaciones e impuestos[a]	39,7	22,2	29,0[c,d]	25,2[f]	36,8[g]	26,3	15,5	23,3
Vacaciones	4,2	4,2[b]	8,3	4,2	4,2	4,2	4,2	4,2
Ayuda financiera	8,3	8,3	8,3	0	4,2	0	8,3	2,8[h]
Costos de despido	2,1	3,2	8,0[e]	2,3	8,3	2,5	6,8	2,1
Costos no salariales de la mano de obra	**54,3**	**37,9**	**53,6**	**31,7**	**53,5**	**33,0**	**34,8**	**32,4**

	Jamaica	Guatemala	México	Nicaragua	Paraguay	Perú	Trinidad y Tobago	Venezuela
Aportaciones e impuestos[a]	5,0	15,5	31,5	32,8	23,0	27,0	10,5	14,2
Vacaciones	4,2[i]	4,2	1,7[k]	8,3	3,3[l]	8,3	4,2[n]	4,2[i]
Ayuda financiera	0	8,3	0	8,3	0[m]	16,7	0	0
Costos de despido	1,2	3,8[j]	3,2	1,7	1,5	7,0	1,5	4,5
Costos no salariales de la mano de obra	**10,4**	**31,8**	**36,4**	**51,1**	**27,8**	**59,0**	**16,2**	**22,9**

Fuente: Cálculos de los autores con base en datos de United States Social Security Administration (2008), Heckman y Pagés (2004), Kugler y Kugler (2009), Jaramillo (2004), Levy (2008) y OIT (2009b).

[a] Incluye los siguientes conceptos: vejez, incapacidad y supervivencia, enfermedad, maternidad, accidentes de trabajo, asignaciones familiares, desempleo, vivienda e impuestos al trabajo.
[b] Para un trabajador con contrato de uno a dos años.
[c] Supone una aportación para pensiones del 8%, correspondiente a trabajadores que ganan hasta 2,2 salarios mínimos.
[d] Supone una aportación para accidentes de trabajo del 1% de la nómina bruta, que es la tasa de contribución mínima (depende del grado de riesgo evaluado).
[e] Igual a la aportación al Fondo de Garantía del Tiempo de Servicio (Fundo de Garantia do Tempo de Serviço, FGTS).
[f] Supone el pago mínimo por accidente de trabajo del 2,65%.
[g] Supone la aportación más baja para accidentes de trabajo (3,85%), que podría aumentar hasta 8,7% (dependiendo del grado de riesgo evaluado).
[h] Para un trabajador con contrato de uno a tres años.
[i] Estimación basada en datos del estudio *Doing Business* del Banco Mundial.
[j] Para un trabajador con contrato de menos de 10 años, que haya trabajado 220 días o más.
[k] Para un trabajador con contrato de un año.
[l] Para un trabajador con contrato de uno a cinco años.
[m] Excluye un pago del 5% del sueldo por cada hijo.
[n] No existe un número oficial de días de vacaciones obligatorias; se utiliza un supuesto de 15 días.

los hogares reciban o no debido a la participación de sus miembros en los mercados laborales. Nótese que esta diferencia no depende de los ingresos, la edad, el género, el tipo de trabajo ni de cualquier otra característica, excepto la participación formal en el mercado laboral. La protección social en la región se aplica de diferentes maneras, que van desde los programas de pensiones no contributivos (como Bolivida, en Bolivia) y los seguros médicos subsidiados (como en el régimen de salud de Colombia) hasta los programas de vivienda (como en México).

Transferencias monetarias condicionadas: qué pueden inducir los mecanismos de focalización

Entre las políticas sociales, las transferencias monetarias condicionadas se han establecido como una herramienta muy utilizada en las últimas décadas, vinculando de manera inteligente el alivio actual de la pobreza con incentivos para la acumulación de capital humano. Estos programas proporcionan dinero en efectivo a las familias necesitadas para que cuiden de la salud de sus hijos y continúen su educación: por ejemplo, les exigen a las familias que lleven a sus hijos a citas médicas y a las ferias de salud, o que los envíen a la escuela.

Muchos países de la región han adoptado recientemente la utilización de una variable "resumida" o "aproximada" *(proxy-means testing)* como principal medio de comprobación de los medios económicos del beneficiario para la focalización de sus transferencias monetarias condicionadas.[3] Es interesante ver que, por la forma en que se construye esta variable, algunos de estos mecanismos de focalización incorporan en forma explícita la cobertura de seguro social (o la falta de ella) en los criterios de elegibilidad. Este es el caso de, por ejemplo, la Ficha de Protección Social en Chile Solidario y la Selección de Beneficiarios de Programas Sociales (Selben) para recibir el Bono de Desarrollo Humano en Ecuador, entre otros. En el cuadro 8.2 se presenta una lista amplia de transferencias monetarias condicionadas en la región y sus mecanismos de focalización.

De esta manera, aunque el propósito de las transferencias monetarias condicionadas sea proporcionar a las familias necesitadas los incentivos adecuados para la acumulación del capital humano, sus mecanismos de focalización pueden inducir inadvertidamente un comportamiento no deseado en los mercados

Cuadro 8.2 Transferencias condicionadas de efectivo en América Latina: principales componentes y mecanismos de focalización

Programa (País)	Componentes	Mecanismo de focalización	¿Se les pregunta a los beneficiarios sobre su cobertura de seguridad social en el mecanismo de focalización?
Plan Familias por la Inclusión Social (Argentina)	– Transferencias monetarias condicionadas (salud y educación) – Desarrollo comunitario – Fortalecimiento institucional	Tres fuentes: – Ex beneficiarios del Programa de Inversión en Desarrollo Humano (focalizados mediante el uso de un índice de calidad de vida) – Algunos ex beneficiarios del programa Jefas y Jefes de Hogar – Otros hogares vulnerables	Indirectamente para los que fueran parte del programa Jefas y Jefes de Hogar
Bolsa Familia (Brasil)	Transferencias monetarias condicionadas (salud y educación) con subsidios generales y variables (según las características demográficas de las familias)	– Uso de un Cadastro Único para seleccionar beneficiarios con base en la focalización geográfica y la focalización individual	No está claro
Chile Solidario (Chile)	– Transferencias de efectivo – Apoyo psicológico y legal – Acceso preferencial a programas sociales	– Tarjeta de Protección Social: identifica a las familias vulnerables por medio de una evaluación de sus recursos económicos, necesidades cotidianas y riesgos sociales	Sí
Familias en Acción (Colombia)	Transferencias monetarias condicionadas (salud y educación)	– Focalización geográfica (criterio "aleatorio" en la primera etapa del programa) – Focalización individual: Sistema de Identificación de Potenciales Beneficiarios de Programas Sociales (Sisben)	Sí

(*continúa en la página siguiente*)

Cuadro 8.2 Transferencias condicionadas de efectivo en América Latina: principales componentes y mecanismos de focalización (*continuación*)

Programa (País)	Componentes	Mecanismo de focalización	¿Se les pregunta a los beneficiarios sobre su cobertura de seguridad social en el mecanismo de focalización?
Avancemos (Costa Rica)	– Transferencias monetarias condicionadas (salud y educación) – Incentivos al ahorro para estudiantes – Mejora de servicios educativos para la población más pobre	– Focalización geográfica – Focalización individual: Ficha de Información Social (FIS)	No está claro
Bono de Desarrollo Humano (Ecuador)	Transferencias monetarias condicionadas (salud y educación)	– Focalización individual : Sistema de Selección de Beneficiarios (Selben)	Sí
Red Solidaria (El Salvador)	Transferencias monetarias condicionadas (salud, nutrición y educación)	– Focalización geográfica (mapas de pobreza) – Focalización individual: hogares en extrema pobreza	No
Programa de Asignación Familiar (Honduras)	Transferencias monetarias condicionadas (salud, nutrición y educación)	– Focalización geográfica (aldeas rurales en extrema pobreza) – Focalización individual: solo restringido a hogares con al menos una mujer gestante o amamantando, o al menos un niño menor de 13 años	No está claro
Program for the Advancement through Health and Education (Jamaica)	Transferencias monetarias condicionadas (salud, nutrición y educación)	– Focalización geográfica – Focalización individual	No está claro
Programa Oportunidades (México)	Transferencias monetarias condicionadas (salud, nutrición y educación)	– Focalización geográfica – Focalización individual: Encuesta de Características Socioeconómicas de los Hogares	Sí

(*continúa en la página siguiente*)

Cuadro 8.2 Transferencias condicionadas de efectivo en América Latina: principales componentes y mecanismos de focalización (*continuación*)

Programa (País)	**Componentes**	**Mecanismo de focalización**	**¿Se les pregunta a los beneficiarios sobre su cobertura de seguridad social en el mecanismo de focalización?**
Tekopora (Paraguay)	Transferencias monetarias condicionadas (salud, nutrición y educación)	– Focalización geográfica (mapas de pobreza): índice de priorización geográfica – Focalización individual: componentes principales	Sí (salud)
Juntos (Perú)	Transferencias monetarias condicionadas (salud, nutrición, educación y vivienda)	– Focalización geográfica (mapas de pobreza): solo rural – Focalización individual: *Proxy-means test*	No está claro
Solidaridad (República Dominicana)	Transferencias monetarias condicionadas (salud y educación)	– Focalización geográfica (mapa de pobreza) – Focalización individual: Sistema Único de Beneficiarios (Siuben)	No
Asociaciones Familiares (Uruguay)	– Transferencias monetarias condicionadas (salud y educación) – Pensiones para adultos pobres	Focalización individual: Índice de Carencias Críticas (ICC)	Sí, para jubilados sin pensión

Fuente: Johannsen et al. (2009) y cuestionarios de encuestas socioeconómicas de Argentina (MTEySS, 2003), Brasil (MDS, 2001), Chile (MIDEPLAN, 2007), Colombia (DANE, 2003), Ecuador (MCDS, 2006), México (Sedesol, 1997), Paraguay (SAS, 2005) y República Dominicana (Coordinación del Gabinete de Política Social, 2005).
Nota: Los datos son a mayo de 2009.

laborales. Esto podría suceder cuando las familias se dan cuenta de que su situación como trabajadores formales o informales se utiliza como criterio de focalización, y actúan de acuerdo con ello. Es importante resaltar que estas políticas de transferencias monetarias condicionadas no son de importancia vital para la dicotomía seguridad social–protección social en la que se enfoca este capítulo, pero sí destacan las consecuencias no intencionales de algunos mecanismos de focalización.

El problema de la baja valoración de la seguridad social

Una vez pagados los costos no salariales de la mano de obra, los trabajadores (con el financiamiento conjunto de sus empleadores) reciben cobertura en forma de promesas de obtener cuando fuere necesario (como en el caso del seguro médico), o dentro de un plazo mayor en el futuro (como en el caso de las pensiones), diversos servicios de seguridad social. Se han realizado muchos estudios que analizan en detalle por qué los trabajadores asignan una menor utilidad a esta cobertura que a la parte de la compensación presente a la que deben renunciar para pagar sus aportaciones (que es indudablemente la justificación de la obligatoriedad de las aportaciones). Entre las razones de esta valoración incompleta se han mencionado: restricciones de liquidez, falta de conocimiento de los sistemas (Cuesta, Millán y Olivera, 2009); miopía (Barr y Packard, 2000; Packard, 2002); falta de conocimientos financieros (Arenas de Mesa et al., 2006); acceso limitado a las prestaciones (Levy, 2006a y 2006b); baja calidad de los programas (Perry et al., 2007); agrupación indeseada con otros elementos de seguridad social (Levy, 2008; Perry et al., 2007); falta de credibilidad en el gobierno (Perry et al., 2007) y un diseño inadecuado, por ejemplo: pensiones mínimas o cobertura extendida para cónyuges que entonces tienen menos incentivos para pagar sus aportaciones (Galiani y Weinschelbaum, 2007).

Las aportaciones a los sistemas de pensiones representan la porción más grande de los costos no salariales de la mano de obra en casi toda la región. Por consiguiente, un tema fundamental cuando se analizan los incentivos para acogerse o no a estos sistemas es el valor que los individuos adjudican a las prestaciones que reciben a cambio de las aportaciones al sistema de pensiones. Es revelador que la cobertura del sistema de pensiones para los trabajadores asalariados se haya estancado en las últimas décadas (véanse el gráfico 8.2 y Rofman y Lucchetti, 2006) y que las tasas de participación y de aportación de las personas que trabajan por cuenta propia sigan siendo extremadamente bajas (Auerbach, Genoni y Pagés, 2007), a pesar de la transición general hacia regímenes de capitalización individual en la región, un cambio que, con la vinculación directa de las aportaciones y las prestaciones, estaba dirigido a reducir los impuestos implícitos al trabajo en el empleo formal (véanse Lora y Pagés, 2000; Corbo, 2004; Corbo y Schmidt-Hebbel, 2003).

Gráfico 8.2 Proporción de trabajadores asalariados con derecho a pensión al jubilarse

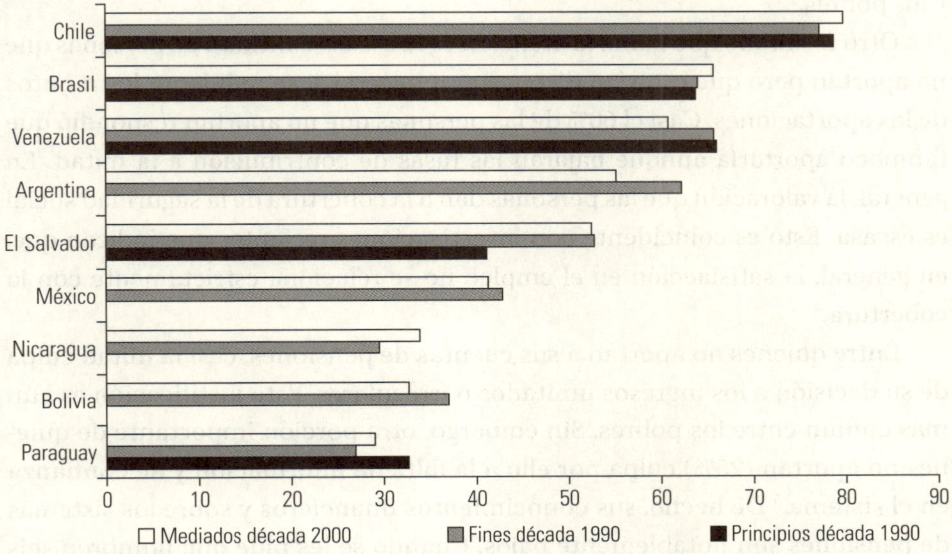

Fuente: CEDLAS y Banco Mundial (2008).
Notas: Años considerados: Argentina: 1998 y 2003; Bolivia: 1999 y 2005; Brasil: 1992, 1999, 2004; Chile: 1990, 1998, 2006; El Salvador: 1991, 1999, 2005; México: 1998 y 2006; Nicaragua: 1998 y 2005; Paraguay: 1995, 1999 y 2005; Venezuela: 1995, 1999 y 2006.

¿Qué provoca esta baja tasa de participación y aportación a los sistemas de pensiones? La respuesta es compleja. Además de la baja capacidad de los gobiernos para hacer cumplir las obligaciones (Almeida y Carneiro, 2005) y la proliferación de prestaciones a la vejez en forma de protección social, la bibliografía sobre el tema ha resaltado la poca valoración que dan los individuos a los beneficios de la seguridad social.

En una encuesta reciente realizada por el BID, dirigida a los trabajadores de 25 a 55 años en la zona metropolitana de Lima, se analizaron las razones de la baja cobertura de las pensiones. En esa ciudad, la cobertura de las pensiones llegaba solo al 40% de la población elegible. No debe sorprender que la probabilidad de estar afiliado al sistema sea mayor entre los trabajadores asalariados, los varones, las personas con mayor nivel educativo, las de mayor edad y las de mejor posición económica. Lo que es notable es que el 45% de los encuestados admitiera que no había pensado jamás en cómo financiar su vejez. Más aún, entre quienes declararon haber pensado en el financiamiento de su vejez, solo el 43% dijo que había realizado acciones concretas al respecto. Las estadísticas son aún más drásticas entre las personas de menor nivel educativo y los pobres.

Otro resultado que llama la atención es la escasa cantidad de personas que no aportan pero que estarían dispuestas a hacerlo si se redujeran los montos de las aportaciones. Casi el 60% de las personas que no aportan respondió que tampoco aportaría aunque bajaran las tasas de contribución a la mitad. En general, la valoración que las personas dan a la cobertura de la seguridad social es escasa. Esto es coincidente con investigaciones recientes que indican que, en general, la satisfacción en el empleo no se relaciona estrictamente con la cobertura.[4]

Entre quienes no aportan a sus cuentas de pensiones, casi la mitad culpa de su decisión a los ingresos limitados o irregulares. Esta justificación es aún más común entre los pobres. Sin embargo, otra porción importante de quienes no aportan (25%) culpa por ello a la falta de información y de confianza en el sistema.[5] De hecho, sus conocimientos financieros y sobre los sistemas de pensiones son notablemente bajos. Cuando se les pide que nombren seis características básicas de cómo funcionan los sistemas peruanos de pensiones (como la edad de jubilación de hombres y mujeres, el monto de las aportaciones, las comisiones y quién las paga, y cómo se calculan las prestaciones) casi la mitad de los encuestados no puede contestar correctamente una sola pregunta. Además, casi ninguno de los entrevistados pudo contestar correctamente las seis preguntas. Estos resultados muestran un comportamiento miope con respecto a la protección frente a la pobreza durante la vejez, acompañado de una carencia generalizada de información sobre el sistema (Atal et al., 2009).

Cabe mencionar que los ahorros relacionados con las pensiones han mostrado bajas tasas de rendimiento reales (una vez descontadas las comisiones) en algunos países de la región (Colombia, Costa Rica y República Dominicana son ejemplos sobresalientes). De esta manera, aun para un trabajador bien informado y perfectamente racional, evadir las aportaciones a la seguridad social sería una opción tentadora. En esta situación, es probable que las aportaciones al sistema de jubilación se consideren un impuesto a la formalidad, y como tal, estimulen acuerdos informales en el mercado laboral.

En investigaciones recientes se ha descubierto que a menudo los trabajadores reciben salarios más bajos para compensar las aportaciones a la seguridad social que deben realizar los empleadores (Gruber, 1997; Heckman y Pagés,

2004; Betcherman y Pagés, 2007). Esto hace que la valoración de las prestaciones por parte de los trabajadores sea un tema crítico. Impulsar la valoración, promoviendo los conocimientos financieros básicos y la confianza en el sistema, puede ser un camino a seguir, aun cuando todavía no se cuenta con suficientes datos empíricos sólidos sobre el impacto de tales medidas.[6] Algunas medidas alternativas o complementarias podrían ser: rediseñar los mecanismos de financiamiento, subsidiar las aportaciones para quienes ganan salarios bajos, o conceder exenciones de impuestos (BID, 2008b). Estas medidas deben ir acompañadas por otras, dirigidas a mejorar las valoraciones de los trabajadores sobre los componentes de la seguridad social no relacionados con las pensiones (como el seguro médico y el seguro de desempleo, así como la indemnización por cesantía). En este sentido, mejorar la calidad de la prestación de servicios, incluidos la disponibilidad de los mismos y los tiempos de espera, puede funcionar en la dirección correcta, aunque es necesario investigar más para cuantificar el potencial de estas medidas.

Un marco de referencia para analizar los incentivos y la toma de decisiones a nivel individual

¿Cuánta productividad se pierde como resultado de la dicotomía seguridad social–protección social? Un simple marco conceptual estático permite estimar aproximadamente estas pérdidas. El análisis que se presenta a continuación supone un punto de vista de *mercados integrados*; es decir, que las personas eligen estar cubiertas o no por la seguridad social, teniendo en cuenta los costos y beneficios de cada alternativa y con flexibilidad para optar por una alternativa o la otra. Este punto de vista ha predominado en la bibliografía reciente sobre la región, dada la falta de pruebas sólidas de la existencia de un mercado laboral dual en el que los trabajadores informales están a la espera, como formando una cola para obtener puestos formales (véase Maloney, 2004; Galiani y Weinschelbaum, 2007).

Sin embargo, los datos recientes que dan apoyo al enfoque dual han demostrado que los trabajadores informales parecen estar involuntariamente confinados a sus empleos, por lo menos hasta cierto punto. Diferentes encuestas de hogares realizadas en Argentina, Bolivia, Colombia y República Dominicana revelan que la razón principal por la que los trabajadores asalariados informales se mantienen en sus puestos actuales es su incapacidad para encontrar un empleo mejor (Arias y Bustelo, 2007; Arias, Landa y Yáñez, 2007). De todas formas, como señalan Perry et al. (2007), los trabajadores asalariados informales que están insatisfechos en sus empleos tienden a regresar principalmente al empleo independiente, más que al empleo asalariado formal.

También existe una extensa movilidad entre los empleos asalariados cubiertos y no cubiertos, dando pie a argumentos que sustentan una falta de racionamiento de empleos cubiertos y no cubiertos (BID, 2003; Bosch y Maloney, 2007; Levy, 2008; Pagés y Stampini, de próxima publicación). Aunque todavía no existe un consenso generalizado, el punto de vista de los mercados integrados parece ser el marco más sensato para analizar la toma de decisiones en el margen cubierto-no cubierto. Dentro de este marco, el objetivo consiste en subrayar el papel que pueden desempeñar las políticas sociales para determinar las decisiones de los trabajadores y las empresas con respecto a llenar vacantes en puestos cubiertos o no cubiertos por la seguridad social.

Sobre la base de esta mirada de mercados integrados y la valoración limitada de las prestaciones que se analizaron previamente, Levy (2008) propone un marco útil para analizar las decisiones de los trabajadores y las empresas. De acuerdo con este marco, un trabajador cubierto recibe salarios (descontadas las aportaciones) y prestaciones de la *seguridad social* como compensación por su trabajo. Los salarios se perciben de inmediato, en efectivo, y son completamente valorados. Sin embargo, las prestaciones de la seguridad social se valoran con un descuento por las razones antes descritas. Por lo tanto, la valoración total de la compensación para el trabajador cubierto es la suma del salario neto y el valor descontado de la seguridad social. De manera análoga, la valoración total de la compensación de los trabajadores no cubiertos consiste en los salarios y las transferencias de la *protección social*, que a su vez se valora de manera incompleta. Es decir, la utilidad total de un trabajador en el sector no cubierto es igual al salario más el valor descontado de la protección social. Los trabajadores comparan la valoración total de un empleo cubierto y uno no cubierto, y deciden cuál es mejor para sus intereses.

Puede entenderse a la protección social, que se creó para proteger a quienes no ampara la seguridad social, como un sustituto imperfecto de esta última. Los esfuerzos de los gobiernos para proporcionar protección social a la población no amparada suelen ser insuficientes, y la escala y el alcance de los servicios no llegan a todos los que los necesitan (independientemente de su nivel de ingresos). La protección social y la seguridad social son sustitutos imperfectos, por lo que es importante diferenciar la valoración que hacen las personas de la protección social de la que hacen de la seguridad social.

Cuando una compañía decide contratar a un trabajador y ofrecerle cobertura, debe pagar salarios netos y aportaciones a la seguridad social. Contratar al mismo trabajador sin cobertura implica pagar solamente el salario.[7] Los pagos totales que efectúan las compañías difieren en cada caso, lo que refleja el hecho de que las políticas sociales distorsionan el mercado laboral. Nótese que los salarios netos no necesariamente son iguales en los segmentos cubiertos y no cubiertos de los mercados laborales. Por esta razón, la distorsión individual no es simplemente igual a los costos no salariales, sino que es, en realidad, igual a la suma de la brecha de formalidad en los salarios —la diferencia entre los salarios netos que gana un trabajador de acuerdo con su situación de formalidad— y los costos extra, no salariales, de la formalidad.

De acuerdo con el modelo de Levy, la distorsión individual puede expresarse como la suma de dos componentes: uno que surge del costo de la seguridad social y su valoración incompleta (que adopta la forma de un impuesto al trabajo formal), y otro que es el resultado del valor de la protección social que ya existe (y que adopta la forma de un subsidio al trabajo informal).

El tema central de este modelo simplificado es el margen cubierto-no cubierto que hace a un lado las decisiones de participación en el mercado laboral resultantes de la distorsión creada por la dicotomía seguridad social-protección social. La bibliografía empírica reciente muestra resultados contradictorios del impacto en la participación de la fuerza de trabajo. Por ejemplo, Yáñez-Pagans (2008) no encuentra ningún efecto sobre la participación laboral en un importante programa de pensiones sin aportaciones en Bolivia (Bolivida). De igual forma, Alejo et al. (2009) solo notifican pequeñas reducciones de la oferta laboral como consecuencia de las transferencias monetarias condicionadas en la región, principalmente entre las mujeres. Por otra parte, Juárez (2007) observa efectos negativos pero menores en la participación laboral de la mujer causados por una transferencia para mejorar la nutrición en adultos mayores en la Ciudad de México. Gaviria, Medina y Mejía (2006) encuentran una disminución importante en las tasas de participación laboral de la mujer como resultado del Régimen Subsidiado de Salud en Colombia.

¿Qué magnitud tienen las distorsiones y las pérdidas de producto?

Si se suman las distorsiones individuales de todos los trabajadores involucrados (es decir, todos los trabajadores que quedarían cubiertos por la seguridad social si no hubiera políticas de protección social) se obtiene una estimación de la pérdida total de producto inducida. ¿Cuál es la magnitud de esta pérdida total? En esta sección se intenta medir tal pérdida para una muestra de países de la región.

Como se puntualizó antes, la distorsión individual puede expresarse como la diferencia en las compensaciones pagadas por las empresas al contratar a un trabajador cubierto o no cubierto. Por lo tanto, esta distorsión puede expresarse como una "brecha de formalidad en los salarios" (la diferencia entre los salarios netos que gana un trabajador, dependiendo de su situación de formalidad) más los costos no salariales de la mano de obra formal. El primer componente fundamental para calcular la pérdida de producto es medir la brecha de formalidad en los salarios. Para esto, las fuentes de datos utilizadas son las encuestas nacionales de hogares en países para los que se dispone de información. Una comparación general de los salarios promedio de los trabajadores asalariados cubiertos y no cubiertos proporciona una primera estimación de la brecha. El problema con esta primera estimación es que no tiene en cuenta las diferencias en las características del capital humano de los trabajadores cubiertos y no cubiertos. Si se tienen en cuenta estas diferencias se obtienen mejores estimaciones de las brechas de formalidad, que se encuentran por debajo de las estimaciones aproximadas originales.

Pueden obtenerse cálculos más precisos en países para los que se dispone de datos de panel. La evidencia de la bibliografía sugiere que las estimaciones obtenidas con estos datos más completos son aun menores que las obtenidas con datos de cortes transversales, e incluso, en muchos casos, son estadísticamente no muy diferentes de cero.[8] De ahí que el escenario más conservador para hacer una estimación de las brechas de formalidad sería suponer que son iguales a cero. Una estimación menos conservadora, que tiene en cuenta las diferencias en las características con la técnica diseñada por Ñopo (2008), varía entre 9% y 22% del salario promedio en el país correspondiente (columna III del cuadro 8.3).

El segundo componente fundamental para estimar la pérdida de producto es una medición del costo adicional de la formalidad, proporcionado en el

Cuadro 8.3 Estimaciones de pérdidas de producto para la región

País	Año	Trabajadores asalariados no cubiertos (millones de trabajadores) (I)	Trabajadores asalariados no cubiertos (porcentaje de los trabajadores asalariados)	Costos no salariales de la mano de obra (porcentaje del sueldo) (II)	Cubiertos/ no cubiertos brecha salarial (porcentaje del sueldo promedio) (III)	Diferencia en la productividad marginal (porcentaje del sueldo) (IV) = (II) + (III)	Pérdida anual del PIB (intervalo) (porcentaje del PIB) (V) = 0.5 × (I) × (IV) × (salario promedio)/PIB
Bolivia	2002	0,9	75,0	37,9	8,72[a]	46,6	[3,6–5,1]
Brasil	2007	17,8	31,9	53,6	17,9	71,5	[1,8–2,5]
Chile	2006	0,9	20,1	31,7	13,5	45,1	[0,4–0,6]
Colombia	2005	2,4	31,8	53,5	19,9	73,4	[1,1–1,5]
Costa Rica	2006	0,2	18,1	33,0	12,5	45,5	[0,6–0,8]
Ecuador	2007	2,1	66,9	34,8	20,9	55,6	[2,1–4,1]
El Salvador	2005	0,6	49,0	32,4	12,5	44,9	[1,6–2,4]
Guatemala	2006	1,7	63,4	31,8	21,8[a]	53,6	[1,9–4,1]
México	2002	13,6	50,7	36,4	14,0[b]	50,3	[1,4–2,1]
Nicaragua	2005	0,7	67,0	51,1	19,8	70,9	[3,9–6,3]
Paraguay	2006	0,9	83,3	27,8	15,0	42,9	[2,7–5,2]
Venezuela	2004	1,9	41,0	22,9	14,0	36,9	[0,4–0,8]

Fuente: Cálculos del autor basados en el cuadro 8.1, FMI (2009b) y encuestas de hogares de Bolivia (INE, 2002), Brasil (IBGE, 2007), Chile (MIDEPLAN, 2006), Colombia (DANE, 2005), Costa Rica (INEC, 2006), Ecuador (INEC, 2007), El Salvador (DIGESTYC, 2005), Guatemala (INE, 2006), México (INEGI, 2002), Nicaragua (INIDE, 2005), Paraguay (DGEEC, 2006) y Venezuela (INE, 2004).

Notas: En la columna III se muestra la brecha de salarios que queda después de controlar por género, edad, educación, residencia en la ciudad capital, sector económico y tamaño de la empresa. En el límite inferior de la columna V se supone que la brecha de salarios entre trabajadores cubiertos y no cubiertos es cero. Para el límite superior de esa columna se utilizan los resultados de la columna III.

[a] No se controló por tamaño de la empresa o sector económico debido a que no se dispone de datos.

[b] No se controló por tamaño de la empresa debido a que no se dispone de datos.

cuadro 8.1. En una muestra de países latinoamericanos, los costos no salariales de la mano de obra en la región oscilaban entre el 23% y el 54% de los salarios (véase la columna II del cuadro 8.3). Las diferencias promedio de la productividad marginal para cada país, como resultado de estos costos adicionales, variaban entre el 23% y el 54% en un escenario conservador que no supone ninguna diferencia entre los salarios formales e informales, y entre el 37% y el 73% con base en las brechas de salarios de la columna III (véase la columna IV).

El tercer componente fundamental en este cálculo es el número de trabajadores afectados por esta distorsión. En un mundo con seguridad social universal, no habría trabajadores informales (no cubiertos) y por lo tanto no habría diferencias en la productividad marginal. La introducción de la seguridad social financiada por los mercados laborales y después acoplada a políticas de protección social alienta a los trabajadores y a las empresas a celebrar contratos informales. En este ejercicio se establece el supuesto de que todos los trabajadores dependientes no cubiertos prefieren esta opción debido a la distorsión generada por las políticas sociales. Incluso si esta estimación pudiera exagerar las pérdidas de producto al suponer que todos los trabajadores no cubiertos eligieron esa opción debido a las distorsiones salariales y no salariales generadas por la seguridad social y la protección social, esta no tiene en cuenta a los que optaron por trabajar por cuenta propia para evitar los costos no salariales de la mano de obra y beneficiarse de la protección social.[9]

Las distorsiones individuales, que se representan como porcentajes de los salarios promedio, se convierten entonces en unidades monetarias al multiplicarlas por los salarios promedio, que se calculan utilizando las mismas encuestas de hogares. La distorsión total se calcula multiplicando la distorsión individual por el número de trabajadores afectados, y por un factor de un medio, que tiene en cuenta los efectos de equilibrio general. Las pérdidas de cada país se presentan como porcentajes del PIB (columna V del cuadro 8.3).[10]

Los resultados de 12 países de la región que se presentan en el cuadro 8.3 indican que las pérdidas estáticas de producto oscilan entre el 0,4% y el 5,2% del PIB. Las pérdidas son potencialmente grandes en Bolivia, Ecuador, Nicaragua y Paraguay. En el otro extremo, Chile, Costa Rica y Venezuela parecen ser los países donde estas pérdidas de producto son las más bajas (menos del 1% del PIB). Esto se debe a que la incidencia de la informalidad no es muy alta, o a que los costos no salariales de la mano de obra se encuentran entre los más bajos en esta muestra de países.

Las pérdidas que se analizan aquí no toman en cuenta ninguno de los efectos intrínsecamente negativos de la informalidad sobre la productividad, como los que surgen de la limitada disposición o capacidad de las empresas informales para mejorar su tecnología y crecer. Como se describió en los capítulos 6 y 7, es poco probable que las empresas informales tengan acceso al crédito, lo que reduce su capacidad para financiar mejoras en la productividad. Las empresas también pueden preferir mantener un tamaño pequeño para no atraer la atención de las autoridades de regulación y tributarias. El tamaño se distorsiona hacia abajo debido a un efecto similar al que induce el impuesto a la producción. Se espera que los impuestos al trabajo y a la producción provoquen distorsiones similares, aunque resulte complicado desenmarañar sus efectos. Si bien individualmente los trabajadores estarían mejor abriendo sus propios negocios y evitando una serie de impuestos y regulaciones que deberían afrontar como trabajadores asalariados en una empresa, ese escenario es socialmente perjudicial si implica que una gran parte de los establecimientos no contribuya al crecimiento de la productividad.

Hopenhayn y Neumeyer (2008) calibraron un modelo para cuantificar los efectos distorsionadores de los costos no salariales de la mano de obra y de los impuestos a la producción. Para tasas de impuestos a la producción de alrededor del 25% y costos no salariales de la mano de obra de alrededor del 30% sus resultados indican pérdidas del producto del 5% al 11%.[11] Las diferencias de magnitud de las pérdidas del producto estimadas de Hopenhayn y Neumeyer y las que se presentan en el cuadro 8.3 sugieren al menos dos lecciones. Primero, las distorsiones de los mercados de productos y de capital son potencialmente tan importantes como las distorsiones del mercado laboral que se analizan en este capítulo. Segundo, los efectos de equilibrio general de estos incentivos distorsionadores son potencialmente grandes y multiplican su naturaleza perniciosa. Hsieh y Klenow (2009) presentan otro resultado relacionado. Tras analizar datos detallados a nivel de planta en México, señalan que al transferir la mano de obra y el capital mal asignados a un nuevo equilibrio sin distorsiones se obtendrían grandes aumentos de la PTF, especialmente en empresas no manufactureras (véase el capítulo 4). Cuando analizan el efecto del cumplimiento con los impuestos al trabajo y la asignación inadecuada, sus estimaciones sugieren que el producto agregado en México aumentaría 13% si se igualaran los productos marginales entre las compañías evasoras y las cumplidoras.

Protección social: ¿la solución frente a una seguridad social imposible de hacer cumplir?

Las estimaciones de las pérdidas de producto presentadas arriba se obtuvieron cuantificando la diferencia en la productividad marginal entre los sectores, usando estimaciones de la brecha de formalidad en los salarios y los costos no salariales de la mano de obra de los empleos amparados. Como se enfatizó antes, la diferencia en la productividad marginal puede expresarse también como la parte no valorada de la seguridad social más el componente valorado de la protección social. En otras palabras, las distorsiones se exacerban por el impuesto al trabajo formal implícito en la seguridad social y los subsidios al trabajo informal implícitos en la protección social.

Para analizar los patrones de gasto en protección social, en el gráfico 8.3 se presentan datos sobre la evolución de los gastos agregados en protección social para una submuestra de ocho países, entre 1997 y 2007. Los datos se obtuvieron de los presupuestos nacionales. Las partidas del gasto consideradas parte de la protección social variaron de un país a otro debido a dos razones. Primero, el nivel de desagregación en algunos países es más grueso que en otros. Segundo, como las prestaciones para los trabajadores amparados varían entre los países, los beneficios de la protección social (que se pretende sean una copia de la seguridad social para la población no amparada) también varían entre los países. En el cuadro 8.4 se presenta información detallada sobre las partidas que se consideran parte de la protección social.

Como se muestra en el gráfico 8.3, el gasto social ha oscilado entre un rango del 0,14% al 1,71% del PIB. Los países pueden clasificarse en dos grupos: los que tuvieron un gasto creciente en protección social entre 1997 y 2007 (Brasil, Guatemala, México y Perú, presentados en el gráfico 8.3a) y los que presentaron un gasto decreciente en protección social (Bolivia, Chile, El Salvador y Honduras, presentados en el gráfico 8.3b). México y Brasil mostraron los mayores incrementos de los gastos en protección social durante el período. Si la valoración de los individuos sobre la protección social permaneciera constante durante este tiempo, los incentivos para la asignación inadecuada de la mano de obra (en forma de subsidios a la informalidad) podrían haber aumentado considerablemente.

Cuadro 8.4 Partidas de los presupuestos públicos que se consideran parte de la protección social, países seleccionados

Brasil	Bolivia	Chile	Guatemala
1. Gasto clasificado como asistencia social	1. Gasto en salud clasificado como servicios de salud pública 2. Gasto en salud clasificado como "otros", lo que excluye materiales, equipo y servicios e investigación médicos 3. Protección social excepto vejez, familia, desempleo	1. Gasto en salud clasificado como servicios de salud pública 2. Gasto en salud clasificado como "otros", lo que excluye servicios médicos 3. Protección social no clasificada como investigación o familia e hijos	1. Servicios sociales clasificados como asistencia médica y social 2. Servicios sociales clasificados como asistencia social (otras actividades de servicio social) 3. Fondo Guatemalteco para la Vivienda
El Salvador	**Honduras**	**México**	**Perú**
1. Fondo de solidaridad para la salud 2. Financiamiento para el fondo de inversión social para el desarrollo local 3. Apoyo al sector social 4. Asistencia social para los discapacitados 5. Otros proyectos y programas sociales clasificados como asistencia social y no incluidos en partidas anteriores	1. Gasto en servicios sociales clasificados como salud (Fondo Hondureño de Inversión Social, FHIS) 2. Gasto en servicios sociales clasificados como salud (Programa de Asignación Familiar, PRAF) 3. Gasto en servicios sociales clasificados como protección social (FHIS) 4. Gasto en servicios sociales clasificados como protección social (PRAF) 5. Gasto en servicios sociales clasificados como albergues	1. Instituto Mexicano de Seguridad Social (IMSS)-Oportunidades 2. Transferencias federales a los servicios médicos de los estados 3. Gastos de los gobiernos estaduales en salud 4. Seguro de Salud para la Familia 5. Seguro Popular 6. Transferencias a institutos nacionales de salud 7. Programas de primera generación 8. Subsidios al Fondo de Operación y Financiamiento Bancario a la Vivienda (FOVI) 9. Subsidios para hábitat 10. Comisión Nacional de Vivienda (Conavi) 11. Programa de guardería universal	1. Asistencia social 2. Fortalecimiento de los programas sociales 3. Programas sociales de los gobiernos locales 4. Inversión focalizada para la reducción de la pobreza extrema 5. Seguro escolar/ maternal (apoyo a la reforma del sector salud)

Fuente: Cálculos de los autores con base en datos de varios órganos gubernamentales: Bolivia (MEFP, 2009), Brasil (MF, 2009), Chile (MH, 2009), El Salvador (MHS, varios años), Guatemala (MFG, 2009), Honduras (Banco Mundial, 2007), México (SHCP, 2009), Perú (TEP, 2009).

Gráfico 8.3a Evolución del gasto público en protección social, países con protección social creciente (porcentaje del PIB)

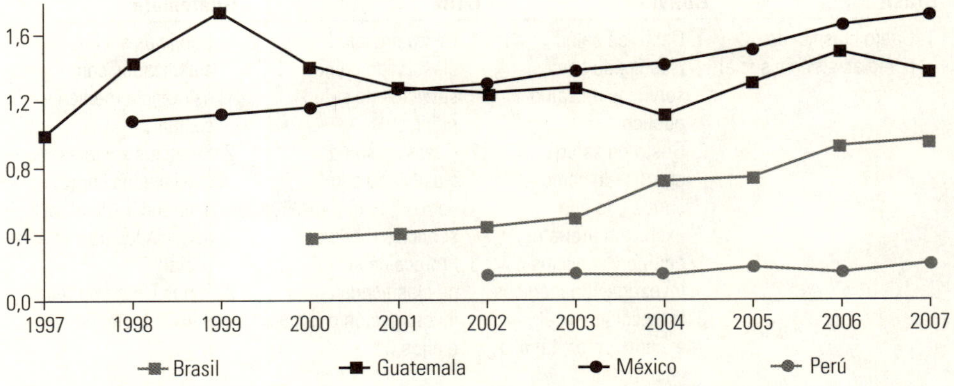

Fuente: Cálculos de los autores con base en datos de varios órganos de gobierno: Bolivia (MEFP, 2009), Brasil (MF, 2009), Chile (MH, 2009), El Salvador (MHS, varios años), Guatemala (MFG, 2009), Honduras (Banco Mundial, 2007), México (SHCP, 2009); Perú (TEP, 2009).

Gráfico 8.3b Evolución del gasto público en protección social, países con protección social decreciente (porcentaje del PIB)

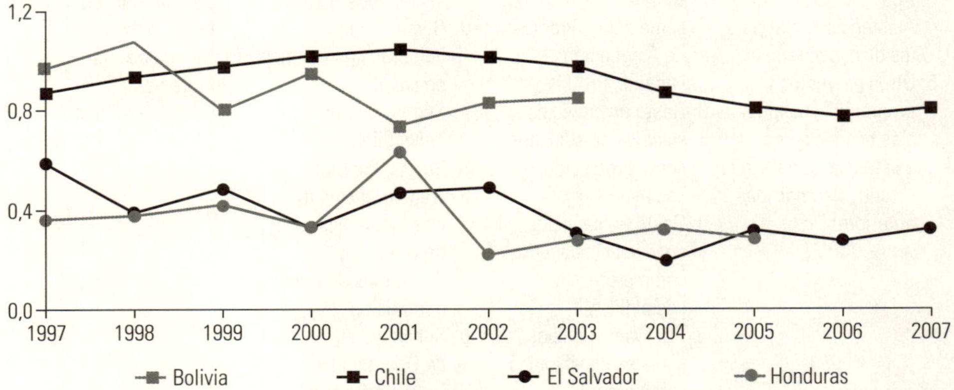

Fuente: Cálculos de los autores con base en datos de varios órganos de gobierno: Bolivia (MEFP, 2009), Brasil (MF, 2009), Chile (MH, 2009), El Salvador (MHS, varios años), Guatemala (MFG, 2009), Honduras (Banco Mundial, 2007), México (SHCP, 2009), Perú (TEP, 2009).

El siguiente ejemplo de Colombia ilustra la interrelación entre el impuesto al trabajo (costos no salariales de la mano de obra) y los subsidios a la informalidad, que constituyen las dos fuentes de incentivos para la asignación inadecuada, de acuerdo con el marco presentado anteriormente.

Colombia y el Régimen Subsidiado de Salud (Ley 100)

En 1993 Colombia aplicó una reforma a su régimen de seguridad social (Ley 100) al crear un nuevo sistema de pensiones y atención a la salud. Una vez que se promulgó la ley, el sistema de salud se dividió en dos regímenes mutuamente excluyentes: el Régimen Contributivo de Salud (RCS) y el Régimen Subsidiado de Salud (RSS). Este último tiene por objeto dar cobertura a los pobres, identificados como tales por medio del Sistema de Identificación de Potenciales Beneficiarios de Programas Sociales (Sisben), que se basa en características demográficas y de los hogares. Los trabajadores asalariados formales no tienen derecho a acogerse al RSS.

El impacto de esta ley sobre la cobertura ha sido impresionante, ya que esta creció del 23,7% al 90% entre 1993 y 2007: 50% en el RCS y 40% en el RSS (Bottia, Cardona y Medina, 2008). Además, el RSS ha tenido un impacto positivo en los resultados relacionados con la salud de la población. Gaviria, Medina y Mejía (2006) encontraron efectos positivos en la situación de salud reportada, las consultas médicas preventivas y las consultas médicas por enfermedades. También Trujillo, Portillo y Vernon (2004) así como Panopoulu y Vélez (2001) notificaron un mejor uso de la atención médica y una menor probabilidad de hospitalización. Además, Camacho y Conover (2008c) hallaron un efecto positivo del RSS en el peso al nacer. A pesar de estos valiosos resultados sociales, el RSS ha generado también resultados indeseables en los mercados laborales.

Para empezar, la reforma aumentó gradualmente los costos no salariales de la mano de obra (tanto en las pensiones como en las tasas de aportación al seguro médico) en más de 10 puntos porcentuales para los afiliados a la seguridad social. Tal ha sido el aumento que actualmente Colombia tiene uno de los costos no salariales de la mano de obra más altos de la región. Los trabajadores afiliados al RCS también subsidian a quienes tienen derecho al RSS. El RCS está financiado por una aportación del 12,5 % del ingreso (hasta un tope de 20 salarios mínimos), de los cuales el empleador paga dos terceras partes. Un punto porcentual y medio de esta contribución se destina al RSS. Como documentan Cárdenas y Bernal (2003), estos aumentos de los costos no salariales tuvieron un impacto negativo en la demanda de mano de obra y elevaron el desempleo. Kugler y Kugler (2009) analizaron las plantas manufactureras y estimaron que un aumento del 10% a los impuestos a la nómina reduce el empleo formal entre un 4% y un 5% y los salarios formales entre un 1,4% y un 2,3%.

Otro problema es que el programa fue diseñado de tal forma que las prestaciones son comparables entre ambos regímenes. Los afiliados al sistema subsidiado tienen acceso a un plan básico de beneficios conocido como Plan Obligatorio de Salud Subsidiado (POSS), que cubre la promoción y la educación sanitarias, la atención médica primaria, los servicios básicos en hospitales y el tratamiento de diversas enfermedades de alto costo (Panopoulu y Vélez, 2001). El POSS ofrece además una cobertura total de maternidad y puericultura, incluida cierta atención secundaria y terciaria en hospitales. Aun cuando el POSS cubre menos servicios que el plan de beneficios básicos del RCS (el Plan Obligatorio de Salud, POS), se esperaba que los beneficios de ambos planes convergieran en 2001. Si bien esto aún no sucede, un decreto reciente de la Corte Constitucional ordenó la adopción de medidas para unificar las prestaciones. Además, aunque tanto el POS como el POSS ofrecen cobertura familiar, solo el segundo ampara a cada miembro del hogar, independientemente de su relación con el jefe de hogar.[12] Los servicios que no cubre el POSS son proporcionados por los proveedores de salud pública con un copago del 5% al 10% (Gaviria, Medina y Mejía, 2006). Como indican Cuesta, Millán y Olivera (2009) la valoración de la población de ambos regímenes es similar y homogéneamente alta en todos los estratos económicos, aun cuando las tasas de aportación difieren en forma notable.

Finalmente, y más allá de cualquier política social, la formulación del índice Sisben como comprobación de los medios económicos del beneficiario por medio de una variable aproximada *(proxy-means testing)* para una gran cantidad de políticas sociales puede tentar por sí misma a la gente hacia la informalidad. A pesar de los problemas de manipulación en sus primeras etapas (documentados en Camacho y Conover, 2008a), el Sisben ha demostrado ser un buen mecanismo de focalización (Bottia, Cardona y Medina, 2008). Es una herramienta eficaz para diferenciar a los pobres de los que no son pobres. Sin embargo, el problema es que tanto el acceso a la seguridad social como el tamaño de la empresa de la persona que más gana en el hogar son variables que forman parte de su formulación (por lo menos en su primera versión). Por lo tanto, de acuerdo con la forma en que se calculó el índice, es probable que un trabajador formal pierda elegibilidad para afiliarse a cualquier otro programa más allá del RSS una vez que ingresa al sector formal. Además, hasta 2003 no ha existido una movilidad libre entre los dos regímenes, porque no era posible regresar al RSS una vez que la persona se había afiliado al RCS. Como señalan Cuesta, Millán y Olivera (2009), esto genera nuevos incentivos que provocan distorsiones.

Santamaría, García y Mujica (2009a) aportan pruebas de que el RSS alienta la informalidad, al mostrar que la mitad de los beneficiarios del RSS en Bogotá, Bucaramanga y Cali no desean formalizarse y perder su derecho al RSS. También documentan un aumento notable de la participación de trabajadores por cuenta propia después de la reforma, que relacionan con el notable incremento en costos no salariales de la mano de obra (Santamaría, García y Mujica, 2009b).

Camacho y Conover (2008b) estudiaron el efecto causal del RSS sobre la formalidad, y hallaron efectos robustos sobre la cobertura de la seguridad social, con reducciones que varían entre 1 y 4 puntos porcentuales. Gaviria, Medina y Mejía (2006) hallaron que el RSS reduce la participación de la fuerza laboral en 25 puntos porcentuales y que el efecto difiere considerablemente de acuerdo con el género. La participación de la mujer se reduce hasta en 34 puntos, mientras que la participación de los hombres permanece sin cambios. Los autores sostienen que parte de la explicación proviene del hecho de que el RSS tiene un efecto positivo en los ingresos, eliminando la necesidad de un segundo ingreso para cubrir los gastos médicos. Segundo, el hecho de que todos los beneficiarios de una familia pierdan sus derechos al RSS cuando un miembro de la familia se ha afiliado al RCS es un desincentivo para que los trabajadores acepten empleos formales que podrían resultar volátiles. Como resultado, el RSS termina funcionando como una rigidez (adicional) del mercado laboral para la transferencia de los trabajadores del sector informal al formal.

En resumen, con esta reforma Colombia extendió de manera importante la cobertura del seguro médico y mejoró los estándares de salud de la población. Sin embargo, además de este efecto social buscado, la reforma produjo resultados no deseados en los mercados laborales. Entre los efectos más sobresalientes se encuentran una menor participación y una mayor informalidad. Vista desde la óptica del mercado laboral, la reforma se diseñó de una manera distorsionadora.

Implicaciones para las políticas

Las políticas sociales son necesarias, ya que sirven a una gran cantidad de objetivos que mejoran el bienestar y facilitan la cohesión de las sociedades. Sin embargo, algunas políticas inducen una asignación inadecuada de los recursos, lo que a su vez provoca una pérdida de la productividad. La estrategia de financiar la seguridad social por medio de los mercados laborales, aunada a la aplicación insuficiente de las regulaciones laborales y a una baja valoración de las prestaciones de la seguridad social por parte de la población, fomentan los mercados informales. Esto, a su vez, genera la necesidad de políticas de protección social para aquellos que no están amparados por los mecanismos formales. Esta decisión de política reduce aún más la disposición del trabajador para buscar empleos con cobertura de seguridad social y distorsiona las decisiones de las empresas sobre la asignación de la mano de obra y la escala de las operaciones. En pocas palabras, las políticas sociales empujan a la gente hacia el sector informal, lo que tiene un impacto negativo sobre la productividad.

El Estado tiene la obligación social de imponer cobertura contra riesgos a personas que no buscan protección por su cuenta porque lo valoran poco. En una región caracterizada por el bajo cumplimiento de las regulaciones existentes (Kaufmann, Kraay y Mastruzzi, 2006), una mayor insistencia en la aplicación de la legislación puede ser una solución directa para alcanzar las metas sociales del Estado y al mismo tiempo reducir la pérdida de productividad que se describe en este capítulo. Sin embargo, esta estrategia por sí sola no es una respuesta prometedora al enorme problema de proteger las sociedades. A menos que las aportaciones y prestaciones se relacionen de manera sólida, la valoración de los individuos sobre la seguridad social se mantendrá baja y seguirán buscando formas de evitar los costos de estar cubiertos. Por lo tanto, es necesario abordar también el problema de la baja valoración.

Medidas tales como reforzar la calidad de los servicios y vincular directamente las prestaciones con las aportaciones deberían funcionar en la dirección correcta. Un ejemplo es la migración de sistemas de pensiones de prestaciones definidas a sistemas de aportaciones definidas, ya que mejora los incentivos de las personas para contribuir a sus ahorros para la vejez. Aún así, el impacto de esta política sobre las contribuciones ha sido limitado, probablemente, en parte, debido a la falta general de conocimientos financieros.

El problema más importante gira en torno a la decisión de proporcionar seguridad social a través de los mercados laborales. Una solución profunda para el problema de la productividad presentado por las políticas sociales tendría que eliminar la dicotomía seguridad social-protección social, de manera que las prestaciones (seguros y servicios) se proporcionen independientemente de la situación de las personas en el mercado laboral. Como propone Levy (2008), una reforma importante de las políticas sociales en este sentido consistiría en proporcionar prestaciones sociales universales independientemente de que el trabajador sea o no asalariado y financiarlas con los impuestos al consumo. De esta forma, los objetivos sociales del gobierno de proporcionar cobertura se alcanzarían sin gravar la mano de obra formal y sin subsidiar al sector informal, eliminando así las distorsiones actuales al asignar recursos que perjudican la productividad. Solo deberían reservarse las prestaciones específicas exclusivamente para los trabajadores asalariados, como el seguro de desempleo y los pagos por cesantía.

El plan de beneficios incluido en estas prestaciones sociales universales solo debería abarcar aquellos beneficios para los que existe un fundamento evidente para la intervención del Estado, ya sea porque se observan ventajas derivadas de la mancomunación de riesgos, buenas justificaciones para la gestión de riesgos o fallas de mercado. Evidentemente, las pensiones para la vejez y los seguros de vida y médicos entran en estas categorías, pero la vivienda, la atención a la niñez (como en el caso de México) o el desarrollo de la primera infancia (como en el caso de Colombia) parecen estar fuera de su alcance.

Es probable que sin los ingresos relacionados con los costos no salariales de la mano de obra, los impuestos al consumo para financiar las prestaciones universales deban aumentar. Más allá de imponer sus preferencias, el gobierno debería mantener su meta de redistribuir los ingresos en favor de los pobres, lo que podría lograrse con una transferencia de ingresos hacia un subconjunto de trabajadores, de manera tal que se garantice la sostenibilidad fiscal. Sin embargo, existen importantes retos en la focalización. Los gobiernos necesitan mejorar sus estrategias para llegar a quienes más lo necesitan, especialmente en las áreas urbanas. La Red Juntos, en Colombia, y Chile Solidario son ejemplos interesantes y mejorados para llegar a los extremadamente pobres y excluidos (aunque, como se ha visto, los mecanismos de focalización también deben tener en cuenta los incentivos a los que dan lugar).

Además del impacto negativo de algunas políticas sociales sobre la productividad, el diseño de algunas de estas políticas conspira contra su meta social primaria de proteger a los necesitados, ya que fomenta la informalidad y la consecuente evasión de la cobertura. Infortunadamente, bajo esas condiciones el crecimiento económico por sí solo no resolverá el problema de la informalidad. De hecho, sucede en gran medida lo contrario: el crecimiento económico se restringe porque la informalidad persistente socava la productividad. Una vez más, es importante enfatizar que las políticas sociales por sí mismas no son la causa de los problemas de la productividad; más bien, su diseño particular y su implementación son los culpables de los incentivos distorsionadores que producen.

Muchos países de la región están procurando consolidar sus sistemas de seguridad social y al mismo tiempo combatir la pobreza y mejorar las condiciones de vida de su población por medio de la protección social. En este capítulo se subraya que las políticas sociales deben tener en cuenta, cuidadosamente, tanto sus metas sociales como las económicas. Comprender la forma en que interactúan las políticas de seguridad social y de protección social, así como los incentivos que crea cada una, tiene consecuencias prácticas sobre la productividad.

Notas

[1] Los datos sobre las empresas ilustran el mismo fenómeno: la participación de las empresas muy pequeñas es mucho mayor en América Latina que en Estados Unidos, por ejemplo (véase el capítulo 3).

[2] Véase Levy (2008) para mayor detalle sobre el concepto del exceso de informalidad.

[3] Véase Johannsen et al. (2009) para un análisis de los mecanismos de focalización en la región. La comprobación de los medios económicos del beneficiario por medio de una variable aproximada (*proxy-means testing*) consiste en usar ciertas variables "fáciles de medir" para hacer una estimación de los ingresos o gastos de los hogares (como una manera de calcular la pobreza) y a su vez determinar la elegibilidad para los programas sociales.

[4] Por ejemplo, Madrigal y Pagés (2008) hallan que la satisfacción en los empleos no cubiertos por la seguridad social disminuye solo en los trabajadores altamente calificados (véase también BID, 2008b).

[5] Arias y Bustelo (2007) y Arias, Landa y Yáñez (2007) obtuvieron resultados similares para Argentina, Bolivia, Colombia y República Dominicana.

[6] Para Estados Unidos, Agnew et al. (2007) hallaron que los conocimientos financieros desempeñan un papel fundamental para mejorar el comportamiento de ahorro en planes como el 401(k) y resaltan la importancia de la educación continua en el lugar de trabajo con inscripción voluntaria o automática. Subrayan además el papel importante que desempeñan los administradores de fondos en fideicomiso en la inscripción a los cursos de capacitación. También para Estados Unidos, Lusardi y Mitchell (2006) muestran que es más probable que quienes tienen mayores conocimientos financieros planifiquen su jubilación, tengan éxito en sus planes, y ahorren e inviertan en activos más complejos. Sin embargo, todavía debe tenerse en cuenta en estos resultados empíricos el problema de la causalidad inversa de los conocimientos financieros y del comportamiento financiero.

[7] Más la multa prevista por ser detectados, que no se modela en este contexto simplificado.

[8] Véase Levy (2008) para un cómputo cuidadoso de las estimaciones de las brechas de formalidad utilizando datos de panel para México. Se pueden solicitar a los autores estimaciones similares para Chile. Véanse también Pratap y Quintin (2002), y Pagés y Stampini (de próxima publicación).

[9] La incipiente bibliografía de la región intenta medir el efecto real de los cambios en la política social en la informalidad. Los resultados son contradictorios, lo que sugiere algunos efectos específicos para cada caso. Por ejemplo, Barros (2008) considera que una gran expansión de los servicios de salud a la población no amparada por la seguridad social en México no dio como resultado que los trabajadores se pasaran al sector informal. Por otra parte, Gasparini, Haimovich y Olivieri (2007) sugieren traslados hacia el sector informal generados por el programa Jefas y Jefes de Hogar en Argentina. Además, Camacho y Conover (2008b) encontraron efectos pequeños pero contundentes en la informalidad del Régimen Subsidiado de Salud en Colombia (este programa se analiza detalladamente a continuación).

[10] Véase Levy (2008) para los detalles sobre el modelo.

[11] La diferencia depende de que las compañías informales se vean enfrentadas o no a cuñas de capital y a dos formas diferentes de modelar la economía (competencia monopolística con rendimientos a escala constantes, o un entorno de competencia perfecta con rendimientos a escala decrecientes).

[12] El POSS ofrece cobertura a los cónyuges o parejas estables en una relación de por lo menos dos años (que no estén directamente afiliados al RCS) y a todos los niños económicamente dependientes de cualquiera de los cónyuges. Esto último incluye a los niños menores de 18 años, a los estudiantes de tiempo completo menores de 25 años y a los dependientes discapacitados de cualquier edad. Si el afiliado es soltero o no tiene hijos, el grupo familiar incluye a uno de los padres que sea dependiente.

9 GRANDES INTERROGANTES SOBRE PEQUEÑAS EMPRESAS

En América Latina y el Caribe hay gran cantidad de empresas pequeñas y muchas de ellas son poco productivas. Los gobiernos de la región han invertido crecientemente en políticas para apoyar a las pequeñas y medianas empresas (PyME). La justificación de estas políticas ha sido que las PyME se enfrentan con dificultades extraordinarias que obstaculizan su productividad y crecimiento y, por consiguiente, su potencial para ofrecer empleo e ingresos a vastos segmentos de la población. Sin embargo, a pesar del entusiasmo con el cual se suele promover la política PyME, poco se sabe sobre su efectividad o impacto. En este capítulo se presenta un marco para analizar la justificación y el posible efecto de las políticas PyME en el desempeño de las empresas y en la productividad agregada.

La evidencia presentada en este capítulo confirma que las empresas grandes tienden a ser más productivas que las PyME. Algunos de los factores determinantes de la brecha de productividad son las diferencias en el acceso al crédito, el uso de la capacitación, la intensidad de la innovación y las certificaciones de calidad, elementos que están relacionados con la adquisición de mejores tecnologías. Por lo tanto, cabría suponer que las políticas orientadas a aumentar el suministro de estas tecnologías y servicios a las PyME podrían tener un efecto positivo en su productividad. No obstante, la escasez de pruebas concretas de su impacto o costo-efectividad sugiere proceder con cautela al interpretar estos resultados.

Las PyME y las políticas para el sector: objetivos, justificación e instrumentos

El sector de las PyME en América Latina y el Caribe

La definición de PyME varía según el país y la región aunque todas las definiciones usan alguna medida cuantitativa, como el número de empleados. De esta forma se define a las PyME como las empresas para las cuales esa medida se sitúa por debajo de un umbral determinado. Sin embargo, no todos los países utilizan la misma medida cuantitativa o el mismo umbral. Los criterios que más se usan son el número de empleados y las ventas mensuales o anuales.[1]

El tamaño relativo del sector PyME varía de un país a otro y es una característica endógena de cada país. Algunos países tienen recursos que le confieren una ventaja comparativa en los bienes que se producen de forma eficiente en empresas grandes, mientras que otros tienen una ventaja comparativa con respecto a los bienes producidos con mayor eficiencia en empresas pequeñas (You, 1995). Asimismo, el tamaño óptimo de las empresas en los países que están abiertos al comercio internacional podría ser mayor que en los países que están menos integrados en el plano internacional (véase el capítulo 5). La política económica también puede influir en el tamaño de las empresas. Por ejemplo, los regímenes tributarios simplificados para PyME podrían desincentivar su crecimiento, ya que a las empresas podría resultarles poco rentable pasar a una categoría tributaria superior (véase en el capítulo 7 un análisis detallado de este tema).

Como se señala en el capítulo 4, la mayoría de las pequeñas empresas son muy pequeñas, con menos de cinco o 10 empleados. Estas empresas son las "micro" en el contexto del sector de las MIPyME (las microempresas más las PyME) y son las menos productivas.

La política PyME y sus instrumentos

Las políticas PyME son aquellas que están orientadas a empresas con un tamaño menor que cierto umbral. En esta amplia definición quedan comprendidas una amplia gama de políticas. Casi todos los países latinoamericanos tienen un régimen tributario simplificado o normas laborales diferentes para las PyME, programas para facilitar el acceso al crédito, y subsidios y servicios para apoyarlas. Este capítulo se centra en las políticas orientadas a aumentar la productividad de las empresas, con frecuencia fomentando la capacitación, la innovación y la certificación de la calidad. Aunque el acceso al crédito se ha analizado en el capítulo 6, se tratará aquí también porque es un instrumento muy utilizado en las políticas PyME.

La meta expresa de la mayoría de las políticas PyME es alcanzar tasas más altas de crecimiento económico y reducir la pobreza (Ayyagari, Beck y Demirgüç-Kunt, 2007). A fin de alcanzar estas metas generales, las políticas PyME tienen diversos objetivos específicos, entre ellos la creación de empleo, un mejor espíritu empresarial, una mayor productividad y competitividad, mayor acceso al crédito y menores barreras de entrada.[2] Al formular y aplicar políticas PyME, las instancias normativas suelen enfrentarse con restricciones e incentivos que tienen poco que ver con las fallas del mercado y están más relacionados con los ciclos políticos, la igualdad y otros aspectos de la economía política. Esta variedad de objetivos (a menudo para el mismo programa o política) conspira en contra de la coherencia de las intervenciones orientadas a las PyME.

La principal justificación económica de los programas para PyME es la existencia de fallas del mercado que podrían perjudicarlas específicamente y limitar su crecimiento o productividad. Por ejemplo, en el mercado financiero, los bancos no suelen evaluar correctamente el riesgo de los préstamos a este tipo de firmas y, por lo tanto, rechazan algunos proyectos rentables, reduciendo en la práctica la oferta de capital para las empresas más pequeñas. En otros casos, los propietarios de pequeñas empresas no disponen de información completa sobre las ventajas de tomar ciertas medidas que podrían tener efectos positivos en el desempeño de sus empresas, como ofrecer capacitación a los empleados u obtener asistencia técnica externa. A veces, los empresarios no toman estas medidas debido a problemas de escala. Eso ocurre, por ejemplo, cuando en el mercado no se dispone de ciertos bienes y servicios en las cantidades pequeñas que las PyME consumirían en condiciones óptimas (estas son las fallas de mercado debidas a las indivisibilidades y no convexidades). En este contexto, la eficiencia de las PyME puede verse limitada por la incapacidad o la falta de voluntad de los proveedores de reducir la escala de sus servicios a fin de atender la demanda de las empresas más pequeñas. El ejemplo más común posiblemente sean los préstamos pequeños de las instituciones de crédito, pero el concepto podría aplicarse a varios servicios que requieren una evaluación inicial de las necesidades y las características del cliente, como la asistencia técnica y la capacitación. En estos casos, los costos fijos de los servicios no disminuyen mucho con el tamaño de los clientes, pero las utilidades se reducen considerablemente. Por esta razón el suministro de esos servicios a empresas más pequeñas no es rentable. Este argumento se ha usado con frecuencia para justificar las políticas públicas que ayudan a las PyME a coordinarse y organizarse a fin de presentar una demanda conjunta de servicios, entre ellas las políticas que promueven la formación de redes y grupos productivos.[3]

En vista de estos argumentos se podrían justificar las intervenciones públicas a fin de ayudar a las PyME a crecer o a aumentar la productividad. En ambos casos, las políticas podrían aumentar la productividad agregada, aunque los mecanismos mediante los cuales la productividad crece varían en cada caso. Cuando se trata de políticas que facilitan el crecimiento, la productividad agregada aumenta porque las políticas mejoran el uso (la asignación) de los recursos existentes. Cuando existen factores que restringen el crecimiento de las empresas, proporcionarles una unidad adicional de recursos genera un rendimiento muy grande en términos de producción, que fomenta la reasignación de mano de obra y capital. En el caso de las políticas que fomentan la productividad individual de las empresas, la productividad agregada aumenta porque las empresas que reciben asistencia se vuelven más productivas.

Otro grupo general de justificaciones para las políticas PyME está relacionado con las características (presuntas o reales) de este tipo de firmas que se consideran particularmente deseables. Primero, se afirma que las PyME aumentan la competencia y el espíritu empresarial y que, por consiguiente, redundan en beneficios externos para la eficiencia de la economía en general, la innovación y el crecimiento de la productividad agregada. Esto ocurre solo si las PyME son realmente productivas y muy eficientes e introducen innovaciones. Infortunadamente, la incidencia de la innovación tiende a ser mucho menor en las empresas pequeñas, lo cual significa que los beneficios no necesariamente se concretan. Segundo, se considera que las PyME hacen un uso intensivo de mano de obra; por lo tanto, la ampliación del sector impulsaría el empleo más que la ampliación de las empresas grandes. Sin embargo, en algunos estudios se observa que las PyME no hacen un uso más intensivo de mano de obra ni crean más empleo que las empresas grandes, si se tiene en cuenta también el alto grado de destrucción de empleos, que es mayor en las pequeñas empresas.

Hay otras opiniones escépticas acerca de la eficacia de las políticas de apoyo a las PyME (véase el cuadro 9.1).[4] Algunos autores afirman que las empresas grandes se benefician de las economías de escala y crean empleos más esta-

Cuadro 9.1 El debate sobre las políticas orientadas a las PyME

Opinión favorable de las PyME	Opinión escéptica de las PyME
Las PyME se ven afectadas especialmente por las fallas del mercado, como la información asimétrica, la no convexidad, y las externalidades locales.	
Las PyME promueven la competencia y el espíritu empresarial y, por consiguiente, la eficiencia y la innovación en la economía en conjunto.	Las empresas grandes pueden aprovechar las economías de escala y asumir grandes costos fijos relacionados con la investigación y el desarrollo.
Las PyME hacen un uso más intensivo de mano de obra que las empresas grandes.	Las PyME no hacen un uso más intensivo de mano de obra ni son mejores para crear empleo y no ofrecen empleos de mejor calidad.
Las PyME son más productivas que las empresas grandes, pero las fallas institucionales y del mercado financiero obstaculizan su formación y crecimiento.	Las políticas deberían fortalecer el clima de negocios en general y no concentrarse solamente en el tamaño, ya que el tamaño óptimo varía según el país y el sector.
	Las políticas pro PyME tienen probabilidades de fracasar precisamente donde más se necesitan (captación de las ventajas por elites que obstaculizan el crecimiento de las PyME).

Fuente: Ayyagari, Beck y Demirgüç-Kunt (2007); Levine (2005) y análisis de los autores.

bles y de mejor calidad. Otros autores cuestionan la validez de la consideración del tamaño de la empresa como factor exógeno determinante del crecimiento económico. Según este punto de vista, los subsidios para las PyME en realidad podrían distorsionar el tamaño de las empresas y tener efectos perjudiciales en la eficiencia económica. Otra opinión pone de relieve la importancia de mejorar el clima de negocios para las empresas de todos los tamaños. Las barreras bajas para la entrada y la salida, los derechos de propiedad bien definidos y el cumplimiento efectivo de los contratos crean un clima de negocios que propicia la competencia y las transacciones comerciales privadas. Aunque estos factores podrían impulsar a las PyME, el foco del punto de vista del clima de negocios no se encuentra en las PyME en sí, sino en el entorno en el cual operan todas las empresas. Por último, según otro punto de vista escéptico de las políticas PyME, estas políticas posiblemente se necesiten más precisamente en los lugares donde es menos probable que den resultado: si las PyME se enfrentan con obstáculos institucionales debidos a algún tipo de captura regulatoria, es muy probable que los programas para las PyME también estén capturados (Levine, 2005).

Aunque no hay consenso en el debate, muchos gobiernos de América Latina han introducido un conjunto de políticas de complejidad creciente en materia

Gráfico 9.1 Distribución de los programas para las PyME por país (porcentaje)

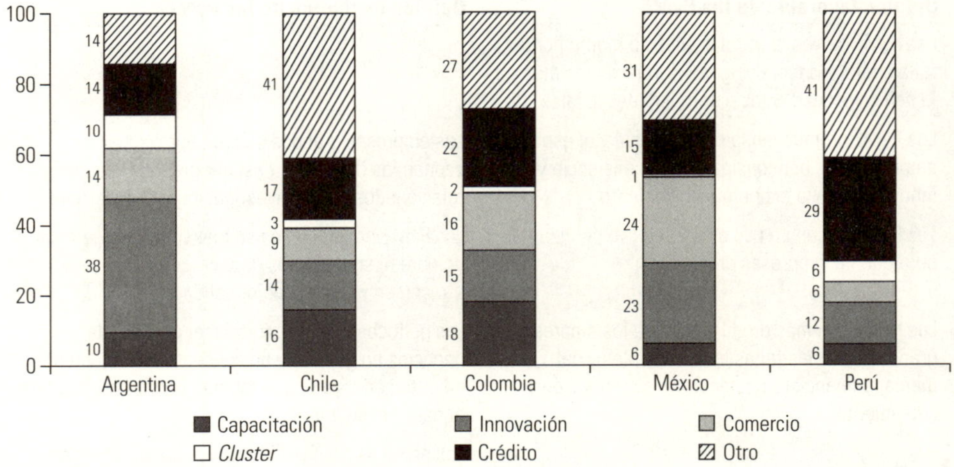

Fuente: Ibarrarán, Maffioli y Stucchi (2009).

de PyME. En el gráfico 9.1 se resumen algunas políticas para las PyME aplicadas en la región, agregadas en función de la variable en la cual procuran influir.[5]

Las políticas PyME vienen en distintos tamaños y sabores. En lo que se refiere al apoyo financiero, algunos programas proporcionan crédito a tasas de interés más bajas, con plazos más largos o con requisitos menos estrictos que las líneas de crédito que ofrece el mercado. En algunos casos, estas políticas se implementan directamente por medio de bancos públicos de desarrollo o indirectamente por medio de sistemas de financiamiento de segundo nivel, con los cuales las instituciones públicas de financiamiento otorgan préstamos a las PyME por medio de líneas de crédito administradas por bancos comerciales. Otros programas financieros proporcionan garantías para facilitar el acceso al crédito. En este caso, las instituciones financieras públicas establecen fondos de garantía de crédito que complementan la garantía constituida por las PyME. Otros programas proporcionan subvenciones o incentivos fiscales orientados a actividades específicas tales como capacitación, innovación y exportaciones. Muchos países, por ejemplo, ofrecen donaciones de contrapartida o reducciones tributarias a las PyME que compran los servicios de empresas acreditadas para capacitar a sus empleados. A fin de promover la innovación, los fondos de desarrollo tecnológico, que están muy difundidos, otorgan donaciones de contrapartida para cofinanciar proyectos de PyME con la finalidad de introducir innovaciones en procesos y productos. Los programas de promoción de las exportaciones ofrecen paquetes de servicios e incentivos financieros a las PyME que tienen potencial para las exportaciones, incluido el cofinanciamiento de consultorías especializadas para análisis de mercados extranjeros, control de la calidad y certificaciones. Por último, una nueva generación de programas públicos establece nexos entre empresas más grandes, en algunos casos extranjeras, y posibles pequeños proveedores, cofinanciando la asistencia técnica para adaptar la calidad de la producción de las PyME a las normas exigidas por los clientes más grandes.

Relación entre el tamaño de la empresa y la productividad

Las políticas PyME pueden influir en el nivel agregado de productividad por medio de dos canales. Primero, pueden influir directamente en la productividad de las PyME y, en consecuencia, en la brecha de productividad entre estas y las empresas grandes. Segundo, si las PyME y las empresas grandes difieren en lo que respecta a productividad, las políticas para las PyME pueden influir en la productividad agregada reasignando recursos entre ambos tipos de empresas.

La productividad de un sector o de la economía puede expresarse como la suma de la productividad de las empresas grandes y la brecha de productividad entre las empresas pequeñas y las grandes, ponderada por la participación de las empresas pequeñas en el total.[6]

$$P_t = P_{Grandes,t} + \omega_{PyME,t}\left(P_{PyME,t} - P_{Grandes,t}\right) \quad (1)$$

Por lo tanto, el nivel agregado de productividad (P_t) depende de la productividad de cada grupo según el tamaño ($P_{PyME,t}$ y $P_{Grande,t}$) y de la asignación de recursos entre ambos grupos ($\omega_{PyME,t}$). Las políticas para las PyME influyen en ambos mecanismos.

El impacto que los cambios en la productividad de cada grupo tienen en la productividad agregada es claro: la productividad agregada es mayor si la productividad de las empresas pequeñas o grandes aumenta. Sin embargo, un aumento de la participación del sector de las PyME en el total conduce a un aumento de la productividad agregada solo si las PyME son más productivas que las empresas grandes. La mayoría de los datos parecen indicar que, en promedio, las empresas grandes tienen una mayor productividad total de los factores (medida de la productividad que tiene en cuenta la mano de obra, el capital y los materiales que usan las empresas para la producción). Si las PyME son menos productivas que las empresas grandes, las políticas que propician el aumento de la proporción de las empresas del sector de las PyME (como las políticas de empleo) pero no incrementan la productividad podrían menoscabar la productividad agregada.

La menor productividad de las empresas más pequeñas también podría deberse a la relación dinámica entre la antigüedad de una empresa y su productividad (véase, entre otros, Huergo y Jaumandreu, 2004). Las empresas nuevas que entran en el mercado por lo general son relativamente más pequeñas y menos productivas. Sin embargo, las empresas nuevas que sobreviven la selección competitiva tienden a experimentar un mayor crecimiento de la productividad que las empresas que llevan varios años operando.

Factores determinantes de la brecha de productividad entre las PyME y las empresas grandes

¿Hay algún margen para que las políticas públicas aumenten la productividad de las PyME? La mejor forma de responder a esta pregunta crucial sería realizar un gran número de estudios sobre el impacto de las políticas PyME y su relación costo-eficacia, o sea, su eficacia en comparación con otras opciones de política. Lamentablemente, no se han hecho estudios de ese tipo, y las raras evaluaciones en las cuales se aborda este tema con rigurosidad no constituyen una masa crítica de la cual puedan sacarse conclusiones significativas. Los encargados de la formulación de políticas, los expertos y los organismos internacionales deberían aumentar drásticamente los recursos dedicados a las evaluaciones del impacto de las políticas PyME.

Sin embargo, como consecuencia de la disponibilidad creciente de datos a nivel de empresas, puede medirse la magnitud de la brecha de productividad entre las PyME y las empresas grandes.[7] Esta brecha también puede desglosarse en sus principales factores determinantes, en particular las variables a las cuales generalmente están dirigidas las políticas en materia de PyME, como el acceso al crédito, la innovación, la capacitación y la certificación de la calidad.[8] Después de identificar los factores determinantes de la brecha de productividad y de contrastar la relevancia de los factores a los cuales están dirigidas las políti-

RECUADRO 9.1 DATOS SOBRE LAS EMPRESAS

El trabajo empírico de este capítulo se basa en datos de empresas obtenidos por medio de las encuestas de empresas del Banco Mundial. Las encuestas fueron hechas sobre una muestra representativa de empresas de la economía no agropecuaria y abarcan establecimientos con más de cinco empleados. El análisis se limita al sector manufacturero. La ventaja principal de este conjunto de datos es que proporciona información homogénea sobre 16 países de América Latina.

Los conjuntos de datos tienen dos limitaciones. Primero, todos los establecimientos del conjunto de datos pertenecen a empresas registradas con más de cinco empleados. Esto es importante porque, en las economías de América Latina, las microempresas y el sector informal representan una parte importante del total del empleo. La segunda limitación es que las encuestas no proporcionan datos de series temporales. En vista de que, en la región, la mayoría de las políticas PyME están orientadas al sector formal, la primera limitación no es motivo de gran preocupación. La segunda es más restrictiva porque obstaculiza la posibilidad de considerar los efectos dinámicos de las políticas PyME en la supervivencia y el crecimiento de las empresas. La falta de datos temporales también restringe el tipo de medidas de productividad que pueden computarse.

Las encuestas de empresas permiten calcular la productividad total de los factores a nivel de establecimiento. También proporcionan información sobre la empresa (propietarios, otros establecimientos, forma de organización), algunas características del establecimiento (antigüedad, número de empleados, ventas) y un conjunto de variables a las cuales generalmente está dirigida la política PyME, como el acceso al crédito, la capacitación y los procesos innovadores. El análisis empírico se basa en Ibarrarán, Maffioli y Stucchi (2009), donde se pueden ver los pormenores sobre la medición de la productividad, las estimaciones y las simulaciones presentadas en este capítulo.

cas PyME, puede simularse el impacto que tendría la ampliación de esas políticas sobre el nivel de productividad (véase el recuadro 9.1).

Los datos sobre el sector de las manufacturas en América Latina y el Caribe muestran que las PyME tienden a ser menos productivas que las empresas grandes (véase el capítulo 4, confirmado en este análisis mediante la utilización de la productividad total de los factores).[9] Según la especificación del modelo, la brecha se sitúa entre el 22% y el 15% para las pequeñas y medianas empresas, respectivamente. Estos cálculos no incluyen las microempresas y se basan en los análisis de los datos de la encuesta de empresas realizada por el Banco Mundial en un gran número de países de América Latina y el Caribe. Los datos presentados en el capítulo 4 parecen indicar diferencias incluso mayores entre las microempresas y las empresas más grandes. En vista del marco presentado anteriormente, esta brecha implica que las políticas que trasladan recursos a las

Cuadro 9.2 Factores determinantes de la productividad (porcentaje)

	Sin variables de política	Con variables de política	Con variables de política y control de la endogeneidad[c]
Brecha de productividad[a]			
Empresas pequeñas	–22,1	–15,3	0
Empresas medianas	–15,1	–11,3	0
Efecto de las variables en las que puede influir la política orientada a las PyME[b]	0	0	0
Acceso al crédito	n.c.	6,1	18,1
Capacitación	n.c.	5,5	23,4
Certificación de calidad (ISO)	n.c.	13,1	22,1
Innovación en los productos	n.c.	0	27,5

Fuente: Ibarrarán, Maffioli y Stucchi (2009).

n.c. = no corresponde

[a] Se excluyeron las empresas grandes. Por lo tanto, los coeficientes expresan la diferencia en la productividad con respecto a las empresas grandes.

[b] Todas las variables en las cuales puede influir la política para las PyME son variables ficticias. Por lo tanto, sus coeficientes expresan la diferencia en productividad (porcentaje) entre las empresas que tienen acceso al crédito y las que no lo tienen (igual que para las demás variables).

[c] La ecuación se calculó usando variables instrumentales. Todas las variables en las que puede influir la política para las PyME se instrumentaron con el promedio de las variables a nivel de país-industria, industria-tamaño y país-industria-tamaño. Se contrastó la validez de los instrumentos utilizando la prueba de Sargan y la prueba incremental de Sargan. Véanse más detalles en Ibarrarán, Maffioli y Stucchi (2009).

PyME (sin afectar su productividad) podrían reducir la productividad agregada porque las empresas menos productivas representarían una proporción mayor de la actividad económica.[10]

Los datos permiten determinar qué empresas usan crédito, capacitan a los trabajadores, introducen innovaciones o están certificadas. Controlando por el efecto de esas variables en un marco de regresión,[11] el análisis muestra que los factores a los cuales generalmente están dirigidas las políticas en materia de PyME en realidad explican una parte importante de la brecha de productividad. Entre ellos, el acceso al crédito, la capacitación y la certificación de la calidad muestran una relación constante y robusta con la brecha de productividad (véase el cuadro 9.2).

A fin de sondear más a fondo la robustez de los resultados, se emplearon técnicas de evaluación de políticas para determinar los posibles efectos de las variables de política en la productividad de las PyME y las grandes empresas

Cuadro 9.3 Relación entre las variables de política y la productividad (porcentaje)

	Diferencia en la productividad		
	Todas	**PyME**	**Grandes**
Empresas que ofrecen capacitación en comparación con las empresas que no ofrecen capacitación pero que tienen características similares[a]	7,1	10,5	7,2
Empresas con acceso al crédito en comparación con las empresas sin acceso al crédito pero con características similares[a]	8,9	8,0	11,0
Empresas con certificaciones de calidad (ISO) en comparación con las empresas sin certificación pero con características similares[a]	15,6	23,0	12,3
Empresas que innovan en la producción en comparación con las empresas que no lo hacen pero que tienen características similares[a]	n.s.	n.s.	n.s.

Fuente: Ibarrarán, Maffioli, Stucchi (2009).
n.s. = estadísticamente no significativo
[a] Se usó la correspondencia del puntaje de propensión para encontrar empresas con características similares. Véanse más detalles en Ibarrarán, Maffioli y Stucchi (2009).

(véase el cuadro 9.3). Los resultados muestran no solo una relación constante y robusta entre el acceso al crédito, la capacitación y la certificación de la calidad, y la productividad, sino también que las variables que pueden ser afectadas por la política tienen mayor relevancia para las PyME que para las empresas más grandes (excepto en lo que se refiere al acceso al crédito).[12] En general, los resultados parecen indicar que las políticas que promueven estos factores en las PyME podrían tener efectos positivos en la productividad de las empresas.

¿En qué medida pueden las políticas para las PyME aumentar la productividad?

¿Implican estos resultados que las políticas PyME se justifican? Incluso si se considera que los resultados son confiables, no se debería llegar apresuradamente a la conclusión de que las políticas PyME con la finalidad de mejorar el acceso al crédito, la capacitación, la innovación y la certificación de la calidad conducirían necesariamente a un aumento del nivel general de productividad. El análisis que se presenta aquí indica que las empresas pequeñas que capacitan a sus trabajadores son más productivas que las empresas pequeñas que no lo hacen y que la capacitación representa una parte de la diferencia en la productividad con respecto a las empresas grandes. Sin embargo, no es evidente que las políticas en materia de PyME en realidad lleven a las empresas beneficiarias a dedicarse a las actividades que tengan un efecto positivo en la productividad. Podría ser, por ejemplo, que las empresas que participan en un programa de capacitación habrían capacitado a sus trabajadores de todas formas con sus propios recursos. Asimismo, el tipo de actividades que se promueven con políticas públicas no es necesariamente el mismo que realizan las empresas por su cuenta. Por ejemplo, la capacitación proporcionada por los programas para PyME que reciben apoyo público podría ser muy diferente de la ofrecida por las empresas más productivas.

Los resultados también parecen indicar que las políticas dirigidas a todas las empresas, y no solo a las pequeñas, podrían surtir mayor efecto en la productividad. Ibarrarán, Maffioli y Stucchi (2009) calculan el impacto de las políticas PyME en la productividad en general, partiendo del supuesto de que las PyME que no ofrecen capacitación y que no reciben financiamiento externo o certificación, pero que tienen características muy similares a las de las empresas que lo hacen, realizan esas actividades como consecuencia de la política. Los resultados de la simulación muestran que las políticas bien focalizadas para las PyME podrían tener un gran efecto positivo en la productividad agregada. En la muestra adoptada para la simulación, inducirían un aumento del 5,7% en la productividad agregada (véase el cuadro 9.4). El efecto general en la productividad agregada se debería principalmente al efecto "entre empresas", que representa un 65,5% del aumento de la productividad agregada, mientras que el efecto "dentro de la empresa" representa un aumento del 45,4% en la productividad agregada. Eso implica que el efecto en la productividad agregada se debe principalmente a la reasignación de recursos hacia las empresas que eran ex ante relativamente más productivas y que lograron ampliar su participación en el mercado como consecuencia de la política.

¿Qué ocurriría si se aplicaran las mismas políticas (al mismo número de empresas) sin ninguna restricción con respecto al tamaño de las empresas? En este caso, la simulación muestra que el efecto global en la productividad agregada sería mucho mayor que en el caso anterior, con un efecto global del 10,5% en la productividad agregada. El desglose de este efecto es muy diferente del caso anterior. El impacto en la productividad se debe en su mayor parte al aumento de la eficiencia en las empresas, que representa un 81,5% del aumento, y no a la reasignación de recursos hacia empresas más productivas. Eso se debe evidentemente al hecho de que las políticas que no están dirigidas a las PyME influirían

Cuadro 9.4 Efecto de cada política en el nivel agregado de productividad (porcentaje)

	Impacto en la productividad agregada	Porcentaje del efecto correspondiente al: Efecto dentro de la empresa	Efecto entre empresas	Efecto cruzado
Política para las PyME				
Crédito	4,7	15,3	90,6	–6,0
Capacitación	4,9	17,8	86,7	–4,4
Innovación en los productos	5,0	20,4	84,9	–5,3
Certificación de calidad (ISO)	4,5	0,0	99,9[a]	0,0
Todas	5,7	45,4	65,5	–10,9
Política no supeditada al tamaño de las empresas				
Crédito	5,9	39,7	66,7	–6,4
Capacitación	6,6	40,2	58,9	0,8
Innovación en los productos	6,9	51,0	56,3	–7,3
Certificación de calidad (ISO)	4,5	0,8	99,1	0,1
Todas	10,5	81,5	26,2	–7,7

Fuente: Ibarrarán, Maffioli y Stucchi (2009).

[a] En el caso de la certificación ISO de las PyME, los resultados de la simulación muestran un predominio absoluto del efecto entre empresas en comparación con el efecto dentro de las empresas. Eso se debe a que muy pocas PyME del conjunto de datos adoptan la certificación ISO y a que las PyME que no lo hacen pero tienen características muy similares a las que lo hacen también son pocas y son las más productivas. En consecuencia, al simular el impacto de una política para promover la certificación ISO, el efecto entre empresas es muy grande debido al aumento de la proporción de las PyME más productivas. El efecto dentro de las empresas es casi irrelevante debido al número muy limitado y al tamaño pequeño de las empresas que podrían verse afectadas por la política simulada.

en la productividad de las empresas que tienen una mayor participación inicial en el mercado.

Los posibles beneficios de tales políticas deberían compararse también con su costo, que podría ser mayor que el valor de la producción adicional generada. En ese caso, esas políticas difícilmente se justificarían desde un punto de vista económico, aunque podrían ser apropiadas desde el punto de vista social.

La eficacia de las políticas PyME

Como ya se dijo, para un análisis del efecto de las políticas orientadas a las PyME en la productividad agregada sería sumamente beneficioso contar con evaluaciones rigurosas del impacto. Infortunadamente, en América Latina la mayoría de estas políticas ni siquiera son objeto de un seguimiento apropiado, y no se han hecho análisis rigurosos de su efecto en el crecimiento y la productividad.[13] Aunque se invierten grandes sumas de dinero en las políticas para las PyME, todavía es muy poca la información disponible sobre sus efectos.[14]

Un panorama reciente de la situación en este rubro en Perú, por ejemplo, muestra que, de los 18 programas más importantes, solo uno tiene un componente de seguimiento y evaluación, aunque no se ha realizado una evaluación rigurosa (Díaz y Jaramillo, 2009). Este estudio señala también que las políticas PyME en Perú están extendidas en exceso: las políticas y los programas están dirigidos a una amplia gama de asuntos relacionados con las PyME. Estas políticas carecen de un diagnóstico que les permita resolver problemas específicos. La cobertura de las políticas PyME es muy limitada. Eso probablemente sea inevitable en vista del número de establecimientos pequeños. Sin embargo, la falta de un diagnóstico tiene como consecuencia la ausencia de focalización o de criterios estratégicos.

En México, desde el año 2000 el Congreso exige que se hagan evaluaciones anuales de todos los proyectos públicos administrados por el gobierno federal que incluyen subsidios o transferencias. Un examen de las evaluaciones más recientes de los proyectos de PyME muestra que, en su mayoría, los sistemas de seguimiento y evaluación no están estructurados para recopilar información sobre los resultados.[15] En 2007, el Banco Mundial publicó un estudio sobre la evaluación de las políticas PyME en México e informó que en un solo programa se habían hecho evaluaciones de impacto en las cuales se habían utilizado grupos comparativos y se habían examinado los objetivos intermedios y finales. Los resultados de estas evaluaciones de impacto parecen indicar que los programas para las PyME influyen en los resultados intermedios, entre ellos la capacitación y la adopción de tecnología. El impacto de estos programas en los resultados finales (mejora del desempeño, la productividad, los salarios y la orientación a las exportaciones) sigue siendo difícil de definir.[16] La conclusión del estudio de México es similar a la que sacan Goldberg y Palladini (2008) en relación con Chile: se necesita un sistema integral para dar seguimiento a estos programas y evaluarlos.

En Colombia, la escasez de evaluaciones del impacto de los programas de apoyo a las PyME también es evidente. Una excepción es una evaluación del impacto del programa principal de apoyo a las PyME en el país: el Fondo

Colombiano de Modernización y Desarrollo Tecnológico de las Micro, Pequeñas y Medianas Empresas, cuyos resultados son ambivalentes. De acuerdo con la evaluación (DNP-Sinergia, 2008), el programa tuvo algunos efectos positivos en el empleo y las ventas, pero no en la productividad. Sin embargo, en el mismo documento se señala que la falta de un punto de referencia y las serias limitaciones de los datos son salvedades importantes por las cuales no puede darse una interpretación concluyente a los resultados. En lo que se refiere a la promoción de las exportaciones, Volpe y Carballo (2008) observan que estos programas fomentan la diversificación de las exportaciones pero no presentan resultados sobre la productividad.

En Argentina, el trabajo de evaluación se ha centrado en los programas de innovación. Binelli y Maffioli (2007) evalúan el Programa de Modernización Tecnológica, que proporcionó aportes no reembolsables a las empresas para prácticas innovadoras a través de donaciones de contrapartida. Los resultados muestran que los efectos varían mucho. Las firmas más afianzadas, en promedio, usan los aportes para reemplazar las innovaciones que ya pensaban introducir, mientras que las empresas que recién empiezan usan los aportes para financiar innovaciones que no hubiesen introducido sin el aporte. De este modo se genera un efecto sobre la innovación solo en las empresas más pequeñas. En esta evaluación tampoco se muestra un efecto claro del programa en la productividad de las empresas.

La evidencia de países en desarrollo fuera de América Latina muestra que varios modelos de incentivos financieros para empresas que se implementaron en la República de Corea a fin de promover la capacitación fracasaron. Sin embargo, cuando se proporcionó asistencia institucional y técnica a las PyME, se reportaron resultados positivos en lo que se refiere a la participación y a la productividad de las empresas.[17] Esta experiencia también documenta la necesidad de una política PyME integrada, no solo en lo que se refiere a instrumentos (asistencia técnica, subsidios) sino también al trabajo con grupos productivos de PyME alineados con organizaciones de pequeñas empresas.

Conclusión

¿Mejoran las políticas PyME la productividad en América Latina y el Caribe? Lamentablemente, el enorme entusiasmo que los gobiernos y los organismos internacionales han demostrado en relación con el financiamiento de políticas PyME y la promoción del crecimiento y el desarrollo del sector no ha estado acompañado de un ansia similar de dar seguimiento a los resultados y medir los efectos de tales políticas. Esta realidad preocupante no se limita a la dimensión de la productividad. En en general, no resulta claro si a las empresas que han sido beneficiarias de programas para PyME les ha ido mejor o si esas firmas han generado más empleo que si no hubieran contado con tales programas. Por lo tanto, en gran medida no se sabe si las políticas para las PyME contribuyen al crecimiento de la productividad, la generación de empleo o la supervivencia de las empresas. En el peor de los casos, estas políticas podrían reducir la productividad agregada al distorsionar la asignación de recursos, especialmente si no apoyan a las empresas que tienen buenas ideas pero que tienen dificultades para crecer sino a empresas con modelos comerciales muy débiles y pocas esperanzas de aumentar la productividad lo suficiente para compensar el costo de la intervención.

En muchos países de América Latina, el rendimiento de la inversión de recursos adicionales en empresas pequeñas es menor que en las empresas más grandes, un factor que podría atribuirse a la evasión fiscal y regulatoria, que podría llevar a empresas pequeñas a crecer más de la cuenta. Eso pone en tela de juicio una vez más la conveniencia de encauzar más recursos a estos tipos de empresas a menos que promuevan un aumento de la productividad y la formalización de las empresas que reciban asistencia.

Por lo tanto, es crucial que los programas tengan objetivos claros y señalen los canales mediante los cuales prevén mejorar los resultados. También es fundamental que los programas cuenten con un diseño de seguimiento y evaluación apropiados que permitan evaluar el impacto de los programas para las PyME en distintas dimensiones del desempeño de estas empresas. Otro aspecto crucial para que las políticas PyME den resultado es la focalización apropiada. Aunque formular un mecanismo específico de focalización no es uno de los objetivos de este capítulo, pueden hacerse algunas consideraciones. Primero, los programas deben tener criterios de selección claros que abarquen el desempeño anterior y objetivos específicos con respecto al comportamiento y al desempeño de la empresa. Asimismo, deben establecer normas claras para suspender el apoyo o reasignar las empresas a otros tipos de programas si no se alcanzan los objetivos.[18] De esta forma se impediría que los programas apoyaran a empresas con un desempeño deficiente (en relación con los objetivos del programa) durante períodos prolongados. Otro riesgo consiste en apoyar empresas a las cuales les habría ido bien incluso sin el programa. A fin de reducir al mínimo esta posibilidad, es necesario formular programas con estrategias de salida clara para beneficiarios exitosos. Si las políticas se proponen abordar fallas del mercado, deberían ser temporarias, ya que, una vez que la empresa está bien encauzada para realizar su potencial, algunas de las fallas del mercado se corregirán o se reducirán a un mínimo.[19]

Otro asunto fundamental consiste en supeditar el apoyo a las PyME al cumplimiento de las normas tributarias y regulatorias. Sin embargo, para eso hay que mejorar el clima de negocios para todas las empresas.

¿Pueden las políticas PyME mejorar la productividad en América Latina? En principio, sí, siempre que estén bien focalizadas y fomenten la capacitación, la innovación, la certificación y el acceso al crédito: precisamente aquellos factores que parecen explicar la brecha de productividad con respecto a las empresas más grandes. Sin embargo, incluso dejando de lado los aspectos cruciales del costo y de la implementación, las expectativas de estas políticas deberían ser realistas. El potencial de las políticas PyME para fomentar el crecimiento de la productividad es limitado y podría ser incluso menor que si se aplicaran las mismas políticas a todas las empresas, y no solo a las PyME. La desventaja del enfoque integral es el mayor riesgo de apoyar a empresas a las cuales les habría ido bien sin ningún apoyo público.

Notas

[1] En general, el límite superior del número de empleados utilizado en la definición de PyME en América Latina es inferior al de la Unión Europea y Estados Unidos. Las excepciones son los sectores manufactureros de Brasil, donde el límite es 500, o sea el mismo que en Estados Unidos, y México, donde el límite es 250 empleados, o sea el mismo que en la Unión Europea. De acuerdo con la definición de la Unión Europea, una PyME es una empresa no subsidiaria e independiente que tiene menos de 250 empleados y un volumen de negocios anual de menos de €50 millones o un saldo anual en el balance de menos de €43 millones.

[2] Estos son algunos de los objetivos más comunes, y hay confusión entre los instrumentos y los objetivos. Esto ocurre tanto en los países desarrollados como en los países en desarrollo. En relación con los primeros, Storey (1998) afirma que "los gobiernos de todos los países desarrollados parecen ser, en el mejor de los casos, poco comunicativos acerca de los objetivos de la política para las pequeñas empresas".

[3] El surgimiento de grupos productivos y distritos industriales muy competitivos, a menudo integrados por PyME o combinaciones de grandes empresas y pequeños proveedores, ha introducido nuevas justificaciones para las políticas PyME. En este caso se considera que la concentración local de PyME especializadas en una línea determinada de productos podría constituir una combinación eficiente de escala de producción y flexibilidad. Sin embargo, exige una gran coordinación entre las empresas participantes en sistemas de producción muy complejos. Para estos casos se preconizan políticas específicas a fin de apoyar el proceso por medio del cual las PyME seleccionan y financian actividades conjuntas para aumentar la eficiencia sistémica del grupo productivo y hacer frente a las externalidades locales (véanse ejemplos de América Latina en Pietrobelli y Rabellotti, 2004).

[4] Este análisis se basa en Ayyagari, Beck y Demirgüç-Kunt (2007) y en Levine (2005).

[5] Una característica importante de la política PyME es que hay muchos programas. Como no se pueden incluir todos en un solo gráfico, se seleccionaron algunos países y políticas.

[6] Esta ecuación proviene de un desglose del nivel agregado de productividad y no es una condición para el equilibrio.

[7] Está la cuestión de si el tamaño determina la productividad o si la productividad determina el tamaño. Hsieh y Klenow (2007) proponen un modelo en el cual las empresas más productivas crecen y se vuelven más grandes. Por otro lado, las empresas grandes podrían aprovechar las economías de escala y de diversificación y cubrir con más facilidad los costos fijos, los cuales, si no se contabilizan, se contarán como parte de la mayor productividad. Las empresas pequeñas también podrían tener más flexibilidad para hacer frente a los cambios en el entorno. Podrían cooperar para alcanzar economías de escala y de diversificación similares a las de las empresas más grandes o podrían simplemente concentrarse en mercados pequeños y sumamente especializados.

[8] En un marco sencillo, el modelo de la productividad se basa en el tamaño, en un conjunto de variables a las cuales generalmente están orientadas las políticas PyME, en un conjunto de variables de control exógenas y en un conjunto de variables ficticias de país-año y de la industria. En el análisis se comparan los efectos del tamaño, se incluyan o no las variables de política. En vista de que es muy probable que estas variables de política sean endógenas, se adoptó un enfoque de variables instrumentales para resolver este problema (véanse más detalles en Ibarrarán, Maffioli y Stucchi, 2009).

[9] Ibarrarán, Maffioli y Stucchi (2009) calculan la productividad utilizando el método residual de Solow. El análisis se repitió con la metodología de Hsieh y Klenow (2007) y los resultados fueron cualitativamente similares. Véanse más detalles en la monografía de los autores.

[10] Nótese, sin embargo, que si las políticas reducen las fallas del mercado o de la política, podrían mejorar la productividad global incluso si condujesen a un aumento de la proporción de empresas pequeñas (Hsieh y Klenow, 2007).

[11] Estas variables de política representan las acciones de las empresas a las cuales están dirigidas comúnmente las políticas Pyme. Los supuestos básicos son que las políticas PyME pueden promover estas acciones entre las empresas que no habían tomado estas medidas por su cuenta y que las medidas adoptadas tendrán efectos similares. Por ejemplo, si una empresa tiene acceso al crédito como consecuencia de un programa para las Pyme, se beneficiará de forma similar a las empresas comparables que ya tienen acceso al crédito.

[12] La relación incongruente entre la innovación en los productos y la productividad probablemente refleje el hecho de que las innovaciones tardan en generar un aumento en la productividad y no se puede detectar su efecto

sin datos de series temporales. Véase un análisis de este tema en Hall y Maffioli (2008).

[13] Aunque la falta de evaluaciones rigurosas sistemáticas de las políticas PyME es más pronunciada en América Latina, la región no es la única con esta carencia. Según Storey (1998) y OCDE (2005), se han hecho pocas evaluaciones apropiadas en países desarrollados. Dos ejemplos son la evaluación de Irlanda realizada por Roper y Hewitt-Dundas (2001) y la de Japón hecha por Motohashi (2001). En la primera se llega a la conclusión de que, en Irlanda, el apoyo a las PyME impulsó el empleo pero no la productividad, mientras que en la segunda la conclusión es que, en Japón, el nuevo modelo de apoyo a las PyME (que pasó de "impulsar el sector de las PyME" a políticas más específicas para promover la competencia y la innovación) tuvo resultados positivos; sin embargo, todavía no se han resuelto los problemas de selección.

[14] En México, por ejemplo, hay más de 140 programas que tienen entre sus objetivos el trabajo con las PyME. Se han gastado alrededor de US$3.000 millones en los 25 programas más grandes (Soto, 2009), casi lo mismo que gasta el Estado en el Programa Oportunidades de transferencias monetarias condicionales, que beneficia a 5 millones de familias.

[15] Véanse las evaluaciones de 2007 (Evaluación de consistencia y resultados) realizadas por el Consejo Nacional de Evaluación (Coneval).

[16] Véase Banco Mundial (2007). También en relación con México, véanse en OCDE (2007a) y Storey (2008) una reseña de la evaluación de los programas de apoyo a las PyME en México.

[17] Véase Lee (2006). Sin embargo, los resultados positivos se midieron en un estudio piloto y todavía no se han hecho evaluaciones exhaustivas. Este modelo, que incluye capacitación y asistencia técnica, fue implantado en México (pero después fue abandonado) y se ha ensayado en otros países, como Panamá.

[18] Esto es análogo a la tendencia actual en la política industrial de dejar que los perdedores fracasen: el gobierno debe estar dispuesto a dejar de apoyar a las empresas en las cuales el programa no da resultado.

[19] Una vez que una empresa consigue crédito, puede mantenerlo sin apoyo del gobierno. Asimismo, una vez que internaliza los beneficios de la capacitación o la innovación, puede continuar esas actividades sin recibir subsidios.

10 LA IMPORTANCIA DE LAS IDEAS: INNOVACIÓN Y PRODUCTIVIDAD EN AMÉRICA LATINA

Por lo general, se reconoce la capacidad de una sociedad y de sus empresas para generar y asimilar cambios tecnológicos como un componente crucial de la prosperidad y del crecimiento. Una larga tradición de pensamiento económico que se remonta por lo menos hasta Schumpeter ha identificado una sólida relación entre la innovación y el crecimiento de la productividad. Al formular la teoría del crecimiento económico, Solow (1956) le atribuyó un papel vital al cambio tecnológico, y su visión del tema sigue siendo uno de los cimientos para entenderlo. Griliches (1986) formalizó y especificó el contenido empírico de estas ideas generando modelos que tenían por objeto medir el impacto del capital de conocimientos sobre la productividad (utilizó las actividades de investigación y desarrollo [I+D] realizadas como variable sustitutiva del capital de conocimientos). Romer (1990) enriqueció esta teoría modelando los factores determinantes de la creación de conocimiento, convirtiendo las actividades de I+D en una variable endógena, en lugar de un elemento externo, para entender el crecimiento. En los últimos decenios se ha acumulado una cantidad considerable de investigaciones económicas, sociológicas e históricas sobre el papel que desempeña el conocimiento en el desarrollo económico. Estas investigaciones están organizadas en torno al concepto de innovación, entendido como un concepto que va más allá de las actividades de I+D en el sentido tradicional, lo que implica que no toda la innovación tiene origen tecnológico (véase el recuadro 10.1).

La adquisición, adaptación y creación de conocimiento se ha convertido en un factor importante en el desarrollo económico y es el común denominador

RECUADRO 10.1 LA DEFINICIÓN DE INNOVACIÓN

El Manual de Frascati (OCDE, 2002) y el Manual de Oslo (OCDE y Eurostat, 2005) constituyen referencias internacionales para la medición de las actividades relacionadas con la tecnología y la innovación. El Manual de Oslo, en particular, presenta las directrices que deben seguirse al analizar y medir las actividades de innovación en las empresas. En la mayoría de los países de la OCDE se utiliza ampliamente la encuesta de innovación. El Manual de Bogotá (RICYT et al., 2001), que está basado en el de Oslo, es de particular importancia para los países latinoamericanos porque profundiza la medición de la innovación, sobre todo en los ámbitos de recursos humanos, capacitación y cambio en la organización. La edición más reciente (tercera) del Manual de Oslo incluye recomendaciones para la medición de la innovación en las economías en desarrollo y adopta los conceptos esenciales del mensaje del Manual de Bogotá.

La última edición del Manual de Oslo define la innovación como la implementación de un producto (bien o servicio) o proceso nuevo o significativamente mejorado, un nuevo método de mercadotecnia o un nuevo método organizativo en la práctica empresarial, la organización del establecimiento o las relaciones externas. Los dos primeros tipos están, tradicionalmente, más relacionados con la innovación tecnológica. Se considera que una empresa es innovadora si ha implementado una innovación durante el período que cubre el estudio (generalmente de dos a tres años).

En algunas encuestas se incluyen preguntas adicionales sobre el grado de novedad de las innovaciones. El Manual de Oslo distingue tres conceptos: nuevo en la empresa, nuevo en el mercado y nuevo en el mundo. Las compañías que innovan para los mercados local e internacional pueden considerarse motores de la innovación tecnológica. De estas empresas surgen muchas ideas y conocimientos nuevos. La información sobre el grado de novedad puede emplearse para identificar a las empresas que desarrollan innovaciones y a las que las adaptan, examinar perfiles de difusión e identificar a los pioneros y a los seguidores en el mercado (OCDE, 2009).

de las estrategias exitosas de desarrollo que aplicaron países tan diversos como República de Corea, Finlandia, Irlanda, Singapur, Taiwán y, más recientemente, China e India. En la economía mundial actual la innovación se ha vuelto indispensable, aunque se esté reduciendo el umbral para la adquisición y la difusión del conocimiento. Esto hace posible, en teoría, implementar estrategias para que los países progresen a mayor velocidad, adaptando el conocimiento que se originó en economías avanzadas hasta ponerse a la par de ellas.

En este capítulo, escrito en un contexto de estancamiento persistente de la productividad en América Latina, se procura dar respuesta a las siguientes preguntas: ¿cómo y cuánta innovación tiene lugar en la región y cuáles son las empresas innovadoras? ¿Cuáles son los nexos entre la innovación, tal como tiene lugar en la región, y la productividad? ¿Qué puede hacerse para alentar la innovación? La hipótesis inicial es que el actual estancamiento de la productividad en América Latina puede atribuirse, en parte, a un déficit de innovación. Esta hipótesis es reafirmada por el contraste con el crecimiento muy rápido que registraron economías que no hace mucho eran más pobres que las de América Latina, en un proceso de crecimiento con un fuerte efecto multiplicador de inversiones masivas en innovación y tecnología.

Inversión en innovación y en investigación y desarrollo en empresas de América Latina

Las actividades de innovación adoptan diferentes formas, y van mucho más allá de la I+D a nivel interno; se extienden a la I+D fuera de la empresa, bienes de capital que incluyen tecnología incorporada, hardware y software, licencias y adquisiciones de tecnología no incorporada, capacitación tecnológica, servicios de ingeniería y consultoría y diseño industrial, según el Manual de Oslo (OCDE y Eurostat, 2005).

Pese a esta amplia perspectiva de la innovación, las actividades internas de I+D mantienen un papel privilegiado como parte del mecanismo que da lugar a la creación y adaptación de nuevas ideas y aplicaciones tecnológicas. Las actividades de I+D están vinculadas, por lo regular, con la generación de nuevos productos y servicios que puedan proporcionar ventajas competitivas sostenibles a la empresa. En el caso de una empresa que tiene intenciones de competir con base en la tecnología que emplea, en un mercado dado, el hecho de contar con infraestructura tecnológica en sus propias instalaciones (Cohen y Levinthal, 1989 y 1990) le representa varias ventajas evidentes. Sin esa infraestructura, el uso, la identificación, la asimilación, la adaptación y la explotación de los conocimientos técnicos especializados externos —incorporados, en el caso de los equipos, o sin incorporar, como las licencias o las patentes adquiridas— tienden a ser limitados, y eso reduce el impacto de la innovación en la productividad.

El cuadro 10.1 se centra en algunos países seleccionados de América Latina y Europa y presenta los principales indicadores de los esfuerzos innovadores en las empresas, la intensidad de la innovación y la información sobre recursos humanos dedicada a actividades innovadoras. Como puede observarse en la primera fila, una elevada proporción de empresas latinoamericanas invierten

Cuadro 10.1 Insumos y productos de la innovación en la industria manufacturera, países seleccionados

	Argentina	Brasil	Colombia	Paraguay	Uruguay	Francia	Alemania	Bélgica
Inversión en innovación								
Proporción de empresas que invierten en actividades de innovación (porcentaje del total de empresas)	61	65,7	77	63	27,8	n.d.	n.d.	n.d.
Intensidad del gasto en innovación (porcentaje del volumen de negocios)	0,9	2,8	0,8	n.d.	2,2	3,6	5,2	4,3
Proporción de empresas que invierten en I+D (porcentaje del total de empresas)	25	20,7	6	11[b]	6,2	27,7	27,9	35,2
Intensidad de la inversión en I+D (porcentaje del volumen de negocios)	0,2	0,58	0,12	n.d.	0,12	2,7	2,9	2,1
Distribución de gastos en innovación								
I+D (porcentaje del gasto total en innovación)	16	21,8	0,8	13	3,9	68,8	47,7	30,5
Equipo de capital (porcentaje del gasto total en innovación)	54	49,7	66,4	66	81,2	9,7	23,8	33,8
Recursos humanos								
Recursos humanos en actividades de innovación (porcentaje del empleo total)	3,3	n.d.	3,01	1,41[b]	2,3	n.d.	n.d.	n.d.
Personal de I+D (porcentaje del empleo total)	1,96	1	1,9	1,01[b]	1,1	n.d.	n.d.	n.d.
Productos de la innovación (porcentaje del total de empresas)								
Empresas que innovaron (cualquier tipo)	51	33,4[a]	25,3	59[a]	26,9	35[a]	66[a]	54[a]
Empresas que introdujeron innovaciones en los productos	39	19,5	n.d.	48[b]	14	23,3	52,2	39,1
Empresas que introdujeron innovaciones en el proceso	37	26,9	n.d.	41[b]	20	27,4	40,8	42,4
Empresas que introdujeron innovaciones en la organización	30[d]	37,2	7,9	33[b]	12	35,5	56	39,9
Empresas que solicitaron patentes	n.d.	6,7	3,12[c]	14[b]	1,7	12	24	7,9

Fuente: OCDE (2009) para Francia, Alemania y Bélgica, y se refiere a la industria manufacturera. Argentina: INDEC (2006); Brasil: IBGE (2005); Colombia: Colciencias, DANE y DNP (2004–06); Paraguay: CONACYT (2008) y Uruguay: ANII (2004–06).

Nota: Los indicadores se refieren a la industria manufacturera y a los porcentajes de compañías en el grupo total de empresas, salvo indicación en contrario.

[a] Se refiere a empresas que introdujeron innovaciones en los productos o el proceso (porcentaje del total de empresas en la industria manufacturera).

[b] Estos indicadores se refieren a la muestra total (que incluye actividades agropecuarias, mineras, manufactureras y servicios).

[c] Se refiere a la presentación de una solicitud para obtener una patente en cualquier oficina de patentes durante 1996–2004.

[d] Se refiere a la innovación comercial y de la organización.

n.d = no se dispone de datos.

en innovación; la variación va de alrededor del 28% de las empresas en Uruguay al 77% en Colombia.

Sin embargo, América Latina presenta algunas características distintivas con respecto a la innovación. Una de ellas es el bajo nivel de gasto y de la intensidad del esfuerzo de I+D. En promedio, la intensidad de I+D de las empresas (medida como volumen de negocios) es inferior al 0,26%, mucho menor que el promedio de Europa (1,6%) y el de la OCDE (1,9%). La proporción de empresas que invierten en I+D excede el 25% en Europa, en tanto que en Colombia y Uruguay, la cifra correspondiente asciende aproximadamente a un 6%.

Una segunda característica distintiva de la innovación en la región es el grado en que se centra en la adquisición de bienes de capital y equipo. El gasto en estos rubros representa entre el 50% y el 80% del gasto total en innovación, en tanto que en los países de la OCDE varía entre el 10% y el 30%.

Esta combinación de un bajo nivel de esfuerzo de I+D y una alta inversión en tecnología incorporada en la maquinaria puede ser una señal de que existen problemas. Aunque la adquisición de tecnología mediante la compra de equipo y maquinaria sofisticada puede ser un paso importante para ponerse a la par de otras empresas y avanzar hacia la frontera tecnológica, el impacto de la tecnología incorporada a nivel de la empresa puede ser muy limitado si no existe capacidad interna de I+D. Esta carencia —sobre todo la escasez de capital humano dedicado a la innovación— puede dar lugar a una ganancia tecnológica en la economía en su conjunto que no sea sostenible, ni siquiera después de períodos intensivos de modernización de la base manufacturera en un país dado (Hanson, 2007).

Las actividades de I+D están concentradas en un pequeño número de empresas. En Argentina, por ejemplo, una empresa incurre en un tercio del gasto de todo el sector manufacturero en I+D, según una encuesta de innovación realizada en 1998–2001.

Las grandes empresas son más propensas a invertir en innovación. Esta tendencia se explica por las economías de escala; a las grandes empresas les resulta más fácil distribuir los altos costos fijos de la innovación en un volumen mayor de ventas, y tienen mejor acceso a los servicios financieros, la tecnología, la consultoría y los mercados de capital humano especializado. Por otra parte, las pequeñas y medianas empresas se comprometen a realizar esfuerzos de I+D que exceden de lo que sería proporcional a su tamaño. El análisis econométrico de la propensión a invertir en innovación y de la intensidad de la innovación arroja resultados que no son incongruentes con las estadísticas descriptivas presentadas hasta ahora, pero sugieren que existen factores determinantes adicionales de la inversión en innovación, como se muestra en el cuadro 10.2, elaborado con una variación del modelo desarrollado por Crépon, Duguet y Mairesse (1998), que en lo sucesivo se denominará modelo CDM.

La propensión de una empresa a participar en actividades de innovación, así como el nivel de su esfuerzo para innovar, guardan una asociación positiva con la existencia de financiamiento público para innovación, la protección formal de la propiedad intelectual, la cooperación tecnológica con otras empresas (proveedores y clientes) y con laboratorios y universidades. Las empresas que conceden importancia a la protección de la propiedad intelectual de las actividades de innovación tienden a hacer un mayor esfuerzo en ese sentido (el análisis es muy claro a este respecto en los casos de Argentina, Chile y Colombia).

Capital extranjero, intensidad de las exportaciones e innovación

Los esfuerzos de innovación en las economías latinoamericanas guardan únicamente una débil relación con la participación del capital extranjero. No existe una diferencia significativa entre las empresas con capital extranjero y las empresas nacionales en lo que respecta a la propensión a innovar ni a la intensidad de la innovación. Solo en Colombia las empresas con capital extranjero declaran un mayor gasto en innovación por empleado. Bien podría ser que las multinacionales no necesariamente invierten en innovación, dado que se enfocan en explotar sus ventajas comparativas en cuanto a costos de distribución o ahorro de mano de obra, por ejemplo, y que importan una plataforma tecnológica de su casa matriz en el país de origen.

Los modelos estadísticos tampoco revelan una conexión entre la propensión a innovar y la intensidad de las exportaciones. Esta relación no es significativa en Argentina, Chile y Uruguay,[1] lo que sugiere que la actividad exportadora de las empresas latinoamericanas no tiene un nexo fuerte con la tecnología ni con la innovación. Esto, a su vez, podría relacionarse con el hecho de que las exportaciones más importantes de la región tienden a ser materias primas y productos de baja tecnología. Para entender mejor esta compleja relación y los resultados contrastantes para América Latina sería necesario observar con más detenimiento cómo y con qué productos participan las economías en el mercado internacional. Quizá la exportación de

Cuadro 10.2 Factores determinantes de la probabilidad de invertir en innovación y su intensidad

	Argentina		**Chile**		**Colombia**		**Uruguay**	
	1	**2**	**1**	**2**	**1**	**2**	**1**	**2**
Capital humano (ingenieros y empleados con formación en ciencias tecnológicas)	+		–	–	+			
Cooperación con otras compañías o institutos	+	+	+					
Participación de mercado		+		–	+	–		
Protección de la propiedad intelectual (apropiabilidad)		+		+	+	+		
Fuentes públicas de financiamiento		+		+	+		+	
Propiedad extranjera		–				+		
Intensidad de las exportaciones					+			
Fuentes de información para la innovación								
Interna			+					
Externa (otras empresas y externalidades)	+							
Científicas (universidades, institutos de tecnología, etc.)			+			+		
Obstáculos a la innovación								
Relacionados con los costos	–							
Relacionados con los sistemas nacionales de innovación	+		–					
Controles								
Sectores	Sí	Sí	Sí	Sí	Sí	Sí	Sí	Sí
Tamaño de la empresa (ficticio)	+	+	+	+	+		+	
Períodos	2 períodos		4 períodos (regresiones individuales)		3 períodos disponibles (último período usado para regresión)		3 períodos (último período usado para regresión)	
Métodos	Tobit generalizado		Tobit generalizado		Tobit generalizado		Tobit generalizado	

Fuente: Compilación de los autores con base en Arbeláez (2009), Arza y López (2009), Benavente y Bravo (2009), Cassoni y Ramada-Sarasola (2009).

Nota: El modelo 1 se refiere a la probabilidad de invertir en innovación y el modelo 2 a la intensidad del gasto en innovación (gasto en innovación en relación con las ventas). Las variables de *Fuentes de información para la innovación* y *Obstáculos a la innovación* son variables ficticias iguales a 1 si la compañía considera que esa fuente o factor tiene importancia alta o mediana para las actividades de innovación. Las variables *Protección de la propiedad intelectual, Fuentes públicas de financiamiento y Cooperación con otras compañías o institutos* son iguales a 1 si la compañía participó en esa actividad o tuvo vínculos con esos actores en actividades tecnológicas. La variable *Propiedad extranjera* es una variable ficticia igual a 1 si la compañía tiene participación de extranjeros en el capital. Solo se notifican las variables estadísticamente significativas en el 10% (o menos). Los símbolos "+" y "–" representan el signo del coeficiente obtenido con el modelo. El símbolo "+" ("–") indica una relación positiva (negativa) entre la variable dependiente y la variable independiente.

ciertos tipos de productos, o a ciertos mercados que no son particularmente sofisticados, no requiere una gran inversión en tecnología.[2] Además, sería necesario determinar el tipo de bienes que exportan (manufacturados, mineros o productos agropecuarios) y evaluar la intensidad tecnológica, el destino y el tipo de contratos que celebran para comprender su situación. Este es el siguiente paso esencial en la investigación, dado que la aparente desconexión entre la actividad exportadora y la innovación en América Latina contrasta visiblemente con lo que sucede en Asia, donde las exportaciones desempeñaron una función crucial en los procesos de aprendizaje y transferencia de tecnología que tuvieron lugar mediante la interacción con compañías mundiales (Gill y Karras, 2007).

Fuentes de financiamiento

El acceso al financiamiento de fuentes externas a la empresa, incluidos los subsidios públicos, está correlacionado con la inversión en actividades de innovación en todos los países sobre los cuales se dispone de información, tanto en lo que respecta a la propensión a innovar como en la intensidad de la inversión. Estas observaciones ilustran la importancia que tiene el acceso al financiamiento para las empresas innovadoras, que tienden a dedicarse a actividades con elevados costos fijos y considerables riesgos.

En los países sobre los cuales existe información, las fuentes internas constituyen la principal vía de financiamiento para la innovación y representan más del 70% del financiamiento total (la reinversión representa el 74% del financiamiento total en Argentina y el 76,5% en Uruguay) seguidas del financiamiento de bancos comerciales. En cuanto al financiamiento público, recurren a él el 2% de las empresas argentinas y el 2,5% de las uruguayas. La cifra equivalente, según la encuesta de innovación, es 6% en Brasil: la más alta del grupo, pero muy por debajo del valor de referencia de los países europeos.

Capital humano

Los modelos CDM tienden a confirmar lo que ha establecido la bibliografía económica con respecto a la importancia de las aptitudes humanas en la decisión de innovar y de gastar recursos en innovación (véase el recuadro 10.2). En Colombia existe una asociación positiva entre el perfil más sólido de aptitudes

RECUADRO 10.2 LA CONTRIBUCIÓN DISTINTIVA DEL CAPITAL HUMANO A LA INNOVACIÓN Y A LA PRODUCTIVIDAD EN LOS PAÍSES EN DESARROLLO

Desde la contribución original de Nelson y Phelps (1966), se ha establecido claramente que una mayor dotación de capital humano ayuda a los países a acelerar su progreso tecnológico. La propensión a innovar y la intensidad de la innovación de una economía tienden a guardar una relación con la cantidad y la calidad de las aptitudes acumuladas en la fuerza de trabajo. Hanushek y Woessman (2009) han refinado modelos empíricos que señalan un claro impacto de las aptitudes cognitivas en el crecimiento y han corroborado esa relación en la mayoría de los países latinoamericanos.

Con base en estos y otros precedentes, López Bóo (2009) analizó la relación que existe entre el capital humano, la innovación y la productividad. La autora separó los efectos del capital humano en los dos canales principales a través de los cuales tiene lugar esa relación: invención (innovaciones radicales, o novedades para el mercado mundial, definidas como las que pueden empujar hacia delante la frontera tecnológica), y adaptación (innovación de aumento selectivo que acerca a los productos y procesos a una frontera tecnológica preestablecida en el caso de una empresa o mercado interno en particular).

Mediante datos de diferentes países de América Latina y otras partes del mundo, la autora halla que la conexión entre capital humano e innovación en los países en desarrollo, y su impacto correspondiente en la productividad, se deriva principalmente de la contribución de trabajadores calificados que se dedican a adaptar las tecnologías existentes: es decir, de su contribución para acercarse a la frontera tecnológica en lugar de expandirla. Para que ocurra este tipo de contribución, los recursos humanos deben estar ubicados dentro de las empresas o en estrecha proximidad a sus operaciones. Esto rara vez se observa en América Latina.

La bibliografía sobre el tema también hace hincapié en la necesidad de invertir no solo en educación científica avanzada, sino también en grados técnicos intermedios después de la enseñanza secundaria, como los colegios preuniversitarios o de enseñanza técnica de Estados Unidos, Canadá y Europa. Aghion (2007) subraya precisamente este punto al analizar las relaciones entre la innovación y las aptitudes de la fuerza laboral en los estados de Estados Unidos y en varios países.

técnicas (contadas como la proporción de ingenieros en el total de empleados de la empresa) y ambas variables de la innovación. En Argentina, la existencia de aptitudes técnicas profesionales también está asociada a una mayor propensión a innovar. Si bien las pruebas son limitadas, hay indicios de que las empresas invierten en capacitación vinculada con la adquisición de tecnología incorporada en la maquinaria. La mayoría de estos resultados son difíciles de comparar con las cifras de referencia de la OCDE, porque por lo general estos indicadores no se incluyen en las encuestas de innovación empleadas en los países miembros de esa organización.

Nexos con el sistema nacional de innovación[3]

Los nexos entre la industria y otros actores en los sistemas nacionales de innovación ocurren en su mayor parte como resultado de los intentos de las empresas de obtener acceso a la información y a los conocimientos técnicos especializados. La colaboración guiada por la tecnología parece estar asociada a inversiones más altas en I+D y en innovación en general. En Argentina, donde fue posible analizar la información desglosada por tipo de cooperación, la colaboración con instituciones científicas y otras empresas mantiene una correlación positiva con la probabilidad de que una empresa procure la innovación inicialmente.

Las estadísticas basadas en encuestas de innovación demuestran que lo más frecuente es que las empresas de América Latina establezcan acuerdos de cooperación con clientes y proveedores (los resultados son muy contundentes para Argentina, Colombia y Uruguay). Las universidades tienen una importancia relativamente menor, con excepción de Argentina, donde este tipo de colaboración está a la par de la que existe en países europeos.

Obstáculos a la inversión en innovación

Si bien los factores que inhiben las actividades de innovación en América Latina son múltiples y complejos, los principales obstáculos, según declaran los hombres de negocios, son las restricciones para conseguir financiamiento para la innovación, la incapacidad de las empresas para esperar largos períodos antes de recuperar las inversiones o realizar un rendimiento positivo, el reducido tamaño del mercado y la escasez de personal calificado.

La falta de financiamiento y acceso al crédito es una barrera para la inversión en innovación en América Latina. Esto podría reflejar en parte problemas en el funcionamiento de los mercados financieros en general: América Latina registra el costo del capital más alto del mundo. Es más, dado que las inversiones particularmente riesgosas, como las que están vinculadas con la innovación, son difíciles de financiar en todas partes, la falta de financiamiento señala directamente el déficit de intermediarios financieros privados en América Latina, como el capital emprendedor o los inversionistas ángel, así como el financiamiento público encaminado directamente a alentar la innovación en el sector privado, sobre todo por parte de la pequeña y mediana empresa.

Los problemas relacionados con la estructura y el tamaño del mercado indican que el mercado regional no está integrado, lo que significa que muchas empresas están confinadas a sus mercados internos, que suelen ser pequeños según cualquier estándar con el que se midan. Esto implicaría deseconomías de escala para los proyectos de innovación, muchos de los cuales requieren inversiones relativamente cuantiosas al inicio del proyecto y horizontes más largos para obtener utilidades.

La falta declarada de personal calificado parece reflejar déficits en la oferta de capacidad y servicios tecnológicos, así como también en la comunicación y coordinación entre los diferentes componentes de los sistemas nacionales de innovación, incluidas las universidades y las empresas comerciales. Las estadísticas sobre la disponibilidad de capital humano para innovaciones confirma lo que declaran las empresas: un déficit general de personal técnico y profesional calificado con aptitudes pertinentes para las actividades de innovación. Esto también sucede en las economías más grandes de la región (Duryea, Navarro y Verdisco, 2008).

Los resultados de la innovación y la novedad de las innovaciones

La sección inferior del cuadro 10.1 contiene información sobre el porcentaje de empresas que introdujeron innovaciones. Entre el 25% y el 51% de las empresas obtuvieron resultados de su inversión. En comparación, países como Alemania, Canadá, Suecia y Suiza declaran habitualmente cifras de 60% o más.

Según los resultados del análisis econométrico, las empresas con mayor intensidad de inversión en actividades de innovación en Argentina, Colombia y Uruguay[4] tienen una probabilidad significativamente más alta de obtener nuevos productos y servicios, lo que destaca el valor del conocimiento cuando se aplica al cambio tecnológico en las empresas. En términos de sectores, las industrias que declaran más intensidad de innovación también producen más resultados de esa innovación. No obstante, las empresas con capital extranjero no muestran una diferencia significativa en lo que respecta a los resultados de la innovación cuando se comparan con empresas totalmente nacionales; aparentemente, Argentina es una excepción en este sentido.

Pasando al tipo de innovación que inician las empresas, en la mayoría de los países la innovación en los procesos es más frecuente que la innovación en los productos. Esto parece estar relacionado con la adquisición de conocimiento

Cuadro 10.3 Novedad en la innovación de productos en la industria manufacturera, países seleccionados (porcentaje)

Empresas que introdujeron innovación en los productos	Argentina	Brasil	Colombia[a]	Paraguay[b]	Uruguay
Nuevos en el mercado mundial	11,5	0,19	6,3	8,13	1,8
Nuevos en el mercado local (o nacional)	22,5	3,24	9,4	40	7,3
Nuevos en la empresa	11	16,22	10,7	48	6

Fuentes: Argentina: INDEC (2003); Brasil: IBGE (2005); Colombia: Colciencias, DANE y DNP (2004–06); Paraguay: CONACYT (2008) y Uruguay: ANII (2004-06).

[a] Se refiere a todos los resultados de la innovación (productos, procesos y otros).

[b] Porcentaje en la muestra total (que incluye las actividades agropecuarias, mineras, manufactureras y los servicios).

incorporado en los bienes de capital, dado que la tecnología incorporada debería tener un impacto directo para mejorar los procesos de producción.

Otra manera interesante de estudiar los resultados de la innovación es centrarse en el predominio de la adaptación sobre la invención. En el cuadro 10.3 se presenta el porcentaje de empresas innovadoras en el sector manufacturero según el grado de novedad en la innovación de productos en algunos países. En América Latina, la innovación tecnológica está sumamente concentrada en innovaciones adaptativas y de aumento selectivo, que no están dirigidas a incursionar en los mercados internacionales. Esto explica el predominio declarado de las innovaciones que son "nuevas en el mercado nacional" o "nuevas en la empresa".

Innovación y productividad en América Latina: panorama general

El intento precedente de caracterizar los insumos y resultados de la innovación en empresas latinoamericanas ha servido principalmente para poder entender mejor la contribución de la actividad innovadora al crecimiento de la productividad en la región. En esta sección se trata de captar el impacto de la innovación en la productividad de la mano de obra a nivel de la empresa.

Con los datos que se obtuvieron de Argentina, Chile, Colombia y Uruguay no pueden hacerse simples generalizaciones, pero en el cuadro 10.4 se señala con bastante claridad un impacto positivo de la innovación en la productividad. Esto es particularmente válido cuando se trata de innovación en los productos.

Cuadro 10.4 Impacto de la innovación en la productividad

	Argentina	Chile[a]	Colombia	Uruguay
Variable dependiente: productividad de la mano de obra	**Ventas por empleado**	**Ventas por empleado**	**Valor agregado por empleado**	**Producción por empleado**
Innovación en el proceso	n. s.[b] (muestra reducida) + (muestra total)	(solo en 2001)		+
Innovación en los productos	+			+
Innovación en los productos (nuevos en la empresa)		(solo en 1998)	+	
Innovación en los productos (nuevos en el mercado local/ mundial)				
Innovación en la organización	–	– (en 1998) + (en 2001)	–	
Capital por empleado	+	+		+

Fuente: Compilación de los autores con base en Arbeláez (2009), Arza y López (2009), Benavente y Bravo (2009), Cassoni y Ramada-Sarasola (2009).

Nota: En todas las regresiones se han empleado variables instrumentales usando estimaciones de modelos de producción de innovación (ecuación de segunda etapa). Solo se declaran las variables estadísticamente significativas al 10% (o menos).

[a] Variable dependiente en t+1 (regresiones por período: 1995, 1998 y 2001).

[b] No significativa en la muestra reducida (para la cual se disponía de información sobre capital por empleado), y estadísticamente significativa en la muestra total (excluida la variable capital por empleado).

Los símbolos "+" y "–" representan el signo del coeficiente obtenido con el modelo.

Chile, sin embargo, es una excepción en este sentido. Aunque la innovación ha tenido un impacto positivo en sus ventas, el impacto en la productividad no se ha manifestado sino hasta dos años después de la introducción inicial de los insumos de innovación. En el caso de Colombia, el impacto de la innovación en la productividad parece estar restringido al caso de la innovación de aumento selectivo (el tipo "nuevo en la empresa").

En contraste, la innovación en los procesos parece no tener un efecto significativo en la productividad. Uruguay es el único país que declara un efecto positivo y significativo. En el caso de Chile, se observan algunos efectos positivos tardíos por lo menos dos años después de introducir la innovación.

Una hipótesis razonable es que el proceso de aprendizaje implícito en la adopción de nuevos procesos lleva tiempo en las economías latinoamericanas.

Esto, a su vez, podría interpretarse como un desincentivo para invertir en I+D en las empresas de la región, que parecen darle mucha importancia a la obtención de rápidos rendimientos de la inversión.

En estudios previos se notifican resultados similares que indican una relación neutra —o incluso negativa— entre la innovación en los procesos y la productividad. Las empresas que iniciaron innovaciones en los procesos en Alemania, Bélgica, Brasil, Canadá, Francia, Nueva Zelandia y Reino Unido registraron una menor productividad por trabajador en un informe reciente (OCDE, 2009). Se han sugerido dos explicaciones posibles. Primero, la innovación en los procesos acarrea cambios en los procesos de producción y costos de aprendizaje y ajuste que podrían reducir temporalmente la productividad. Segundo, las empresas parecen estar más inclinadas a introducir innovaciones en los procesos en épocas difíciles, cuando tratan de compensar una desaceleración al imprimirle más eficiencia a la producción. Sin embargo, en períodos de recesión, lo que se gana de la innovación en los procesos es potencialmente más importante (los costos de oportunidad son más bajos) y la oposición al cambio tiende a ser más débil de lo habitual. Parte de esto puede estar ocurriendo en América Latina.

En lo que respecta a la innovación en la organización, existen efectos negativos en Colombia y Argentina. Una explicación posible —incorporada en el estudio que se centró en Argentina (Arza y López, 2009)— es que este resultado puede reflejar una causalidad inversa: las empresas menos productivas pueden ser más propensas a introducir innovaciones en la organización. Otra posibilidad podría ser que la innovación en la organización —y en la mercadotecnia— conlleva cambios de poca duración en el funcionamiento de las empresas, y por lo tanto la productividad disminuye en el corto plazo.

Con base en los análisis de los que se dispone, los nexos entre la innovación y la productividad en las empresas latinoamericanas tienden a reproducir los de las economías avanzadas. En los casos en que pueden detectarse variaciones, gran parte de esa diferencia puede explicarse por las restricciones impuestas por la limitada disponibilidad de datos en la región. La limitación más notoria es el hecho de que todos los análisis de América Latina siguen basándose en datos transversales, en lugar de utilizar datos de panel, que son mucho más útiles.

Pese a las preocupaciones por los datos, el análisis indica varias características distintivas de la innovación en las empresas latinoamericanas y diferencias en la manera en que interactúan la innovación y la productividad en la región, en comparación con las economías avanzadas. El tipo de insumos es diferente en casi todos los casos; la inversión en I+D es más baja en América Latina. El papel que desempeña la inversión extranjera no parece ser el mismo. Las innovaciones tienden a ser menos radicales y a concentrarse en aspectos no tecnológicos. A nivel de la empresa, los horizontes cronológicos parecen ser más largos para el aprendizaje, para los ajustes que den lugar a un efecto visible en la productividad, y para la recuperación de la inversión en innovación. Las restricciones de capital humano y financiamiento parecen ser obstáculos más difíciles para las empresas de América Latina.

Estas características sugieren que las empresas latinoamericanas están muy involucradas en la innovación aunque no necesariamente en I+D; tienen preocupaciones a corto plazo cuando toman decisiones sobre las inversiones, incluso en innovación, e invierten en innovación en su mayor parte en forma de tecnología y conocimientos técnicos especializados incorporados en los bienes de capital. Esta particular estrategia de innovación, así como el predominio de las innovaciones "nuevas en la empresa" y "nuevas en el mercado nacional", conlleva claramente una actividad innovadora basada en la adaptación de la tecnología existente. De manera similar, la preponderancia de nexos tecnológicos con la cadena de abastecimiento y no con universidades, laboratorios u otras instituciones tecnológicas indica que, para la mayoría de las empresas, el desarrollo tecnológico, si es que existe, todavía se encuentra en una etapa temprana. Aparentemente, la mayoría de las empresas latinoamericanas opera tan lejos de la frontera tecnológica que los incentivos para innovar no son particularmente sólidos, porque el rendimiento de la inversión en innovación podría ser difícil de realizar y sumamente incierto. Es más, la ausencia de infraestructura adecuada para la investigación y la transferencia de conocimiento erige barreras a la capacidad de absorción, lo cual reduce sensiblemente los beneficios de la innovación basados en la adaptación, y probablemente desacelere el progreso para ponerse a la par con otras empresas.

En el resto de esta sección se señala que aunque la innovación esté bastante diseminada en las empresas de la región, pareciera que no logra realizar su potencial como fuente importante del crecimiento de la productividad. Aquí entran en juego procesos complejos, pero algunas piezas del problema sobresalen y se encuentran dentro del alcance de las políticas públicas en los países latinoamericanos. Una muy importante es el bajo nivel de compromiso con la tecnología en la mayoría de las empresas, incluso en las que son innovadoras, lo que revela un bajo nivel de coordinación entre las actividades de I+D que existen en un país dado y las actividades productivas. En otras palabras, los principales componentes de los sistemas nacionales de innovación carecen de una articulación adecuada. Esta conclusión, a su vez, invita a hacer un repaso de la situación actual del desarrollo científico y tecnológico en los países latinoamericanos, de manera de complementar la perspectiva a nivel de la empresa que se ha presentado hasta ahora en este capítulo, con una perspectiva a nivel macro que aporta información sobre la base institucional y de recursos —humanos y financieros— dentro de cada innovación empresarial que tiene lugar.

Actividades de I+D en la región

Prácticamente todas las dimensiones pertinentes en el panorama de las ciencias y la tecnología de América Latina difieren visiblemente del panorama de las economías avanzadas. Es muy marcada la diferencia en cuanto a la inversión nacional en I+D. Mientras que de 1995 a 2006 aumentó ininterrumpidamente el gasto en I+D como porcentaje del PIB en las economías avanzadas, en América Latina se quedó estancado a un nivel muy bajo. En promedio, la intensidad tecnológica en la región —medida no a nivel de la empresa, sino en toda la economía nacional— es del 0,6%, frente al 2,2% para los países de la OCDE. Además, la inversión en I+D está muy concentrada en el sector público, con un promedio del 60%, comparado con el 36% en la OCDE, independientemente de que se considere la fuente de financiamiento o la ejecución del gasto.

Las diferencias con respecto al capital humano también son grandes. Mientras que en la OCDE el promedio es de siete investigadores por 1.000 habitantes, en América Latina no llega ni siquiera a 1 por 1.000 y lo que es más importante: el sector privado emplea relativamente a pocos investigadores, a diferencia de las empresas de los países de la OCDE, que contratan al 64% de los investigadores en sus países (gráfico 10.3). Este hecho reitera la observación anterior de que las empresas latinoamericanas invierten muy poco en I+D.

Los gráficos 10.1 a 10.3 destacan no solo las amplias diferencias que existen entre América Latina y la OCDE, sino también la heterogeneidad de la región latinoamericana misma, por lo que resulta difícil generalizar las observaciones. Analizando los datos con más detenimiento se halla que Brasil —y en cierta

Gráfico 10.1 Gasto en I+D como porcentaje del PIB, 1995 y 2006

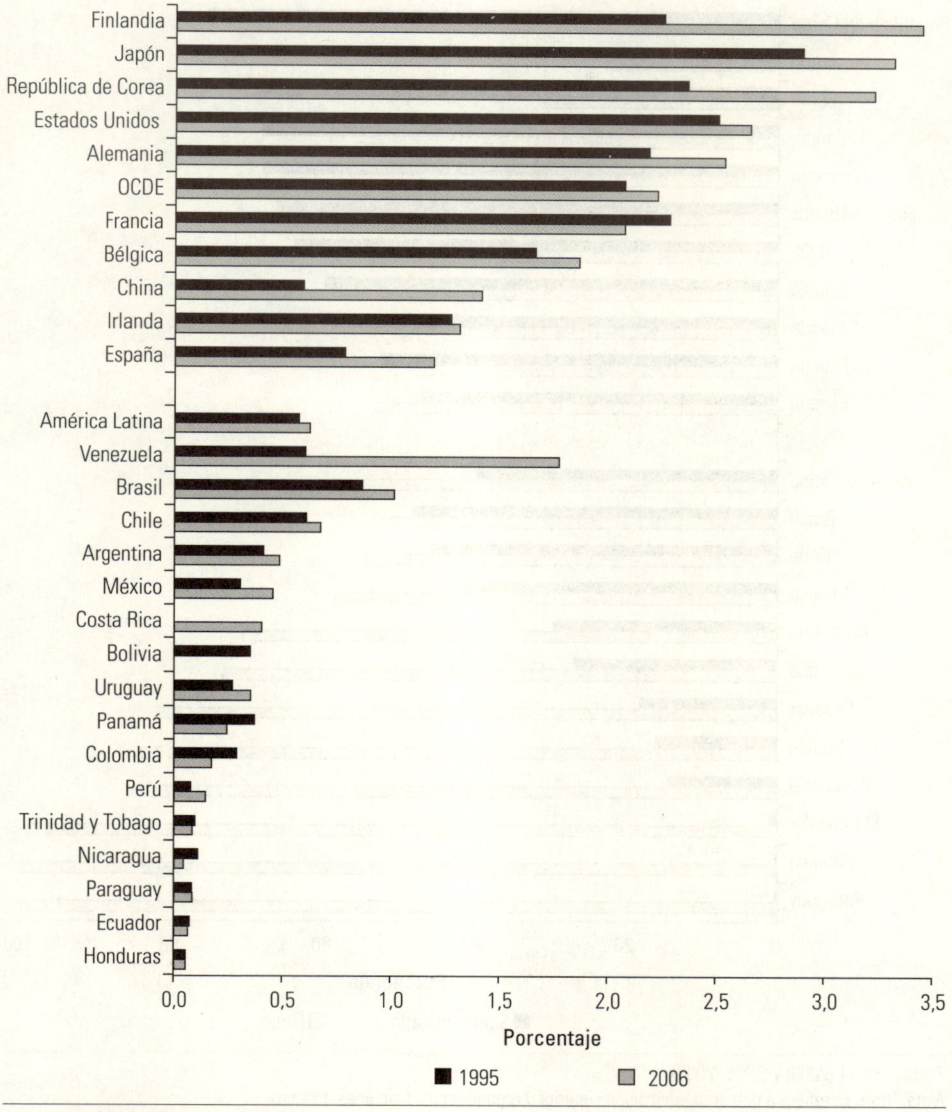

Fuente: RICYT (2009) y OCDE (2008).

medida Argentina, Chile y México— han generado un perfil tecnológico más parecido al de las economías avanzadas, o por lo menos a las que menos uso intensivo hacen de la tecnología, como España. De manera similar, si bien en varios países se detecta una tendencia a depender aún más de los recursos

Gráfico 10.2 Composición del gasto en I+D por fuente de financiamiento, 2006

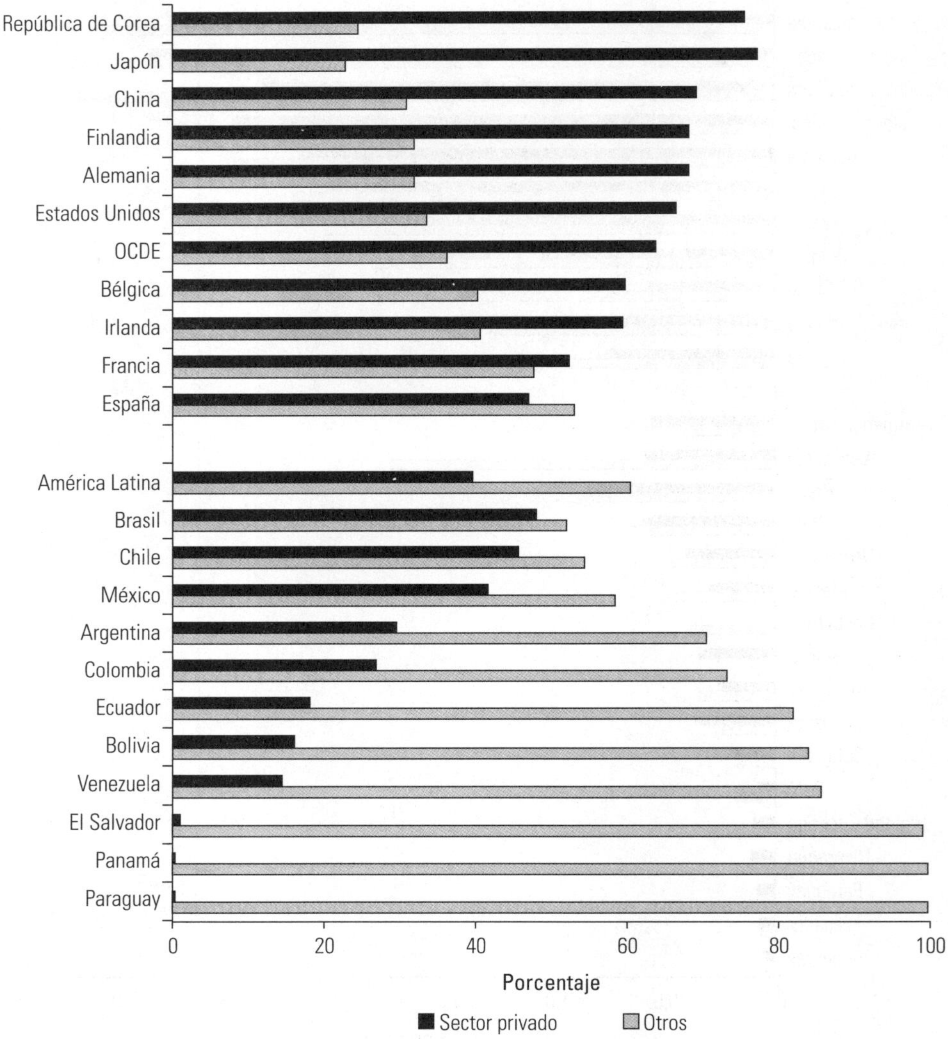

Fuente: RICYT (2009) y OCDE (2008).
Nota: Otros se refiere a gobierno, educación superior y organizaciones sin fines de lucro.

naturales —y, casi con seguridad, a hacer un uso menos intensivo de la tecnología— algunos otros, como Costa Rica y tal vez también Colombia, notifican una participación más importante de los sectores que hacen un uso intensivo de la tecnología en la producción y las exportaciones. Incluso para este grupo de países, donde en los dos últimos decenios hubo cierta acumulación de tecno-

Gráfico 10.3 Investigadores por sector de empleo, 2006

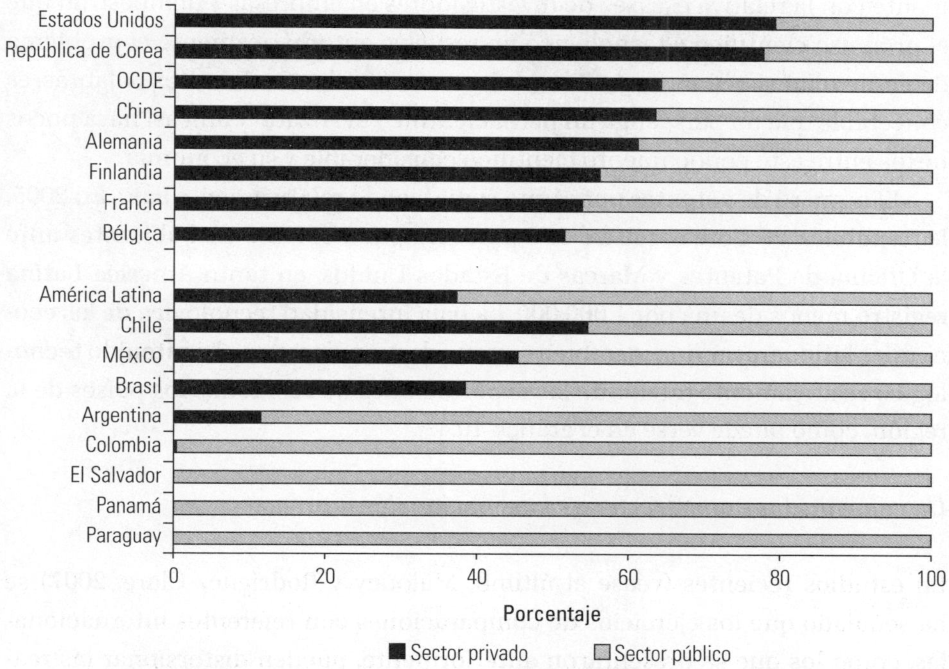

Fuente: RICYT (2009) y OCDE (2008).

logía, la inversión relativamente baja en I+D y la reducida proporción de investigadores en la economía —sobre todo en el sector privado— siguen siendo muy preocupantes. Una indicación indirecta de estos problemas es el nivel relativamente bajo de inversión extranjera en I+D que ha recibido la región en comparación con otras partes del mundo.

Si se pasa de los insumos a los resultados de los esfuerzos de innovación, los indicadores tampoco son particularmente alentadores. El desempeño científico sigue estando muy a la zaga del de los países desarrollados: menos de 50 publicaciones por 1.000.000 de habitantes en América Latina, en comparación con más de 300 en las economías avanzadas (NSF, 2008). También en este caso se destacan excepciones cuando se consideran las cifras de Argentina, Brasil y México, países que han llegado a ocupar los primeros 50 lugares del mundo por sus publicaciones científicas. Por otra parte, el índice de aumento de las publicaciones de América Latina se ha triplicado en los últimos 15 años, desplazando a otras regiones y, en consecuencia, reduciendo la brecha en este sentido

(OCDE, 2007b). Estas tendencias relativamente positivas contrastan vívidamente con la relativa escasez de investigadores en empresas y demuestran que el progreso científico y tecnológico no resuelve automáticamente el problema de desarrollar sistemas nacionales de innovación eficaces. En otras palabras, es concebible que un país tenga un perfil científico avanzado y aun así haya pocos nexos entre este conocimiento científico considerable y su economía.

El número de patentes per cápita sigue siendo relativamente bajo. En 2005, la República de Corea registró 150 patentes por 1.000.000 de habitantes ante la Oficina de Patentes y Marcas de Estados Unidos, en tanto América Latina registró menos de una por 1.000.000. La baja intensidad tecnológica de las economías latinoamericanas también se pone de manifiesto en el contenido tecnológico relativamente menor de las exportaciones de casi todos los países de la región, como puede verse en el gráfico 10.4.

Un repaso a las comparaciones internacionales

En estudios recientes (véase el último, Maloney y Rodríguez-Clare, 2007) se ha señalado que los ejercicios de comparaciones con referentes internacionales, como los que se presentaron anteriormente, pueden distorsionar las realidades de la innovación en América Latina. Estos últimos sostienen que las comparaciones no tienen en cuenta las estructuras económicas muy diferentes de las economías en desarrollo y avanzadas. Por consiguiente, se aduce que el nivel óptimo de innovación en una economía latinoamericana dada puede ser inferior al promedio de la OCDE simplemente debido a la baja intensidad tecnológica del sector de recursos naturales y otros sectores característicos de la región, y sería similarmente baja en cualquier parte con una participación semejante de estos sectores. En lugar de un "déficit de innovación", América Latina puede estar produciendo una respuesta natural a una estructura económica particular. Esta es una tesis sumamente pertinente que debería considerarse al comparar datos sobre innovación en diferentes países.

No obstante, los datos empíricos recogidos indican que incluso después de hacer los ajustes en función de la estructura industrial, sigue siendo válida la conclusión sobre la baja intensidad tecnológica, lo que confirma la existencia de un déficit bastante grande de innovación. Maloney y Rodríguez-Clare (2007) llegan a la conclusión de que Chile es un ejemplo claro. Benavente y Bravo (2009), al comparar Chile y Australia en el sector minero, y Chile y Finlandia

Gráfico 10.4 Exportaciones de alta tecnología como porcentaje de las exportaciones de manufacturas, 2000 y 2007

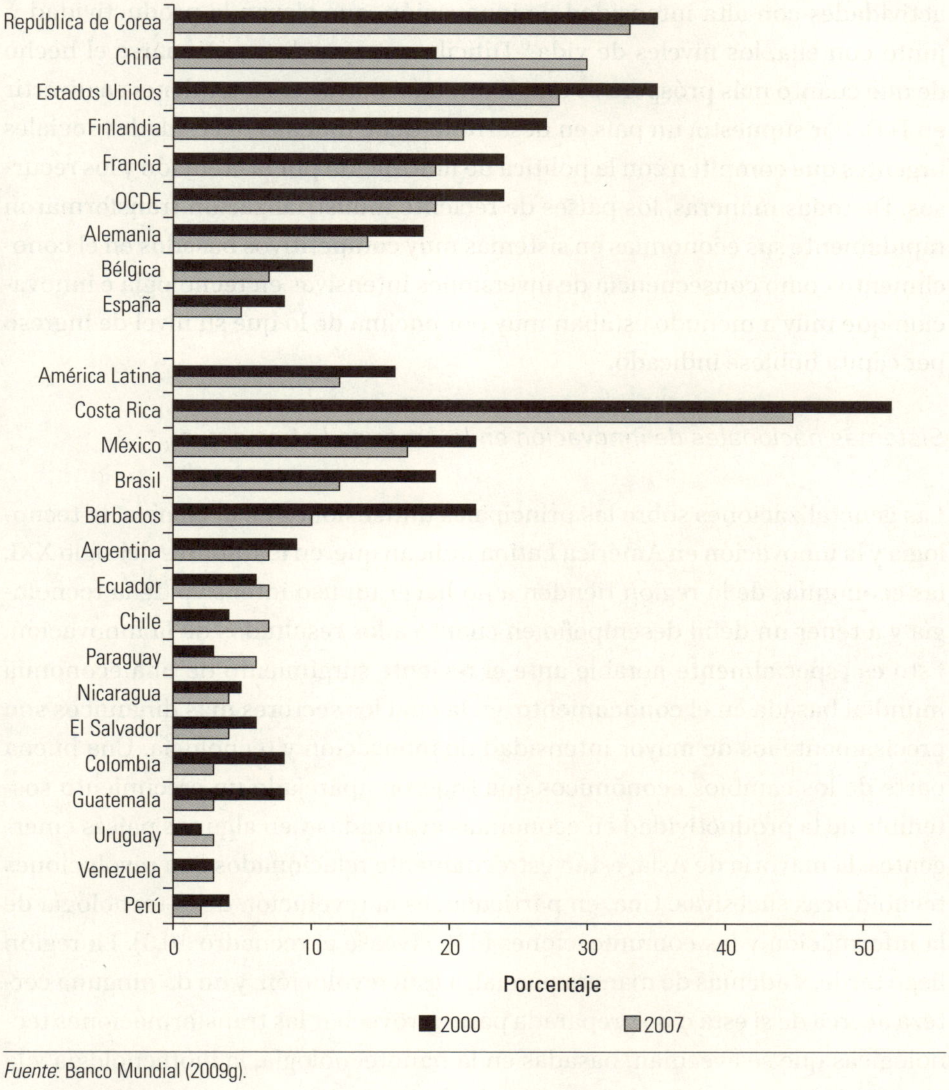

Fuente: Banco Mundial (2009g).

en el sector pulpa y papel, hallan que las inversiones en I+D son considerablemente más bajas en Chile; esto explica gran parte de la diferencia de productividad observada.[5]

En el largo plazo, la relación de causalidad entre el esfuerzo tecnológico y la estructura económica bien puede ser lo opuesto de lo que parece en el corto plazo. Las industrias que hacen un uso intensivo de la tecnología tienden a orientar la estructura económica hacia el conocimiento, lo cual conlleva actividades con alta intensidad de innovación, que elevan la productividad y, junto con ella, los niveles de vida.[6] Difícilmente pueda cuestionarse el hecho de que cuanto más próspera es una economía, mayor es su tendencia a invertir en I+D. Por supuesto, un país en desarrollo tiene muchas necesidades sociales urgentes que compiten con la política de innovación por la atención y los recursos. De todas maneras, los países de reciente industrialización transformaron rápidamente sus economías en sistemas muy competitivos basados en el conocimiento como consecuencia de inversiones intensivas en tecnología e innovación que muy a menudo estaban muy por encima de lo que su nivel de ingreso per cápita hubiese indicado.

Sistemas nacionales de innovación en la América Latina actual

Las generalizaciones sobre las principales dimensiones de la ciencia, la tecnología y la innovación en América Latina indican que, en los albores del siglo XXI, las economías de la región tienden a no hacer un uso intensivo de la tecnología y a tener un débil desempeño en cuanto a los resultados de la innovación. Esto es especialmente notable ante el reciente surgimiento de una economía mundial basada en el conocimiento, en la cual los sectores más dinámicos son precisamente los de mayor intensidad de innovación y tecnología. Una buena parte de los cambios económicos que trajeron aparejado un crecimiento sostenible de la productividad en economías avanzadas y en algunos países emergentes, la mayoría de Asia, están estrechamente relacionados con revoluciones tecnológicas sucesivas. Una, en particular, es la revolución de la tecnología de la información y las comunicaciones (TIC) (véase el recuadro 10.3). La región llegó tarde, y además de manera parcial, a esta revolución, y no da ninguna certeza acerca de si está o no preparada para aprovechar las transformaciones tecnológicas que se avecinan, basadas en la nanotecnología, la biotecnología y la ciencia de los materiales. Las economías latinoamericanas requieren una acumulación considerable de capacidad tecnológica y de inversión en innovación en los sectores público y privado para, por lo menos, copiar, adaptar y operar nuevas aplicaciones tecnológicas, sin siquiera mencionar la posibilidad de llevar la delantera o efectuar contribuciones originales (RAND Corporation, 2007; Pérez, 2008).

RECUADRO 10.3 TECNOLOGÍA DE LA INFORMACIÓN Y LAS COMUNICACIONES EN AMÉRICA LATINA, O CÓMO LLEGAR TARDE A UNA REVOLUCIÓN TECNOLÓGICA

El acceso de América Latina a nuevas tecnologías de la información y las comunicaciones (TIC) ha sido tardío y parcial, como lo ilustran todos los indicadores de los que se dispone, entre ellos: el número de computadoras personales, acceso a Internet y acceso a banda ancha. Este retraso reviste particular importancia en relación con los efectos de la innovación en la productividad. La integración de las TIC en las operaciones de las empresas, combinada con el crecimiento acelerado de este sector, constituye uno de los factores principales —si no el más importante de todos— que explica el reciente crecimiento de la productividad en la economía estadounidense (Draca, Sadun y Van Reenen, 2006; Jorgenson, Ho y Stiroh, 2008). La brecha de productividad entre Estados Unidos y Europa a fines del decenio de 1990 y principios de este decenio parece guardar una alta correlación con una difusión más lenta de las TIC en las empresas europeas (Van Ark, O'Mahoney y Timmer, 2008). De manera similar, parece existir una estrecha relación entre la difusión de las TIC y la reversión de la baja productividad en el sector de los servicios en Estados Unidos antes de 1990.

La experiencia de las economías avanzadas indica que debe transcurrir tiempo antes de que la adopción de las TIC incida en la productividad porque, para que haya mejoras, la adquisición de hardware incorporado en la nueva tecnología dista mucho de ser suficiente. Un elemento crucial para realizar el potencial de las TIC ha sido la inversión complementaria en capital organizacional, entendida como la reorganización de los establecimientos y la acumulación de habilidades en empleados y gerentes (Samaniego, 2005). Una inversión considerable en TIC no ha generado rendimientos al no existir esas condiciones complementarias (McKinsey, 2003). En el caso de los países en desarrollo, estas condiciones complementarias tienden a ser débiles (Edwards, 2002).

Algunas excepciones en empresas grandes que han seguido enfoques bien concebidos para la adopción de TIC demuestran que es posible que los países latinoamericanos exploten el potencial de las TIC (Alves de Mendonça, Freitas y De Souza, 2008). Pero, en general, la falta de infraestructura y los costos relativamente elevados de la adopción de tecnología están produciendo una combinación que no es beneficiosa. En América Latina, solo es excelente el nivel de un indicador de la adopción de TIC: la penetración de la telefonía celular en el mercado. Este es precisamente un sector que se ha beneficiado de los costos relativamente más bajos para los usuarios, gracias, en parte, a innovaciones radicales en la mercadotecnia, como el tiempo de telefonía prepagado. El resultado es que las economías latinoamericanas se han visto en gran medida privadas de uno de los principales motores del crecimiento de la productividad en el resto del mundo. Esto es más evidente en comparación con ciertas economías asiáticas, que realizaron las primeras inversiones en TIC, selectivas pero muy significativas, y apoyaron la industria local de las TIC, con enormes rendimientos.

Las características idiosincrásicas de la innovación en las empresas de América Latina, los déficits científicos y tecnológicos típicos de la región, y la falta de sistemas nacionales de innovación bien articulados se combinan para presentar un reto formidable a la política pública dirigida a mejorar la innovación.

Evolución y retos de la política de innovación

Difícilmente pueda decirse que la política de innovación ha sido el centro de las preocupaciones sobre el desarrollo en América Latina en los últimos 50 años. Pese a que la región tiene una larga historia de política industrial, tradicionalmente se ha puesto énfasis en la protección arancelaria y en los subsidios a industrias nacionales nacientes. Un grupo de personas intuitivas y con visión de futuro impulsó la idea de la modernización tecnológica y planteó la necesidad de incorporarla en los debates sobre estrategias de crecimiento, pero los encargados de formular las políticas hicieron poco caso de sus recomendaciones.[7]

A partir del decenio de 1980, y de conformidad con el Consenso de Washington, el debate sobre políticas y la formulación misma de políticas estuvieron dominados por un marco basado en la neutralidad de las políticas, dejando a las fuerzas del mercado la asignación eficiente de recursos entre los sectores y cerrando casi todas las posibilidades de considerar una estrategia general de innovación o una selección de sectores. Esto no quiere decir que no haya habido ninguna política de innovación; sí la hubo, pero fue periférica a la corriente general de la política económica y de las estrategias de crecimiento en América Latina.

A continuación se describe la evolución de la política sobre ciencia, tecnología e innovación en un intento por destacar el proceso de aprendizaje que sustentó la introducción de nuevos instrumentos y la adopción por parte de las autoridades de nuevas prioridades ("enfoques" o "generaciones", términos que se utilizarán indistintamente en este texto).

La primera generación de políticas de innovación

Desde mediados del siglo XX y hasta el presente, en la mayoría de los países de América del Sur y en México, la política pública predominante en las áreas de la ciencia, la tecnología y la innovación se centró en expandir la base de recursos humanos y físicos para estas actividades en cada país. Este enfoque se basó en gran medida en el desarrollo de instituciones universitarias y centros de investigación con la debida infraestructura en disciplinas científicas, así como en la inversión en la formación avanzada de capital humano, preferentemente en ciencias naturales, matemáticas e ingeniería. Gran parte del respaldo de los fondos públicos fue canalizado a través de presupuestos universitarios, programas de becas e instituciones públicas de investigación.

Las versiones originales de este enfoque ofrecían pocos recursos para los sistemas de donaciones competitivas, fondos para innovación o instrumentos similares; estos vendrían después, en el contexto de la segunda generación de políticas. Esto estuvo en sincronía con el concepto predominante que se tenía de la innovación en el mundo en esa época: un proceso lineal que comenzaba con una investigación científica básica, luego pasaba a las actividades de I+D aplicadas, para centrarse finalmente en los procesos y productos de las empresas.

Todas las aptitudes científicas y tecnológicas especializadas que existen en la región tienen su origen en estos esfuerzos iniciales. En algunos países, sobre todo los más grandes, la base científica ha avanzado a un nivel internacionalmente significativo, aunque en la región en conjunto el resultado es más bien moderado. En la práctica, este enfoque dio como resultado la intensificación de la "investigación motivada por la curiosidad", el papel dominante de las elites científicas y muy poco aporte del sector empresarial a la formulación de políticas sobre innovación.[8] Hasta la fecha, los presupuestos para políticas de innovación reflejan este enfoque original, en ocasiones a un grado sorprendente, y la separación entre la universidad y la industria en la región sigue siendo un problema fundamental.

Una segunda generación de políticas

A mediados del decenio de 1980 salió a la luz un nuevo enfoque que consideraba a la innovación un proceso no lineal. Según esta perspectiva, la innovación está impulsada no solo por los descubrimientos científicos y la investigación básica, sino también por la búsqueda de soluciones a problemas prácticos en diversas industrias. Este enfoque sistémico de la innovación, por lo tanto, hace hincapié en las relaciones entre múltiples actores de los ámbitos público, privado y académico en el desarrollo de las innovaciones. De estas interrelaciones surge la noción de los sistemas nacionales de innovación.

Bajo la influencia de este nuevo enfoque se creó todo un conjunto de nuevas herramientas de política orientadas a llenar el vacío que dejó la generación anterior en el tema crucial de la innovación empresarial. Comenzaron a aparecer los llamados fondos para innovación, concebidos como respuesta a las fallas del mercado, sobre todo financieras, que dificultan la inversión privada en innovación.

En tanto que estas herramientas de política están apenas comenzando a utilizarse en varios países de la región, han llegado a la madurez en Argentina, Brasil, Chile, México y Uruguay, donde han proliferado como una familia de instrumentos encaminados a alentar una amplia gama de comportamientos innovadores en diversos grupos de empresas.

Gracias a esta proliferación, se llevaron a cabo varios estudios para evaluar el efecto, los costos y los beneficios de los fondos para innovación. En un repaso reciente de 13 evaluaciones de programas en seis países se encontró que, en general, los resultados económicos han sido positivos, como lo demuestran las tasas estimadas de rentabilidad y el valor presente neto. Son muy pocas las pruebas que justifican la principal crítica a estos fondos, ya que se cree que desplazan a la inversión privada. Por el contrario, se encontraron pruebas de un efecto multiplicador, lo que significa que los fondos públicos apalancan el dinero privado para fines de innovación o, por lo menos, aceleran la inversión privada (López, 2009). El empleo de estos instrumentos sigue restringido a una proporción muy pequeña de empresas en cada país, pero dista mucho de alcanzar el nivel habitual en las economías europeas.

Además de los fondos para innovación se han introducido algunos instrumentos de políticas transversales u horizontales, como las exenciones de impuestos para gastos de la empresa en innovación, que a menudo coexisten con fondos para innovación en los mismos países.[9]

¿Hacia una tercera generación de políticas de innovación?

Una nueva, tercera generación de políticas comenzó a surgir en la región desde mediados del decenio de 1990. Este nuevo enfoque tiene por objeto restar el énfasis que se había puesto en las políticas de innovación y pasarlo a una perspectiva estratégica. La inquietud principal ha sido la falta de coordinación entre los diversos actores del sistema de innovación. En este enfoque, la política de innovación tiende a ubicarse en medio de la estrategia competitiva de un país dado. Se ocupa de la innovación empresarial y de las relaciones entre la empresa y la universidad, pero también de los servicios tecnológicos, los organismos de regulación, los regímenes de derechos de propiedad, y un conjunto ampliado de instituciones educativas más allá de los programas de doctorado. Destaca la necesidad de entender cómo encajan entre sí estos elementos y qué efectos favorables tienen en la innovación. Por lo general, este enfoque se complementa con la selectividad; es decir, se escogen como meta unos pocos sectores y se les da apoyo y atención especial en la política de innovación, dado que esa política contempla la creación de nichos económicos de nivel mundial como resultado del uso intensivo del conocimiento y de la innovación.

Este enfoque de ninguna manera es incompatible con los instrumentos de política de los dos precedentes. Pero se centra más en reorientarlos hacia los sectores clave seleccionados de la economía que tienen alto potencial para innovar. Un ejemplo reciente de esta evolución en las políticas es el establecimiento de fondos para innovación en sectores específicos, una iniciativa que se hizo posible desde que comenzó a atenuarse el énfasis en las políticas económicas neutrales con respecto a los sectores a fines del decenio de 1990.[10] Los programas organizados en torno a la noción de grupos industriales también se enfocan en la tecnología y la innovación, y cada vez más se combinan con medidas para fortalecer los sistemas de innovación regionales y centrados en una ciudad. Además, se han introducido casos específicos de coordinación intersectorial en las políticas de innovación, como mesas redondas y diálogos sectoriales sobre programas de investigación comunes, en un intento deliberado por mejorar la coordinación y alentar a los actores protagónicos del sistema de innovación a que compartan recursos y prioridades (Ávalos, 2002).

Otras herramientas tradicionales de política están siendo objeto de una reorientación similar. La investigación motivada por la curiosidad está siendo sustituida por la investigación al servicio de problemas previamente definidos y relacionados con sectores prioritarios. Las becas también se dirigen hacia grados avanzados vinculados directamente con esos sectores.[11]

Todavía no son evidentes en la región los resultados de este tipo de política. Algunos precedentes interesantes dan lugar a cierto optimismo. En otro capítulo de este libro, Fernández-Arias describe cómo algunas políticas para sectores específicos han logrado éxitos notables en las exportaciones agropecuarias, y menciona la innovación y la tecnología como componentes esenciales de esos éxitos. Estas iniciativas han asignado particular importancia a los procesos de colaboración entre instituciones públicas de I+D, productores y servicios de transferencia de tecnología y de extensión en Argentina y Brasil. También está dándose una interacción similar entre las empresas de los sectores público y privado, la investigación, y los actores nacionales y locales en lo que se refiere a la producción de innovaciones radicales, como la naciente industria de maquinaria agrícola en Argentina (Lengyel, 2009).

Por otra parte, la trayectoria de los países de Asia oriental sugiere que la selección de prioridades y el pensamiento estratégico pueden ser componentes importantes de una política de innovación exitosa. En varios países de América Latina ha surgido un debate activo en torno a centrarse en el desarrollo de sectores de alta tecnología totalmente nuevos o en sectores tradicionales, por lo general basados en recursos naturales, mediante una intensa modernización tecnológica. Habida cuenta de los riesgos de que las políticas sean presa de intereses creados en el mercado nacional y de la incertidumbre inherente al desarrollo tecnológico y a los rápidos cambios en los mercados internacionales, adoptar un marco estratégico y selectivo requiere atención constante para reducir esos riesgos al mínimo. En este sentido, la idea de abordar la formulación de políticas de innovación como proceso de aprendizaje está cobrando fuerza, en un intento por abogar por una mayor flexibilidad (véase la noción de autodescubrimiento en Hausmann y Rodrik, 2005).

Desarrollo institucional y eficacia de las políticas

Cada generación de políticas de innovación desarrolló mecanismos institucionales conformes a los objetivos más importantes de cada enfoque, que constituyen una contribución singular a la creación de instituciones, rutinas y capacidades. Por consiguiente, el primer enfoque se apoyó en su mayor parte en las universidades y centros de investigación (los consejos nacionales de ciencia y tecnología tradicionales, presentes en casi todos los países). El segundo enfoque incorporó órganos altamente especializados en administrar fondos para innovación. El tercero dio lugar a una ola de interés en la "gobernabilidad". La meta principal es mejorar la coordinación del sector público y llevar la política de innovación al centro mismo de la formulación de la política económica y la estrategia de desarrollo, algo que está intentándose mediante una coordinación a nivel de gabinete y diferentes consejos de innovación y competitividad en toda la región (similar a lo que la OCDE ha denominado "enfoque de todo el gobierno" a la innovación). En el cuadro 10.5 se presenta información sobre esta evolución institucional y su afinidad con ciertos instrumentos de política.

Este cuadro también presenta una indicación de la eficacia de cada instrumento de política, señalada con los signos "+" y "–". Lamentablemente, no se

Cuadro 10.5 Instrumentos, instituciones y eficacia de las políticas de innovación en América Latina

	Capital humano e inversión en ciencias	Innovación en las empresas	Selectividad estratégica
Instrumentos y tipo de programas	Fondos competitivos para proyectos de investigación en ciencia y tecnología con baja apropiabilidad (+)	Fondos para innovación en las empresas, diseñados para ajustarse a diferentes tipos de compañías y diferentes modos de innovación (+)	Fondos para innovación en el sector (+ –)
	Apoyo a centros de excelencia, seleccionados y especializados en tecnologías de aplicación universal (TIC, biotecnología, nanotecnología) (+ –)	Capital emprendedor y generador, otros instrumentos financieros para apoyar la innovación (+ –)	Identificación de áreas o sectores prioritarios (+ –)
	Programas de becas para maestrías y doctorados en el extranjero (+)	Exenciones impositivas y arancelarias (–)	Programas dirigidos a mejorar las cadenas de producción, los polos de tecnología y las incubadoras de negocios (+ –)
	Refuerzo a programas nacionales de posgrado en ciencia e ingenierías (+)	Servicios de extensión tecnológica (+ –)	Instrumentos para reforzar los sistemas regionales de innovación (+ –)
	Programas de promoción para fortalecer las redes de conocimientos mediante la repatriación de la diáspora científica y la atracción de talentos de todo el mundo (+ –)		Mecanismos de diálogo entre actores de los sistemas nacionales de innovación
Características institucionales	Consejos nacionales de ciencia y tecnología especializados en cuestiones de capital humano	Organismos a cargo de la administración de fondos para innovación en las empresas	Consejos nacionales de ciencia y tecnología dedicados a la coordinación entre diferentes sectores y a la definición de la estrategia de competitividad de la nación
	Organismos que coordinan programas de becas	Organismos de supervisión de la inversión extranjera	Creación de tablas de innovación
	Organismos que administran fondos competitivos para investigación		En algunos casos, ministros de ciencias, tecnología e innovación

Fuente: Compilación de los autores.
Nota: (+): las pruebas indican resultados positivos de estos instrumentos; (–): las pruebas indican resultados negativos o limitados; (+ –): pruebas contradictorias.

dispone de información suficiente para validar el uso de muchas de las herramientas de política del cuadro. Entre las excepciones notables se incluyen los fondos para innovación y los programas de becas. Por otra parte, queda pendiente la tarea de mejorar la evaluación de los programas y las políticas de innovación. Con todo, el arsenal de herramientas de política que tienen a su disposición los países latinoamericanos no parece ser muy diferente del que utilizan los gobiernos de la OCDE que promueven la innovación. Las semejanzas, sin embargo, ocultan algunas diferencias significativas.

En primer lugar, aunque las economías avanzadas tienen un marco institucional bien establecido, financiado con regularidad, y considerables capacidades gerenciales integradas, ese marco todavía se encuentra en una de las primeras etapas de su desarrollo en la mayoría de los países latinoamericanos. Una repentina crisis económica o política, o incluso la rotación regular de los funcionarios nombrados gracias a influencias políticas después de una elección, puede debilitar a las instituciones que fomentan la innovación y dejarlas en una situación muy difícil para contratar o retener personal con talento técnico y gerencial, que de por sí es muy escaso. Por lo tanto, existen puntos débiles en la política de innovación, que aparecen en diferentes grados en toda la región.

Segundo, los países latinoamericanos deben prestar atención constante y dedicar recursos cuantiosos para iniciar y fortalecer los componentes básicos del sistema nacional de innovación que las economías desarrolladas pueden dar por sentado. Un ejemplo notable es la dificultad que tienen varios países de la región para conseguir servicios y capacidades adecuadas de metrología, revisión técnica de productos y certificación de la calidad.

Por último, los países latinoamericanos se caracterizan por una considerable desigualdad y exclusión sociales, mucho más graves de lo que pueda existir en economías avanzadas. Tras reconocer este hecho, los encargados de formular las políticas prestan cada vez más atención a la necesidad de conectar los planes de innovación con los planes sociales, tomando medidas para lograr que la innovación y el desarrollo tecnológico aborden los problemas de la pobreza, la educación y la salud pública.

La madurez y el desarrollo de instituciones y políticas de fomento a la innovación varían ampliamente en la región. En el cuadro 10.6 se presentan los principales instrumentos de política tratados en este capítulo —organizados según el enfoque de la política— que tiene a su disposición cada país en un grupo

Cuadro 10.6 Instrumentos de política para fomentar la innovación en América Latina, países seleccionados, 2008

Instrumento/País	Argentina	Brasil	Chile	Colombia	Costa Rica	El Salvador	Guatemala	México	Panamá	Paraguay	Perú	República Dominicana	Uruguay
Primer enfoque													
Fondos para investigación científica y tecnología	■	■	■	■	■		■	■	■	■	■	■	■
Apoyo a la creación de centros de excelencia	■	■	■	■				■					■
Becas para graduados y profesionales con estudios de posgrado	■	■	■	■				■	■		■		■
Programas de apoyo a ciudadanos del país con estudios de posgrado en ciencia y tecnología	■	■	■	■				■	■	■			■
Incentivos salariales para la investigación en ciencia y tecnología	■							■	■				■
Fortalecimiento de los nexos con investigadores nacionales que trabajan en el extranjero	■		■					■	■				■

(*continúa en la página siguiente*)

Cuadro 10.6 Instrumentos de política para fomentar la innovación en América Latina, países seleccionados, 2008 *(continuación)*

Instrumento/País	Argentina	Brasil	Chile	Colombia	Costa Rica	El Salvador	Guatemala	México	Panamá	Paraguay	Perú	República Dominicana	Uruguay
Segundo enfoque													
Fondos para promover la innovación y la competitividad de las empresas	■	■	■	■	■	■		■	■	■	■		■
Capital emprendedor, capital generador y otros instrumentos financieros para apoyar la innovación	■	■	■	■									■
Incentivos fiscales para I+D e innovación	■	■	■	■				■					■
Mecanismos para promover la transferencia de tecnología y conocimiento al sector no agropecuario (extensión tecnológica, etc.)	■							■	■	■			

(continúa en la página siguiente)

Cuadro 10.6 Instrumentos de política para fomentar la innovación en América Latina, países seleccionados, 2008 (*continuación*)

Instrumento/País	Argentina	Brasil	Chile	Colombia	Costa Rica	El Salvador	Guatemala	México	Panamá	Paraguay	Perú	República Dominicana	Uruguay
Tercer enfoque													
Fondos para innovación en el sector	■	■	■					■					■
Áreas/sectores prioritarios	■	■	■	■				■		■			■
Promoción de polos de tecnología e incubadoras de negocios	■	■	■									■	■
Otros instrumentos para mejorar los sistemas regionales de innovación		■	■					■					
Mecanismos de diálogo entre actores de los sistemas nacionales de innovación (tablas de tecnología e innovación, etc.)	■	■	■					■					■

Fuente: Compilación de los autores a partir de la base de datos de RICYT (2009), complementada con información de expertos.

de 13 países seleccionados. En el caso del capital humano para innovación, casi todos los países cuentan por lo menos con algún instrumento. Por otra parte, los países tienen menos instrumentos dedicados a las políticas estratégicas y selectivas, incluso en algunos países que cuentan con las instituciones de fomento a la innovación más desarrolladas. Los instrumentos vinculados estrechamente con el segundo enfoque, organizados en torno a la promoción de la innovación empresarial, se encuentran en una etapa intermedia de desarrollo y consolidación.

Conclusión

En este capítulo se han recolectado pruebas e indicios sobre la situación actual de la ciencia, la tecnología y la innovación en los países de América Latina, y se ha procurado analizar su conexión con el estancamiento de la productividad que asuela a la región. Pese a los avances recientes, concentrados principalmente en las economías más grandes, existe un grave déficit de inversión en I+D y en innovación. Esta conclusión se hace evidente cuando se comparan indicadores de América Latina con referentes internacionales, y sigue siendo válida aunque se hagan ajustes en función de la estructura productiva particular de los países incluidos en el análisis. La magnitud del déficit varía de un país a otro, pero ninguna economía de la región —ni siquiera Brasil, ni México— puede sentirse satisfecha con su nivel actual de inversión en estos rubros.

Pero hay algo todavía más grave que este déficit, sobre todo desde la perspectiva del crecimiento de la productividad, y es que en general no se ha vinculado la capacidad de I+D con las empresas. Inclusive países que han logrado un notable progreso en cuanto a su capacidad de investigación, no necesariamente han avanzado lo suficiente en el establecimiento de relaciones constructivas y sólidas entre la capacidad de investigación y la actividad empresarial.

Muchas empresas de América Latina son innovadoras. Al mismo tiempo, queda muy claro que la innovación recorre trayectorias peculiares en la región, y estas trayectorias revelan una serie de problemas y restricciones que obstaculizan el crecimiento de la productividad.

No han faltado políticas y programas públicos encaminados a resolver estos problemas. Los gobiernos han puesto en práctica diferentes herramientas. Existen programas públicos bien diseñados y eficaces para promover la innovación en muchos países, aunque el desarrollo institucional varía considerablemente en los distintos países y la magnitud de estas intervenciones no llega a ser óptima. Esta conclusión puede ilustrarse fácilmente si se compara la proporción de empresas que reciben respaldo público para innovar en Europa y en América Latina. Dependiendo del país, entre el 10% y el 50% de las empresas de Europa reciben subsidios públicos para actividades de innovación, en tanto que incluso el país con el programa más grande de la región (Brasil) se ubica por debajo del mínimo.

Es más, el énfasis relativo que se ha hecho en algunos instrumentos de política puede no haber sido el mejor, dadas las características particulares de la innovación en América Latina. La mayoría de las empresas de la región opera lejos de la frontera tecnológica. Se trata, en su mayor parte, de pequeñas empresas. La proporción más grande de su inversión en innovación adopta la forma de adquisición de tecnología incorporada en la maquinaria. El perfil de aptitudes de sus trabajadores tiende a ser relativamente menos adelantado que en las empresas de las economías avanzadas, donde se fabricó originalmente esa maquinaria. El principal canal para la innovación y el progreso tecnológico en la región es la adaptación de conocimiento importado, y a menudo se carece de la capacidad de absorción necesaria para aprovechar plenamente la transferencia de tecnología.

¿Cómo sería una política adaptada a estas condiciones? Pondría el acento en los servicios tecnológicos a las empresas, independientemente de que se originen en laboratorios, universidades o empresas de ingeniería y consultoría, así como en programas de extensión tecnológica directamente orientados a facilitar el acceso de las empresas a conocimientos que les son pertinentes. Estos tipos de programas deberían ser mucho más comunes y significativos en la combinación de políticas de innovación de América Latina para mejorar la capacidad de absorción de las empresas. También sería necesario hacer hincapié en programas encaminados hacia el desarrollo de capital humano para tecnología e innovación. Existe una especial necesidad de corregir el sesgo a favor de los grados avanzados en las políticas de recursos humanos y, en su lugar, enfocarse en la capacitación de profesionales intermedios en áreas técnicas. Este tipo de recursos humanos constituye un nexo fundamental en los sistemas de innovación de las economías avanzadas pero es extremadamente débil en América Latina debido al aparentemente bajo prestigio y visibilidad de este tipo de educación.

Por último, debe corregirse la falta de visión estratégica. Los dos enfoques predominantes con respecto a la política de ciencia, tecnología e innovación en los últimos decenios están bien establecidos en la mayoría de los países, y están madurando rápidamente en otros. Esos enfoques, sin embargo, tienen capacidad limitada para apoyar la función esencial que deberían desempeñar la I+D y la innovación en las estrategias de desarrollo.

Si bien las políticas de innovación se han centrado en desarrollar instrumentos para alentar la innovación en el sector privado y la modernización tecnológica en las empresas industriales, así como en mejorar la capacidad científica, la estrategia económica general de los países más grandes de la región —o, en todo caso, la inercia— ha empujado a las economías de la región precisamente en la dirección opuesta, alejándolas de las industrias que hacen un uso intensivo de la tecnología y el conocimiento y orientándolas hacia actividades de procesamiento de recursos naturales y producción de alimentos (Katz, 2006).

Algunos países han aprendido de esta experiencia y están esforzándose por adoptar un enfoque estratégico en la política de innovación: un enfoque que sea proactivo e identifique sectores y nichos como prioridades para recibir respaldo de fondos públicos, y coloque a la innovación en el centro mismo de la política industrial. Este tipo de enfoque subraya una perspectiva de sistema para la innovación y destaca los problemas de coordinación que bloquean la actividad innovadora e impiden la comunicación y la integración entre actores y aspectos clave del sistema nacional de innovación a fin de promover el acceso de las empresas innovadoras al financiamiento, condiciones propicias para la iniciativa empresarial dinámica, disposiciones para el arranque y cierre eficientes de los emprendimientos de negocios, la gestión de los derechos de propiedad intelectual y nexos entre la universidad y la industria, así como infraestructura y servicios tecnológicos.

Desde la revolución industrial, la I+D y la innovación han sido dos de los principales motores del crecimiento económico y del mejoramiento del nivel de vida. En estos tres decenios, esa función tradicional se ha expandido habida cuenta de la tendencia mundial hacia una economía basada en el conocimiento. Los sectores económicos más dinámicos del mercado mundial son los de mayor intensidad tecnológica, y dependen de la capacidad de generar, adaptar y utilizar el conocimiento como la base del crecimiento de la productividad.

Todas las economías avanzadas, en diferentes grados pero sin excepción, están transformándose en economías con esas características. Los casos exitosos que se han dado en economías emergentes que han podido dar un salto en términos de productividad y bienestar —la mayoría de ellos en Asia— comparten el común denominador de la innovación empresarial y el desarrollo tecnológico en el núcleo de sus estrategias competitivas (Dahlman y Utz, 2005).

En este contexto, las economías latinoamericanas enfrentan numerosos y diversos retos para formular estrategias eficaces de crecimiento. En este libro se identifica claramente el estancamiento de la productividad en la región como un problema crucial que debe abordarse. Sería sorprendente que los países de América Latina se las arreglaran para impulsar repentinamente el crecimiento de la productividad sin ocuparse de la ciencia, la tecnología y la innovación de manera congruente con las características de sus economías, empresas e instituciones, y dentro del marco del movimiento mundial hacia economías basadas en el conocimiento.

Notas

[1] Se notifica un resultado similar para Brasil en un análisis de la OCDE (2009). Sin embargo, en un estudio de empresas argentinas y brasileñas, de Negri, de Negri y Freitas (2007) hallan una relación positiva entre el esfuerzo de innovación y las exportaciones.

[2] En este análisis no se tiene en cuenta la posibilidad de transferencia de conocimientos como resultado de la operación de las compañías multinacionales en países en desarrollo. Mongue-González y Hewitt (2009) encuentran pruebas contundentes de externalidades del conocimiento en un estudio del sector de tecnología de la información y las comunicaciones, muy innovador, en Costa Rica, donde se registraron impactos positivos sobre el crecimiento de la productividad.

[3] Un sistema nacional de innovación es el grupo de instituciones diferentes que, conjunta e individualmente, contribuyen al desarrollo y a la difusión de nuevas tecnologías y proporcionan el marco dentro del cual los gobiernos formulan y ponen en práctica políticas para influir en el proceso de innovación. Se trata, entonces, de un sistema de instituciones interconectadas para crear, almacenar y transferir el conocimiento, las aptitudes y los artefactos que definen a las nuevas tecnologías (Metcalfe, 1995).

[4] Véanse Arbeláez (2009); Arza y López (2009), y Cassoni y Ramada-Sarasola (2009).

[5] Blyde et al. (2007) aplicaron el mismo marco a Brasil, y hallaron que 18 países de la OCDE incluidos en el análisis invertirían mucho más que Brasil en I+D si tuviesen el mismo perfil de especialización sectorial que la economía brasileña. Anlló y Suárez (2009), al comparar comportamientos innovadores en varios sectores de Alemania, Argentina, Brasil, España y Francia, llegaron a la conclusión de que existen diferencias significativas en la intensidad tecnológica de las empresas que trabajan dentro del mismo sector en los diferentes países.

[6] Cimoli et al. (2005) analizaron el cambio estructural en la conformación económica de América Latina entre 1970 y 2000, y lo compararon con el de República de Corea, Estados Unidos y Finlandia. Encontraron que en República de Corea y Finlandia el crecimiento está claramente asociado con un cambio de la estructura económica a favor de sectores que hacen un uso intensivo del conocimiento y que difunden la tecnología en toda la econo-

mía. En cambio, en América Latina hubo una reducción en la participación de sectores de alta tecnología a favor de sectores que hacen un uso intensivo de los recursos naturales. El comportamiento de la productividad en ambos grupos de países no podría ser más diferente. El crecimiento de la productividad se aceleró en República de Corea y en Finlandia y se estancó en América Latina.

[7] Véase una muestra excelente del tipo y de la profundidad del análisis de la política de tecnología en la región en los decenios de 1960 y 1970 en Sagasti y Aroz (1975).

[8] Pueden hallarse algunas excepciones en los usos dispersos de políticas de adquisiciones públicas al servicio de inversiones en tecnología, como la creación de la Empresa Brasileira de Aeronáutica (Embraer) en Brasil.

[9] En un repaso reciente de la política de innovación en la OCDE se señala que 16 de 25 países utilizan incentivos fiscales como instrumentos de política (Sheehan, 2007). Se ha demostrado que esos incentivos redundan en beneficios en materia de innovación, que van desde neutros a favorables (Hall y van Reenen, 1999), a tal grado que han llegado a dominar la política de innovación en algunos países (Canadá y Países Bajos, por ejemplo). No obstante, varios expertos y analistas han criticado su utilización en países en desarrollo debido a su sesgo hacia la empresas más grandes, precisamente el grupo que de todas maneras invierte mucho en I+D. Véanse pruebas recientes en Agapitova, Holm-Nielsen y Vukmirovic (2002); Salazar (2007) y Mercer-Blackman (2008).

[10] Brasil y México fueron los primeros países que introdujeron fondos para innovación en sectores específicos. Véase un repaso en Ventura (2009).

[11] Recientemente también evolucionó la política de innovación en el ámbito del capital humano. Se está prestando más atención al desarrollo de programas universitarios en el país que den cabida a las nuevas cohortes de personas con doctorados que regresan del extranjero y consolidan la capacidad nacional. Se están tomando medidas más proactivas para manejar los flujos de talentos a través de las fronteras mediante políticas específicas encaminadas a impedir la fuga de cerebros y atraer a la diáspora científica de cada nación.

11 POLÍTICA INDUSTRIAL EN AMÉRICA LATINA: ¿FANTASMA O AVE FÉNIX?

¿Qué son las políticas industriales?

Este libro se centra en las políticas de desarrollo productivo (PDP) destinadas a mejorar la productividad agregada de la economía, sea directamente, a través de la productividad de las empresas, o mediante una asignación más productiva de los factores de producción. Según la definición de Melo y Rodríguez-Clare (2006), "las políticas de desarrollo productivo pueden ser definidas en términos generales como aquellas que apuntan a fortalecer la estructura productiva de una determinada economía nacional". Se trata, sin duda, de una definición muy amplia, que incluye las políticas orientadas a ciertos mercados o actividades clave (como investigación y desarrollo, exportación, formación de capital humano), a grandes sectores de la economía (manufacturas, actividades agropecuarias) y a sectores específicos o grupos (*clusters*) de actividad económica (textiles, industria automotriz, producción de software, etc.). En capítulos anteriores se analizaron una serie de PDP dirigidas a corregir fallas en ciertos mercados o actividades económicas; estas se denominan políticas de desarrollo productivo "horizontales" porque atraviesan sectores económicos. En este capítulo se tratan las políticas de desarrollo productivo "verticales", que son las políticas dirigidas a sectores económicos específicos (incluidos los agrupamientos de actividades económicas relacionadas tales como *clusters*). Para abreviar, las PDP verticales se denominan políticas industriales, es decir, políticas específicas para ciertas "industrias", por lo cual se entiende sectores económicos. Obsérvese que las políticas industriales pueden referirse a cualquier conjunto de actividades económicas relacionadas, como los servicios o el agro, y no solo a las manufacturas.

Las políticas industriales bien concebidas se centran en el espinoso problema de desarrollo económico de cómo liberar o activar las ventajas comparativas latentes de ciertas "industrias" o sectores de actividad económica. Estas transformaciones económicas implican la acción concertada de numerosos agentes independientes, a quienes los mercados pueden no ofrecer los incentivos individuales que cada agente requiere para desempeñar su parte, con lo caul se frustra el desarrollo económico. Compete a la política industrial detectar el sector de actividad económica que justifica una política selectiva y establecer cómo "crear ganadores", o "escoger ganadores", como prefieren denominarlo sus defensores y críticos, respectivamente. Los gobiernos pueden, en el mejor de los casos, contar con los incentivos correctos para conducir esas políticas, pero aun así pueden fracasar por carecer de la información y de la inclinación emprendedora de los agentes privados. La coordinación entre las dos esferas podría idealmente resultar en una combinación altamente productiva pero, en la práctica, puede fácilmente descomponerse en agentes privados oportunistas en busca de su propio provecho y agentes públicos cautivos de sus intereses. Según la confianza que se les tenga a los mercados y los gobiernos para lidiar con estas cuestiones, la política industrial puede considerarse un remedio o un veneno para la productividad.

La política industrial fue, en esencia, ignorada en la década de 1990 por el llamado Consenso de Washington, que se centró en la estabilización y la reforma macroeconómica estructural, y fue decididamente desfavorecida en la mayoría de los países de la región como un esfuerzo equivocado e inviable para eludir los mercados y "escoger ganadores" por medios burocráticos, en parte como autocrítica a fracasos experimentados con sus estrategias de sustitución de importaciones. Sin embargo, aunque en buena medida todavía persiste este paradigma de no intervención, se observa un retorno a la política industrial; los países en desarrollo se muestran más decididos a aportar insumos públicos —infraestructura, normas fitosanitarias y otras formas de regulación, investigación de nuevos materiales, procesos o modificaciones genéticas, ciertos tipos de protección de la propiedad intelectual, incentivos tributarios u otros incentivos financieros— combinados y estructurados en cada caso para satisfacer las necesidades de algunos ámbitos particulares de la actividad económica, pero no de otros. Este reciente impulso a la política industrial emerge de la interacción entre países en busca de soluciones al desarrollo y el cambio estructural que el paradigma liberalizador no alcanzó, y también de una nueva reflexión teórica. No hay duda de que las políticas industriales de la nueva "economía abierta" poco tienen que ver con las viejas estrategias de sustitución de importaciones. Sin embargo, está vivo el concepto de una estrategia de desarrollo que apunte a sectores específicos de la actividad económica y contemple los arreglos institucionales adecuados para implementarla.

Las intervenciones de política económica bajo la rúbrica de políticas de desarrollo productivo o PDP pueden adoptar la forma de insumos públicos complementarios del mercado (por ejemplo, infraestructura) o el uso del poder del Estado para incidir en los incentivos del mercado y de esa manera, a través de la acción del mercado, alterar el resultado económico (por ejemplo, un subsidio o una regulación). La elección del tipo de intervención depende en parte de la flexibilidad y los recursos de los mercados existentes para llegar al resultado deseado dados los incentivos adecuados; cualquiera de los tipos de intervención puede ser aplicable a las PDP verticales u horizontales. No obstante, *prima facie*, un subsidio horizontal para compensar una posible falla en la determinación del precio social en un mercado determinado parece más justificable que un subsidio específico para un sector que directamente beneficia a un grupo de favorecidos, especialmente si es permanente.

Una manera útil de organizar toda esta información es considerar el uso de la siguiente matriz de 2x2, que combina las dimensiones horizontal y vertical de las PDP con el canal de intervención público o de mercado. De esta manera, las intervenciones de la izquierda son de naturaleza general u horizontal, en tanto las de la derecha generan beneficios para sectores o grupos específicos de actividad económica. El canal de intervención, público o de mercado, está representado por el eje vertical. Las intervenciones de PDP de la parte superior de la matriz representan el aporte directo de un insumo complementario por parte del Estado, en tanto las PDP basadas en la intervención del mercado se ubican en la parte inferior.

La combinación de estas dos dimensiones genera cuatro cuadrantes; a título ilustrativo, en el cuadro 11.1 se incluyen algunos ejemplos de PDP en cada cuadrante (sin que ello implique que las intervenciones de política incluidas estén necesariamente bien fundamentadas y sean justificables). Los capítulos anteriores se limitaron a los cuadrantes horizontales: a) el cuadrante horizontal-

Cuadro 11.1 Dimensiones de las políticas de desarrollo productivo

	Horizontal (H)	Vertical (V)
Insumos públicos (P)	Clima de negocios Fuerza de trabajo capacitada Infraestructura básica Política cambiaria	Caminos rurales para ciertas zonas Logística de almacenamiento con cadena de frío Controles de higiene de los alimentos
Intervención de mercado (M)	Subsidios a la investigación y desarrollo Programas de capacitación Exenciones tributarias para bienes de capital Aranceles altos uniformes	Cuotas de importación para sectores específicos Subsidios a la producción de sectores específicos

Fuente: BID (2009a).

público (HP), núcleo de los estudios macroeconómicos tradicionales sobre competitividad y ámbito preferido de las políticas inspiradas por el Consenso de Washington, y b) el cuadrante horizontal-de mercado (HM), que incluye políticas más intervencionistas dirigidas a rectificar mercados específicos (pero no limitadas a sectores económicos específicos). El presente capítulo sobre políticas industriales trata de los cuadrantes verticales: el cuadrante vertical-público (VP), quizás el terreno más común de la política industrial, y el cuadrante vertical-de mercado (VM).

Las políticas verticales comportan escoger entre sectores. Los insumos públicos son altamente específicos. Por ejemplo, los caminos rurales pueden ser vitales para la actividad agropecuaria en ciertas regiones, pero no ser importantes para el resto de la economía; la logística del almacenamiento con cadena de frío puede ser un insumo clave para frutos y hortalizas, pero no para la industria textil. Inclusive la infraestructura general, como los puertos, contiene una especificidad sectorial; por ejemplo, ¿debe brindar servicios a granel o en contenedores? El cuadrante de intervenciones de mercado verticales tal vez sea el más controvertido porque se presta al provecho oportunista de parte de ciertas empresas y al favoritismo o la corrupción abierta de parte del sector público. Sin embargo, ciertamente no puede ser descartado como modalidad de intervención. El sector público puede estar mal preparado para aportar o tomar medidas para asegurar la provisión de insumos y tal vez deba recurrir a las intervenciones de mercado como segunda opción. Además, hay margen para "apuestas estratégicas" basadas en algún fundamento técnico que puedan llevarse a cabo mejor a través de estímulos, incluidos los subsidios selectivos, para orientar el comportamiento de los agentes privados (además de los insumos públicos específicos del caso).[1]

La distinción entre PDP horizontales y verticales, o políticas industriales, es clave por su distinto fundamento económico y —lo que tal vez sea más importante— por sus diferentes requisitos institucionales, dado que las políticas industriales implican escoger entre sectores de actividad económica.

Fundamento de las políticas industriales

La mayoría de los economistas concordarían en que la política industrial encierra la posibilidad de salvar obstáculos específicos en forma focalizada y puede facilitar la transformación estructural —núcleo del desarrollo económico— en circunstancias en que el mercado puede fallar. Pero existe también el reconocimiento general de la dificultad de identificar sectores o *clusters* para intervenciones que sean provechosas y de que, en parte por esta razón, la política industrial tiende a ser captada por grupos de interés influyentes que buscan su propio beneficio en forma oportunista o reclaman ser incluidos en lo que perciben como un tratamiento favorable injustificado a otros grupos. En otras palabras, la política industrial es una esfera en la que el Estado puede fácilmente errar. Por su parte, las PDP horizontales parecen menos expuestas al dominio de la economía política y a las fallas del sector público. Es principalmente por estas razones que los economistas en general prefieren las políticas horizontales, siempre que pueda establecerse el fundamento de una falla del mercado para justificar la intervención. Por lo tanto es útil separar las justificaciones teóricas de las políticas industriales —a semejanza de las esgrimidas para las políticas horizontales— de los requisitos institucionales más rigurosos para su implementación con éxito, que son tratados en secciones subsiguientes. La primera pregunta es cuáles son las fallas de mercado que pueden justificar una intervención de política industrial.

Las políticas industriales pueden justificarse teóricamente de diversas maneras.[2] El caso más obvio es el de las denominadas externalidades marshallianas, conforme a las cuales la productividad sectorial aumenta con el tamaño del sector. Como el aumento de tamaño lleva tiempo, otra manera de plantear el mismo argumento es que la productividad verdadera o "latente" de un sector se revela solo en una industria plenamente madura, por ejemplo porque la fuerza de trabajo que se beneficia de "aprender haciendo" en cada empresa es crecientemente productiva. Las externalidades marshallianas se ejemplifican habitualmente con la difusión dentro una industria del conocimiento que no puede ser interiorizado por empresas individuales porque los trabajadores que portan el conocimiento acumulado pueden moverse de una empresa a otra. La propia naturaleza del argumento ligado al tamaño del sector restringe la política industrial sobre esta base a los sectores transables, dado que el tamaño de los sectores no transables estaría en esencia determinado por la magnitud de la economía interna y, por ende, tiene un margen limitado para un crecimiento que fomente la productividad.

¿Justifican estas externalidades intraindustriales una política industrial? No necesariamente. Es vital que la productividad "latente" sea de un volumen suficiente que dé a esta industria una ventaja comparativa en el país, es decir que sea una actividad viable en libre competencia con el mundo. De lo contrario, sería mejor para el país importar el bien, aunque existan externalidades y sean corregidas a través de la política industrial. En realidad, el sector no solo debería terminar siendo competitivo, sino que los beneficios sociales de la realización de su productividad latente deberían ser suficientemente cuantiosos y rápidos como para compensar el costo de la política industrial. Una "industria incipiente" que valga la pena proteger debería evolucionar hacia un rubro sustancial en la cartera de exportación del país; en tal caso podría argumentarse en favor de una política industrial que la apoye. Tal vez las empresas de sectores "incipientes" temporalmente improductivos requieran apoyo hasta llegar a un nivel de madurez, de alta productividad: la falta de una ventaja comparativa en determinado sector puede ocultar una ventaja comparativa "dinámica" si se desarrollara. Como la única preocupación en el caso de las externalidades intrasectoriales es el crecimiento rápido del sector, la política más sencilla —un subsidio a su ingreso para incrementar artificialmente la rentabilidad de la inversión— sería también la correcta. Las políticas industriales que inducen el crecimiento sectorial brindarían este apoyo mediante un subsidio temporal al inicio.

Las externalidades positivas del crecimiento de ciertos sectores económicos también pueden adoptar la forma de externalidades interindustriales. En el caso más simple, industrias complementarias, como la construcción de barcos y la fabricación de automóviles y camiones en Corea (Amsden, 1989), se apoyan mutuamente dentro del espíritu de "aprender haciendo". También pueden surgir economías de escala a partir de la producción de insumos que son compartidos por una serie de sectores, tales como ciertos bienes públicos sectoriales o insumos privados no transables específicos de ciertas industrias (por ejemplo, un cierto perfil de mano de obra calificada). Esta es una forma natural de racionalizar la trayectoria de la transformación estructural basada en productos que con frecuencia se exportan juntos (Hausmann y Klinger, 2006).

En términos más generales, los beneficios de sectores más maduros podrían difundirse a través de sus vínculos económicos con otros sectores de la economía participantes de la misma cadena productiva, tanto hacia atrás (proveedores) como hacia delante (compradores), y dar lugar a aglomeraciones geográficas de *clusters* con mayor productividad. De ser así, podría justificarse una política industrial que impulse el desarrollo de un sector "estratégico" que por su propio dinamismo ponga en movimiento esta secuencia de eventos positivos. Al igual que en el caso de las externalidades intraindustriales, el subsidio a la rentabilidad podría ser una política adecuada. En la medida en que lo que determina las externalidades para el resto del *cluster* no es el producto del sector per se sino la actividad del mismo, en contraste con el caso de las externalidades intraindustriales, un sector "estratégico" de este tipo no necesita tener una ventaja comparativa latente para que se justifique el apoyo de la política industrial. Al mismo tiempo, es importante que la política industrial asegure que el proceso productivo del sector "estratégico" pueda efectivamente desencadenar beneficios para otras industrias. Las políticas que exigen a las empresas extranjeras que utilicen insumos locales podrían justificarse sobre esa base. En este caso, la política industrial podría justificarse como medida permanente.

Dado que estos fundamentos de las políticas industriales están tan vinculados al objetivo de desarrollar sectores competitivos internacionalmente, es útil examinar la relación entre el comercio internacional y los resultados económicos de los países para encontrar claves macroeconómicas que orienten la política industrial. Los datos preponderantemente señalan que el crecimiento económico está positivamente correlacionado con la apertura comercial (grado de participación en el comercio internacional) pero no está correlacionado con los aranceles de importación, lo que claramente sugiere que la política industrial de apoyo a los sectores exportadores probablemente sea preferible a la protección de las importaciones o la regulación de requisitos de contenido nacional.[3] De modo que, aunque las justificaciones teóricas de la política industrial son diversas, parecería aconsejable centrarse en las que apoyan directa o indirectamente a los sectores exportadores que finalmente sean capaces de competir con facilidad. A este respecto, tal vez las políticas industriales encuentren un complemento importante en las políticas de estabilización del tipo de cambio real y que desalientan los ingresos de capital excesivos que aprecian la moneda (Hausmann, Rodríguez-Clare y Rodrik, 2006). Al mismo tiempo, en una serie de estudios se llega a la conclusión de que los efectos de una mayor apertura dependen de la composición de las exportaciones, lo que sugiere la necesidad de que la política industrial se concentre en la distinción entre los sectores exportadores. En la mayoría de los estudios se sugiere que los sectores de exportaciones no tradicionales (por ejemplo, las manufacturas o los bienes que requieren un uso intensivo de capital humano, por oposición a las materias primas) y, más en general, la diversificación, son precursores del crecimiento. A fortiori, esta evidencia favorecería una política industrial que apunte a este tipo de selección sectorial. En este sentido, los acuerdos de comercio que facilitan los cambios estructurales en los perfiles de exportación constituyen también políticas industriales.

Sin embargo, esta focalización de las políticas en el fomento del crecimiento de determinados sectores es una perspectiva demasiado estrecha para discernir cuáles son las políticas correctas. La política industrial trata con transformaciones económicas que requieren la acción concertada de múltiples actores, dentro de cada sector y entre ellos. La visión moderna de la política industrial parte del supuesto de que la productividad está obstaculizada por impedimentos a una acción colectiva beneficiosa entre productores privados. En teoría, las empresas estarían dispuestas a aportar en conjunto el insumo requerido, si pudieran coordinarse; en la práctica, es posible que la política industrial tenga que inducirlo o aportarlo. Es posible lograr una mayor productividad que satisfaga a todas las partes involucradas en la industria (incluido el gobierno) si tan solo coordinaran sus decisiones. De acuerdo con este criterio, la política correcta corregiría el impedimento específico que bloquea un resultado coordinado de beneficio colectivo. Esto contrasta con la política industrial tradicional de subsidiar ciertos sectores para impulsar su rentabilidad sin atacar más directamente los obstáculos a la coordinación que enlentecen su desarrollo. Sin perjuicio de que el subsidio a determinados sectores para estimular su crecimiento sigue siendo una política válida, el paradigma de la política industrial está cambiando hacia el abordaje directo de los problemas de coordinación en ciertos sectores para ampliar sus oportunidades de desarrollo colectivo.

Los problemas de coordinación pueden presentarse con apariencias diferentes. En el caso de una industria en que las empresas enfrentan externalidades intraindustriales, el problema estaría centrado en los incentivos para que las empresas coordinen la creación conjunta de una "industria" competitiva. Las externalidades marshallianas mencionadas antes como ejemplo se refieren a la capacitación de la fuerza de trabajo a nivel industrial, pero las externalidades intraindustriales pueden ser resultado de cualquier otro problema específico de la industria aunque externo a la empresa, como la logística de almacenamiento en cadena de frío para respaldar la exportación de espárragos en Ecuador o los controles de higiene de los alimentos para apoyar la exportación de carne vacuna de alta calidad en Uruguay, casos incluidos en la matriz como ejemplos de insumos públicos. Este es un problema de coordinación porque la presencia de estos problemas de la industria determina si el sector tiene una alta o baja productividad.

En el caso de las externalidades interindustriales, el margen de beneficios a partir de la coordinación es aún mayor. En este caso, el problema se encontraría en los incentivos a sectores o elementos de un *cluster* para que coordinen su desarrollo conjunto. En teoría, las empresas beneficiarias estarían dispuestas a subsidiar el desarrollo del sector "estratégico" si pudieran establecer la coordinación; en la práctica, tal vez ello deba ser inducido por la política industrial. En términos más generales, si bien el acento se ha puesto en la idea de actividades productivas "dinámicas" clave cuyo desarrollo traería beneficios para el resto del *cluster* o de los sectores interconectados, existe también el caso más simétrico de un conjunto de sectores complementarios cuya viabilidad individual depende del resto. Un ejemplo clásico es la industria hotelera, que espera el desarrollo de la logística del transporte y viceversa, porque para cada sector en sí la inversión no sería rentable: a menos que exista coordinación entre los sectores de la hotelería y del transporte, la industria turística no se desarrollará, aun cuando sea altamente productiva una vez que los actores establezcan la coordinación. En este caso, puede argumentarse en favor de las políticas industriales, tal vez en forma indirecta, como la ayuda para coordinar decisiones en el espíritu de la "planificación indicativa", o en forma tan directa como el aporte de insumos públicos (por ejemplo, un aeropuerto).

La escasez del "autodescubrimiento" que mencionan Hausmann y Rodrik (2003), conforme al cual las empresas exploran oportunidades redituables y, a veces, descubren actividades latentes en las que el país tiene elevada productividad potencial, también puede ser planteada como un problema de coordinación. En efecto, las empresas no comparten los costos de la exploración y en consecuencia el mercado explora de menos porque el resto de las empresas puede copiar el éxito o beneficiarse del mismo por otras vías sin incurrir en el costo de la exploración, con lo cual el rédito del descubrimiento es parcialmente externo a la empresa que explora. Aunque alguna forma de protección del éxito que impida su divulgación, como la protección por medio de una patente, daría lugar a más exploración, la política más eficiente se enfocaría en que los costos de exploración se compartan o aportaría directamente esa exploración sin impedir la divulgación de descubrimientos productivos que es de beneficio colectivo. La propia exploración podría requerir coordinación fuera del sector beneficiario: la viabilidad de la exportación de espárragos del Perú no habría sido explorada sin una infraestructura establecida de almacenamiento y transporte con cadena de frío.

Resulta claro que, en general, las políticas industriales enfocadas en problemas de coordinación tienden a ser crecientemente pertinentes a medida que las economías establecen los fundamentos de su progreso económico y se embarcan en modalidades más complejas de producción. Consiguientemente, a medida que el objetivo de la política pasa de desarrollar un producto (por ejemplo, un producto de una industria incipiente) a aportar insumos específicos faltantes en sistemas económicos complejos (como en los casos de normas de calidad inadecuada para la exportación de alimentos o carencia de las calificaciones laborales necesarias para una actividad específica), la focalización de la política se traslada entonces de la identificación de sectores inmaduros con posibles ventajas comparativas al abordaje de las carencias de insumos no transables que obstaculizan el surgimiento de esas ventajas. En realidad, tras la liberalización comercial y financiera, es posible obtener fácilmente a través del mercado los insumos transables y, si corresponde, estimularlos con una intervención de mercado. Sin embargo, los insumos no transables, como los bienes públicos o el perfil de calificación de la fuerza de trabajo, tienen que ser producidos, por lo que pueden requerir una intensa intervención de la política, en especial en términos de insumos públicos. Además, sectores no transables como algunos de los sectores de servicios, son partes sustanciales y crecientemente importantes de la economía sujetas a fallas de coordinación similares que requieren políticas industriales similares. La política industrial moderna hace hincapié en los obstáculos de coordinación al desarrollo de una economía productiva abierta tanto en los sectores transables como no transables.

Panorama de las políticas industriales en América Latina

Las políticas industriales no son extrañas a América Latina. Conocieron su auge en los decenios de 1960 y 1970, cuando la política industrial era parte integral del aparato de políticas de la mayoría de los países, grandes y pequeños. Los encargados de diseñar las políticas estaban convencidos de que el mercado era demasiado lento para producir las transformaciones estructurales que necesitaban sus economías para crecer a ritmo acelerado. La orientación básica de la política industrial era la sustitución de importaciones, de modo que no puede sorprender que el principal instrumento de política para promover nuevas industrias fuera la protección arancelaria y las barreras no arancelarias a la importación (al mismo tiempo, los países manifestaban una gran desconfianza hacia la inversión extranjera directa). Aunque pueden haber existido razones para defender una protección selectiva en países con grandes mercados internos (por ejemplo, Argentina, Brasil y México) —sobre la base de reducciones de costos derivadas de aprender haciendo en términos de externalidades intra o interindustriales— esos argumentos eran mucho más frágiles en países con mercados pequeños, que no podían aportar la escala necesaria para incubar industrias incipientes.

Al mismo tiempo, muchos países usaban al Estado para invertir en lo que los encargados de diseñar las políticas consideraban industrias estratégicas, con lo que las empresas estatales pasaban a ser actores importantes en la economía en industrias como las del hierro, el acero, la extracción y refinación de petróleo, los servicios públicos, las telecomunicaciones y muchas otras. Se generalizó la idea de que el mercado no generaría inversiones en sectores que requerían grandes volúmenes de capital para ser eficientes. Por último, la mayoría de los países creó bancos de desarrollo para fomentar la industrialización a través del crédito barato a sectores seleccionados y para respaldar la inversión privada en esos sectores. La política industrial terminó asociada a la industria manufacturera.

La crisis de la deuda de comienzos del decenio de 1980 eliminó la mayor parte del aparato de políticas que respaldaba la política industrial, aunque la mayor parte de la responsabilidad deba recaer en la deficiencia de la política macroeconómica. Si bien el llamado Consenso de Washington del decenio de 1990 apuntó específicamente a la política macroeconómica y no a la política industrial, su espíritu liberalizador fue aplicado de manera tal que erosionó la política industrial en la región. Las políticas industriales que sobrevivieron fueron sobre todo las de larga data, en algunos casos las de los años cincuenta, cuyos servicios pasaron a considerarse parte integral de la vida económica de determinados sectores y no una intervención especial o arbitraria del Estado que debía ser eliminada. Muchas de las políticas industriales más efectivas y arraigadas descentralizaban algunas de las decisiones entre unidades locales que respondían a intereses locales, habitualmente rurales.[4] Por tanto, no debe sorprender que la contribución de la política industrial a nuevas exportaciones de América Latina se manifieste más sistemáticamente en la colaboración entre los servicios de investigación y extensión y sus clientes rurales.

Podría decirse que este proceso de depuración de las políticas industriales desmanteló indiscriminadamente lo bueno y lo malo. Sin embargo, aunque las políticas de sustitución de importaciones son cosa del pasado, muchas de las políticas industriales sobrevivieron bajo una apariencia u otra aun en los países que defendían con más convicción las políticas de libre mercado (como el caso de Chile). Más aún, al mismo tiempo que se eliminaron políticas industriales se introdujeron otras nuevas (Melo y Rodríguez-Clare, 2006). A menudo fueron introducidas en respuesta a la percepción de fallas del mercado. Por ejemplo, las fallas de coordinación a nivel de sectores o *clusters* podrían explicar la introducción de una serie de programas bajo la égida de las estrategias de competitividad de mediados de los años noventa (Rodríguez-Clare, 2005 y 2007; Rodrik, 2004).

Ahora está surgiendo nuevamente el interés en la política industrial, a medida que las economías muestran resultados inferiores a los previstos y los gobiernos toman conciencia de que las buenas políticas macroeconómicas no bastan para impulsar el crecimiento económico. No obstante, el nuevo enfoque de la política industrial desde la perspectiva de una economía abierta es muy diferente de la versión de sustitución de importaciones.[5] Las características básicas de la política industrial de la región en los últimos años son las siguientes:

- El acento está en la competitividad o en la productividad de la exportación (es decir, en crear o mejorar las ventajas comparativas), y no en la sustitución de importaciones.
- Prácticamente desapareció el acento en las manufacturas. Los encargados de diseñar las políticas son ahora mucho más respetuosos de las ventajas comparativas, reales y potenciales. Buena parte del nuevo énfasis se aplica a subir la escala tecnológica en las industrias que han demostrado ser exitosas (la agropecuaria, los productos alimentarios y la minería).
- Las intervenciones apuntan a desarrollar y adquirir tecnología.
- Buena parte de la política industrial gira en torno a la atracción de la inversión extranjera directa a sectores específicos y a las medidas que debe tomar el Estado para asegurar el éxito de este empeño.
- Cada vez se reconoce más el aporte de los insumos públicos y el papel del Estado como coordinador.
- Los recursos en juego y las ambiciones de los encargados de diseñar las políticas son sustancialmente más moderados.
- Aunque las nuevas políticas se prestan mucho menos a la búsqueda del provecho propio, las actividades de búsqueda de renta no han desaparecido totalmente, como lo sugiere la persistencia en muchos países de una dispersión tributaria y arancelaria en varias industrias. Este podría considerarse el lado oscuro y socialmente perjudicial de la política industrial.

Argentina, Brasil y Uruguay han logrado resultados en el uso de las instituciones del Estado para procurar mejoras tecnológicas en la actividad agropecuaria, las que luego son transferidas al sector privado. En Argentina, estas políticas industriales parecen circunscritas a la investigación y el desarrollo agropecuarios con el patrocinio del Estado, pero con la activa participación de los beneficiarios. La creación de dos variedades de arroz genéticamente mejorado, lograda en estrecha cooperación con usuarios privados, es uno de los grandes éxitos del Instituto Nacional de Tecnología Agropecuaria (INTA) de Argentina. El INTA realiza investigaciones útiles para los productores privados con los que trabaja conjuntamente en innovaciones tecnológicas específicas y que luego les vende a cambio de regalías (Sánchez, Butler y Rozemberg, 2009). En cierto sentido, el papel del INTA es tener en cuenta las grandes economías de escala en la investigación y las externalidades de conocimiento que generan una investigación y un desarrollo exitosos. Ocasionalmente, el INTA también participó activamente en la solución de problemas de coordinación en la esfera agropecuaria. En algunos sectores considerados sensibles, en particular el automotriz, sobrevive una política industrial antigua que acentúa la protección por varios medios. Como se indica en el recuadro 11.1, el organismo público de investigación agropecuaria de Brasil (*Empresa Brasileira de Pesquisa Agropecuária*, Embrapa) fue responsable del desarrollo de semillas de soya adaptadas a la escasa fertilidad de las sabanas brasileñas. Estas innovaciones fueron después difundidas entre los productores privados a través de la *Empresa de Assistência Técnica e Extensão Rural* (Emater), el organismo estatal de extensión agropecuaria.

México se ha mostrado particularmente circunspecto en materia de política industrial, aunque su organismo de desarrollo, la Nacional Financiera (Nafinsa), es fuerte y tiene una presencia visible en el sector financiero. Se trata de un organismo particularmente importante como fuente de financiamiento para la pequeña y la mediana empresa. Sin embargo, el Estado ha lanzado programas encaminados al desarrollo de una industria de software competitiva a nivel internacional mediante incentivos tributarios y donaciones para capacitar personal y adquirir equipo. Además, ha alentado a una industria automotriz relativamente desarrollada a avanzar en el mercado hacia el suministro de repuestos para la industria aeroespacial. Las exenciones tributarias, los subsidios para la capacitación y el patrocinio de servicios educativos han sido los principales instrumentos de política utilizados en este empeño (Báez et al., 2009).

El financiamiento público para crear nuevas industrias y fortalecer las existentes ha pasado a ser el enfoque de las políticas industriales de varios países de la región: por ejemplo, el Banco Nacional de Desarrollo Económico y Social (*Banco Nacional de Desenvolvimento Econômico e Social*, BNDES) en Brasil, la Corporación de Fomento de la Producción (Corfo) en Chile y Nafinsa en México. Con los años, el fundamento ha pasado del crédito dirigido durante el auge de la sustitución de importaciones a la corrección de una falla del mercado importante y cada vez más reconocida: la falta de crédito a largo plazo para nuevas iniciativas en países con mercados financieros muy incompletos. Desde los años ochenta, en la mayoría de los países se comenzó a poner el acento en ofrecer crédito horizontalmente, sin elegir sectores, a menudo con un modelo bancario indirecto o de segundo piso (es decir, la asignación de recursos financieros públicos a través de bancos privados).

RECUADRO 11.1 SOYA EN LAS SABANAS: EL DESARROLLO DE UNO DE LOS PRINCIPALES CULTIVOS DE EXPORTACIÓN DE BRASIL[a]

Brasil es el segundo productor de soya del mundo y el mayor exportador; en años recientes la exportación de soya representó el 10% del total de sus exportaciones. En los 10 años previos a 2005 se duplicó la exportación de soya. Para alcanzar estos resultados, el cultivo de esta leguminosa se expandió sustancialmente más allá de la zona limitada de siembra tradicional de clima templado y tierras fértiles de Rio Grande do Sul a la más abundante pero mucho menos hospitalaria zona de la sabana o *cerrado* del norte. En simultáneo, mejoró extraordinariamente la productividad, con un aumento del rendimiento del 65% en 15 años (en comparación con el 6,5% en Estados Unidos, el mayor productor del mundo). La solución de los numerosos problemas de coordinación entre productores de los insumos requeridos para ampliar la superficie de siembra y aumentar la productividad fue facilitada, tal vez en forma decisiva, por la intensa colaboración entre agricultores privados y la *Empresa Brasileira de Pesquisa Agropecuária* (Embrapa), el organismo público de investigación agropecuaria de Brasil. Actualmente, Embrapa es una vasta entidad que financia 37 centros de investigación y cuenta con 8.600 empleados, de los cuales 2.220 son investigadores, la mitad de ellos con doctorado. Pero —algo importante— el cultivo de soya en Brasil tuvo éxito gracias a una temprana exposición a los mercados de exportación y a una constelación de intereses internos que protegieron a los agricultores de los controles de precios que disuadían la inversión en un cultivo afín: el trigo.

Embrapa y la producción de soya crecieron juntas. El organismo fue creado en 1973 como parte de un esfuerzo por incrementar la producción alimentaria nacional a fin de satisfacer las necesidades de una población urbana en rápido crecimiento y contar con ingresos de la exportación. Un riesgo inicial estaba en la creación de la capacidad técnica en todas las disciplinas pertinentes a la agricultura avanzada de la época: entre 1974 y 1978, unos 1.500 investigadores se inscribieron en programas de posgrado en el extranjero bajo el patrocinio de Embrapa. Uno de los objetivos centrales era descubrir cómo llevar la agricultura comercial a las sabanas, pese a sus suelos poco fértiles y su régimen de lluvias irregular. El de la soya fue considerado un cultivo estratégico en este esfuerzo, habida cuenta de la creciente demanda internacional de este producto como sustituto proteico de la harina de pescado y la amplia experiencia con este cultivo en el sur templado del país. Estaban claras las tareas que había por delante: crear nuevas variedades de soya adaptadas a bajas latitudes y elaborar métodos de labranza, fertilización y conservación del suelo para incrementar su fertilidad.

En 1980, Embrapa-soja creó la primera de una línea de variedades de soya, sucesivamente mejor adaptadas a los suelos de la sabana brasileña. Este y otros resultados fueron ampliamente difundidos entre los agricultores grandes y pequeños a través de la *Empresa de Assistência Técnica e Extensão Rural* (Emater), el organismo estatal de extensión agropecuaria. Emater capacitó a sus agentes para ayudar a los agricultores a hacer un uso eficaz de lo que denominó "paquetes tecnológicos": conjuntos de tecnologías complementarias que se consideraban adecuadas para zonas de producción agrícola determinadas. Cuando se cerró Emater en 1991, en el marco de una ola de desregulación, los pequeños

(*continúa en la página siguiente*)

[a] Extraído de Monteiro et al. (2008).

RECUADRO 11.1 SOYA EN LAS SABANAS: EL DESARROLLO DE UNO DE LOS PRINCIPALES CULTIVOS DE EXPORTACIÓN DE BRASIL *(continuación)*

agricultores podían recurrir a las cooperativas de productores para acceder a tecnologías innovadoras o dirigirse a los servicios de extensión rural del Estado, en tanto los productores más grandes podían emplear a su propio personal para establecer contacto directo con Embrapa a fin de mantenerse al día respecto de sus avances. Por supuesto que el papel del Estado en el desarrollo de la producción y exportación de soya no se limitó al desarrollo y la diseminación de tecnología: un complemento importante de los servicios brindados por Embrapa fue la creación de líneas de crédito especiales que, hasta la ola de liberalización, subsidiaban la inversión en las nuevas tecnologías de la soya. Más tarde, se formuló el programa Moderfronta para ayudar a financiar la inversión en equipo agrícola, que desempeñó un papel fundamental en la modernización de los implementos agrícolas de Brasil, con grandes beneficios para la productividad.

Recientemente, ha empezado a surgir un criterio más focalizado. Aunque tentativamente, estas instituciones con una larga historia y sólidos antecedentes de éxito han empezado a aplicar políticas verticales, y no simplemente políticas encaminadas a corregir una falla en los mercados de capital sin preocuparse por cuáles son los sectores afectados. Por ejemplo, en Chile, el respaldo de Corfo a la innovación pasó de brindar apoyo por orden de llegada de la solicitud a brindar apoyo a proyectos presentados por empresas que forman parte de *clusters* identificados como estratégicos por el programa de innovación para la competitividad. En Brasil, el BNDES ofrece R$ 210.000 millones (en 2008–2010) a empresas de sectores específicos definidos por la Política Industrial, Tecnológica y de Comercio Exterior (PITCE, la política estatal de fomento de la productividad). Esos sectores incluyen algunos ya bien establecidos en el país pero que requieren volverse más competitivos (biodiesel, calzado) y otros que están surgiendo como importantes (bienes de capital, tecnología de la información, nanotecnología). El financiamiento abarca una serie de rubros, incluido el financiamiento del comercio exterior en términos favorables para la adquisición de equipo de capital hecho en Brasil.

Costa Rica y Chile son dos ejemplos interesantes de políticas encaminadas a fomentar la diversificación industrial a través de la inversión extranjera directa. La Coalición de Iniciativas para el Desarrollo (Cinde) de Costa Rica, una institución privada de fomento de la inversión con sólidas conexiones con el Estado costarricense, ha elegido tres sectores (los instrumentos médicos, las manufacturas avanzadas y los servicios modernos que emplean tecnologías de la información y las comunicaciones, TIC) para promover y vender los servicios que requieren las empresas extranjeras de esos sectores, con miras a atraerlas al país. La Cinde actúa como promotora de Costa Rica y como coordinadora que resuelve las necesidades de los inversionistas, que van del asesoramiento jurídico a la obtención de la capacitación que necesitan sus trabajadores. La Cinde fue clave para el establecimiento en Costa Rica de una planta de ensamblado de chips de Intel, las operaciones del servicio auxiliar de Procter & Gamble para América Latina, los laboratorios Baxter (importante proveedor de dispositivos médicos) y un centro de servicio de Hewlett Packard para Costa Rica.[6]

Desde 2000, Chile puso en marcha el Programa de Atracción de Inversiones en Alta Tecnología para captar inversión extranjera directa en TIC y en biotecnología, con subsidios por una única vez vinculados a los costos de empleo o de instalación. La Corfo administra este programa y brinda servicios para resolver problemas de coordinación para recién llegados, como la capacitación técnica y en idioma inglés de la fuerza de trabajo. Por ejemplo, concertó acuerdos con universidades chilenas para adaptar su programa de ingeniería a las necesidades de las empresas que atrae y creó una guía de trabajadores interesados que han pasado la prueba de inglés para la comunicación internacional (TOEIC).

Las políticas son cada vez más proactivas, aunque todavía en forma bastante limitada, empleando instrumentos que fueron usados anteriormente sin una orientación sectorial (por ejemplo, el subsidio parcial de la innovación, el acceso al crédito, la solución de problemas tecnológicos, etc.). La Corfo coordina la mayor parte de estas actividades y ofrece financiamiento a largo plazo y asistencia técnica a la pequeña y mediana empresa (Agosin, Grau y Larraín, 2009). Hasta ahora, ha logrado atraer empresas de tercerización de procesos empresariales, productores de software y departamentos de multinacionales que brindan servicios de TIC a subsidiarias de América Latina (Agosin y Price, 2009).

La mayoría de los países de Centroamérica y el Caribe, así como también algunos de América del Sur, como Perú, han usado la figura jurídica de la zona franca de exportación para atraer inversión extranjera directa orientada a las exportaciones. Las empresas establecidas en las zonas francas están exentas del pago de derechos de importación sobre los insumos y de impuestos sobre las utilidades. Aunque las zonas francas no se orientan a sectores determinados, en la práctica han atraído al ensamblado de prendas de vestir para el mercado de Estados Unidos. Con el surgimiento de China como principal fuente de importación de ropa en Estados Unidos, estas zonas están enfrentando un grave problema de reconversión. Algunos países han logrado pasar del ensamblado a lo que se llama "paquete completo", atrayendo a empresas que producen prendas de vestir (El Salvador es un buen ejemplo). Otros, ante la presión del mercado y de políticas públicas deliberadas, han pasado a otro tipo de bienes (equipo médico en Costa Rica y República Dominicana).

Una serie de países ha creado consejos nacionales de competitividad con la participación de los encargados de diseñar las políticas y representantes del sector privado, cuyo objetivo es detectar y ayudar a resolver problemas para fomentar la competitividad. Estos organismos han sido creados en países como Colombia, Guatemala y República Dominicana. La idea es obtener información del sector privado y abordar los problemas aportando insumos públicos, aunque tampoco han faltado intervenciones en el mercado bajo la forma de exenciones tributarias y varios tipos de subsidios. En Colombia, al igual que en Chile, se han intentado detectar sectores en los que el país ha logrado competitividad internacional, que puedan adquirir escala si se resuelven los problemas de coordinación y que probablemente sean dinámicos en la economía mundial.[7] Es muy pronto para evaluar la eficacia de estos empeños, pero el modesto monto de recursos asignados no es un buen augurio de lo que pueden lograr. Sin embargo, su orientación parece correcta: tratan de resolver el problema de coordinación recabando información del sector privado, y el organismo público actúa como vínculo fundamental entre un sector con buenas perspectivas y un proveedor de insumos clave para lograr el éxito.

Varios países de América Latina promueven el turismo mediante una serie de insumos públicos (construcción de infraestructura, como aeropuertos y carreteras, fijación de normas de calidad y promoción del país en el exterior) y mediante incentivos tributarios a hoteles, operadores turísticos y demás empresas que participan en esa actividad. Entre estos países, se cuentan destinos turísticos de mucho éxito (Barbados, Costa Rica, Jamaica y República Dominicana) y otros países que ingresaron más tarde al sector y que han tenido más problemas (El Salvador, Colombia y Guatemala), en gran medida por razones de seguridad pública.[8]

Aunque disminuyeron sustancialmente desde el auge de la sustitución de importaciones, no han faltado las grandes apuestas estratégicas en la región. Buena parte de la industria pesada actual de Brasil, como la siderúrgica, la petroquímica y la de celulosa tuvieron ese origen. Uno de los casos más interesantes es Embraer, la empresa brasileña constructora de aviones (véase el recuadro 11.2). Al principio, dadas las grandes economías de escala estáticas de esta industria, el aporte de capital público fue esencial en un entorno caracterizado por mercados de capital rudimentarios. En Chile, la industria del salmón también fue lanzada por una institución semipública, Fundación Chile (véase el recuadro 11.3), que a comienzos del decenio de 1980 importó la tecnología para el cultivo del salmón y creó una empresa redituable que más tarde fue vendida a intereses privados. Estos emprendimientos implicaban resolver el problema de la coordinación de producir y exportar un nuevo producto y corregir la asimetría de información entre los productores internos potenciales y los usuarios extranjeros de una tecnología no patentable. Pero estos ejemplos son

RECUADRO 11.2 LA AERONÁUTICA EN BRASIL[a]

Embraer *(Empresa Brasileira de Aeronautica SA)*, una antigua compañía estatal, es hoy, después de Boeing y Airbus, el tercer fabricante de aeronaves civiles del mundo y uno de los dos principales exportadores de Brasil desde 1999.

El impulso a la creación de una industria aeronáutica nacional sofisticada, que atendiera las necesidades civiles y militares, fue una parte fundamental de las ambiciones nacionales de la élite técnica brasileña, por lo menos desde la Segunda Guerra Mundial. En 1969 se fundó Embraer como empresa de economía mixta controlada por el gobierno federal y supervisada por el Ministerio de Aeronáutica, con el objetivo de fabricar variantes de un prototipo de avión a turbopropulsión de ocho plazas, al que se llamó *Bandeirante*.

De acuerdo con la estrategia imperante de sustitución de importaciones, el objetivo inicial era el mercado interno. La normativa rigurosa de las autoridades aeronáuticas brasileñas para la aviación civil regional creó un mercado prácticamente cautivo para los aviones de Embraer. Aspectos convergentes dieron lugar a la cooperación con la fuerza aérea nacional en torno a proyectos complementarios. Sin embargo, la focalización en el mercado interno no era incompatible con la cooperación con fabricantes extranjeros de componentes y la atención a las posibilidades de exportar. Los costos de desarrollo de proyectos en la fabricación de fuselajes son extremadamente elevados, aun para productores de países avanzados con mucho capital. Embraer rápidamente tomó conciencia de que la manera de reducir costos era compartirlos con los productores de motores y de otros componentes clave a cambio de contratos de adquisición de largo plazo o una participación en las posteriores utilidades. En el mediano y largo plazo, los restantes costos de inversión podrían ser más fácilmente amortizados impulsando la producción mediante las exportaciones (logrando, así, economías de escala y una reducción de los costos unitarios).

(*continúa en la página siguiente*)

[a] Extraído de Castelar Pinheiro y Bonelli (2008).

RECUADRO 11.2 LA AERONÁUTICA EN BRASIL *(continuación)*

El resultado fue que Embraer, aun en la década de 1970, seguía una estrategia de comprar en lugar de producir alta tecnología, que es un componente de alto valor agregado. La empresa quedaba así libre para concentrarse en el diseño de aviones, la producción de fuselajes y el ensamblado final. Al concertar esos acuerdos de cooperación, Embraer tuvo el cuidado, por un lado, de evitar los mecanismos de concesión de licencias que limitaran su capacidad de exportar aviones y, por otro, de asegurar que sus contrapartes le transfirieran no solo los conocimientos técnicos vinculados a productos específicos, sino también conocimientos especializados de organización referentes a la producción en serie de la industria aeronáutica. Además de reducir los costos y riesgos de desarrollo, esta estrategia aseguró a Embraer la disponibilidad de componentes fundamentales a precios competitivos (porque sus proveedores se beneficiaban de economías de escala a nivel mundial) y le ayudó a crear un potente lobby contra las restricciones comerciales a sus aviones, ya que los proveedores extranjeros tenían mucho para ganar si los productos de Embraer podían venderse en sus países de origen.

Pero a partir de mediados de los años ochenta, el Estado brasileño, en su carácter de propietario, empezó a incursionar más directamente que antes en la toma de decisiones de la empresa. Tal vez el innegable éxito de Embraer deslumbró a funcionarios y políticos, permitiéndoles imaginar, imprudentemente, que Embraer era indestructible, si no invencible. Lo que es peor, el Estado obligó a la empresa a incursionar en lo que demostraron ser proyectos de cooperación no redituables. Cuando llegó la recesión mundial de comienzos de los años noventa y el Estado —ahora embarcado en un programa de reforma del mercado— suspendió varios planes de financiamiento e incentivos a la exportación, las ventas se desplomaron (de 211 aviones en 1989 a 81 en 1992) y las pérdidas se multiplicaron. En 1994, Embraer fue vendida a un consorcio de bancos y fondos de pensión en una transacción compleja que permitió que los compradores privados pagaran con títulos de deuda pública y que el Ministerio de Aeronáutica mantuviera una "acción de oro" en la empresa, tras su privatización.

Luego de décadas de innovación y producción exitosas, tal vez no deba sorprender que la privatización y la consiguiente gran inyección de capital tras la relativamente breve injerencia del Estado rápidamente hicieran regresar a Embraer a sus mejores tiempos.

Como empresa privada, Embraer sigue beneficiándose de una amplia gama de apoyos estatales, como las garantías de crédito para financiar las ventas al exterior e inducir a los proveedores extranjeros a establecer subsidiarias de producción nacional. Entonces: ¿es sostenible la producción aeronáutica en Brasil sin el apoyo estatal? Claramente, Brasil seguiría siendo competitivo si se eliminaran los subsidios en todo el mundo (cumpliendo las normas de la Organización Mundial del Comercio). Además, la necesidad de la empresa de apoyo público directo para financiar la exportación está disminuyendo con la reducción de sus propios costos de capital, en parte por el mejoramiento de los mercados financieros brasileños y en parte por su acceso al crédito internacional. Todo apunta en la misma dirección: tras construir una plataforma que la conectó a los principales productores de componentes clave y a mercados internacionales sofisticados para sus productos finales casi desde el comienzo, probablemente Embraer siga siendo un importante productor de aviones comerciales.

RECUADRO 11.3 FUNDACIÓN CHILE: A LA PESCA DEL ÉXITO

La transferencia y adaptación de tecnologías y conocimientos especializados de otras partes del mundo a Chile ha sido el objetivo principal de la Fundación Chile desde su creación en 1975 (Agosin, Grau y Larraín, 2009). La Fundación Chile fue establecida por el Estado y la IT&T en compensación por la nacionalización de su subsidiaria chilena. Se trata de una ingeniosa combinación de un instrumento para apuestas estratégicas en industrias nuevas y promisorias y de un capitalista de riesgo, en un contexto en el que no existe un segmento de ese tipo en el mercado de capitales. La Fundación Chile se ocupa de una serie de actividades que, en su mayoría, implican la innovación o el autodescubrimiento (en el sentido de Hausmann y Rodrik, 2003). Una de sus principales actividades ha sido crear empresas redituables en nuevos sectores de la economía para luego venderlas al sector privado (nacional o internacional). A fines del decenio de 1970, adaptó la tecnología noruega de cultivo del salmón a las condiciones chilenas. Creó una empresa redituable (Salmones Antártica), que más tarde vendió con cuantiosas ganancias a Nippon Suisan, una multinacional japonesa del rubro alimentario. Se aprendió mucho mirando las prácticas industriales y ahora Chile exporta más de US$2.000 millones de salmón cultivado.[a] La Fundación Chile también desempeñó un papel en el fomento del cultivo de arándanos para exportación (Agosin y Bravo-Ortega, 2009)

[a] La industria experimenta ahora algunos graves problemas ambientales debido a que algunas empresas no cooperaron entre sí en la protección de su capital fitosanitario común.

más excepciones que la descripción de una situación frecuente. El hecho de que un modesto esfuerzo de política pueda producir esos resultados positivos confirma su potencial de fomentar el crecimiento; el que hayan sido tan pocos y aislados es testimonio del alto riesgo de fracaso y la renuencia de los encargados de diseñar las políticas a emplearlos.

¿Cómo funcionan en la práctica las políticas industriales?

Un examen de las experiencias internacionales sobre los resultados prácticos de las políticas industriales arroja resultados disímiles (véase Harrison y Rodríguez-Clare, 2009, donde se presenta una descripción completa). Sin embargo, la política industrial no es la única política pública que muestra esa falta de claridad en sus resultados; prácticamente cualquier política pública en una esfera compleja (como educación, salud, seguridad social, infraestructura, estabilización) comparte con la política industrial un fundamento claro para la intervención y resultados prácticos disímiles.[9] Al igual que en esos otros casos, los resultados desalentadores deberían dar lugar a un debate sobre cómo conducir mejor la política, y no llevar a cuestionar su legitimidad. Las políticas industriales deficientes (o incompletas) deberían sustituirse por buenas políticas industriales, en lugar de simplemente erradicarse.

Es importante separar la discusión sobre la eficacia de la política industrial para ayudar a un sector a mejorar su productividad y crecer del debate sobre si se justifica en términos de un fundamento válido. Sin duda, lo primero es más fácil de establecer pero, de por sí, es una justificación insuficiente para una política. En el contexto de las externalidades intraindustriales, la política industrial que respalda a un sector exportador se justificaría solo cuando los aumentos de productividad derivados del crecimiento del sector sean sustanciales y suficientes para asegurar la competitividad internacional y compensar el costo de aplicación de la política. Cuando se analizan desde esta óptica los resultados de la sustitución de importaciones en la región, se observa que son disímiles con respecto al primer aspecto: en algunos estudios se señala que una menor competencia de las importaciones favoreció el crecimiento del sector, como es previsible, pero no necesariamente el crecimiento de la productividad; en realidad, en una serie de estudios se llega a la conclusión de que, cuando más adelante se eliminó la protección, se produjeron mejoras en la productividad del sector. Aun en países con mercados más grandes en los que podría justificarse alguna protección temporal a industrias incipientes, la economía política del proteccionismo hizo imposible eliminar los obstáculos disfuncionales a la importación. Si bien estos estudios resaltan elementos negativos de la experiencia de protección y sustitución de importaciones, es importante tener en cuenta que dicha experiencia no se inspiró en el paradigma moderno de política industrial, por lo que sus elementos negativos no necesariamente lo invalidan como instrumento adecuado de política industrial para la protección de industrias incipientes (véase el capítulo 5 sobre comercio exterior y productividad).

De la misma manera en que la experiencia con la sustitución de importaciones en América Latina y el Caribe no tiene por qué invalidar la protección de industrias incipientes, el éxito de Asia oriental tampoco demuestra que la protección generalizada de las industrias incipientes y los subsidios focalizados a la exportación sean la estrategia de desarrollo correcta (aparte de que ahora, en su mayor parte, están prohibidos por la Organización Mundial del Comercio). Se ha argumentado firmemente que la política industrial de protección de los sectores de uso intensivo de capital permitió que Asia oriental realizara su ventaja comparativa latente en las manufacturas avanzadas (Amsden, 1989; Wade, 1990). Sin embargo, la situación no es tan clara cuando se examina de cerca. La política industrial de los países de Asia oriental fue intensa y el éxito de esos países está fuera de toda duda, pero ¿fue esa la base del éxito? Es interesante observar que el crecimiento de la productividad total de los factores (PTF) a nivel sectorial está negativamente correlacionado con el apoyo recibido por vía de la política industrial (Noland y Pack, 2003). Esto no es necesariamente incompatible con la opinión tradicional (Rodrik, 2007) pero contradice una visión muy difundida sobre los milagros del desarrollo de Asia oriental.[10]

Al mismo tiempo, existen casos claros de éxito de las políticas industriales con un efecto sustancial en el desarrollo y que pueden ser una guía para su futuro. Por ejemplo, en estudios sobre Estados Unidos, Japón y otros países desarrollados se muestra cómo la política industrial que protege a industrias incipientes ayudó a establecer industrias importantes en esas economías; ejemplos de ello son los rieles de acero en Estados Unidos y los semiconductores en Japón. Los casos de países (que en su momento fueron países en desarrollo) analizados en Sabel (2009) —Finlandia, Irlanda y Taiwán— refuerzan este punto de vista. El caso de Irlanda es especialmente ambicioso en la definición de los criterios de ventajas comparativas para elegir los sectores (TIC, productos farmacéuticos, al igual que las finanzas y una serie de otros servicios empresariales) en los que deben hacerse apuestas estratégicas y usar la inversión extranjera directa como herramienta de política industrial (véase el recuadro 11.4).

Sin embargo, es difícil dar con la política industrial correcta. Esta es en gran parte la experiencia con los incentivos fiscales para fomentar ciertas actividades económicas que, pese a apuntar a sectores con externalidades sustanciales, poco tienen que mostrar en términos de avances en la productividad (Pack y Saggi, 2006). La razón tal vez sea que los mercados internos son demasiado pequeños o no suficientemente desarrollados o competitivos para inducir una respuesta de la productividad, o quizás las empresas no coordinan en torno a una estructura económica futura y prefieren la seguridad de crecer con tecnologías anticuadas que no producen externalidades. Además, aunque la política industrial sea eficaz y capte sustanciales externalidades intraindustriales, el país puede, en última instancia, carecer de la ventaja comparativa latente. Un ejemplo de la región es la industria brasileña de las microcomputadoras de los años ochenta estudiada en Luzio y Greenstein (1995): aunque aumentó la productividad sectorial, no pudo seguir el ritmo de la frontera tecnológica y

RECUADRO 11.4 IRLANDA: UN IMÁN PARA LA INVERSIÓN EXTRANJERA DIRECTA

En los años cincuenta, Irlanda empezó a establecer una economía de exportación mediante la atracción de empresas multinacionales de avanzada —las que podían ofrecer con credibilidad la creación de empleos estables, altamente calificados—, aprendiendo con ellas a mejorar la economía (Ó Riain, 2004). Los principales factores de atracción fueron los incentivos fiscales y otros incentivos financieros. A partir de fines del decenio de 1950, las empresas extranjeras no pagaban impuestos a las ganancias procedentes de la manufactura de exportación y aún hoy, pese a las revisiones para ajustarse a las normas de competencia de la Unión Europea cuando empezaron a aplicarse, la tasa de impuestos de las sociedades anónimas es una de las más bajas del mundo. El principal vehículo para aprender de la experiencia —para elegir los colaboradores más prometedores entre los atraídos por los incentivos y trabajar con ellos para asegurar una mejora gradual en las redes de suministros locales, la infraestructura, la educación, etc.— fue la Agencia de Desarrollo de Irlanda (*Irish Development Agency*, IDA).

Este organismo fue fundado en 1949 y a comienzos de los años sesenta asumió un papel protagónico en la atracción de inversiones; al final del decenio se había transformado en el organismo central para la formulación e implementación de la política industrial. Desde 1969, ha sido un organismo estatal casi independiente, financiado y supervisado por el Departamento de Empresas, Comercio Exterior y Empleo (y con un directorio estable), pero fuera de la estructura de la administración pública y, por tanto, capaz de controlar su organización interna y su estructura jerárquica. En los primeros años de la posguerra, los funcionarios del organismo se veían a sí mismos como trabajadores a la manera de la Autoridad del Valle del Tennessee, el más ambicioso y, en su momento, el más exitoso proyecto de desarrollo económico del *New Deal*; a veces, se describían a sí mismos con las palabras de Roosevelt: "una empresa vestida con el poder del Estado pero imbuida de la flexibilidad e iniciativa de la empresa privada".

A partir de los años setenta, la IDA se centró en la atracción de empresas de industrias en rápido crecimiento, de alta tecnología y con un uso intensivo de capital: las empresas con grandes inversiones en instalaciones de manufactura sofisticadas tenían pocas posibilidades de levantar vuelo ante la primera recesión, a diferencia de muchos fabricantes de prendas de vestir que habían llegado a Irlanda en la década anterior pero la abandonaron rápidamente. Los empleos en el sector de alta tecnología, con requisitos de conocimientos especializados, ofrecerían un mercado para la calificada fuerza de trabajo de Irlanda, pero también impulsarían el mejoramiento de la capacitación. En la práctica, ello significaba concentrarse en el sector de la salud —productos farmacéuticos e instrumentos médicos— y en la electrónica —principalmente, la fabricación de mini y microcomputadoras— y, más tarde, en software. Los éxitos iniciales aumentaron las probabilidades de éxitos posteriores. A fines de los años noventa, nueve de las 10 principales empresas farmacéuticas del mundo (y 16 de las 20 principales) tenían instalaciones en Irlanda, al igual que los líderes del mercado de TIC, como Dell, Hewlett Packard, IBM, Intel y Microsoft y las 10 principales empresas de software independientes del mundo. En algunos años del decenio de 1990, Irlanda, con el 1% de la población de la Unión Europea, atrajo el 20% de la inversión extranjera directa que llegaba a esa región.

(*continúa en la página siguiente*)

RECUADRO 11.4 IRLANDA: UN IMÁN PARA LA IED *(continuación)*

Un episodio de la campaña de la IDA para atraer la planta de Intel en 1989 ilustra la enorme coordinación necesaria para lograr esos resultados. En esa época no había un productor de microchips en gran escala en el país, de modo que Intel procuró asegurarse de que podría contratar los ingenieros experimentados que necesitaba. En respuesta a ello, la IDA encomendó a un grupo consultor que localizara a ingenieros irlandeses residentes en el extranjero con la experiencia pertinente en semiconductores. Encontraron a 300, sobre todo en Estados Unidos, todos con tres a siete años de experiencia en la producción de semiconductores a gran escala y el 80% de ellos dispuestos a regresar si se les ofrecía una oportunidad atractiva.

La atención de la IDA a las implicaciones que tenía para toda la economía su colaboración con grupos de empresas fue particularmente clara en la manera en que controlaba la posible escasez de capacitación y cómo reaccionaba ante ello. Fue así que en 1977 y 1979 negoció acuerdos con empresas de electrónica que, en conjunto, crearían una demanda de unos 600 ingenieros eléctricos por año, cerca del cuádruple de los que egresaban en esa época de las universidades y colegios preuniversitarios regionales de Irlanda. Dado que lleva entre dos y cinco años formar técnicos e ingenieros, se planteó la necesidad de una solución de corto plazo y un plan para la expansión a largo plazo del sistema educativo. La solución de corto plazo fue la instrucción de los graduados en ciencias para que obtuviesen calificaciones en electrónica mediante cursos de un año; la solución de largo plazo fue la expansión de los cursos existentes y el agregado de nuevos cursos. La rápida respuesta de las autoridades de educación superior garantizó a los posteriores inversionistas que Irlanda ofrecería las aptitudes necesarias y ayudó a renovar los sistemas de educación universitaria y de formación técnica.

Se registraron efectos sistemáticos similares en la infraestructura física. La red de telefonía electromecánica de los años setenta no se adaptaba a las necesidades de transmisión de datos de las primeras empresas de electrónica y de software. También en este caso, la IDA coordinó la reforma con los organismos pertinentes, iniciando la creación de un nuevo organismo de telecomunicaciones y la inversión en un moderno sistema de telefonía digital.

A partir de mediados de los años ochenta, las instituciones de la política industrial fueron reconfiguradas, con esfuerzos crecientes y exitosos por respaldar a las empresas nacionales de alta tecnología, en particular de software. Pero la IDA sigue siendo la piedra angular del desarrollo económico del país y una constante demostración de que, empleada como un instrumento para reflexiones minuciosas sobre las restricciones "infraestructurales" al crecimiento, la inversión extranjera directa puede ayudar a construir los cimientos de la prosperidad.

se transformó en una carga económica cada vez más pesada. De acuerdo con el estudio de Ribeiro, Prochnik y de Negri (2009), a partir de 1995 las condicionalidades de la cláusula de contenido nacional y los gastos de investigación y desarrollo de la Ley de Informática fueron perjudiciales para el crecimiento de la productividad del sector. Al mismo tiempo, la política industrial de Brasil sí consiguió crear sectores de siderurgia y aeronáutica competitivos, que ahora son importantes rubros de exportación (véase el recuadro 11.2).

El examen de experiencias seleccionadas de políticas industriales en un corte transversal de países de la región también arroja resultados disímiles. Existen muchos ejemplos de costosos programas de política industrial (muchas veces, ocultos tras exenciones o gastos tributarios) que carecen de un fundamento válido y, al mismo tiempo, en muchos países existen programas bien inspirados que marcan una diferencia positiva (BID, 2009a). El resultado promedio es ciertamente más pobre que la potencialidad que sugieren los resultados positivos.

La transición de la inexistencia de exportaciones a una exportación competitiva es, de alguna manera, la mayor recompensa para las políticas industriales que procuran la transformación económica en la dirección de las ventajas comparativas. A la luz de ello, la política industrial ha sido vital para lanzar en la región actividades exportadoras radicalmente nuevas. El examen de los casos de "descubrimientos" de nuevas actividades competitivas del proyecto de investigación del BID sobre el surgimiento de nuevas actividades exitosas de exportación en América Latina y el Caribe[11] (BID, 2008c), focalizado en determinar si la política industrial incidió de manera sustancial en su realización, revela que, en varios casos, esta había tenido importancia en la solución de problemas de coordinación que dieron lugar al descubrimiento, en especial en la producción de base rural (véanse los ejemplos de los recuadros 11.1 y 11.5).[12] Sin embargo, los casos exitosos son en general pequeños y no han evolucionado hacia el tipo de salto que se necesitaría para una efectividad sustancial en el desarrollo.[13]

Una política industrial cortés pero valiente: la cooperación público-privada

Las experiencias disímiles de las políticas industriales confirman la pertinencia de sus justificaciones teóricas pero, al mismo tiempo, apuntan a los desafíos de plantearlas correctamente y al riesgo de aplicar políticas inefectivas o que son decididamente contraproducentes. Para aplicar con éxito las políticas industriales es necesario identificar los sectores prometedores, o crear/escoger "ganadores". Este problema tiene una dimensión puramente técnica, porque el

RECUADRO 11.5 VACUNAS VETERINARIAS EN URUGUAY: LA INVESTIGACIÓN Y EL DESARROLLO IMPULSADOS POR EL ESTADO Y EL NACIMIENTO DE LA INDUSTRIA DE LA BIOTECNOLOGÍA[a]

Entre 1995 y 2006, las exportaciones uruguayas de vacunas animales —sobre todo bacterianas, contra el carbunco (ántrax) y clostridium, pero también virales contra la rabia y las oftalmopatías— creció a una tasa anual acumulativa de 9%, alrededor del doble de la tasa de crecimiento actual del mercado mundial. El surgimiento de esta industria altamente competitiva y tecnológicamente exigente es producto de décadas de intercambio intelectual entre laboratorios públicos y universitarios, y centros de investigación y desarrollo del sector privado, con el objetivo de controlar la aftosa y, en los últimos años, con el éxito de esos empeños, crear un sistema cada vez más intenso y formalizado de colaboración público-privada en nuevas áreas de la biotecnología. También en este caso el éxito de la política industrial dependió de exponer los productos que ayudó a desarrollar —fueran, al principio, exportados o no— a la prueba de su validación en la competencia internacional.

Con 10 millones de cabezas de ganado y ubicado en el estuario del Río de la Plata, Uruguay es y ha sido por más de un siglo parte sustancial de una de las más grandes regiones ganaderas del mundo. Con el ganado llega —al menos, hasta hace muy poco— la aftosa. Los orígenes de la industria biotecnológica del país se remontan a la década de 1930, cuando se crearon laboratorios del Estado para desarrollar vacunas contra el virus de esa enfermedad. A partir de 1946, se autorizó a empresas privadas la producción de vacunas y, en la década siguiente, se crearon nuevos laboratorios estatales especializados en la aftosa. Como resultado, dada una evolución convergente en Argentina y Brasil, se creó una fuente de conocimientos técnicos a nivel público y privado en sanidad animal para la cuenca del Plata que atrajo fuertes inversiones de empresas multinacionales de primera línea en la forma de adquisición de los laboratorios nacionales con conocimientos biológicos especializados.

Fue así que las subsidiarias de cuatro empresas multinacionales llegaron a dominar el mercado uruguayo de vacunas contra la aftosa. Pero lo hicieron bajo un régimen que facilitaba la mejora de la calidad y la innovación, y sancionaba potencialmente el fracaso: en 1968, como parte de una campaña nacional contra la aftosa, se creó una institución estatal —la Dirección de Lucha contra la Fiebre Aftosa (DILFA)— para controlar la calidad de la producción de todas las vacunas. Las normas que aplicaba eran tan estrictas como para que finalmente se retiraran del mercado siete de los 11 productores. Solo las subsidiarias de las multinacionales sobrevivieron. Pero el mismo año, y pese a la prevalencia general de la estrategia de sustitución de importaciones vigente en esa época, el gobierno efectivamente eliminó los aranceles a la importación de insumos empleados para prevenir y tratar las enfermedades del ganado. De modo que las vacunas producidas a nivel nacional solo podían prosperar en el mercado uruguayo si eran tan eficaces como las alternativas que ofrecía el mercado mundial, lo que puso a las compañías productoras locales, independientemente de la nacionalidad de sus propietarios, ante una constante presión para satisfacer las normas internacionales. A efectos de facilitar la innovación, se encomendó a la DILFA y a un laboratorio estatal, Laboratorios Rubino, la transferencia de los resultados de sus investigaciones a las empresas privadas.

(*continúa en la página siguiente*)

[a] Extraído de Snoeck et al. (2006).

RECUADRO 11.5 VACUNAS VETERINARIAS EN URUGUAY *(continuación)*

La situación cambió diametralmente a mediados de los años noventa, cuando Uruguay procuró y obtuvo de la Organización Mundial de Sanidad Animal la certificación de que su ganado estaba libre de aftosa sin vacunación, un rótulo sumamente valioso en los mercados mundiales de la carne. Para obtener esa certificación, el gobierno tuvo que suspender la vacunación y prohibir el manejo del virus vivo. Estas medidas pusieron fin a la producción de la vacuna contra la fiebre aftosa en el país y aceleraron la retirada de varias transnacionales a Argentina y Brasil. Este retiro, por su parte, allanó el camino a la reafirmación del capital nacional en la industria y la reorientación de la producción hacia nuevas vacunas para los mercados de exportación, particularmente de los países en desarrollo. Los nuevos exportadores se beneficiaron en la competencia internacional de los sueldos relativamente bajos de los profesionales capacitados de Uruguay y de los costos menores de las pruebas en animales. Como factor decisivo, recurrieron a asociaciones con muchos grupos académicos e institutos locales, incluido el Departamento de Biotecnología del Instituto de Higiene de la Facultad de Medicina de la universidad estatal, para obtener el conocimiento local que permitiera mejorar los procesos de producción y crear productos para un nicho específico en los mercados de exportación: en este sentido, la política industrial es vital para el éxito de la exportación. Un socio y gerente de laboratorios Santa Elena planteó así la estrategia de su empresa:

> Nos especializamos en analizar las necesidades de la región. Cuando los ganaderos y veterinarios enfrentan un problema, no tienen acceso a los líderes de investigación y desarrollo de las grandes empresas, por lo que se dirigen a los laboratorios locales, y lo mismo ocurre en Argentina. Los problemas de la región no tienen nada que ver con los de Europa o Norteamérica. Tenemos un sistema de pastoreo, concentrado o extensivo, pero un sistema a la intemperie. Los europeos tienen un sistema de confinamiento; su ganado prácticamente no come pasto y no camina. De modo que las enfermedades son totalmente diferentes en un sistema y en otro. Nuestra principal tarea es detectar nuestros problemas. Luego, identificamos a las personas en la universidad que pueden resolverlos, financiamos su investigación y desarrollo hasta que encuentren un antígeno. Ahí es cuando Santa Elena se encarga de desarrollar el producto a nivel industrial. La investigación y el desarrollo industriales en el laboratorio nunca se detienen. La mayor inversión se realiza dentro del laboratorio y obtenemos resultados cada vez mejores con un costo menor, con procesos más rápidos y más seguros [entrevista del 24 de julio de 2006].

El desarrollo en Argentina de una industria con capacidad exportadora que aplica la biotecnología a la sanidad vegetal y animal confirma la difusión de la experiencia uruguaya. En ambos países los agricultores y hacendados han colaborado por décadas con entidades públicas en el mejoramiento de las condiciones de los cultivos y de la cría de ganado: el Instituto Nacional de Tecnología Agropecuaria (INTA) es el principal interlocutor estatal de los productores, pero también son activos colaboradores los departamentos universitarios de investigación. Tanto en Argentina como en Uruguay, la colaboración entre entidades públicas y empresas privadas se ha intensificado y formalizado en los últimos años, como lo sugiere la profusión de nuevos instrumentos de cooperación. El ritmo de la innovación ha sido en Argentina algo más rápido que en Uruguay, con el desarrollo de una variedad mutagénica de arroz resistente a la roya roja como logro ejemplar. La historia de éxitos del desarrollo de vacunas animales en Uruguay es, a la luz de esta corroboración de sus vecinos, una historia que puede reproducirse.

conocimiento sobre desarrollo económico no genera lineamientos operativos claros a este respecto, y una dimensión de economía política, porque surgen intereses privados que quieren beneficiarse de ser seleccionados y así captar réditos aunque sepan que no existen perspectivas de mejorar la productividad. Puede afirmarse que ambos aspectos son fuente sustancial del fracaso de las políticas industriales que muestran resultados deficientes.

Por un lado, los economistas que confían en que el mercado habitualmente encuentra mecanismos para sortear los obstáculos y que temen a los fracasos del Estado, sean causados por ignorancia o por intereses que buscan el provecho propio, concluyen que lo mejor es no intervenir. Esto significa una orientación de política minimalista, predispuesta a abstenerse de actuar. Por otro lado, los economistas que conciben el desarrollo económico como un proceso de transformación que requiere una estrategia de desarrollo del Estado para realizar ciertos saltos cualitativos de ruptura con el pasado, concluyen que las políticas industriales deben desempeñar un papel de vanguardia y deben ser suficientemente audaces como para hacer apuestas estratégicas fuera del alcance del mercado. Este punto de vista implica usar la política industrial como punta de lanza, lo que puede comportar sustanciales distorsiones de precios para impulsar al mercado hacia la dirección estratégica correcta. El enfoque adecuado probablemente esté en el punto medio: proactivo pero contenido.

El examen de las fallas del mercado da amplia justificación analítica a las intervenciones de "política industrial de economía abierta" y las experiencias exitosas demuestran que es posible llevarlas a cabo, inclusive las que aspiran a lograr objetivos ambiciosos. Sería tonto descartar este instrumento en momentos en que la región necesita desesperadamente soluciones para la productividad. No obstante, es importante reconocer los desafíos para hacer de la política industrial una propuesta que se demuestra ganadora: una posibilidad de éxito no compensa una alta probabilidad de fracaso. Cuanto más se aventure la política en territorio desconocido y cuantas más oportunidades ofrezca de captación de rentas por parte de las empresas, más riesgosa será. La mayoría de las "estrategias de desarrollo" de éxito son, en realidad, racionalizaciones a posteriori de respuestas de política efectuadas en condiciones específicas que no pueden reproducirse; una política industrial radical derivada de una gran visión estratégica de desarrollo económico corre el riesgo de todos los fundamentalismos ideológicos. Dada la incertidumbre implícita en la prescripción de las políticas correctas (propia de la ciencia económica) y las dificultades de implementarlas (propias de la economía política), los encargados de diseñar las políticas tienen que ejercer contención, por una cuestión de prudencia. El desafío es encontrar el equilibrio entre estas dos visiones extremas de la política industrial para llegar a un enfoque proactivo y contenido. Un criterio útil para enfrentar este desafío es centrar el análisis en los procesos que generan las políticas en vez de realizar un análisis directo de las políticas en sí.

Reforma de la política industrial: desafíos

Como problema puramente tecnocrático, la identificación de los sectores prometedores es difícil porque requiere la estimación de la rentabilidad social resultante de interacciones complejas de sectores interconectados, en tanto que las señales del mercado solo reflejan la rentabilidad privada, para no hablar del potencial de nuevos sectores que el mercado ni siquiera ha generado. Aun para un gobierno capaz y bien intencionado sería difícil hacer la selección correcta, porque carecería de la información necesaria. La situación en este frente empeora a medida que los mercados se hacen más complejos y se multiplican las posibilidades técnicas. Por las mismas razones que la empresa integrada verticalmente cede espacio a las cadenas de proveedores mundiales de bienes y servicios, la política industrial debe reconocer que sus objetivos básicos de determinar qué tipo de actividades emprender, a qué mercados ingresar y cómo hacerlo cambian constantemente. La descentralización del desarrollo de productos —fuera de la sede en el país avanzado y hacia la "periferia" global— que implica la combinación de desintegración vertical y el creciente codiseño crea nuevas oportunidades para las empresas de los países en desarrollo que pueden satisfacer los requisitos más exigentes de colaboración y nuevos obstáculos a la participación en los mercados mundiales para aquellas que no los pueden satisfacer. Cada vez más, la política no solo debe tomar posición sobre cómo incrementar la productividad, sino también contribuir a la búsqueda de nuevas oportunidades. La política industrial como instrumento para emular a las economías avanzadas en la producción de ciertos productos es cada vez más obsoleta. El respaldo a las empresas para que adquieran flexibilidad ante un mundo caracterizado por una competitividad siempre cambiante, la introducción de nuevos productos y el surgimiento de nuevas tecnologías y procesos son aspectos de las políticas industriales a menudo ignorados pero muy necesarios.

El tipo de política industrial abierta que está surgiendo se basa en la teoría y en la experiencia. Sin embargo, para que tenga éxito, tiene que reconocer plenamente la complejidad del problema; tiene que adoptar un enfoque de abajo hacia arriba, y tiene que centrarse en el suministro de insumos públicos o intervenciones de mercado que faciliten la exploración de las posibilidades más promisorias. En esencia, el meollo es cómo allanar los obstáculos que inhiben la inversión del sector privado en perspectivas prometedoras y hacer que den sus frutos, en un proceso que, a su vez, ofrezca una plataforma para nuevos emprendimientos. Muchos de los obstáculos radican en insumos disfuncionales de bienes y servicios no transables. En cuanto a los productos exportables, la integración con la economía mundial es una condición necesaria de esta búsqueda, porque la cooperación con actores clave de la economía mundial ofrece el acceso indispensable a la capacidad para detectar nuevas oportunidades y amenazas a las prácticas actuales.

Las necesidades de información superan con creces la capacidad de las burocracias, aun de las mejores. Una política industrial exitosa requiere instituciones inmersas en la sociedad civil y la economía; de lo contrario, carecerán de acceso a la rica información que es necesaria para basar sus decisiones (la "formulación de políticas de desarrollo de amplio ancho de banda" mencionada en Hausmann, 2008). La idea sería crear o adaptar instituciones públicas que, en cooperación con los actores privados, puedan determinar qué necesidades satisfacer y organizarse para satisfacerlas.[14] Ello requiere un conjunto coherente de organismos públicos con alto nivel de apoyo político y rendición de cuentas, así como organizaciones privadas activas, con incentivos para suministrar información, a fin de que, en conjunto, preparen programas destinados a impulsar la productividad, y no a captar subsidios. Es incuestionable que los insumos públicos tales como el establecimiento de normas cuyo cumplimiento beneficie a los productores privados son valiosos para el sector privado. La cuestión es cómo hacer que el beneficio de colaborar con un programa de aumento de la productividad sea más valioso que el oportunismo, y de esa manera reducir la probabilidad de que el sector privado saque ventaja indebida de los recursos públicos, legalmente o por otros medios.

Existen numerosos ejemplos de alianzas público-privadas que han contribuido con éxito a políticas y estrategias de desarrollo eficientes. Por ejemplo, Devlin y Moguillansky (2009) examinan la experiencia de Australia, Corea, España, Finlandia, Irlanda, Malasia, Nueva Zelandia, República Checa, Singapur y Suecia. Algunas de estas experiencias se cuentan entre los mayores éxitos de impulso al desarrollo de los últimos 50 años, todas ellas superiores a las de los países de América Latina y el Caribe. Aunque la articulación de la estructura público-privada varía sustancialmente de un país a otro, las de más éxito fueron las que contaron con las alianzas público-privadas más estables, capaces de llegar a entendimientos fructíferos. El sistema de apoyo al capital de riesgo elaborado por Taiwán sobre la base de la cooperación público-privada es también un modelo de éxito a emular. Mediante el respaldo a una cartera de emprendimientos diversa y cambiante, y combinando el control directo y la tutoría con la selección del mercado, los inversionistas públicos y privados de Taiwán organizaron por medio del capital de riesgo un proceso de reestructuración económica continua que transformó su economía interna, conectándola a los sectores más capaces y exigentes de los mercados mundiales (Sabel, 2009).

En muchos países de la región se cuenta con instituciones públicas que constituyen buenos cimientos para seguir construyendo. El reto es cómo impulsar a las instituciones existentes a la luz de las experiencias superiores de otros lugares, en vez de empezar de nuevo y tratar de reproducirlas.

Reforma de la política industrial: una propuesta equilibrada basada en la cooperación público-privada

La cooperación público-privada requiere que el sector empresarial sea capaz de organizar una acción colectiva (para representarlo en consejos, mesas redondas, fondos mixtos de capital de riesgo, etc.) y de presentar exigencias bien fundamentadas a los organismos públicos pertinentes, lo que conlleva fortalecer su capacidad técnica y de influencia. Las entidades organizadas con el fin exclusivo de buscar el provecho propio en forma oportunista utilizando su influencia con las autoridades evidentemente no encajan en este esquema. Pero, al mismo tiempo, es importante reconocer que una capacidad de influencia efectiva es una característica conveniente de estas organizaciones, porque el proceso de cooperación público-privada requiere su aporte.[15] Este fomento de la capacidad institucional podría incluso requerir la ayuda del Estado para cristalizar, porque es difícil que el sector privado coordine objetivos de productividad cuyos beneficios privados son difusos y son insuficientes para incentivar a los organizadores. En términos ideales, un proceso consultivo elaboraría una visión estratégica común que ofrecería el marco para que los actores privados generen propuestas productivas y las entidades públicas las seleccionen racionalmente.

La cooperación público-privada también exige organismos públicos competentes que emprendan estas complejas tareas. Afortunadamente, la región puede mostrar ejemplos de organismos públicos y semipúblicos sólidos y capaces, como el BNDES de Brasil, la Corfo en Chile, la Cinde en Costa Rica o Nafinsa en México. Sin embargo, es común que los organismos de política industrial se organicen horizontalmente por "tema" (exportación, capacitación, innovación, etc.) con poca coordinación entre ellos; lo que también se necesitará es un sector público organizado verticalmente, capaz de acoplarse a la estructura de *clusters* de la economía. Para que tengan éxito, los organismos públicos deben también ser capaces de lograr una cooperación sustancial del sector privado. Devlin y Moguillansky (2009) describen cómo, en su muestra, después de 1990, en todas las alianzas público-privadas, las contrapartes públicas consultan a la contraparte privada (Corea, Malasia y Singapur), consultan y procuran el acuerdo (Australia, Nueva Zelandia y República Checa) o entablan un diálogo abierto (España, Finlandia, Irlanda y Suecia). Los organismos incapaces de adherir a una cultura de intercambio de información y colaboración no serán aptos para los nuevos emprendimientos.

El proceso de descentralización que en los últimos años adquirió impulso en América Latina requiere otro nivel de organismos e instrumentos. En muchos de los países con tradición de gobierno federal (como Argentina, Brasil y México), los gobiernos estatales, provinciales y locales participan en el diálogo público-privado y en el desarrollo empresarial, enfrentando nuevos retos para adaptarse mejor a las estructuras y mecanismos existentes a fin de incorporar las prioridades de desarrollo económico locales. Por otro lado, los países con una tradición más centralista que están avanzando gradualmente en el proceso de descentralización, como Chile o Perú, enfrentan el problema de crear instituciones totalmente nuevas (en muchos casos, organismos público-privados) y nuevos marcos jurídicos para respaldar el desarrollo económico local de abajo hacia arriba. Las instituciones subnacionales que formulan políticas de desarrollo productivo tienen la ventaja de conocer más las necesidades de los beneficiarios finales y ser más receptivas a estos. La gran tarea es diseñar mecanismos institucionales funcionales entre los distintos niveles, así como controles y contrapesos para asegurar que estos organismos subnacionales no sean captados por grupos de interés locales.

La organización que surge de este análisis incluye sólidas entidades del sector privado capaces de articular posiciones a nivel de sector de actividad económica y dos tipos de organismos del sector público: a) organismos coordinadores capaces de establecer enlaces con las entidades del sector privado y concebir la política industrial desde el punto de vista del sector en forma integral, en distintos mercados o actividades, y b) organismos con conocimientos temáticos u horizontales del tipo tradicional, con conocimientos especializados a los que puedan acceder las organizaciones verticales, tanto privadas como públicas. Los recursos presupuestarios de la política industrial se asignarían cada vez más a los organismos coordinadores (en parte para financiar a sus contrapartes privadas, de ser necesario), los cuales, a su vez, contratarían los servicios de los organismos de conocimiento en sus áreas de especialización o de otras organizaciones expertas que cuenten con los conocimientos necesarios. Análogamente, los puntos de vista de ministerios individuales se integrarían en un órgano central con el apoyo político adecuado al que se confiaría la responsabilidad general de la política industrial como herramienta del desarrollo (por ejemplo, en Irlanda y Singapur esas son responsabilidades del Primer Ministro). Todas estas entidades privadas y públicas cooperarían en dos funciones distintas: a) la función tradicional de definir políticas que impulsen la productividad de los sectores económicos existentes, mejorando su capacidad y multiplicando el efecto de sus recursos, y b) la nueva función de explorar nuevas posibilidades de expansión del alcance del sector en direcciones productivas (el "motor de búsqueda" de cada sector).

Dada la ventaja del sector privado en materia de información, tiene sentido invitar a organizaciones sectoriales (incluidos *clusters* y cadenas productivas de diversa índole) a que presenten propuestas técnicamente fundamentadas para el apoyo estatal (sin descartar las propuestas de origen público en consulta con contrapartes privadas). Es de interés público fortalecer a las organizaciones privadas para ayudarlas a producir buenas propuestas. Las directrices para la evaluación de esas propuestas deberán asegurar el control de los incentivos a captar subsidios en forma oportunista de manera que las propuestas revelen el proyecto con el máximo impacto global en la productividad. Por ejemplo, los lineamientos deberían subrayar que las propuestas sean específicas en cuanto a los incrementos previstos de la productividad en la economía en su conjunto y favorezcan los insumos públicos en lugar de los subsidios directos para desalentar el oportunismo. Los lineamientos también podrían favorecer propuestas que incluyan una porción de cofinanciamiento en reconocimiento de los beneficios adicionales que las mejoras de la productividad traerían aparejados para la organización proponente, como forma de alinear los incentivos.[16] A efectos de promover la honestidad de propuestas que son formuladas con una ventaja en materia de información, es importante examinar la calidad de las propuestas a posteriori para detectar exageraciones en las mejoras previstas de la productividad, a efectos de dar preferencia a los proponentes con un historial de propuestas fidedignas. En particular, la parte de cofinanciamiento podría recibir un descuento parcial ex post si las previsiones de la propuesta se materializaron en la realidad.

En cuanto al sistema en general, así como es importante generar propuestas con incentivos razonables y evaluarlas con lineamientos razonables, también es vital deshacerse de los proyectos financiados que luego no dan buenos resultados, no cumplen con las condiciones acordadas o alcanzan su plazo de caducidad. Por tanto, el control y la evaluación rigurosos de los resultados deben ser parte integral del sistema. Si bien es difícil promover y seleccionar propuestas que valgan la pena o, en términos más generales, "escoger ganadores", un sistema bien diseñado debe por lo menos ser capaz —como dice Rodrik— de "dejar que los perdedores se retiren". A veces, los programas que fracasan no son cancelados porque su costo está oculto y por ello puede ser defendido por intereses especiales, como las exenciones tributarias en lugar de los subsidios explícitos; el reconocimiento transparente y explícito del costo del respaldo es una característica importante para asegurar que los experimentos fallidos le cedan el lugar a experimentos nuevos. En términos más generales, la transparencia de los organismos públicos es fundamental para fomentar la rendición de cuentas y, en consecuencia, estimular a las empresas a respetar las reglas de juego y desalentar la búsqueda de rentas.

Por último, es importante que las instituciones que sostienen el sistema sean estables en el tiempo para dar credibilidad a la cooperación para la planificación a largo plazo; tal vez se necesite un entendimiento político para garantizar que las políticas e instituciones de la política industrial sean adaptables pero no estén sujetas a vaivenes. Esta característica del proceso de la política ha sido señalada como requisito previo del éxito (BID, 2005; Scartascini, Stein y Tommasi, 2009); la obtención de un consenso inmune a los ciclos políticos es también una característica fundamental del éxito en el estudio específico de las políticas de desarrollo realizado en Devlin y Moguillansky (2009). La cooperación público-privada ayudaría a establecer un proceso que genere un consenso de este tipo (Stiglitz, 1998).

¿Sería este el fin de la "selección de ganadores" como lo quisieran los críticos acérrimos de estas prácticas? Probablemente, no. En su modalidad extrema, el sistema propuesto podría funcionar plenamente de abajo hacia arriba: recibiría las propuestas de los grupos existentes que enfrentan problemas de coordinación concretos y efectuaría las determinaciones prácticas sobre la base del caso presentado. Ello se aproxima al caso de Colombia, donde las autoridades obtienen información de los productores sobre los problemas que enfrentan para tornarse más competitivos en los mercados mundiales mediante la creación de un consejo nacional público-privado de competitividad. Pero, aun en ese caso, si bien una focalización en los problemas de coordinación en el contexto de los lineamientos de evaluación del tipo antes descrito restringiría el ámbito para "escoger ganadores", en cierto sentido, tampoco podría evitarlo. Un sistema de cooperación público-privada podría fomentar cierto grado de buena autoselección, pero la evaluación de las propuestas siempre requiere un juicio del sector público (y, de hecho, cierto grado de autonomía) para contrarrestar la perspectiva del sector privado, a efectos de preservar la integridad de las políticas. La priorización de las propuestas también requiere una "selección", aunque más no sea porque los sectores o *clusters* menos organizados pueden representar mal los mejores proyectos. Además, es muy importante que los lineamientos para evaluar las propuestas consideren *clusters* virtuales cuyas ventajas comparativas latentes aún no se han revelado, lo cual naturalmente puede implicar considerar sectores no representados en ninguna de las propuestas recibidas. Los encargados de diseñar las políticas están "condenados a escoger" sectores (Hausmann y Rodrik, 2006).

El sistema propuesto también puede permitir iniciativas de origen público en relación con sectores que ya hayan establecido su viabilidad para abordar en forma proactiva algunos de sus problemas de coordinación y ampliar su escala. En otras palabras, el organismo público también podría estar interesado en intervenir en un determinado sector y formular su propia propuesta, en consulta con este. Ello se aproxima más a la postura proactiva del sistema de Costa Rica, por ejemplo.[17] Esta modalidad, proactiva y cauta a la vez, es congruente con la recomendación de Rodríguez-Clare (2005) de que la política industrial se centre en sectores que se hayan revelado como ganadores, en el sentido de tener una ventaja comparativa, y adopte la forma de una "política industrial blanda" que incrementa directamente la productividad a través de la provisión pública, en lugar de una "política industrial dura", que distorsiona precios a través de impuestos y subsidios. En términos de la tipología de las intervenciones públicas, ello significa restringir las políticas a insumos públicos (incluidas las transferencias) por oposición a las intervenciones de mercado. Esta asignación de los instrumentos de política industrial coincide con la focalización en los problemas de coordinación de sectores ya establecidos, que no requieren intervenciones de mercado que distorsionen los precios para hacerlos viables.

En los últimos cinco años han surgido ejemplos exitosos interesantes de cómo abordar algunas de estas cuestiones en una serie de países, todos ellos mediante programas con estructuras y enfoques similares, conocidos en la mayoría de los casos como programas de *clusters*.[18] Estos programas se centran en identificar *clusters* de empresas (en general, empresas de un mismo sector en un lugar geográfico dado) con problemas comunes que frenan su desarrollo. Una vez detectados, se pone en marcha un proceso para reunir a los agentes locales que representan al *cluster*, a expertos sectoriales internacionales y a funcionarios del sector público (del programa, junto con personal del gobierno local y de instituciones de investigación y organismos locales de apoyo empresarial) para definir en conjunto un plan estratégico de mejora del *cluster* que identifica los insumos públicos o semipúblicos faltantes y organiza su suministro. El programa trata de reorientar el suministro de insumos públicos ya ofrecidos por las distintas agencias de promoción hacia las demandas reales definidas en el plan y, en algunos casos, el propio programa cuenta con financiamiento adicional para suministrar los insumos faltantes que ninguna otra fuente puede ofrecer. El ejercicio incluye la multiplicación de los recursos privados que las propias empresas están dispuestas a aportar, una vez eliminados los obstáculos fundamentales a la cooperación, con lo que se fomenta la cooperación público-privada en el sector a diferentes niveles.[19]

Aunque las propuestas de política industrial se centren en sectores con una ventaja comparativa establecida o demostrable, es vital que el brazo de "búsqueda" del sistema fomente condiciones para el nacimiento o la revelación de sectores prometedores. Las PDP que apoyan la exploración de nuevas oportunidades económicas para sectores son parte integral de la política industrial, en este caso obviando la etapa previa de identificación de actividades prometedoras. Por ejemplo, las políticas de fomento de la diversificación podrían desempeñar este papel: la diversificación haría más probable que surjan sectores en los cuales los países tienen una ventaja comparativa, tal vez latente. En el contexto del "autodescubrimiento" de Hausmann y Rodrik, los incentivos a la diversificación incrementarían el espectro de exploración y, por tanto, la tasa de descubrimientos. Las políticas industriales que apuntan a la diversificación o directamente a la exploración en direcciones fructíferas, con el tiempo, serán vitales para el éxito del sistema. Lo mejor sería que esta actividad también fuera impulsada por la cooperación público-privada. Por ejemplo, los países avanzados en la frontera tecnológica tienen una política industrial sustancial para la alta tecnología, que se basa cada vez más en la cooperación público-privada (en el recuadro 11.6 se ilustra el caso de la política industrial para la alta tecnología de Estados Unidos).

En este contexto, una parte vital del autodescubrimiento depende del ímpetu de las nuevas empresas, que necesitan formas especiales de financiamiento para poder arrancar. En los países desarrollados, este financiamiento de alto riesgo es aportado por capitales de riesgo o por los llamados inversionistas ángel, responsables de algunas de las más importantes innovaciones en tecnología de la información (como Apple, Google o Microsoft). Sin embargo, los mercados financieros no cumplen ese papel en América Latina y el Caribe, ni siquiera en los países más avanzados, por lo que la política industrial también debería llenar ese vacío. Este es el papel que desempeñó la Fundación Chile (véase el recuadro 11.3), responsable del surgimiento de sectores nuevos y sumamente exitosos como el salmón o los arándanos. Este nicho financiero de la política industrial abre un amplio abanico para la cooperación público-privada.

Pero la cuestión sigue siendo si sería aconsejable que los encargados de diseñar las políticas apostaran a ciertos sectores o *clusters* que no hayan surgido todavía como viables. El sistema chileno puede ser un ejemplo de un mecanismo más proactivo en el que el análisis técnico de la burocracia puede ser muy útil para promover el desarrollo de nuevos sectores de empresas o para solicitar propuestas con orientaciones muy específicas, que no surgen de los propios sectores existentes, sino de estudios estratégicos (por ejemplo, el cultivo del salmón). La política chilena de los últimos años combina el apoyo a sectores probados con la detección proactiva de nuevos sectores que se considera poseen ventajas comparativas latentes (con potencial en la economía mundial y alineados con la dotación de factores productivos del país). En efecto, se han identificado nueve grupos, incluida la minería, una serie de industrias alimen-

RECUADRO 11.6 EL ÉXITO DE LA POLÍTICA INDUSTRIAL PARA LA ALTA TECNOLOGÍA EN ESTADOS UNIDOS: EL CASO DE DARPA

En esencia, todos los países avanzados cuentan con variantes de políticas industriales en el sentido aquí empleado, aunque, en la política interna y en los consiguientes debates académicos, tiendan a ser clasificadas como políticas para alentar el desarrollo tecnológico, fomentar la investigación y el desarrollo, mejorar la competitividad regional o asegurar la capacidad de la base industrial nacional para producir componentes vitales de equipo sofisticado para la guerra. Considérese el ejemplo de Estados Unidos, un país cuya adhesión general a las políticas de libre mercado y (en términos comparativos) a la conocida fragmentación del aparato del Estado, parecerían limitar radicalmente, y hasta imposibilitar, esas políticas. Es ampliamente reconocido en lo que se dio en llamar la comunidad estadounidense de la alta tecnología y en los círculos académicos vitales para esta que en la época posterior a la Segunda Guerra Mundial Estados Unidos aplicó resueltamente y con mucho éxito el equivalente a una política industrial.[a] El instrumento principal de esa política ha sido la Agencia de Proyectos de Investigación Avanzados de Defensa (*Defense Advanced Reasearch Projects Agency,* DARPA) del Departamento de Defensa. Esta agencia fue fundada en 1958 como ARPA (la referencia a la defensa fue agregada en 1972, retirada en 1993 y vuelta a incorporar en 1995), con la función de financiar y cofinanciar proyectos que estén algo más allá del horizonte del momento en materia científica y de sus posibilidades técnicas, que tengan una probabilidad sustancial de éxito y cuya realización haga posible grandes avances en el equipo militar y los productos y procesos industriales. *"Darpa hard"* es una expresión de los círculos especializados que pretende captar el deseado grado de dificultad, posibilidades y viabilidad.

En los años sesenta y setenta, los proyectos de DARPA realizaron contribuciones pioneras a la gráfica interactiva de computación (Sketchpad) y a los protocolos fundamentales de Internet (ARPANET). El Programa de Circuitos Integrados de Muy Alta Velocidad (1980–88) dio lugar a avances en el procesamiento de señales digitales en que se basaría Texas Instruments para transformarse en el líder mundial en esa tecnología para la telefonía móvil. El Programa Estratégico de Computación (1983–92) produjo grandes avances en la computación paralela en la que se basa la generación actual de microprocesadores de doble núcleo Intel. Sematech (de 1987 al presente) organiza una asociación de fabricantes de semiconductores para investigar problemas técnicos comunes en la producción de estos materiales. El Programa de Litografía Avanzada (de 1988 al presente) ayuda a desarrollar generaciones sucesivas de la tecnología utilizada para estampar transistores cada vez más pequeños en los chips. La Iniciativa sobre Computación y Comunicaciones de Alto Rendimiento (de 1992 al presente) apoya la investigación en supercomputadoras y redes de fibras ópticas de alta velocidad. Es significativo que la política haya derivado hacia un acento cada vez más explícito en los proyectos de amplio valor comercial o económico. ARPANET y Sketchpad eran, en esencia, programas militares y sus aplicaciones comerciales, apenas un subproducto accidental. Pero el Programa de Circuitos Integrados de Muy Alta Velocidad y el Programa Estratégico de Computación apuntaban a generar beneficios comerciales. En la Iniciativa sobre Computación y Comunicaciones de Alto Rendimiento, los objetivos comerciales y militares se consideran de

(*continúa en la página siguiente*)

[a] Lo que figura a continuación se basa en buena medida en Fong (2000), que ofrece amplias referencias a las publicaciones relevantes.

RECUADRO 11.6 EL ÉXITO DE LA POLÍTICA INDUSTRIAL PARA LA ALTA TECNOLOGÍA EN ESTADOS UNIDOS: EL CASO DE DARPA *(continuación)*

importancia prácticamente equivalente y en Sematech y en otros programas más recientes de DARPA, los beneficios militares se consideran secundarios e inclusive insignificantes. Este cambio de énfasis de los beneficios militares a los comerciales ha ido de la mano de incrementos en los recursos invertidos por los sectores público y privado, de formas más complejas de cooperación público-privada en la selección y la supervisión de los proyectos, y de la creciente coordinación entre los organismos estatales que participan con DARPA y el sector privado en esos proyectos. De manera que, con respecto al vital sector de la alta tecnología, Estados Unidos no solo cuenta con un instrumento importante y exitoso de política industrial, sino que ha ido ampliándolo y perfeccionándolo.

tarias, producción de software, TIC (especialmente en su aplicación a la minería y a los alimentos) y nuevas fuentes de energía. La muy reciente Política de Desarrollo Productivo implementada por Brasil en 2008 es un emprendimiento aún más ambicioso de apoyo a la consolidación de industrias existentes y al surgimiento de industrias de alta tecnología y de nivel mundial que, en opinión de los encargados de diseñar las políticas, pueden desarrollarse en el país (como las tecnologías de la información, la nanotecnología y la biotecnología).[20]

Cuanto más se aparte de los sectores y *clusters* existentes, mayor es la probabilidad de que la política industrial deba atravesar el umbral entre políticas "blandas" y "duras", distorsionando los precios para inducir el cambio requerido en el mercado. En tal sentido, cuanto más alta sea la posible recompensa, mayor será el riesgo de fracaso. El equilibrio entre el riesgo y el beneficio depende de la capacidad del sector público para formular políticas y de la funcionalidad de las organizaciones del sector privado. Y lo que tal vez sea más importante aun: depende de la factibilidad de que la economía política mantenga un sistema de cooperación tan exigente.

El riesgo de una política industrial ambiciosa se multiplica en las propuestas proactivas más audaces para intervenciones de mayor escala basadas en grandes estrategias de desarrollo. Un buen ejemplo es el conjunto de recomendaciones de política industrial que podría surgir del nuevo paradigma de transformación estructural que proponen Hausmann, Hwang y Rodrik (2007), en el que se concluye que el grado de sofisticación de los bienes de exportación medidos por el ingreso per cápita de sus países exportadores es un precursor del crecimiento.[21] En un trabajo relacionado, Hausmann y Klinger (2006) derivan pautas concretas para que las políticas industriales se orienten hacia exportaciones que son a la vez sofisticadas y bien posicionadas como escalones hacia un progreso mayor. Si bien se trata de conclusiones no comprobadas, estos avances muestran que el progreso de la investigación puede mantener viva una "política industrial dura", pese a los antecedentes disímiles de las grandes apuestas estratégicas.

¿Dónde trazar la línea y abstenerse de aplicar una política industrial más radical? Podría argumentarse que si la ciencia económica ofrece una guía de políticas que los encargados de su diseño están dispuestos a usar al seleccionar propuestas del sector privado, por mencionar su empleo más inocuo, esta guía también podría ser usada proactivamente en forma más radical y en su máximo alcance. Si el conocimiento es suficiente para escoger propuestas, ¿por qué no es suficientemente bueno para escoger ganadores en general y realizar "apuestas estratégicas"? La respuesta es la prudencia: puede no ser prudente apartarse demasiado de los sectores con ventajas comparativas demostrables. Naturalmente que cuánto es "apartarse demasiado" depende de la capacidad de las organizaciones públicas y privadas de cada país, por lo que cabe esperar que los países con mayores capacidades lleven a cabo una política industrial más decidida. En todos los casos, la incertidumbre sobre la precisión del conocimiento disponible y el reconocimiento de los peligros de la implementación de la política industrial deberían hacer que los encargados de diseñar las políticas se detengan y, aunque "piensen globalmente", prefieran "actuar localmente". Es decir, un enfoque de política industrial proactivo pero contenido.

Notas

[1] Este cuadrante también podría incluir algunas políticas de carácter horizontal —que no son de interés en este capítulo— que, por razones prácticas, son implementadas a través de sectores específicos especialmente afectados por la distorsión del mercado que se está abordando.

[2] Véase la encuesta de Harrison y Rodríguez-Clare (2009), donde se incluyen una elaboración más formal y más referencias.

[3] La excepción son los aranceles sobre los bienes de capital, que se asocian a un bajo crecimiento.

[4] Cumplían estas condiciones los servicios de investigación y extensión agropecuaria creados en muchos países después de la Segunda Guerra Mundial para ayudar a los agricultores a abrir nuevos territorios en este ámbito, mecanizar la agricultura y mejorar la selección de semillas o de ganado de manera específica, según sus condiciones particulares y diversas.

[5] La información empleada en esta sección fue extraída de estudios de país preparados para proyectos del BID sobre políticas industriales en América Latina y el Caribe (BID, 2009a). Los estudios de país incluyen a Argentina, Barbados, Chile, Colombia, Costa Rica, Guatemala, Jamaica, México, Paraguay, Perú, Trinidad y Tobago, y Uruguay. Posteriormente se emprendieron también estudios sobre Panamá y El Salvador con la misma metodología.

[6] Entrevista a Sandro Zolezzi, Director de Investigación, Cinde.

[7] Véanse referencias sobre Colombia en Meléndez y Perry (2009), sobre República Dominicana en Guzmán et al. (2009) y sobre Guatemala, en Cuevas, Lee y Pineda (2009).

[8] Véanse referencias sobre Barbados en Artana, Auguste y Downes (2009a), sobre Costa Rica en Monge-González, Rivera y Rosales-Tijerino (2009), sobre El Salvador en Agosin, Acevedo y Ulloa (2009) y sobre Jamaica en Artana, Auguste y Downes (2009b).

[9] Este aspecto fue resaltado por Dani Rodrik (en una exposición ante el BID, en diciembre de 2008, con el título de "Política industrial: aspectos conceptuales y empíricos").

[10] Además, la protección de industrias en decadencia condenadas a desaparecer plantea dudas sobre la política industrial como base de los "tigres" de Asia oriental y sugiere que en esa región las políticas tal vez hayan sido menos una expresión de una estrategia de desarrollo heterodoxa y más un resultado de

las fuerzas más mundanas de la economía política. La política de comercio exterior impuso aranceles de importación y subsidios a la exportación que se anularon mutuamente en el agregado, lo que también sugiere una interferencia de la economía política más que una estrategia orientada hacia el exterior claramente definida.

[11] El proyecto fue realizado por equipos de países de Argentina, Brasil, Chile, Colombia, Ecuador, México y Uruguay.

[12] Esta concentración en las actividades rurales refleja la estructura de la política industrial vigente, más que un fracaso de la política industrial en otras esferas, por lo que estos éxitos sugieren que la política industrial tiene un gran potencial inexplorado en esas otras esferas.

[13] Otra prueba desalentadora es que, de acuerdo con el análisis del capítulo 10, existen pocos indicios de un vínculo entre el desarrollo de nuevos productos y el crecimiento de la productividad a nivel de la empresa.

[14] Sin embargo, el capitalismo podría de por sí generar instituciones del sector privado que terminen resolviendo los problemas de coordinación. En Estados Unidos, un dinámico sistema de capital de riesgo y Silicon Valley (que nació bajo la influencia de Stanford University) muestran que tal vez no sean necesarias las instituciones del Estado. Otro criterio para resolver los posibles problemas vinculados a la participación del sector público es analizar los factores que impiden el surgimiento de instituciones catalizadoras en el sector privado.

[15] Paradójicamente, el sistema podría requerir algunas rentas para que funcione con eficiencia, un aspecto subrayado en Hausmann (2008).

[16] En teoría, si todas las partes privadas interesadas participaran en la propuesta, el cofinanciamiento sería del 100%; en ese caso, presumiblemente, el sector privado sería autosuficiente para coordinar plenamente y la política industrial sería irrelevante.

[17] Es paralelo, tanto en términos de las políticas reales para los *clusters* (como los subsidios temporales para coordinar la hotelería y otros servicios turísticos a fin de impulsar este grupo) como en la búsqueda de oportunidades a través de la Cinde.

[18] Programas de este tipo se encuentran actualmente en casi todos los países de América Latina y el Caribe, aunque los más grandes y más avanzados son los de Argentina, Brasil, Chile y Uruguay.

[19] En un programa típico, existe una cooperación muy activa a nivel de cada *cluster* de empresas, donde surge una estructura de administración con representantes de las empresas agrupadas y funcionarios de las instituciones locales. Luego, a nivel del *cluster program*, existe una junta asesora público-privada que supervisa la orientación estratégica de todo el programa; por último, estos programas con frecuencia se basan en organismos de desarrollo del Estado que en su estructura de gobierno cuentan con representantes del sector privado, como la Corfo en Chile y el Servicio Brasileño de Apoyo a las Micro y Pequeñas Empresas (*Serviço Brasileiro de Apoio às Micro e Pequenas Empresas*, Sebrae) en Brasil.

[20] Es muy pronto para conocer sus resultados. Sin embargo, este tipo de emprendimientos tiene una larga historia en Brasil, donde algunos han conocido el éxito y otros el fracaso.

[21] Los autores asocian un nivel de ingreso per cápita a cada producto de exportación y hallan el ingreso per cápita asociado a la canasta de exportación de un país. Afirman que las exportaciones sofisticadas de "altos ingresos" "alzan" el PIB per cápita, por lo cual la política industrial debe apuntar a las exportaciones sofisticadas que estén a su alcance.

12 LA POLÍTICA DE LA PRODUCTIVIDAD

A los países de América Latina no les ha ido muy bien en materia de promoción de la productividad. La productividad de América Latina ha estado disminuyendo en relación con la de otros países de referencia como Estados Unidos, y los países de la región no tuvieron un buen desempeño ni siquiera en términos absolutos. De haber tenido un desempeño equivalente al de un país promedio, algunos países como Argentina estarían entre los más ricos del mundo. Pero la mayoría de los países de América Latina se han rezagado.

En capítulos anteriores se describieron algunas de las políticas que contribuyeron a esta trayectoria desafortunada: el escaso crédito, la volatilidad macroeconómica elevada, la infraestructura deficiente (por lo que los costos de transporte son altos), el gasto y las políticas sociales que no generan los incentivos correctos en los mercados de trabajo, y las políticas tributarias que distorsionan la asignación de recursos y los desvían de usos productivos. Estas distorsiones redundan en problemas complementarios, como el bajo incentivo para la innovación.

Los encargados de formular políticas de la región están al tanto de muchos de estos problemas, y se han hecho algunos intentos de instrumentar políticas capaces de encauzar la economía en la dirección correcta. Sin embargo, el aumento de la productividad es una iniciativa compleja, que exige identificar las políticas adecuadas, evaluar los costos y beneficios entre distintos objetivos, contar con los recursos para poner en práctica las políticas, satisfacer o compensar a quienes preferirían otras y mantener iniciativas duraderas en un conjunto de áreas de políticas en simultáneo y durante períodos prolongados.

A pesar de los tímidos intentos en algunas áreas, en muchos países de América Latina la tarea de aumentar la productividad no ha sido demasiado prioritaria. Esto se debe en parte al hecho de que algunos actores políticos importantes prefieren otras políticas. Ciertas políticas por debajo de lo óptimo brindan beneficios más directos a algunos actores (por ejemplo, un sector empresarial puede obtener protección ante la competencia o subsidios que perjudican la competencia y el crecimiento económico de empresas más productivas). También es posible que otros actores tengan prioridades más importantes que el aumento de la productividad (por ejemplo, los sectores pobres pueden exigir programas sociales que pueden no ser los mejores incentivos en el mercado de trabajo). En un contexto de crisis recurrentes y demandas sociales en democracias inestables, los gobernantes a menudo sacrificaron objetivos de políticas a más largo plazo a fin de concentrarse principalmente en objetivos más inmediatos, como aumentar el empleo y ayudar a que sobrevivan las pequeñas empresas. Además, los países de América Latina poseen una libertad relativamente acotada para la aplicación de ciertas políticas ya que sus presupuestos son sumamente rígidos.

Aun si el aumento de la productividad fuese un objetivo, identificar las barreras clave al crecimiento de la productividad a nivel nacional es una tarea técnica compleja que supone capacidades importantes. Para empezar, el efecto sobre la productividad causado por distintas políticas en diversos ámbitos está muy lejos de ser algo obvio. Además, en muchos casos a los formuladores de políticas les es difícil predecir cuál será el comportamiento de la gente ante una nueva política. Por ejemplo, quienes diseñan nuevos impuestos suelen tener problemas para determinar cómo reaccionarán los contribuyentes a los impuestos, lo que puede obstaculizar la recaudación. Es todavía más difícil predecir el efecto que ciertas políticas sociales tendrán sobre los incentivos del mercado de trabajo, el tamaño de las empresas, la estructura del mercado y, en última instancia, sobre el crecimiento y la productividad. Además, las mejoras en la productividad suelen tardar un período prolongado en manifestarse. Otorgar una exención impositiva a un sector u ofrecer un programa social a un grupo genera una ventaja inmediata para el beneficiario. Sin embargo, las medidas destinadas a mejorar la productividad, como la inversión en infraestructura, precisan tiempo para completarse y todavía más tiempo para influir sobre la estructura productiva o el nivel de competencia. Este desfase entre el momento en que se toman las medidas y en que se materializan los beneficios hace que sea menos viable, en términos políticos, concentrarse en el largo plazo.

Incluso en los casos en los que un país prioriza el aumento de la productividad y posee un buen diagnóstico de qué se necesita a tal efecto, surgen retos políticos complicados. Es necesario trabajar en varios frentes en materia de políticas, y tomar y ejecutar decisiones que afectan otros objetivos de las políticas, los intereses de grupos poderosos o los intereses a corto plazo de los propios dirigentes políticos. Para aumentar la productividad puede ser preciso tomar medidas impopulares que se contraponen a otros objetivos de política deseables (como aumentar la recaudación impositiva o ayudar a los pobres), en especial a aquellos con mayores réditos políticos a corto plazo. Es difícil convencer a los políticos de que algunas iniciativas populares, como concentrar el control de las normas impositivas en las empresas grandes, otorgar beneficios sociales a los trabajadores informales y subsidiar a las pequeñas empresas, pueden ser perjudiciales para la productividad y, por ende, para el bienestar a largo plazo de la mayoría de los ciudadanos.

Para aumentar la productividad se necesita mucho tiempo y la voluntad de invertir una cantidad considerable de recursos económicos y políticos. Por ejemplo, la liberalización financiera suele elevar los riesgos a corto plazo, mientras que sus beneficios potenciales tienden a materializarse a largo plazo. Permitir que algunas empresas "desaparezcan", lo cual es fundamental para asignar recursos de la manera más productiva, puede afectar el empleo a corto plazo. Construir una red de infraestructura eficaz, renunciar al gasto en épocas favorables para reducir la volatilidad macroeconómica, crear buenos regímenes regulatorios y hacerlos cumplir a todos por igual, y sacrificar ciertas fuentes de ingresos fiscales para evitar la distorsión de los incentivos, todo ello tiene costos a corto plazo. Los países de América Latina suelen enfrentar graves problemas de corto plazo que por lo general impulsan acciones políticas orientadas a mantener el apoyo de los votantes: esas medidas pueden resultar perjudiciales para la productividad y, en consecuencia, para el bienestar a largo plazo.

En este capítulo se busca entender por qué los países de América Latina, en su conjunto, no han logrado estimular la productividad. Se analizan tendencias recientes en los gobiernos de América Latina y se presentan observaciones desde una perspectiva política e institucional, coherentes con la lógica de las recomendaciones expuestas en capítulos anteriores. En el capítulo se presta especial atención a la política que existe detrás de las políticas concretas, moderando las recomendaciones idealizadas de políticas con un mayor grado de realismo, y se sugieren maneras de fortalecer las instituciones para facilitar la adopción de políticas destinadas a mejorar la productividad.

Un modelo para la formulación de políticas

Los modelos más estilizados de representación política suponen que en el proceso de formulación de políticas se tienen en cuenta las preferencias de cada persona y que las políticas son el resultado de mecanismos institucionales que determinan cómo se representa a cada uno.[1] La complejidad de estos modelos crece cuando se incorpora explícitamente el hecho de que la mayoría de las personas tiene preferencias fuertes acerca de algunos temas (según su dotación de recursos y su papel en la sociedad) y, por ende, puede tratar de modificar la política pública por otros medios además del de elegir a sus representantes mediante el voto.

Así, son varios los factores que influyen en la forma en que las preferencias de la gente se incorporan al proceso de formulación de políticas y la manera en que esas demandas se convierten en políticas. En primer lugar, esto depende de la influencia relativa de cada actor y de su capacidad de coordinación con personas de intereses similares. Por ejemplo, ¿las empresas tratan de influir sobre las políticas por sí mismas? ¿Trabajan de manera coordinada con otras empresas del sector? ¿Qué tipo de recursos tienen a su disposición?

En segundo lugar, depende del nivel de agregación de esos intereses y de la capacidad para interiorizar las preferencias de otros miembros. ¿La coordinación de los grupos abarca distintos sectores? ¿Abarca varias zonas geográficas? ¿Presentan los grupos una única propuesta de políticas y están dispuestos a realizar concesiones dentro del grupo cuando ello es necesario?

En tercer lugar, depende de la forma en que estos grupos interactúan con los encargados de formular políticas. ¿Deben sentarse todos a la misma mesa de negociación? ¿Cada grupo tiene acceso a distintos responsables de formular políticas que actúan en distintas posiciones? Esto es importante porque los resultados en términos de productividad difieren si las políticas se deciden en un foro único o si son producto de varias políticas, cada una de ellas decidida y puesta en práctica por distintos encargados de formular políticas en distintos ámbitos.

En cuarto lugar, depende de la habilidad de los responsables de formular políticas para identificar posibles respuestas en materia de políticas, generar ámbitos de discusión, poner en práctica las políticas y mantenerlas a lo largo del tiempo, y compensar a los que se oponen a ciertas políticas de mejora del bienestar. Estos temas se analizan a continuación.[2]

Los actores económicos y sociales y sus demandas de políticas

Distintas personas pueden exigir diferentes cosas al sistema político. Las demandas de cada actor dependen de sus intereses, los que a su vez se derivan de sus recursos, de su posición en la economía y de sus opiniones. Por ejemplo, la rentabilidad de una industria es fundamental para el bienestar económico del único propietario de un activo específico esencial para esa industria. Así, el propietario prefiere las políticas que aumentan la rentabilidad de la industria como un todo (por ejemplo las barreras a la competencia o los subsidios a sus insumos) y se opone a aquellas que la reducen (como los impuestos sobre ese bien o los impuestos sobre las utilidades en general). Los trabajadores desempleados con baja calificación obtienen beneficios de los programas sociales, principalmente a corto plazo. En el mediano y el largo plazo, ellos se beneficiarían de una mejor macroeconomía capaz de aumentar las oportunidades de empleo, de programas de capacitación y de la eliminación de diversas ineficiencias, lo cual aumentaría la demanda de empleos de alta productividad para los trabajadores con esas competencias.

Como ilustran estos ejemplos, las distintas políticas que puede exigir cada actor pueden tener efectos positivos o negativos para la productividad. Los grupos con más influencia en un momento determinado pueden presionar al gobierno para que ejecute políticas que reduzcan la competencia en los mercados de sus productos, lo que tiende a disminuir la productividad, aunque también pueden hacer presión a favor de políticas que aumenten la eficiencia en los mercados de algunos de sus insumos, entre ellos el crédito, la mano de obra, las telecomunicaciones o la infraestructura.

La elección de las políticas que han de llevarse a cabo y su efecto sobre la productividad dependen de cuáles de esas demandas potenciales se promuevan y de qué actores tengan más peso en el proceso político. Los temas relacionados con la acción colectiva son muy importantes al momento de determinar quién se organiza y quién tiene influencia sobre la formulación de políticas: cuanto mayor es la cohesión en la organización de los actores y mayor la cantidad de intereses en común, más probable es que se logre superar los obstáculos para la acción colectiva. Otros factores fundamentales son la cantidad de actores y la magnitud de lo que está en juego. Es mucho más alta la probabilidad de organizarse políticamente de los sectores económicos relativamente concentrados (con unos pocos productores grandes) y de los intereses económicos que tienen más que ganar o perder como consecuencia de una política. Por ejemplo, los dueños de activos bastante específicos cuyo valor depende de manera directa de decisiones sobre políticas (como los servicios públicos regulados con grandes inversiones hundidas) son candidatos más probables a organizarse políticamente que aquellos con grandes posibilidades de sustitución. Algunos grupos tienen más dificultades que otros para organizarse, por lo que permanecen en estado latente o inactivo.[3]

Agregación de demandas de políticas en el ruedo político

Un elemento importante que determina el tipo de políticas que se demandan es el grado de agregación y la modalidad de articulación de los intereses económicos.[4] Los tipos de demandas promovidas en el ruedo político difieren, por ejemplo, si los actores empresariales ingresan al ruedo por separado (como empresas), como industria (textil, metalúrgica) o como sector (industrial, agrícola) o bien mediante asociaciones que incluyen a diferentes sectores de la economía. En general, un mayor nivel de asociación genera intereses más abarcadores y demandas más orientadas hacia la mejora del ambiente general de negocios (como el fortalecimiento del sistema judicial o un incremento de la infraestructura o del crédito).

Cuando una empresa entra al proceso político directamente, es más probable que concentre sus esfuerzos políticos en una cantidad reducida de temas (posiblemente uno solo) que revista importancia directa para esa empresa, como la obtención de un subsidio. Cuando una gran cantidad de empresas de diversos sectores agrupan sus intereses en, por ejemplo, una cámara empresarial nacional, primero deben decidir internamente qué exigir al sector público. Esa decisión colectiva genera intercambios que hacen que sea poco probable que la asociación exija los mismos subsidios que las empresas habrían exigido por separado. En esos intercambios, es probable que se interioricen externalidades negativas, lo que aumenta la probabilidad de que la asociación evite exigir políticas que, si bien pueden ser beneficiosas para una empresa determinada, distorsionen el sector empresarial en su conjunto.

Asimismo, la mayoría de las empresas suele beneficiarse a partir de la eficiencia y la productividad en mercados de insumos clave, como el crédito, la mano de obra y la infraestructura, además de beneficiarse como consecuencia de condiciones generales favorables, como una macroeconomía estable y un sistema judicial que funcione adecuadamente. En ocasiones, esos beneficios potenciales pueden no traducirse en demandas políticas efectivas, ya que los posibles beneficiarios suelen ser numerosos y diversos. Si las empresas se organizan para la participación política con cierto nivel de agregación, tienen una mayor probabilidad de superar esos obstáculos para la acción colectiva y de poder exigir políticas orientadas a mejorar la eficiencia.

El nivel de agregación con que se organicen los distintos actores y se articulen sus intereses depende de varios factores, entre ellos la estructura de la economía: en algunos casos, unos pocos sectores grandes pueden encabezar la acción colectiva de todo el sector empresarial, como ocurría en Colombia con los cafetaleros.

Otro factor es la organización del gobierno y la formulación oficial de políticas, que pueden afectar las oportunidades al alcance de los actores en el ruedo político. En algunos países, la formulación de políticas está muy concentrada y las decisiones relacionadas con la productividad recaen en manos de un pequeño grupo cohesionado de funcionarios públicos. En ese contexto, los grupos pueden beneficiarse si se organizan con un nivel equivalente de concentración. Esto es lo que ocurría en Colombia, donde la mayoría de los grupos aceptaban la representación de unas pocas organizaciones (en especial la Federación Nacional de Cafeteros y la cámara de empresarios ANDI). Cuando la toma de decisiones está más fragmentada, ya sea porque son más las personas con influencia sobre asuntos relativos a las políticas o porque las decisiones se toman en un nivel de gobierno más descentralizado, los grupos pueden optar por influir sobre las políticas de manera más fragmentada (como puede ocurrir en Colombia en la actualidad) o por concentrar sus esfuerzos en tratar de influir sobre las políticas a nivel local (que parece ser lo que ocurre en Brasil).

Los sistemas políticos inclusivos, en los que los partidos políticos representan bien a los actores importantes y en los que el terreno legislativo permite la negociación y el cumplimiento de acuerdos políticos, pueden permitir una agregación de intereses adecuada para la tarea de promover políticas a largo plazo, como el aumento de la productividad. Por el contrario, los sistemas políticos con varios puntos de entrada para que los intereses económicos se beneficien en distintas etapas del proceso de formulación de políticas pueden suscitar medidas descentralizadas de mantenimiento o búsqueda de rentas que probablemente perjudiquen la productividad.

Los procesos estables de interacción entre actores públicos y privados pueden generar demandas de políticas mejores y de más largo plazo, beneficiosas para la productividad. Es más probable que se desarrollen esas modalidades si ambos "socios" están institucionalizados y pueden adoptar medidas a largo plazo en un contexto de gran confianza. Los países con poca capacidad para promover objetivos en materia de políticas en forma sistemática a lo largo del tiempo suelen carecer de interacciones estables y generan pocos incentivos para la institucionalización (algo que parece ocurrir en algunos países, como Argentina).

Los Estados difieren en cuanto a la capacidad de contemporizar demandas contrapuestas. Algunos regímenes políticos son capaces de ponderar distintos intereses de manera adecuada y de aplicar las decisiones acordadas de manera coherente y eficaz a lo largo del tiempo. Otros regímenes políticos tienden a entablar un combate balcanizado sobre diversos temas, en los que distintos actores obtienen pequeños beneficios a través de diversas jurisdicciones y en distintas etapas del proceso de formulación de políticas.[5] Muchos países de América Latina presentan una tendencia hacia esos conflictos balcanizados, en los que los grandes actores empresariales[6] obtienen políticas privilegiadas gracias al acceso que tienen al Poder Ejecutivo o a la burocracia; los trabajadores sindicalizados conservan beneficios laborales y de asistencia social que generan distorsiones, mediante estrategias electorales y de movilización, y los trabajadores desplazados que recurrieron a la economía informal obtienen programas sociales específicos y beneficios para pequeñas empresas apelando a una combinación de solidaridad del público y estrategias de movilización novedosas, como el bloqueo de carreteras (véase el recuadro 12.1).

Los incentivos de los políticos, las capacidades del Estado y las políticas públicas

Las políticas se deciden en ámbitos públicos tales como el Congreso, los niveles subnacionales de gobierno, la burocracia y el Poder Judicial. Estos ámbitos están poblados de actores estatales o políticos profesionales, entre ellos presidentes, jefes de partido, legisladores, gobernadores, burócratas y jueces. Los incentivos de los funcionarios públicos, así como una serie de capacidades del Estado necesarias para cumplir ciertas funciones esenciales,[7] son factores clave que determinan qué políticas son viables y sostenibles desde el punto de vista

RECUADRO 12.1 UN INTENTO CONTRAPRODUCENTE DE AYUDA: LA ECONOMÍA POLÍTICA DE LA PROTECCIÓN SOCIAL EN AMÉRICA LATINA Y EL CARIBE[a]

En la mayoría de los países de América Latina, los programas sociales específicos se ejecutan de manera descentralizada, lo cual brinda a los gobiernos locales excelentes oportunidades de usar los recursos sociales como instrumentos de clientelismo.[b] Desde la perspectiva de los políticos, el desplazamiento desde Estados benefactores centrados en el mercado de trabajo hacia programas específicos ha vuelto más atractivo el ruedo político local, lo cual aumenta la fragmentación del ámbito público.

La fragmentación de la formulación de políticas en varias instancias y la ausencia de estrategias integradas provocan una dinámica peculiar. Distintos actores obtienen sus beneficios a través de diferentes instancias en distintos ámbitos políticos. Por ejemplo, los sindicatos de trabajadores son los actores que más se hacen oír con respecto a las políticas del mercado de trabajo. Por su influencia política, pueden preservar regulaciones en el mercado de trabajo capaces de causar rigideces y disminuir el empleo, en especial para ciertos grupos como los no calificados (BID, 2004). Por el contrario, quienes pueden verse perjudicados por las regulaciones laborales (por ejemplo, los desocupados) suelen tener una menor presencia en ese ruedo político. A medida que las regulaciones causan mayor distorsión, a los trabajadores desplazados les resulta más difícil volver al sector formal, lo que dificulta que recuperen la influencia política en los debates relativos a las políticas laborales. Cuando los trabajadores desplazados terminan trabajando en el sector informal, tienen menos incentivos para organizarse a fin de cambiar las políticas del mercado de trabajo formal. Sin embargo, pueden organizarse para obtener beneficios relacionados con su nueva función en la economía como trabajadores informales, por ejemplo: los programas sociales no contributivos y el microcrédito.

En definitiva, la economía puede llegar a estar compuesta de un conjunto de políticas por debajo de lo óptimo. Quienes tienen posiciones fuertes a favor de las regulaciones laborales y detentan poder en el mercado de trabajo pueden lograr políticas que los benefician, mientras que los perjudicados en el mercado laboral, y que se vuelcan hacia el trabajo autónomo y la informalidad, tienden a pedir políticas sociales y redistributivas. Así, en lugar de llevar a cabo debates sobre el grado correcto de regulación laboral entre quienes ganan y quienes pierden, cada grupo exige políticas ineficientes en distintos ruedos políticos (BID, 2008b).

Todas estas tendencias se ven reforzadas por las dificultades de la mayoría de los regímenes políticos para enfrentar las complejas relaciones de compensación producto de la reforma de los sistemas de protección social. Sin mucha información y sin reformas creíbles en diversos frentes al mismo tiempo, pocos respaldarían la idea de eliminar los programas sociales no contributivos. Así sobreviene un círculo vicioso. Cada vez que hay una nueva emergencia, se exigen nuevos programas. Muchos políticos consideran que es más fácil agregar un nuevo programa que impulsar una reforma integral del sistema. Aunque algunos países han logrado financiar los programas de protección social —gracias a mayores ingresos provenientes del aumento de los precios de los productos básicos—, en el futuro podrían encontrarse con el problema de la sostenibilidad a largo plazo, en especial por la baja productividad que esta práctica genera.

[a] Parte de este recuadro está basada en Saavedra y Tommasi (2007) y en las referencias mencionadas allí, y en Levy (2008).

[b] Véanse Gruenberg y Pereyra Iraola (2009) y análisis sobre Argentina (Auyero, 2000; Brusco, Nazareno y Stokes, 2004); Brasil (Gay, 1998); Colombia (Martz, 1996); México (Díaz-Cayeros, Estévez y Magaloni, 2006) y Venezuela (Penfold-Becerra, 2006).

político y técnico. Estos incentivos incluso condicionan los tipos de demandas políticas que impulsarán los actores privados, quienes no exigirán políticas cuya materialización consideren improbable. Los políticos y los funcionarios gubernamentales deberían interesarse por aumentar la productividad de la economía, pues eso generará resultados beneficiosos a largo plazo para la sociedad en su conjunto. El hecho de que realmente persigan tales políticas como prioritarias o que no lo hagan depende de algunos factores que varían de un país a otro y a lo largo del tiempo, como la transparencia en la formulación de políticas y del proceso político, el nivel y la calidad de la información de la opinión pública,[8] su predisposición a satisfacer intereses específicos o el interés general, y los incentivos que tienen para preferir las recompensas políticas a corto plazo antes que los resultados para el bienestar a largo plazo.

Como se observó, para impulsar con eficacia políticas orientadas a mejorar la productividad se requiere que el Estado cuente con importantes capacidades. Entre ellas se encuentran: la capacidad de sostener políticas estables a lo largo del tiempo para que el sector privado invierta e innove en consonancia con compromisos creíbles por parte del gobierno; la aptitud de modificar las políticas cuando estas fallan y de adaptarlas a circunstancias económicas cambiantes, y la capacidad de coordinar políticas entre distintos ámbitos, como diversas políticas económicas y sociales, teniendo en cuenta los efectos cruzados.

Los incentivos de los políticos y las capacidades del Estado dependen de una serie de características de las instituciones políticas y del sistema político: por ejemplo, si los sistemas de partidos políticos están institucionalizados; si son programáticos o clientelistas; si el espacio de las políticas es de orientación nacional o está fragmentado en jurisdicciones locales; si las legislaturas nacionales poseen sólidas capacidades de formulación de políticas y los legisladores tienen horizontes a largo plazo; si los poderes judiciales son independientes o están subordinados al gobierno de turno, y si los sistemas de administración pública están bien desarrollados y profesionalizados o dependen de condiciones políticas impuestas por el gobierno de turno.[9]

Los contextos caracterizados por capacidades débiles por lo general no dan lugar a demandas orientadas a aumentar la productividad. Como efectuar demandas al gobierno es costoso, al menos en función del costo de oportunidad de demandar algo distinto, los actores privados exigen solo las políticas que tienen una alta probabilidad de aprobarse y ponerse en práctica. Cabe imaginar un grupo de interés que deba decidir entre unirse a otros con intereses similares para demandar la construcción de un puerto o para que se ejecute una estrategia sistemática que facilite el acceso al mercado extranjero a largo plazo, o bien demandar una política que podría generar beneficios inmediatos con un pequeño esfuerzo, como obtener un subsidio o una exención impositiva. Si el gobierno no tiene la credibilidad para lograr la realización de tales políticas a largo plazo tendientes a aumentar la productividad, los grupos de interés pueden terminar demandando políticas que otorguen beneficios rápidos y más seguros para sí mismos, aunque lleven a resultados mucho peores en términos de productividad (véase el recuadro 12.2).

Las políticas, su formulación y la productividad en diversos países de América Latina

Como se observó en capítulos anteriores, las políticas en diversas áreas constituyen un factor importante para comprender el desempeño en materia de productividad. El cuadro 12.1 resume los indicadores de la calidad y la adecuación de las políticas en 21 países de la región en diversas áreas de políticas identificadas como relevantes para la productividad. Los países están ordenados de acuerdo con su clasificación en el índice de capacidades de formulación de políticas. Este índice, tomado de Berkman et al. (2008), clasifica los regímenes políticos de los países según características clave tales como estabilidad, adaptabilidad, coordinación y consideración pública, características que permiten a los países cambiar de políticas cuando es necesario pero mantenerlas constantes cuando las condiciones económicas no justifican el cambio, a fin de coordinar políticas entre todos los sectores y niveles de gobierno y de evitar favorecer a grupos específicos.

El cuadro revela que los países con capacidades elevadas suelen tener también una alta calificación en cuanto a la calidad de sus políticas públicas, como se señala en el *Global Competitiveness Report* (Foro Económico Mundial, distintos años) y en la compilación de Mecikovsky, Scartascini y Tommasi (2010).

Como se trata de demostrar en este capítulo, una mejor calidad de las políticas en estas áreas se relaciona con un mayor crecimiento de la productividad total de los factores (PTF). El gráfico 12.1 confirma esa relación positiva para una amplia muestra de países del mundo mediante la utilización de un índice

RECUADRO 12.2 CÓMO LAS CAPACIDADES PARA LA FORMULACIÓN DE POLÍTICAS AFECTAN LA DEMANDA DE POLÍTICAS: EL CASO DEL CRÉDITO

Las empresas necesitan crédito para invertir y crecer (véase el capítulo 6). Mejorar las condiciones que permiten que el crédito fluya más y mejor puede dar réditos particularmente altos en América Latina, sobre todo en países que, dada su estructura económica, dependen más del crédito.

La disponibilidad de crédito depende de numerosas políticas, entre ellas las bancarias, los derechos de los acreedores y la gestión macroeconómica (BID, 2004); en última instancia, depende tanto de la solidez de la política macroeconómica como de las normas atinentes a los derechos de propiedad. Por lo tanto, el aumento del crédito depende de que el gobierno pueda identificar las diversas políticas y su efecto sobre la productividad, logre ponerlas en práctica, sostenerlas a lo largo del tiempo y modificarlas en la medida adecuada. Las políticas crediticias también requieren la capacidad de gestionar las relaciones de compensación a lo largo del tiempo, entre ellas las que son consecuencia de medidas tales como la liberalización financiera, que tienen costos a corto plazo y beneficios a largo plazo. El análisis empírico realizado como preparación para este estudio indica que los países con mejores capacidades para la formulación de políticas son capaces de propiciar mejores políticas crediticias (véase el cuadro 12.1).

No solo se trata de que las capacidades gubernamentales son un factor importante: la fuerza de las preferencias de los agentes económicos y su peso relativo en los temas de políticas también influyen. Así, el crédito debería ser más accesible en las economías en que hay más demanda de políticas crediticias por parte de los sectores económicos pertinentes. Aquellos países en que los principales sectores empresariales dependen mucho del crédito son los que más posibilidades tienen de ganar a partir de la mayor disponibilidad del mismo. En ellos, los gobiernos podrían cosechar enormes beneficios por patrocinar esas políticas a causa de su efecto a largo plazo sobre el bienestar agregado. Más aún, los grandes sectores que se beneficiarían por las políticas también estarían interesados en ejercer presión sobre el gobierno a fin de que aplique políticas tendientes a aumentar el crédito en la economía. Como solicitar estas políticas tiene un costo (grupos de presión, aportes para las campañas, entre otros), los grupos de interés lo hacen solo si existe una alta probabilidad de que el gobierno cumpla sus promesas. Así, ambas cosas deben darse al mismo tiempo: gobiernos capaces y sectores económicos interesados en solicitar más crédito.

Los datos empíricos coinciden con este razonamiento. Becerra, Cavallo y Scartascini (2009) realizan una aproximación de la demanda potencial de crédito mediante un índice que pondera la proporción de cada sector industrial según su relación de dependencia respecto del crédito (a partir de Rajan y Zingales, 1998). Los resultados, obtenidos utilizando una amplia muestra de países a lo largo de más de 40 años, demuestran que este índice es significativo para explicar la disponibilidad de crédito solo en los países con buenas capacidades de formulación de políticas. Es decir, la elevada demanda de crédito se traduce en mayor crédito en la práctica solo en aquellos casos en que los gobiernos son capaces de proporcionarlo.

Cuadro 12.1 Las capacidades de formulación de políticas y la calidad de las políticas públicas

País	Índice de capacidades de formulación de políticas	Índice de crédito	Neutralidad del sistema tributario	Neutralidad de los subsidios del gobierno	Facilidad para registrar nuevos negocios	Iniciativas para mejorar la competitividad	Sector formal	Índice de infraestructura
	Muy alto							
Chile		Muy alto	Alta	Muy alta	Alta	Alta	Muy alto	Muy alto
Brasil		Alto	Bajo	Muy alta	Mediana	Alta	Bajo	Alto
Uruguay		Mediano	Bajo	Mediana	Mediana	Mediana	Mediano	Alto
	Alto							
México		Bajo	Alta	Alta	Baja	Baja	Bajo	Alto
Colombia		Alto	Baja	Alta	Baja	Alta	Alto	Mediano
Costa Rica		Mediano	Alta	Mediana	Mediana	Alta	Mediano	Mediano
Jamaica		Mediano	Mediana	Mediana	Alta	Alta	Bajo	Alto
Trinidad y Tobago		Muy alto	Muy alta	Alta	Muy alta	Alta	Alto	Alto
El Salvador		Mediano	Muy alta	Alta	Alta	Alta	Bajo	Muy alto
Perú		Mediano	Mediana	Muy alta	Baja	Baja	Bajo	Mediano
Panamá		Muy alto	Mediana	Mediana	Alta	Baja	Alto	Alto
	Mediano							
Argentina		Bajo	Baja	Mediana	Mediana	Baja	Mediano	Alto
	Bajo							
Bolivia		Bajo	Mediana	Mediana	Baja	Baja	Bajo	Bajo
Honduras		Mediano	Mediana	Baja	Baja	Mediana	Mediano	Mediano

(*continúa en la página siguiente*)

Cuadro 12.1 Las capacidades de formulación de políticas y la calidad de las políticas públicas (*continuación*)

País	Índice de capacidades de formulación de políticas	Índice de crédito	Neutralidad del sistema tributario	Neutralidad de los subsidios del gobierno	Facilidad para registrar nuevos negocios	Iniciativas para mejorar la competitividad	Sector formal	Índice de infraestructura
República Dominicana		Mediano	Baja	Mediana	Alta	Baja	Bajo	Alto
Ecuador		Bajo	Mediana	Baja	Baja	Baja	Mediano	Mediano
Nicaragua		Bajo	Baja	Mediana	Baja	Mediana	Mediano	Bajo
Venezuela		Mediano	Mediana	Baja	Baja	Baja	Mediano	Mediano
Haití				Baja	Baja		Bajo	Bajo
Paraguay		Mediano	Muy alta	Baja	Mediana	Baja	Bajo	Bajo
Guatemala		Mediano	Alta	Baja	Mediana	Mediana	Bajo	Mediano

Fuente: Cálculos de los autores con datos de Mecikovsky, Scartascini y Tommasi (2010) y Berkman et al. (2008).
Nota: Las categorías "Muy alto/a", "Alto/a", "Mediano/a" y "Bajo/a" corresponden a los cuartiles de la distribución calculada para la muestra de países en desarrollo.
El índice de capacidades de formulación de políticas corresponde al índice de políticas de Berkman et al. (2008).
Los índices de cada política se explican en detalle en Mecikovsky et al. (2010).

Gráfico 12.1 Calidad de las políticas públicas y crecimiento de la productividad total de los factores (PTF)

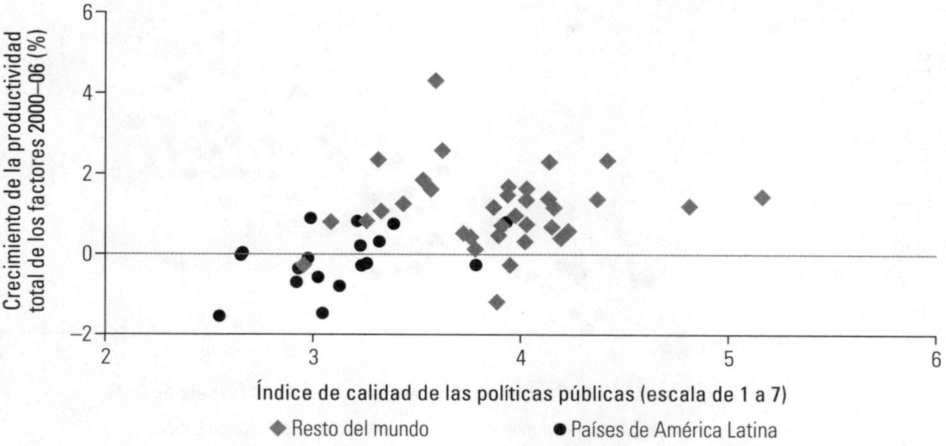

Fuente: Cálculos de los autores.
Nota: El crecimiento de la productividad total de los factores se basa en datos de Daude y Fernández-Arias (2010). La calidad de las políticas públicas utiliza una escala basada en un índice de políticas de Mecikovsky, Scartascini y Tommasi (2010).

que compila la calidad de las áreas de políticas presentadas en el cuadro 12.1.[10] El análisis de los casos de América Latina (en cuadrados grises) permite ver con claridad no solo que la relación positiva existe, sino también que los países de la región por lo general tienen peores políticas y un menor crecimiento de la PTF que la mayoría de los otros países del mundo.

Como se afirmó antes, la capacidad de un gobierno de generar políticas satisfactorias en los ámbitos de aumento de la productividad depende de varias capacidades para la formulación de políticas, entre ellas la estabilidad, la adaptabilidad y la coordinación. El gráfico 12.2 representa el índice de las calidades de las políticas que revisten importancia para la productividad en relación con el índice de las capacidades de formulación de políticas, construido para los países de América Latina (en cuadrados grises) en BID (2005) y ampliado para incluir un corte transversal más amplio de países en Scartascini, Stein y Tommasi (2009). Los datos empíricos del corte transversal de países que ilustra el gráfico 12.2 coinciden con los datos observados de los países de América Latina, reflejados en mayor detalle en el cuadro 12.1, en el que los países están ordenados según sus capacidades de formulación de políticas. Los países que tienen mayores capacidades suelen exhibir mejores políticas en casi todas las áreas.

Gráfico 12.2 Las capacidades de formulación de políticas y la calidad de las políticas públicas

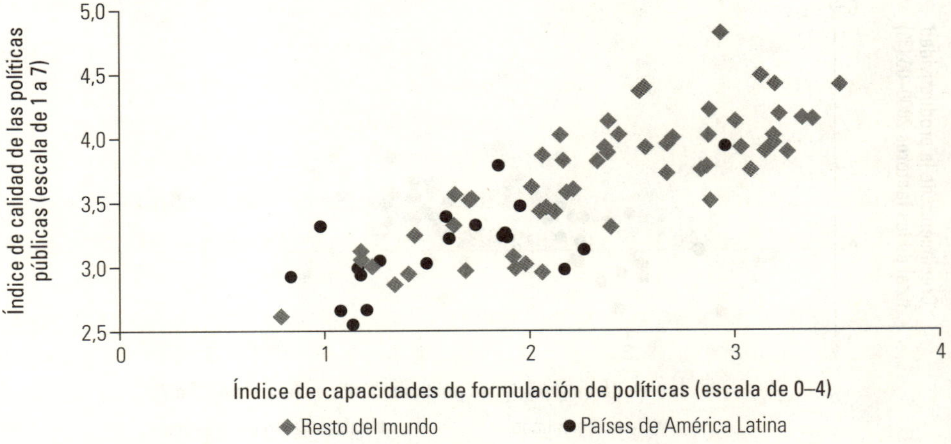

Fuente: Cálculos de los autores.
Nota: La calidad de las políticas públicas utiliza una escala basada en un índice de políticas de Mecikovsky, Scartascini y Tommasi (2010). Las capacidades de formulación de políticas utilizan una escala basada en un índice de políticas de Berkman et al. (2008).

Como se analizó antes en este capítulo y se documenta en BID (2005) para América Latina, y en Scartascini, Stein y Tommasi (2009) para una muestra más amplia de países, esas capacidades de formulación de políticas son, a su vez, el resultado de la labor de instituciones políticas como el Congreso, el sistema de partidos políticos, la burocracia y el Poder Judicial. Estas conclusiones se ven confirmadas en estudios de casos más detallados sobre varios países de América Latina en Stein et al. (2008). En lo que resta de esta sección se analizan algunas diferencias en esas instituciones y en sus capacidades de formulación de políticas dentro de América Latina.[11]

Pocos países de la región han logrado crear las condiciones en el sector público y en su interacción con los actores privados y sociales para conseguir mecanismos estables y programáticos que puedan impulsar mejor la productividad. Chile es el único país que posee dichos mecanismos (y el que ha experimentado el mayor crecimiento de la productividad en las últimas dos décadas). Algunos países como Colombia también los poseían pero luego equivocaron el rumbo (y lo mismo ha ocurrido con el crecimiento de la productividad). Otros países como Brasil cuentan actualmente con algunos de esos mecanismos de interacción entre el sector público y el privado, pero no con otros, más que nada porque la interacción no logra darse en forma agregada (y experimentan una mezcla de aciertos y problemas en consonancia con sus fortalezas y debilidades). En otros países, como Argentina, la mayoría de esas condiciones parece no estar presente; con raras excepciones, han registrado un desempeño bastante pobre últimamente. Otros países, como Bolivia, han mostrado cierto avance en el fortalecimiento de las instituciones y en el aumento de la productividad, pero algunas de las deficiencias de sus regímenes políticos (por ejemplo, la falta de inclusión) han resultado contraproducentes y los han ubicado en una trayectoria negativa para la productividad.

Chile posee el valor más alto respecto de casi todas las medidas de capacidad de formulación de políticas (BID, 2005), entre ellas la estabilidad, la adaptabilidad, la ejecución, el cumplimiento y la coordinación.[12] Esas políticas eficaces son el resultado del modo en que Chile formula políticas con un grado razonable de consenso, tras debates y negociaciones con suficiente atención al aporte técnico en ámbitos bien institucionalizados. Los intercambios entre lo político y las políticas resultan creíbles. El Congreso constituye un ruedo importante tanto desde el punto de vista político como desde el técnico,[13] las coaliciones y los partidos políticos son programáticos y están institucionalizados; su burocracia tiene bastante capacidad en relación con los estándares regionales, y el Poder Judicial es independiente. La participación de las empresas en el proceso de formulación de políticas está bien institucionalizada: las cámaras empresariales tienen gran capacidad y se interesan por el debate sobre políticas, con un nivel bastante alto de agregación. Esa articulación y agregación permite a los actores empresariales concentrarse sobre todo en demandas generales beneficiosas para la actividad empresarial en su conjunto, en lugar de perseguir beneficios particularistas. En las últimas décadas —especialmente durante los procesos de integración— se han tejido estrechas redes de políticas entre los funcionarios públicos y los representantes empresariales, con la premisa del reconocimiento mutuo de la pericia en el sector público y el privado, y sostenidas por redes personales de lealtad y confianza que trascienden las divisiones partidarias y tienen lugar entre los sectores público y privado (Bull, 2008).

Esa capacidad del régimen político de Chile para aplicar intercambios políticos eficientes ha servido de base de numerosas medidas que han estimulado altos niveles de productividad. Entre esas medidas se encuentra el ofrecer un entorno macroeconómico estable; buenas políticas de crédito; políticas efectivas de comercio, regulación y defensa de la competencia; un sistema de subsidios impositivos relativamente sin distorsiones, y otras políticas que han dado lugar a uno de los niveles más bajos de informalidad de la región.[14]

Argentina, un país estructuralmente similar a su vecino del Cono Sur, presenta un sistema de formulación de políticas más deficiente, que afecta en forma adversa la calidad de sus políticas (cuadro 12.1). Los principales factores que provocan el bajo crecimiento de la productividad en Argentina se relacionan por lo general con la inestabilidad y la falta de credibilidad de su marco de políticas. Cada nuevo gobierno tiende a reemplazar las políticas de su antecesor. Estas características de las políticas son a su vez un reflejo de las instituciones y las prácticas de formulación de políticas. Un Congreso nacional débil, poblado de legisladores transitorios que suelen responder a los gobernadores provinciales principalmente interesados en recibir fondos fiscales del gobierno central, junto con un Poder Judicial que no ha evolucionado hacia una mayor independencia, le dejan al Poder Ejecutivo de turno demasiado margen para imponer unilateralmente una agenda fundada más en consideraciones políticas a corto plazo que en un acuerdo programático a largo plazo.[15] La gran volatilidad del entorno de la formulación de políticas se ve reflejada en las estrategias a corto plazo de los actores socioeconómicos, como las empresas, los sindicatos o los movimientos sociales, todos los cuales procuran beneficios a corto plazo de un modo descentralizado.

Colombia era un país caracterizado por una intensa articulación de los actores empresariales (aliados detrás de la federación de cafetaleros) en el proceso de formulación de políticas, relacionado con el sistema político bipartidista general de la época del Frente Nacional. Ello, junto con la elevada calidad de la burocracia económica, le dio a Colombia una perspectiva más bien compacta respecto de la formulación de políticas económicas, con logros tales como el mejor récord macroeconómico de la región durante décadas, así como otras diversas estrategias sistemáticas de productividad a largo plazo. Ese modelo político y económico sufrió diversas limitaciones, que durante las últimas dos décadas han sido objeto de una serie de reformas económicas y políticas. Las reformas económicas contribuyeron a diversificar la economía (Olivera, Pachón y Perry, 2009) y las reformas políticas promovieron la inclusión en el sistema político. No obstante, esas mismas reformas tuvieron algunas consecuencias involuntarias de debilitar la institucionalidad de la formulación de políticas económicas, lo cual genera ciertas dudas sobre la capacidad de Colombia para aumentar la productividad.

El fin del acuerdo bipartidista planteó un reto para las prácticas comunes entre el sector privado y el gobierno. Los conglomerados económicos ejercieron un poder cada vez mayor en su relación con el presidente debido a la capacidad y la voluntad de financiar las campañas políticas nacionales (Rettberg, 2001 y 2005). Por estos diversos cambios políticos y económicos, los integrantes del sector privado —que antes ejercían presión a través de las cámaras empresariales— decidieron diversificar su estrategia para influir sobre los legisladores. Si bien los grupos de presión continúan presionando en forma conjunta al gobierno respecto de decisiones de política económica, las empresas ahora financian en forma individual las campañas de legisladores específicos. Así, determinadas empresas pueden intervenir con la ayuda del legislador que apoyan para incorporar exenciones u otras condiciones favorables en la combinación de políticas.[16] Esta fragmentación del proceso de formulación de políticas ha provocado una relativa parálisis en las reformas generales dirigidas a incrementar la productividad, así como también una proliferación de políticas particularistas especiales.[17]

En México, los principales problemas de productividad parecen deberse a los elevados precios y a la prestación ineficiente de servicios en algunos sectores como las telecomunicaciones, junto con políticas laborales, sociales y crediticias bastante distorsivas. Esas políticas que reducen la productividad son el resultado de un proceso de formulación en el cual las reformas deseables no pueden aprobarse (por el veto de intereses perjudicados en una legislatura cada vez más fragmentada) y en el cual numerosas empresas importantes, sindicatos privilegiados y actores sociales obtienen distintos beneficios en diversas esferas de políticas y espacios institucionales. Algunas empresas de gran envergadura obtienen privilegios por contar con un acceso especial a los legisladores y un trato especial de parte de la burocracia o de un sistema judicial sobrecargado y mal equipado.

Al mismo tiempo, en México algunos sindicatos privilegiados se oponen a reformas muy necesarias en materia laboral o de bienestar mediante una combinación de vetos legislativos y acción directa. Mientras tanto, grupos marginados se benefician con programas sociales específicos, subsidios dirigidos a pequeñas empresas y el cumplimiento asimétrico de leyes impositivas y laborales. La opinión pública no se opone a estos beneficios porque en apariencia ayudan a los más necesitados y los costos a largo plazo no se detectan a simple vista. En este momento, no hay ningún actor socioeconómico ni político que comprenda las ventajas de un programa de productividad con la suficiente profundidad para promoverlo.

El proceso de formulación de políticas de Brasil goza de ciertas características positivas como los buenos incentivos del Poder Ejecutivo para apoyar políticas con beneficios a largo plazo y su capacidad de impulsar su agenda mediante intercambios en el Congreso, así como también la capacidad de larga data que poseen áreas clave de la administración pública. Estas características, sumadas al hecho de que los presidentes pueden diseñar sus políticas enfrentando una menor oposición por parte de adversarios y grupos de interés que en otros países de América Latina, han dado lugar a una cantidad de políticas favorables a la productividad, entre ellas un entorno macroeconómico estable, un mayor acceso al crédito y políticas comerciales congruentes.

Por el contrario, otros aspectos del entorno político de Brasil y la rigidez impuesta por mandatos constitucionales relativos al gasto impiden ciertas reformas de políticas necesarias para impulsar la productividad. Asimismo, la descentralización de las decisiones y de los grupos de interés puede dificultar el aligeramiento de algunas limitaciones de la economía que dependen de decisiones de los niveles inferiores de gobierno. Por ejemplo, puede afectar la capacidad de reformar el sistema tributario, entorpecer proyectos de infraestructura y facilitarles a los grupos de interés el acceso a beneficios particulares a nivel estadual.

En Bolivia, las reformas económicas de las décadas de 1980 y 1990 tuvieron un efecto positivo en la productividad, pero favorecieron a sectores de uso intensivo de capital, concentrados geográficamente en algunas regiones del país. La descentralización y otras reformas políticas participativas favorecieron la movilización de movimientos de base de los sectores sociales que se sentían excluidos de las políticas de reforma. Al final, se combinaron dos buenos factores (las reformas económicas dirigidas a mejorar la productividad y las reformas políticas orientadas a aumentar la participación a nivel local) en una dinámica peculiar que originó una fuerte reacción política contra esas medidas económicas. La situación actual es muy incierta. Si bien ha aumentado la inclusión, hasta ahora eso se ha producido de un modo que da lugar a políticas y a una situación política que resultan muy adversas para el futuro desarrollo económico.

Aumentar las probabilidades de políticas productivas

Como se señaló en capítulos anteriores, en América Latina la productividad se ve afectada negativamente por la falta de crédito, la volatilidad macroeconómica, los altos costos del transporte, los incentivos distorsionados del mercado laboral, una política social fragmentada, el cumplimiento discriminatorio de la leyes tributarias y una escasez de políticas apropiadas de desarrollo productivo. Identificar los principales obstáculos para el crecimiento de la productividad en un determinado país es más sencillo que aplicar un conjunto coherente de políticas para superarlos. Incluso reconocer la productividad como prioridad en la formulación de políticas requiere ciertas capacidades para su formulación que distan de ser triviales. A veces resulta difícil lograr que el público acepte los cambios necesarios en materia de políticas para permitir el crecimiento de la productividad, pues ellos suponen sacrificios a corto plazo y requieren recursos considerables. Poner en práctica esas políticas exige la articulación de diversos ámbitos de políticas, además de la amplia cooperación entre el sector público y el privado.

Lamentablemente, la mayoría de los regímenes políticos de América Latina carece precisamente de las capacidades que se necesitan para poner en práctica objetivos de políticas tan complejos. No todos los países enfrentan los mismos retos en materia de políticas y no todos comparten la misma configuración institucional: según el caso, esta puede facilitar o impedir el aumento de la productividad. Así, no es posible plantear una política universal ni una recomendación institucional. No obstante, este capítulo culmina con algunas consideraciones políticas e institucionales para tomar en cuenta a fin de mejorar las políticas y potenciar la productividad.

Intensificar el énfasis en la productividad en los debates públicos

Si bien se debate con frecuencia sobre otras políticas y objetivos, como por ejemplo la necesidad de aumentar el crecimiento y de fortalecer la competitividad, la productividad no suele ser el centro del debate público y político. El solo hecho de reconocer la importancia de la productividad en la generación de otros resultados deseables puede resultar útil para mejorar el debate sobre políticas y las demandas de estas, y puede ayudar a canalizar los recursos hacia el estudio y la puesta en práctica de políticas que promueven la productividad.

Construir un consenso sostenible para orientar la política hacia el largo plazo

En ocasiones, las crisis se utilizan como una ventana de oportunidad para sortear las dificultades y las resistencias y para exagerar las ventajas de las reformas. Si bien estas estrategias podrían favorecer la aplicación de políticas a corto plazo, no contribuyen a construir cooperación y credibilidad a largo plazo. Salvo que las reformas aporten al menos tanto como prometen, es probable que se produzca una fuerte reacción contra esas y futuras reformas, como ya ocurrió en América Latina.[18]

Aumentar la información sobre la asignación y los efectos a largo plazo de diversas políticas

La posibilidad de acordar un programa de productividad puede depender de la comprensión sobre el tema, de la identificación de los beneficios y los costos a corto y a largo plazo, y de la identificación de las relaciones de compensación de distintas políticas. Por ejemplo, a menos que se comprendan bien los beneficios a largo plazo, la mayoría de las personas no aceptarían fácilmente que un objetivo de políticas sensato fuera dejar que algunas empresas "desaparezcan".

Intentar incorporar a los actores privados al debate sobre productividad de un modo abarcador

Los actores empresariales deberían estar representados en asociaciones realmente abarcadoras, de modo que representen los intereses agregados del ámbito empresarial y no se limiten a ejercer presión en pos de beneficios sectoriales o particulares.

Fortalecer las capacidades del sector privado

Si las asociaciones del sector privado tuvieran mayores capacidades, podrían ayudar a los actores políticos a formular mejores políticas, a la vez que muchos de los conflictos que hoy tiene que dirimir el sector público podrían dirimirse dentro de las mismas asociaciones. Así, a medida que se vuelven más fuertes y más capaces, las asociaciones podrían reducir la dependencia respecto del gobierno para resolver sus problemas, pues las propias asociaciones podrán proporcionar ciertos bienes públicos, como la coordinación de las actividades privadas.

Invertir en las capacidades gubernamentales que tornan más creíble al Estado y acentúan su concentración en las consecuencias a largo plazo de las acciones actuales

Ampliar los horizontes de los actores y fomentar la cooperación tiene efectos de segundo orden y podría dar lugar a círculos virtuosos. A medida que los actores se van interesando más por el largo plazo, tienen incentivos para invertir en sus capacidades y en las de aquellos organismos y actores con los que interactúan. Por ejemplo, los legisladores que planean permanecer más tiempo en la legislatura tienen mayores incentivos para invertir en sí mismos y en las instituciones legislativas que facilitan y vuelven más eficiente su trabajo, como las comisiones asesoras. Además, al contar con organismos estables e independientes se contribuye a aumentar la credibilidad de las promesas. Las instituciones como un Poder Judicial independiente resultan fundamentales para esta iniciativa.

Recurrir a bancos multilaterales de desarrollo y a organismos internacionales de ayuda para conferir credibilidad a políticas difíciles

La credibilidad es uno de los pilares del buen diseño de políticas y al mismo tiempo una de las principales deficiencias en América Latina. Las políticas cambian periódicamente, los actores políticos son muy inestables y las oportunidades son aprovechadas por quienes tienen el poder de conceder beneficios a facciones específicas. Podrían darse soluciones a nivel nacional, como la creación de fondos y proyectos administrados por organismos independientes. Pero los países también pueden recurrir a organizaciones externas que confieran credibilidad para facilitar las transacciones políticas. Por ejemplo, los bancos multilaterales de desarrollo u organizaciones similares pueden actuar a fin de compensar a quienes resultan perdedores a causa de ciertas reformas o para mantener la independencia de ciertos organismos o programas.

Tener en cuenta las posibles consecuencias de las reformas de políticas en el juego político

Varias reformas de políticas e institucionales emprendidas en América Latina, aunque beneficiosas en sí mismas, pueden haber sembrado las semillas de fenómenos políticos indeseables que, a su vez, pueden estar causando problemas, como el de la baja productividad. Por ejemplo, la descentralización del Estado y la determinación de metas clientelistas en los programas sociales (véase el recuadro 12.2) pueden haber contribuido a la fragmentación política y al debilitamiento de las fuerzas institucionales centrípetas como los sistemas de partidos institucionalizados y las modalidades agregadas de representación de intereses. Esta fragmentación debilita la capacidad de algunos regímenes políticos de América Latina de tener en cuenta el panorama general y el largo plazo, y así conlleva efectos negativos sobre la productividad.

Es esencial que los gobiernos y todos los demás actores que participan en el proceso político en América Latina y el Caribe tengan en la mira el panorama general y el largo plazo mientras debaten sus agendas relacionadas con las políticas. Asimismo, deben considerar las reformas políticas y económicas no solo a través de la lente estrecha de sus intereses particulares, sino también a la luz de sus repercusiones en la productividad. Los habitantes de la región han pagado un costo alto por la baja productividad que ha frenado el crecimiento de sus economías. Es hora de poner este tema en un plano destacado del debate sobre políticas. Es hora de formular políticas dirigidas específicamente al estímulo de la productividad. Es hora de sentar las bases para el crecimiento sostenible y la prosperidad y dar paso a la era de la productividad.

Notas

[1] Los modelos económicos básicos para la formulación de políticas se presentan en excelentes libros de texto como los de Persson y Tabellini (2000); Drazen (2000) y Mueller (2003).

[2] La fuente bibliográfica fundamental sobre los actores económicos y sociales y sus demandas de políticas es Olson (1965). Recientemente se han hecho importantes análisis en Grossman y Helpman (2001), Frieden (1991 y 2000) y las fuentes mencionadas allí.

[3] Además, diversos grupos económicos con poder cuentan con canales alternativos para tratar de influir sobre las decisiones colectivas. En las democracias, la mayoría posee el voto como instrumento de influencia, pero algunos actores tienen acceso a medios de influencia tales como el dinero, la orientación de la opinión pública o la movilización física. Algunos actores empresariales privilegiados acceden al oído comprensivo de responsables clave de las decisiones, entre ellos el presidente, a través de varios canales de intercambio con diversos grados de transparencia. Ciertos segmentos de la población, como los trabajadores agremiados y algunos movimientos sociales, poseen capacidades de movilización especiales de las que pueden servirse para presionar en pos de políticas favorables.

[4] Sobre la agregación de los intereses y sus factores determinantes, véanse Olson (1982) y Schneider (2004, 2010), así como Maxfield y Schneider (1997) y de Durand y Silva (1998) con respecto al sector empresarial, y de Collier y Collier (1991) con respecto al empleo.

[5] Khan y Jomo (2000) examinan el diseño de políticas en Asia, haciendo hincapié en la relación entre las empresas, la burocracia y los políticos, y presentan un panorama similar de sistemas opuestos con una articulación de intereses abarcadora y múltiples puntos de entrada.

[6] Estos grandes actores empresariales incluyen empresas individuales que dominan sectores dependientes de las políticas, conglomerados (llamados "grupos económicos") y hasta individuos propietarios de esas empresas o conglomerados.

[7] Una lista especialmente recomendable de capacidades del Estado puede encontrarse en Weaver y Rockman (1993).

[8] Algunos factores condicionan la relación entre los votantes y los políticos (y, por lo tanto, el peso relativo de las políticas a largo plazo destinadas a

mejorar el bienestar), relacionados con la capacidad de los votantes de comprender los efectos de las políticas sobre los resultados que son de interés. Como se analiza en la edición de 2009 de Desarrollo en las Américas, *Calidad de vida: más allá de los hechos* (BID, 2008b), a menudo los ciudadanos no están bien informados acerca de los efectos que ejercen las políticas sobre el bienestar. Ello es incluso más probable cuando tales efectos son indirectos y suponen consecuencias más bien complejas respecto del equilibrio general, como sucede con varias de las políticas examinadas en este capítulo. Por lo tanto, esto añade una importancia adicional a las capacidades y a los incentivos del sistema político para armar y difundir paquetes de políticas aceptables desde el punto de vista político que resulten beneficiosos a largo plazo.

[9] El BID (2005) ofrece un análisis de los vínculos entre el funcionamiento de las instituciones políticas y las características de las capacidades de formulación de políticas resultantes para el caso de América Latina. Stein et al. (2008) presentan estudios de casos prácticos detallados sobre varios países de América Latina, que confirman estos resultados. Scartascini, Stein y Tommasi (2009) analizan esos vínculos con respecto a numerosos países de todo el mundo. Además, los países difieren en cuanto al grado en que resuelven los conflictos en ámbitos institucionalizados. Scartascini y Tommasi (2009) y Trucco (2009) examinan las estrategias de movilización en varios frentes de distintos actores políticos y el uso de técnicas políticas alternativas, como los sobornos y los cortes de ruta.

[10] El índice se construyó calculando los promedios simples a partir de observaciones sin datos faltantes. Se excluyó la neutralidad de los subsidios gubernamentales porque contenía muy pocas observaciones. Cada componente se promedió a lo largo de los años según la disponibilidad.

[11] Esta sección se basa en gran medida en varios estudios de casos prácticos de países realizados para este proyecto. Los estudios están disponibles en http://www.iadb.org/res/projects_detail.cfm?language=Spanish&ID=5611&ID_SEC=3.

[12] Esto está confirmado por estudios cualitativos de varias áreas específicas en materia de políticas. Las reformas tributarias en Chile se han caracterizado como "reforma por consenso" y dieron lugar a uno de los sistemas tributarios con menor distorsión de América Latina (Bergman, 2003). La privatización y la regulación de las empresas de servicios públicos se han caracterizado en términos de "firmeza institucional y resultados estables" en Chile, por oposi-

ción a la "debilidad institucional y resultados volátiles" de Argentina (Bergara y Pereyra, 2005). Asimismo, con respecto a la política de comercio exterior, Aggarwal, Espach y Tulchin (2004) contraponen Chile (y México y Brasil) a Argentina, el único de los cuatro países que "no posee estrategia comercial, pues ni el Estado ni el sector privado pueden resolver las disidencias entre los actores".

13 El Congreso de Chile es el de mayor permanencia en el cargo en América Latina, y la pericia personal de los legisladores se traduce en pericia institucional (Montecinos, 2003; Saiegh, 2010).

14 Las áreas que requieren atención incluyen modificar algunos aspectos del sistema educativo y mejorar la legislación sobre gobierno corporativo. Aninat et al. (2009) identifican estas áreas no reformadas como el resultado de los intereses de algunos actores que gozan de un exceso de representación en ciertos márgenes del sistema (por lo demás eficaz) de partidos políticos.

15 El estado real de la formulación de políticas oscila entre dos fases: por un lado, un Poder Ejecutivo demasiado poderoso que impone su agenda mediante dádivas fiscales a las provincias y, por el otro, un Poder Ejecutivo en decadencia con recursos fiscales insuficientes, incapaz de imponer una agenda a gobernadores recalcitrantes a quienes solo les preocupa tratar de avanzar y sobrevivir políticamente, en muchos casos con aspiraciones de ser el próximo presidente.

16 "Para legisladores individuales, estas relaciones con empresas específicas representan un buen negocio. Como la financiación de su campaña estaría principalmente en función de su propio esfuerzo individual, la predisposición del sector privado se volvió una importante fuente de recursos. En consecuencia, la fragmentación constante de la competencia política llevó a los legisladores a ejercer presión sobre el sector privado" (Olivera, Pachón y Perry, 2009: 11).

17 El estudio sobre Colombia realizado por Eslava y Meléndez (2009) presenta otro fundamento por el cual las políticas con beneficios concentrados ahora son relativamente más importantes: el conflicto interno que predomina en el país. Se han destinado cantidades considerables de ayuda en forma de subsidios e incentivos tributarios hacia actividades económicas en un intento de mantener a raya a las guerrillas en determinadas regiones, sin considerar demasiado si esa ayuda resulta beneficiosa o perjudicial para la productividad agregada. Este es un ejemplo extremo del argumento de que otros

objetivos de las políticas pueden hacer que se dejen de lado las consideraciones sobre productividad.

[18] En países en donde la sociedad ha llegado hasta el borde de la violencia y el colapso a causa de la fragmentación y la polarización, la prioridad de las empresas es crear consenso sobre algunos objetivos y modos de interacción más elementales; a partir de entonces la productividad puede entrar en escena de un modo sostenible.

REFERENCIAS

ACI (Airports Council International). 2004. *Airport Economics Survey, 2004.* Ginebra, Suiza: Airports Council International.

———. 2008. *Airport Economics Survey, 2008.* Ginebra, Suiza: Airports Council International.

Agapitova, N., L. Holm-Nielsen y G. Vukmirovic. 2002. Science and Technology in Colombia: Status and Perspectives. LCSHD (Latin America and Caribbean Social and Human Development) Paper Series. Washington, DC: Banco Mundial.

Aggarwal, V., R. Espach y J. Tulchin. 2004. *The Strategic Dynamics of Latin American Trade.* Stanford, CA: Stanford University Press.

Aghion, P. 2007. Growth and the Financing and Governance of Higher Education. Keynote lecture for the 2007 Meeting of the German Economic Association. Documento inédito. Berlín, Alemania.

Aghion, P., G. Angeletos, A. Banerjee y K. Manova. 2005. Volatility and Growth: Credit Constraints and Productivity-Enhancing Investment. NBER Working Paper 11349. Cambridge, MA: National Bureau of Economic Research.

Agnew, J., L. Szykman, S. Utkus y J. Young. 2007. Literacy, Trust and 401(k) Savings Behavior. Documento de trabajo 2007-10. Boston, MA: Center for Retirement Research, Boston College.

Agosin, M. R., C. Acevedo y A. Ulloa. 2009. Política industrial en El Salvador. Documento inédito. Washington, DC: Departamento de Investigación, Banco Interamericano de Desarrollo.

Agosin, M. R. y C. Bravo-Ortega. 2009. The Emergence of Successful New Export Activities in Latin America: The Case of Chile. Documento de trabajo de la Red de Centros de Investigación R-552. Washington, DC: Red de Centros de Investigación de América Latina, Banco Interamericano de Desarrollo.

Agosin, M. R. y J. J. Price. 2009. La inversión extranjera: ¿Hacia una nueva política industrial? El Programa de Atracción de Inversiones de Alta Tecnología. Documento preparado para CORFO, inédito. Chile.

Agosin, M. R., N. Grau y C. Larraín. 2009. Industrial Policy in Chile. Borrador para el proyecto sobre políticas industriales en América Latina y el Caribe. Documento inédito. Washington, DC: Red de Centros de Investigación de América Latina, Banco Interamericano de Desarrollo.

Alejo, J., M. Alzúa, G. Cruces, L. Gasparini, A. Ham, S. Oliveiri, L. Ripani y M. Viollaz. 2009. Labor Supply Responses to Cash Transfer Programs: Experimental and Nonexperimental Evidence from Latin America. Documento inédito. Washington, DC: Banco Interamericano de Desarrollo y CEDLAS (Universidad Nacional de La Plata).

Alesina, A., S. Ardagna, R. Perotti y F. Schiantarelli. 2002. Fiscal Policy, Profits, and Investment. *American Economic Review* 92(3): 571–89.

Almeida, R. y P. Carneiro. 2005. Enforcement of Regulation, Informal Labor and Firm Performance. IZA Discussion Paper 1759. Bonn, Alemania: Institute for the Study of Labor.

Álvarez, R. y R. López. 2005. Exporting and Performance: Evidence from Chilean Plants. *Canadian Journal of Economics* 38(4): 1385–400.

Alves de Mendonça, M. A., F. Freitas y J. M. de Souza. 2008. Information Technology and Productivity: Evidence for Brazilian Industry from Firm-level Data. *Information Technology for Development* 14(2): 136–53.

Amsden, A. H. 1989. *Asia's Next Giant: South Korea and Late Industrialization.* Londres: Oxford University Press.

Anderson, J. y E. van Wincoop. 2004. Trade Costs. *Journal of Economic Literature* 42(3): 691–751.

ANII (Agencia Nacional de Investigación e Innovación). 2004–2006. III Encuesta de Actividades de Innovación en la Industria Uruguaya. http://www.anii.org.uy/Imagenes/Encuesta_Innovacion_servicios_2004_2006.pdf (fecha de acceso: julio de 2009).

Aninat, C., J. M. Benavente, I. Briones, N. Eyzaguirre, P. Navia y J. Olivari. 2009. The Political Economy of Productivity. The Case of Chile. Documento inédito. Washington, DC: Departamento de Investigación, Banco Interamericano de Desarrollo.

Anlló, G. y D. Suárez. 2009. Innovación: Algo más que I+D. Evidencias ibeoramericanas a partir de las encuestas de innovación: Construyendo las estrategias empresarias competitivas. Documento inédito. Buenos Aires: CEPAL-REDES.

ANTP (Associação Nacional de Transportes Públicos). 1999. Estudio de deseconomías del transporte urbano en Brasil: los impactos de la congestión. *Boletín de los Transportes Públicos de la América Latina.* Año 5, No. 30, São Paulo.

Arbeláez, M. A. 2009. Innovation, R&D Investment and Productivity in Latin American and Caribbean Firms: The Colombian Case. Documento inédito. Washington, DC: Red de Centros de Investigación de América Latina y el Caribe, Banco Interamericano de Desarrollo.

Arbeláez, M. A., N. León y O. Becerra. 2009a. Informality and Productivity in Colombia. Documento inédito. Washington, DC: Departamento de Investigación, Banco Interamericano de Desarrollo.

———. 2009b. Understanding Productivity Levels, Dispersion and Growth in the Hotel Sector. Documento inédito. Washington, DC: Departamento de Investigación, Banco Interamericano de Desarrollo.

Arellano, C. 2009. Productivity Levels, Dispersion and Growth in Ecuador. Washington, DC: Documento inédito. Washington, DC: Departamento de Investigación, Banco Interamericano de Desarrollo.

Arenas de Mesa, A., G. Bravo, J. Behrman, O. Mitchell y P. Todd. 2006. The Chilean Pension Reform Turns 25: Lessons from the Social Protection Survey. Documento de trabajo No. 12401. Cambridge, MA: National Bureau of Economic Research (NBER).

Arias, L. A. 2009. Regímenes tributarios simplificados para pequeños contribuyentes. Documento inédito. Washington, DC: Departamento de Investigación, Banco Interamericano de Desarrollo.

Arias, O. y M. Bustelo. 2007. Profiles and Dynamics of Informal Employment in Latin America. Documento inédito. Washington, DC: Banco Mundial.

Arias, O., F. Landa y P. Yáñez. 2007. Movilidad laboral e ingresos en el sector formal e informal en Bolivia. Documento de trabajo. La Paz, Bolivia: Unidad de Análisis de Políticas Sociales y Económicas (UDAPE).

Arizala. F., E. A. Cavallo y A. Galindo. 2009. Financial Development and TFP Growth: Cross Country and Industry Level Evidence. Documento de trabajo 682. Washington, DC: Departamento de Investigación, Banco Interamericano de Desarrollo.

Artana, D., S. Auguste y A. Downes. 2009a. Productive development policies in Barbados. Borrador para el proyecto sobre políticas industriales en América Latina y el Caribe. Documento inédito. Washington, DC: Departamento de Investigación, Banco Interamericano de Desarrollo.

———. 2009b. Productive Development Policies in Jamaica. Borrador para el proyecto sobre políticas industriales en América Latina y el Caribe. Documento inédito. Washington, DC: Departamento de Investigación, Banco Interamericano de Desarrollo.

Arza, V. 2008. ¿Cómo influye el contexto macroeconómico en el comportamiento de largo plazo de las empresas? Decisiones empresariales de inversión en I+D y en maquinaria en Argentina durante los años noventa. *Desarrollo Económico* 47 (187): 459–84.

Arza, V. y A. López. 2009. Innovation and Productivity in the Argentine Manufacturing Sector. Documento inédito. Washington, DC: Red de Centros de Investigación de América Latina y el Caribe, Banco Interamericano de Desarrollo.

Atal, J., M. Busso y C. Cisneros. 2009. Productivity and Misallocation: The Case of El Salvador. Documento inédito. Washington, DC: Departamento de Investigación, Banco Interamericano de Desarrollo.

Atal, J., J. Behrman, J. Cuesta, L. Madrigal, H. Ñopo y C. Pagés. 2009. Informalidad, protección social y alfabetización financiera en Perú. Documento inédito. Washington, DC: Banco Interamericano de Desarrollo.

Auerbach, P., M. E. Genoni y C. Pagés. 2007. Social Security Coverage and the Labor Market in Developing Countries. IZA Discussion Paper 2979. Bonn, Alemania: Institute for the study of Labor (IZA).

Auyero, J. 2000. *Poor People's Politics*. Durham, NC: Duke University Press.

Ávalos, I. 2002. El Programa de Agendas de Investigación como intento de asociar a los tres sectores: Experiencias en Venezuela. Documento inédito. Washington, DC: Banco Interamericano de Desarrollo.

Ayyagari, M., T. Beck y A. Demirgüç-Kunt. 2007. Small and Medium Enterprises across the Globe. *Small Business Economics* 29:415–34.

Báez, V., M. C. Capelo, R. Centeno y R. Estrada. 2009. Industrial Policy in Mexico. Borrador para el proyecto sobre políticas industriales en América Latina y el Caribe. Documento inédito. Washington, DC: Departamento de Investigación, Banco Interamericano de Desarrollo.

Bagehot, W. 1873. *Lombard Street: A Description of the Money Market.* Londres, Inglaterra: Henry S. King.

Baldwin, R. E. 2000. Regulatory Protectionism, Developing Nations and a Two-Tier World Trade System. *Brooking Trade Forum* 2000:237–93.

Banco Mundial. 2006. Enterprise Survey. http://www.enterprisesurveys.org/ (fecha de acceso: enero de 2007).

———. 2007. *Evaluating Mexico's Small and Medium Enterprise Programs.* Washington DC: Banco Mundial.

———. 2008. World Development Indicators Online. http://web.worldbank.org/WBSITE/EXTERNAL/DATASTATISTICS/0,,contentMDK:20535285~menuPK:1192694~pagePK:64133150~piPK:64133175~theSitePK:239419,00.html (fecha de acceso: septiembre de 2008).

———. 2009a. Logistics, Transport and Food Prices in LAC: Policy Guidance for Improving Efficiency and Reducing Costs. Documento inédito. Washington, DC: Banco Mundial.

———. 2009b. Doing Business. http://www.doingbusiness.org/ (fecha de acceso: julio de 2009).

———. 2009c. The World Business Environment Survey (WBES). http://info.worldbank.org/governance/wbes/ (fecha de acceso: julio de 2009).

———. 2009d. World Development Indicators (WDI). http://go.worldbank.org/U0FSM7AQ40 (fecha de acceso: julio de 2009).

———. 2009e. Doing Business. Measuring Business Regulations. Paying Taxes data. http://www.doingbusiness.org/exploretopics/payingtaxes/ (fecha de acceso: mayo de 2009).

———. 2009f. World Development Indicators Online. http://devdata.worldbank.org/wdi2006/contents/Table2_9.htm (fecha de acceso: julio de 2009).

———. 2009g. World Development Indicators Online. http://ddp-ext.worldbank.org/ext/DDPQQ/member.do?method=getMembers&userid=1&queryId=135 (fecha de acceso: abril de 2009).

———. Varios años. World Bank Enterprise Surveys. https://www.enterprisesurveys.org/ (fecha de acceso: junio de 2009).

Banerjee, A. y E. Duflo. 2005. Growth Theory through the Lens of Development Economics. En *Handbook of Economic Growth*, vol. 1A, ed. P. Aghion y P. Durlauf, cap. 7. Amsterdam: Elsevier.

Banerjee, A. y A. Newman. 1991. Risk Bearing and the Theory of Income Distribution. *Review of Economic Studies* 58 (2): 211–35.

Barlevy, G. 2003. Credit Market Frictions and the Allocation of Resources over the Business Cycle. *Journal of Monetary Economics* 50 (8, noviembre): 1795–818.

Barr, A. y T. Packard. 2000. Revealed and Concealed Preferences in the Chilean Pension System: An Experimental Investigation. Discussion Paper 53. Departamento de Economía, Universidad de Oxford.

Barro, R. J. y J. Lee. 2000. International Data on Educational Attainment: Updates and Implications. CID Working Paper 42. Center for International Development, Universidad de Harvard.

Barros, R. 2008. Wealthier but not Much Healthier: Effects of a Health Insurance Program for the Poor in Mexico. Documento inédito, Universidad de Stanford.

Batista, C. J. 2008. *Trade Costs for Brazilian Exporting Goods: Two Case Studies.* Documento inédito. Washington, DC: Banco Interamericano de Desarrollo.

Becerra, O., E. Cavallo y C. Scartascini. 2009. The Politics of Financial Development. Documento inédito. Washington, DC: Departamento de Investigación, Banco Interamericano de Desarrollo.

Beck, T., R. Levine y N. Loayza. 2000. Finance and the Sources of Growth, *Journal Financial Economics,* 58:261–300.

Benavente, J. y C. Bravo. 2009. Innovation, R&D Investment and Productivity in Latin American and Caribbean Firms: The Chilean Case. Documento inédito. Washington, DC: Red de Centros de Investigación de América Latina y el Caribe, Banco Interamericano de Desarrollo.

Bencivenga, V., D. Smith y R. Starr. 1995. Transactions Costs, Technological Choice, and Endogenous Growth. *Journal of Economic Theory* 67:52–177.

Bergara, M. y A. Pereyra. 2005. El proceso de diseño e implementación de políticas y las reformas en los servicios públicos. Documento presentado en el taller sobre reforma del Estado, políticas públicas y procesos de formulación de políticas, 28 de febrero al 2 de marzo. Washington, DC: Banco Interamericano de Desarrollo.

Bergman, M. 2003. Tax Reform and Tax Compliance: The Divergence Paths of Chile and Argentina. *Journal of Latin American Studies* 35:593–624.

Bergoeing, R., P. Kehoe, T. Kehoe y R. Soto. 2002. A Decade Lost and Found: Mexico and Chile in the 1980s. *Review of Economic Dynamics, Elsevier for the Society for Economic Dynamics* 5(1, enero): 166–205.

Berkman, H., C. Scartascini, E. Stein y M. Tommasi. 2008. Policies, State Capabilities, and Political Institutions: An International Dataset. Washington, DC: Banco Interamericano de Desarrollo. http://www.iadb.org/RES/pub_List.cfm?id_sec=5&pub_topic_id=DBA&type=pub_type&pub_type_id=DBA&pub_type_id1=DBA&language=english.

Bernard, A., J. Eaton, B. Jensen y S. Kortum. 2003. Plants and Productivity in International Trade. *American Economic Review* 93(4): 1268–90.

Bernard, A., B. Jensen y P. Schott. 2006. Trade Costs, Firms and Productivity. *Journal of Monetary Economics* 53: 917–37.

Betancor, O. y R. Rendeiro. 1999. Regulating Privatized Infrastructures and Airport Services. World Bank Policy Research Working Paper 2180. Documento inédito. Washington, DC: Banco Mundial.

Betcherman, G. y C. Pagés. 2007. Estimating the Impact of Labor Taxes on Employment and the Balances of Social Insurance Funds in Turkey. Synthesis Report. Washington, DC: Banco Mundial.

BID (Banco Interamericano de Desarrollo). 2002. *Más allá de las fronteras: El nuevo regionalismo en América Latina.* Progreso económico y social en América Latina: informe 2002. Washington, DC: Banco Interamericano de Desarrollo.

———. 2003. *Se buscan buenos empleos: Los mercados laborales en América Latina.* Progreso económico y social en América Latina: informe 2004. Washington, DC: Banco Interamericano de Desarrollo.

———. 2004. *Desencadenar el crédito: Cómo ampliar y estabilizar la banca.* Progreso económico y social en América Latina: informe 2005. Washington, DC: BID. http://www.iadb.org/res/ipes/2005/index.cfm?language=Spanish.

———. 2005. *La política de las políticas públicas.* Progreso económico y social en América Latina: informe 2006. Washington, DC: BID y Harvard University Press. http://www.iadb.org/res/ipes/2006/index.cfm?language=Spanish&ID_SEC=4.

———. 2007. *¿Los de afuera? Patrones cambiantes de exclusión en América Latina y el Caribe.* Progreso económico y social en América Latina: informe 2008. Washington, DC: Banco Interamericano de Desarrollo y Harvard University Press.

———. 2008a. All That Glitters May Not be Gold: Assessing Latin America's Recent Macroeconomic Performance. Informe del Departamento de Investigación del BID. Washington, DC: Banco Interamericano de Desarrollo.

———. 2008b. *Calidad de vida más allá de los hechos.* Desarrollo en las Américas: informe 2009. Washington, DC: Banco Interamericano de Desarrollo y Fondo de Cultura Económica. http://www.iadb.org/research/pub_desc.cfm?lang=es&pub_id=b-632.

———. 2008c. El surgimiento de nuevos sectores exportadores en América Latina y el Caribe. Documentos de trabajo de la Red de Centros de Investigación y propuestas seleccionadas. http://www.iadb.org/research/projects_detail.cfm?lang=es&id=89 (fecha de acceso: marzo de 2009).

———. 2009a. Políticas industriales en América Latina y el Caribe. Documentos de trabajo de la Red de Centros de Investigación, borradores inéditos y propuestas seleccionadas.

http://www.iadb.org/research/projects_detail.cfm?lang=es&id=3776 (fecha de acceso: julio de 2009).

———. 2009b. Policy Trade-offs for Unprecedented Times: Confronting the Global Crisis in Latin America and the Caribbean. Informe del Departamento de Investigación del BID. Alejandro Izquierdo y Ernesto Talvi, coordinadores. Washington, DC: Banco Interamericano de Desarrollo.

Binelli, C. y A. Maffioli. 2007. A Microeconometric Analysis of Public Support to R&D in Argentina. *International Review of Applied Economics* 21(3): 339–59.

Birbuet, J. C. y C. G. Machicado. 2009. Understanding Productivity Levels, Dispersion and Growth in the Leather Shoe Industry: Effects of Size and Informality. Documento inédito. Washington, DC: Departamento de Investigación, Banco Interamericano de Desarrollo.

Blonigen, B. y W. Wilson. 2006. New Measures of Port Efficiency Using International Trade Data. NBER Working Paper 12052. Cambridge, MA: National Bureau of Economic Research.

BLS (U.S. Bureau of Labor Statistics). 2005. Business Employment Dynamics. http://www.bls.gov/bdm/; and http://www.bls.gov/news.release/pdf/cewfs.pdf (fecha de acceso: abril de 2009).

Blyde J. y E. Fernández-Arias. 2005. Why Latin America is Falling Behind. En *Sources of Growth in Latin America. What Is Missing?*, ed. E. Fernández-Arias, R. Manuelli y J. S. Blyde, cap. 1, pp. 3–54. Washington, DC: Banco Interamericano de Desarrollo.

Blyde J., C. Daude y E. Fernández-Arias. 2009. Output Collapses and Productivity Destruction. Documento de trabajo del Departamento de Investigación 666. Washington, DC: Departamento de Investigación, Banco Interamericano de Desarrollo.

Blyde, J., G. Iberti y M. Mesquita Moreira. 2009. Integration, Resource Reallocation and Productivity: The Cases of Brazil and Chile. Documento inédito. Washington, DC: Banco Interamericano de Desarrollo.

Blyde, J., A. C. Pinheiro, C. Daude y E. Fernández-Arias. 2007. Competitiveness and Growth in Brazil, Documento inédito. Washington, DC: Banco Interamericano de Desarrollo.

Bosch, M. y W. F. Maloney. 2007. Comparative Analysis of Labor Market Dynamics and Informality in Developing Countries. Documento inédito. Washington, DC: Banco Mundial.

Bottia, M., L. Cardona y C. Medina. 2008. Bondades y limitaciones de la focalización con Proxy Means Tests: El caso del Sisbén en Colombia. Borradores de Economía 539. Colombia: Banco de la República de Colombia.

Bruhn, M. 2008. License to Sell: Business Start-up Reform in Mexico. Policy Research Working Paper 4538. Washington, DC: Banco Mundial.

Brusco, V., M. Nazareno y S. Stokes. 2004. Vote Buying in Argentina. *Latin American Research Review* 39(2): 66–88.

Buera, F., J. Kaboski y Y. Shin. 2008. Finance and Development: A Tale of Two Sectors. Documento inédito. Universidad de California, Los Ángeles.

Buera, F. y Y. Shin. 2008. Financial Frictions and the Persistence of History: A Quantitative Exploration. Documento inédito. Universidad of California, Los Ángeles.

Bull, B. 2008. Policy Networks and Business Participation in Free Trade Negotiations in Chile. *Journal of Latin American Studies* 40:195–224.

Busso M., L. Madrigal y C. Pagés. 2009a. Productivity and Resource Misallocation in Latin America. Documento inédito. Washington, DC: Departamento de Investigación, Banco Interamericano de Desarrollo.

———. 2009b. Reported Tax Evasion and Resource Misallocation in Chile. Documento inédito. Washington, DC: Departamento de Investigación, Banco Interamericano de Desarrollo.

Caballero, R. y M. Hammour. 1994. The Cleansing Effect of Recessions. *American Economic Review* 84(5, diciembre): 1350–368.

CAF (Corporación Andina de Fomento). 2009. *Reporte de economía y desarrollo. Caminos para el futuro, gestión de la infraestructura en América Latina.* Caracas: Corporación Andina de Fomento.

Calvo, G. 2005. Volatility as an Innovation Deterrent: Adam Smith in Stormy Weather. Documento inédito.

Calvo, G., A. Izquierdo y L. F. Mejía. 2008. Systemic Sudden Stops: The Relevance of Balance-Sheet Effects and Financial Integration. NBER Working Paper 14026. Cambridge, MA: National Bureau of Economic Research.

Calvo, G., A. Izquierdo y R. Loo-Kung. 2006. Relative Price Volatility under Sudden Stops: The Relevance of Balance-Sheet Effects. *Journal of International Economics* 69(1, junio): 231–54.

Calvo, G., A. Izquierdo y E. Talvi. 2006. Phoenix Miracles in Emerging Markets: Recovering without Credit from Systemic Financial Crises. NBER Working Paper 12101. Cambridge, MA: National Bureau of Economic Research.

Calvo, G. y R. Loo-Kung. 2009. Should We Rush to Regulate Financial Institutions? Documento inédito.

Camacho, A. y E. Conover. 2008a. Manipulation of Social Program Eligibility: Detection, Explanations, and Consequences for Empirical Research. Documento inédito, Universidad de California, Berkeley.

———. 2008b. Effects of Colombia's Social Protection System on Worker's Choice between Formal and Informal Employment. Documento inédito.

———. 2008c. Effects of Subsidized Health Insurance on Newborn Health in Colombia. Documento de trabajo 14. Universidad de los Andes, Centro de Estudios Sobre Desarrollo Económico (CEDE).

———. 2009. Misallocation and Manufacturing TFP in Colombia. Documento inédito. Washington, DC: Departamento de Investigación, Banco Interamericano de Desarrollo.

Cárdenas, M. y R. Bernal. 2003. Determinants of Labor Demand in Colombia: 1976–1996. Documento de trabajo 10077. Cambridge, MA: National Bureau of Economic Research (NBER).

Cárdenas, M. y C. Mejía. 2007. Informalidad en Colombia: Nueva evidencia. *Cuadernos de Fedesarrollo* 35. Fedesarrollo. Bogotá.

Carpio, S. y C. Pagés. 2009. Informality, Productivity and Resource Misallocation in Brazil. Documento inédito. Washington, DC: Banco Interamericano de Desarrollo.

Casacuberta, C., G. Fachola y N. Gandelman. 2004. The Impact of Trade Liberalization on Employment, Capital, and Productivity Dynamics: Evidence from the Uruguayan Manufacturing Sector. Documento de trabajo de la Red de Centros de Investigación R-479. Washington, DC: Banco Interamericano de Desarrollo.

Casacuberta, C. y N. Gandelman. 2009. Productivity, Exit and Crisis in Uruguayan Manufacturing and Service Sectors. Documento inédito. Washington, DC: Departamento de Investigación, Banco Interamericano de Desarrollo.

Casacuberta, C. y D. Zaclicever. 2009. The Causal Effect of Trade Protection on Productivity in Uruguay. Documento inédito. Washington, DC: Banco Interamericano de Desarrollo.

Caselli, F. 2005. Accounting for Cross-Country Income Differences. En *Handbook of Economic Growth,* vol. 1, ed. P. Aghion y S. Durlauf, cap. 9, pp. 679–741. 1ª ed. San Diego, CA: Elsevier.

Cassoni, A. y M. Ramada-Sarasola. 2009. To Innovate or Not to Innovate. Effects on Uruguayan Manufacturing Firms' Productivity. Documento inédito. Washington, DC: Red de Centros de Investigación de América Latina y el Caribe, Banco Interamericano de Desarrollo.

Castelar Pinheiro, A. y R. Bonelli. 2008. New Export Activities in Brazil: Comparative Advantage, Policy or Self-Discovery? Documento de trabajo de la Red de Centros de Investigación R-551. Washington, DC: Banco Interamericano de Desarrollo.

Catão, L., C. Pagés y M. F. Rosales. 2009. Financial Dependence, Formal Credit and Informal Jobs: New Evidence from Brazilian Household Data. Documento inédito. Washington, DC: Departamento de Investigación, Banco Interamericano de Desarrollo.

Cavallo, E., A. Galindo, A. Izquierdo y J. J. León. 2009. The Role of Ex-ante Relative Price Volatility in the Efficiency of Investment Allocation. Washington, DC: Departamento de Investigación, Banco Interamericano de Desarrollo.

CEDLAS (Centro de Estudios Distributivos Laborales y Sociales) y Banco Mundial. 2008. Socio-Economic Database for Latin America and the Caribbean (SEDLAC). http://www.depeco.econo.unlp.edu.ar/sedlac/eng/index.php.

———. 2009. Socio-Economic Database for Latin America and the Caribbean (SEDLAC). http://www.depeco.econo.unlp.edu.ar/sedlac/eng/index.php/ (fecha de acceso: junio de 2009).

CEPAL (Comisión Económica para América Latina y el Caribe). 2003. Traffic Congestion. The Problem and How to Deal with It. Cuadernos de la CEPAL 87. Santiago: Comisión Económica para América Latina y el Caribe (CEPAL).

Cerra, V. y S. Saxena. 2008. Growth Dynamics: The Myth of Economic Recovery. *American Economic Review* 98(1, marzo): 439–57.

Cetrángolo, O. y J. Gómez-Sabaini. 2007. *La tributación directa en América Latina y los desafíos a la imposición sobre la renta.* Serie Macroeconomía del Desarrollo 60. Santiago, Chile: CEPAL.

Chen, M., J. Wilson y T. Otsuki. 2008. Standards and Export Decisions: Firm-level Evidence from Developing Countries. *Journal of International Trade & Economic Development* 17(4): 501–23.

Chong, A. y M. Gradstein. 2008. Institutional Quality and Government Effectiveness. Documento inédito. Washington, DC: Departamento de Investigación, Banco Interamericano de Desarrollo.

Chong, A., J. Guillen y V. Rios. 2009. Taxes and Firm Size. Documento inédito. Washington, DC: Departamento de Investigación, Banco Interamericano de Desarrollo.

Chongvilaivan, A. y Y. Jinjarak. 2008. Cross-Country Tax Rates and Firm Size Distribution. Documento inédito. Singapore: Institute of Southeast Asian Studies (ISEAS).

Cimoli, M., G. Porcile, A. Primi y S. Vergara. 2005. Cambio estructural, heterogeneidad productiva y tecnológica en América Latina. En *Structural Heterogeneity, Technological Asymmetries and Growth in Latin America,* ed. M. Cimoli, pp. 9–42. MPRA (Munich Personal Repec Archive) Documento 3832. Munich: MPRA/CEPAL.

Clark, X., D. Dollar y A. Micco. 2004. Port Efficiency, Maritime Transport Costs, and Bilateral Trade. *Journal of Development Economics* 75:417–50.

Cohen, W. y D. Levinthal. 1989. Innovation and Learning: The Two Faces of R&D. *The Economic Journal* 99(397): 569–96.

———.1990. Absorptive Capacity: A New Perspective on Learning and Innovation. *Administrative Science Quarterly* 35(1): 128–52.

Colciencias (Departamento Administrativo de Ciencia, Tecnología e Innovación) DANE (Departamento Administrativo Nacional de Estadística), DNP (Departamento Nacional de Planeación). 2004–2006. Encuesta Nacional de Innovación y Desarrollo Tecnológico. http://www.colciencias.gov.co/portalcol/index.jsp?ct5=301&ct=171&cargaHome=3&codIdioma=es&ms=1 (fecha de acceso: junio de 2009).

Collier, R. B. y D. Collier. 1991. *Shaping the Political Arena.* Princeton, NJ: Princeton University Press.

CONACYT (Consejo Nacional de Ciencia y Tecnología). 2004–2006. Encuesta de Innovación. Disponible en http://www.siicyt.gob.mx/siicyt/docs/Estadisticas3/Informe2007/Innovacion.pdf (último acceso: junio de 2009).

CONEVAL (National Evaluation Council, Consejo Nacional de Evaluación de la Política Social). 2007. Evaluación de Consistencia y Resultados. www.coneval.gob.mx (fecha de acceso: junio de 2009).

Coordinación del Gabinete de Política Social. 2005. Ficha de Caracterización Económica. Documento inédito. República Dominicana.

Corbo, V. 2004. Policy Challenges of Population Aging and Pension Systems in Latin America. En *Global Demographic Change: Economic Impacts and Policy Challenges,* ed. G. H. Ellon, pp. 257–80. Kansas City, MS: Federal Reserve Bank of Kansas City.

Corbo, V. y K. Schmidt-Hebbel. 2003. Macroeconomic Effects of Pension Reform in Chile. En *Pension Reforms: Results and Challenges.* Santiago, Chile: International Federation of Pension Fund Administrators.

Córdoba, J. C. y M. Ripoll. 2008. Endogenous TFP and Cross-Country Income Differences. *Journal of Monetary Economics* 55(6) (septiembre):1158–70.

Crépon, B., E. Duguet y J. Mairesse. 1998. Research, Innovation and Productivity: An Econometric Analysis at the Firm Level. *Economics of Innovation and New Technology* 7(2): 115–58.

Cuesta, J., N. Millán y M. Olivera. 2009. Shocks, protección social y decisiones laborales en Colombia. Documento inédito. Washington, DC: Banco Interamericano de Desarrollo.

Cuevas, M., S. Lee y B. Pineda. 2009. Industrial Policy in Guatemala. Borrador para el proyecto sobre políticas industriales en América Latina y el Caribe. Documento inédito. Washington, DC: Departamento de Investigación, Banco Interamericano de Desarrollo.

Cummins, J. G., K. A. Hassett y R. G. Hubbard. 1996. Tax Reforms and Investment: A Cross-Country Comparison. NBER Working Papers 5232. Cambridge, MA: National Bureau of Economic Research.

Dabla-Norris, E., M. Gradstein y G. Inchauste. 2008. What Causes Firms to Hide Output? The Determinants of Informality. *Journal of Development Economics* 85:1–27.

Dahlman, C. y A. Utz. 2005. India and the Knowledge Economy: Leveraging Strengths and Opportunities. Washington, DC: Instituto del Banco Mundial.

DANE (Departamento Administrativo Nacional de Estadística). 2003. Ficha de Clasificación Socioeconómica: Sistema de Identificación y Clasificación de Potenciales Beneficiarios para Programas Sociales (Sisbén). Inédita.

———. 2005. Encuesta Continua de Hogares (ENH). Colombia. http://www.dane.gov.co (fecha de acceso: julio de 2009).

Daude, C. y E. Fernández-Arias. 2010. On the Role of Aggregate Productivity and Factor Accumulation in Economic Development in Latin America and the Caribbean. Documento de trabajo del BID 131. Washington, DC: Banco Interamericano de Desarrollo.

de Negri, J. A., F. de Negri y F. Freitas. 2007. Does Technological Innovation Cause Exports in Brazil and Argentina? En *Technological Innovation in Brazilian and Argentine Firms,* ed. J. A. de Negri and L. M. Turchi, pp. 309–26. Brasilia: Instituto de Investigación Económica Aplicada (IPEA).

De Soto, H. 2000. *The Mystery of Capital: Why Capitalism Triumphs in the West and Fails Everywhere Else.* Nueva York: Basic Books.

de Vries, Gaaitzen. 2009. Productivity in a Distorted Market: The Case of Brazil's Retail Sector. Research Memorandum GD-112. Groningen: Groningen Growth and Development Centre. Universidad de Groningen.

Demir, F. 2009a. Macroeconomic Uncertainty and Private Investment in Argentina, Mexico and Turkey. *Applied Economics Letters* 16(6): 567–71.

———. 2009b. Private Investment, Portfolio Choice and Financialization of Real Sectors in Emerging Markets. *Journal of Development Economics* 88(2): 314–24.

Devlin, R. y G. Moguillansky. 2009. Alianzas público-privadas como estrategias nacionales de desarrollo a largo plazo. Separata 97. Revista CEPAL.

DFID (United Kingdom Department for International Development). 2005. Agriculture, Growth and Poverty Reduction. DFID Working Paper on Agriculture and Natural Resources. Londres: Department for International Development.

DGEEC (Dirección General de Estadísticas, Encuestas y Censos). 2006. Encuesta Permanente de Hogares (EPH). http://www.dgeec.gov.py/ (fecha de acceso: abril de 2009).

Díaz, J. J. y M. Jaramillo. 2009. Políticas de fomento de las micro, pequeñas y medianas empresas en el Perú. Documento inédito. Grupo de Análisis para el Desarrollo (GRADE). Lima.

Díaz-Cayeros, A., F. Estévez y B. Magaloni. 2006. Vote-buying, Poverty, and Democracy: The Politics of Social Programs in Mexico, 1989–2006. Documento inédito. Palo Alto, CA: Departamento de Ciencia Política, Universidad de Stanford.

DIGESTYC (Dirección General de Estadísticas y Censos). 2005. Encuesta de Hogares de Propósitos Múltiples (EHPM). El Salvador. http://www.digestyc.gob.sv/ (fecha de acceso: julio de 2007).

Djankov, S., T. Ganser, C. McLiesh, R. Ramalho y A. Shleifer. 2009. The Effect of Corporate Taxes on Investment and Entrepreneurship. Documento de trabajo. Documento inédito. Cambridge, MA: National Bureau of Economic Research.

DNP (Departamento Nacional de Planeación)–Sinergia. 2008. Evaluación de impacto del Fondo Colombiano de Modernización y Desarrollo Tecnológico de las Micro, Pequeñas y Medianas Empresas FOMIPYME. Serie Evaluación de Políticas Públicas 8. Bogotá, Colombia: DNP.

Draca M., R. Sadun y J. Van Reenen. 2006. Productivity and ICT: A Review of the Evidence. CEP Discussion Papers dp0749. Londres: Centre for Economic Performance, London School of Economics.

Drazen, A. 2000. *Political Economy in Macroeconomics*. Princeton, NJ: Princeton University Press.

Drewry. 2002. *Global Container Terminals. Profit, Performance and Prospects*. Londres: Drewry Shipping Consultants.

Duarte, M. y D. Restuccia. De próxima publicación. The Role of the Structural Transformation in Aggregate Productivity. *Quarterly Journal of Economics*.

Durand, F. y E. Silva. 1998. *Organized Business, Economic Change, and Democracy in Latin America*. Miami: North-South Center Press.

Duryea, S., J. C. Navarro y A. Verdisco. 2008. Learning about Education Quality and Perceptions. En *Calidad de vida más allá de los hechos*. Washington, DC: Banco Interamericano de Desarrollo.

Easterly, W. y R. Levine. 2001. It's Not Factor Accumulation: Stylized Facts and Growth Models. *World Bank Economic Review* 15(2): pp. 177–219.

Edwards, S. 2002. Information Technology and Economic Growth in Developing Countries. *Challenge* 45(3): 19–43.

———. 2007. *An East Asian Renaissance. Ideas for Economic Growth*. Washington, DC: Banco Mundial.

Erosa, A., T. Koreshkova y D. Restuccia. 2007. How Important is Human Capital? A Quantitative Theory Assessment of World Income Inequality. Documento de trabajo 280. Toronto: Universidad de Toronto.

Eslava, M., A. Galindo, M. Hofstetter y A. Izquierdo. 2009. The Impact of Credit Markets on Productivity Behavior in Colombia. Documento inédito. Washington, DC: Departamento de Investigación, Banco Interamericano de Desarrollo.

Eslava, M., J. Haltiwanger, A. Kugler y M. Kugler. 2004. The Effect of Structural Reforms on Productivity and Profitability Enhancing Reallocation: Evidence from Colombia. *Journal of Development Economics* 75: 333–71.

———. 2009. Trade Reforms and Market Selection: Evidence from Manufacturing Plants in Colombia. Documento inédito. Washington, DC: Banco Interamericano de Desarrollo.

Eslava, M. y M. Meléndez. 2009. Politics, Policies, and the Dynamics of Aggregate Productivity in Colombia. Documento inédito. Washington, DC: Departamento de Investigación, Banco Interamericano de Desarrollo.

Ethier, W. 1982. National and International Returns to Scale in the Modern Theory of International Trade. *American Economic Review* 72:950–59.

Fajnzylber, P., W. Maloney y G. Montes Rojas. 2006. Does Formality Improve Micro-Firm Performance? Quasi-Experimental Evidence from the Brazilian SIMPLES Program. Documento inédito. Washington, DC: Banco Mundial.

FAO (Organización de las Naciones Unidas para la Agricultura y la Alimentación). 2009 AGROSTAT. Roma: FAO, http://fao/stat.fao.org/site/291/default.aspx (fecha de acceso: agosto de 2009).

Färe, R., S. Grosskopf, M. Norris y Z. Zhang. 1994. Productivity Growth, Technical Progress and Efficiency Change in Industrialized Countries. *American Economic Review* 84: 66–83.

Farrell, D. 2006. *The Productivity Imperative: Wealth and Poverty in the Global Economy*. Cambridge, MA: Harvard University Press.

Fernandes, A. 2007. Trade Policy, Trade Volumes and Plant Level Productivity in Colombian Manufacturing Industries. *Journal of International Economics* 71(1): 52–71.

Fink, C., A. Mattoo y I. C. Neagu. 2002. Trade in International Maritime Services: How Much Does Policy Matter? *The World Bank Economic Review* 16(1): 81–108.

FMI (Fondo Monetario Internacional). 2009a. International Financial Statistics (IFS), http://www.imf.org/external/data.htm (fecha de acceso: julio de 2009).

———. 2009b. World Economic Outlook (WEO) Database. http://www.imf.org/external/ns/cs.aspx?id=28 (fecha de acceso: junio de 2009).

Fong, Glenn. 2000. Breaking New Ground or Breaking the Rules: Strategic Reorientation in U.S. Industrial Policy. *International Security* 25(2, otoño): 152–86.

Foro Económico Mundial. Varios años. Global Competitiveness Report: Executive Opinion Survey. http://www.weforum.org/.

Foster L., J. Haltiwanger y C. Krizan. 2001. Aggregate Productivity Growth. Lessons from Microeconomic Evidence. NBER chapters in *New Developments in Productivity Analysis*, pp. 303–72. Cambridge, MA: National Bureau of Economic Research.

Foster L., J. Haltiwanger y C. Syverson. 2008. Reallocation, Firm Turnover, and Efficiency: Selection on Productivity or Profitability? *American Economic Review* 98(1): 394–425.

Frankel, J. 2008. The Estimated Effects of the Euro on Trade: Why Are They Below Historical Effects of Monetary Unions Among Smaller Countries? NBER Working Paper 14542. Cambridge, MA: National Bureau of Economic Research.

Frankel, J. y D. Romer. 1999. Does Trade Cause Growth? *American Economic Review* 89(3): 379–99.

Frieden, J. 1991. *Debt, Development and Democracy*. Princeton, NJ: Princeton University Press.

———. 2000. The Method of Analysis: Modern Political Economy. En *Modern Political Economy in Latin America: Theory and Policy*, ed. J. Frieden, M. Pastor y M. Tomz, pp. 37–43. Boulder, CO: Westview Press.

Freund, C. y B. Bolaky. 2008. Trade, Regulations, and Income. *Journal of Development Economics* 87:309–21.

Galiani, S. y F. Weinschelbaum. 2007. Modeling Informality Formally: Households and Firms. Documento de trabajo 47. Buenos Aires: Centro de Estudios Distribuivos Laborales y Sociales (CEDLAS), Universidad Nacional de La Plata.

Galindo, A., A. Chong, J. Guillen y C. Pombo. 2009. The Effect of Taxation on Investment and Productivity: A Cross-Country Comparison. Documento inédito. Washington, DC: Departamento de Investigación, Banco Interamericano de Desarrollo.

Galindo, A., A. Micco y G. Ordóñez. 2002. Financial Liberalization: Does It Pay to Join the Party? *Economia* 3(2): 231–52.

Galindo, A., F. Schiantarelli y A. Weiss. 2007. Does Financial Liberalization Improve the Allocation of Investment: Micro Evidence from Developing Countries. *Journal of Development Economics* 83:562–87.

Gasparini, L., F. Haimovich y S. Oliveiri. 2007. Labor Informality Effects of a Poverty-Alleviation Program. Documento de trabajo 53. Buenos Aires: Centro de Estudios Distributivos, Laborales y Sociales (CEDLAS), Universidad Nacional de La Plata.

Gaviria A., C. Medina y C. Mejía. 2006. Evaluating the Impact of the Health Care Reform in Colombia: From Theory to Practice. Bogotá, Colombia: Documento Centro de Estudios Sobre Desarrollo Económico (CEDE) 2006-06, Universidad de los Andes.

Gay, R. 1998. Rethinking Clientelism: Demands, Discourses and Practices in Contemporary Brazil. *European Review of Latin American and Caribbean Studies* 66:7–24.

Glick, R. y A. K. Rose. 2002. Does a Currency Union Affect Trade? The Time-Series Evidence. *European Economic Review* 46:1125–51.

Goldberg, L. y C. Kolstad. 1995. Foreign Direct Investment, Exchange Rate Variability and Demand Uncertainty. *International Economic Review* 36(4, noviembre): 855–73.

Goldberg, M. y E. Palladini. 2008. Chile: A Strategy to Promote Innovative Small and Medium Enterprises. World Bank, Policy Research Working Paper 4518. Washington, DC: Banco Mundial.

Gollin, D. 2002. Getting Income Shares Right. *Journal of Political Economy* 110 (2): 458–74.

González, D. 2006. Regímenes especiales de tributación para pequeños contribuyentes en América Latina. Documento inédito. Washington, DC: División de Integración y Programas Regionales, Banco Interamericano de Desarrollo.

Graham, D. 2007. Variable Returns to Agglomeration and the Effect of Road Traffic Congestion. *Journal of Urban Economics* 62(1): 103–20.

Greenwald, B., M. Kohn y J. Stiglitz. 1990. Financial Market Imperfections and Productivity Growth. *Journal of Economic Behavior & Organization* 13(3): 321–45.

Griliches, Zvi. 1986. Productivity, R&D, and the Basic Research at the Firm Level in the 1970s. *American Economic Review* 76(1, marzo): 141–54.

Grossman, G. y E. Helpman. 1991. *Innovation and Growth in the Global Economy*. Cambridge, MA: MIT Press.

———. 2001. *Special Interest Politics*. Cambridge, MA: MIT Press.

Gruber, J. 1997. The Incidence of Payroll Taxation: Evidence from Chile. *Journal of Labor Economics* 15 (3, Part 2: Labor Market Flexibility in Developing Countries, julio); S72–S101.

Gruenberg, C. y V. Pereyra Iraola. 2009. El clientelismo en la gestión de programas sociales contra la pobreza. Documento de Políticas Públicas/Análisis 60 CIPPEC. Buenos Aires.

Guzmán, R., M. R. Agosin, M. Lizardo y R. Capellán. 2009. Cuatro décadas de políticas de desarrollo productivo en la República Dominicana. Borrador para el proyecto sobre políticas industriales en América Latina y el Caribe. Documento inédito. Washington, DC: Departamento de Investigación, Banco Interamericano de Desarrollo.

Hall, R. y C. I. Jones. 1999. Why Do Some Countries Produce So Much More Output Per Worker Than Others? *Quarterly Journal of Economics* 114(1): 83–116.

Hall, B. y A. Maffioli. 2008. Evaluating the Impact of Technology Development Funds in Emerging Economies: Evidence from Latin America. *European Journal of Development Research* 20(2); 172–98.

Hall, B. y J. Van Reenen. 1999. How Effective are Fiscal Incentives for R&D? A New Review of the Evidence. NBER Working Paper 7098. Cambridge, MA: National Bureau of Economic Research.

Haltiwanger, J., A. Kugler, M. Kugler, A. Micco y C. Pagés. 2004. Effects of Tariffs and Real Exchange Rates on Job Reallocation: Evidence from Latin America. *Journal of Policy Reform* 7(4, diciembre): 191–208.

Hanson, M. 2007. *Economic Development, Education and Transnational Corporations.* Nueva York: Routledge Press.

Hanushek, E. y L. Woessman. 2009. Schooling, Cognitive Skills and the Latin American Puzzle. NBER Working Paper 15066. Cambridge, MA: National Bureau of Economic Research.

Harris, J. y M. Todaro. 1970. Migration, Unemployment, and Development: A Two- Sector Analysis. *American Economic Review* 60(1): 126–42.

Harrison, A. E. y A. Rodríguez-Clare. 2009. Trade, Foreign Investment, and Industrial Policy. NBER Paper 15261. National Bureau of Economic Research.

Hausmann, R. 2008. The Other Hand: High Bandwidth Development Policy. Harvard Kennedy School Working Paper RWP08-060. Cambridge, MA: Universidad de Harvard.

Hausmann, R. y B. Klinger. 2006. Structural Transformation and the Patterns of Comparative Advantage in the Product Space. Center for International Development, WP 128. Cambridge, MA: Universidad de Harvard.

Hausmann, R., J. Hwang y D. Rodrik. 2007. What You Export Matters. *Journal of Economic Growth* 12:1–25.

Hausmann, R., A. Rodríguez-Clare y D. Rodrik. 2006. Hacia una estrategia para el crecimiento económico de Uruguay. En *Una nueva era de crecimiento económico en Uruguay,* ed. E. Fernández-Arias y S. Sagari, pp. 127–65. Washington, DC: Banco Interamericano de Desarrollo.

Hausmann, R. y D. Rodrik. 2003. Economic Development as Self-Discovery. *Journal of Development Economics* 72(diciembre): 603–633.

———. 2005. Self-Discovery in a Development Strategy for El Salvador. *Economía* 6(1): 43–101.

———. 2006. Doomed to Choose: Industrial Policy as Predicament. Documento presentado en el Blue Sky Seminar, Center for International Development. Cambridge, MA: John F. Kennedy School of Government, Universidad de Harvard.

Heckman, J. y C. Pagés. 2004. Law and Employment Lessons from Latin America and the Caribbean. NBER Conference Report. Chicago: The University of Chicago Press.

Herrendorf, B., J. Schmitz y A. Teixeira. 2007. How Important Was the 19th Century Transportation Revolution for U.S. Development? Documento presentado en las reuniones de 2006 de la Society of Economic Dynamics, Nueva York.

Heston, A., R. Summers y B. Aten. 2006. Penn World Table Version 6.2. Center for International Comparisons of Production, Income and Prices, Universidad de Pennsylvania.

Hoffman, J. 2000. Tendencias en el transporte marítimo internacional y sus implicaciones para América Latina y el Caribe. Documento inédito. Santiago, Chile.

Honohan, P. 2004. Financial Development, Growth and Poverty: How Close are the Links? World Bank Policy Research Working Paper 3203.Washington, DC: Banco Mundial.

Hopenhayn, H. y A. Neumeyer. 2008. Productivity and Distortions. Documento inédito. Washington, DC: Departamento de Investigación, Banco Interamericano de Desarrollo.

Hsieh, C. 2002. What Explains the Industrial Revolution in East Asia? Evidence From the Factor Markets. *American Economic Review* 92(3): 502–26.

Hsieh, C. y P. Klenow. 2007. Misallocation and Manufacturing TFP in China and India. NBER Working Paper 13290. Cambridge, MA: National Bureau of Economic Research.

Hsieh, C. y P. Klenow. 2009. Resource Misallocation in Mexico. Documento inédito. Washington, DC: Departamento de Investigación, Banco Interamericano de Desarrollo.

———. De próxima publicación. Misallocation and Manufacturing TFP in China and India. *Quarterly Journal of Economics.*

Huergo, E. y J. Jaumandreu. 2004. Firms' Age, Process Innovation and Productivity Growth. *International Journal of Industrial Organization* 22:541–59.

Hufbauer, G., B. Kotschwar y J. Wilson. 2002. Trade and Standards: A Look at Central America. *The World Economy* 25: 991–1018.

Hummels, D. 2001. Toward a Geography of Trade Costs. Documento inédito. Departamento de Economía Agrícola, Purdue University.

Hummels, D., V. Lugovskyy y A. Skiba. 2009. The Trade Reducing Effects of Market Power in International Shipping. *Journal of Development Economics* 89(1): 84–97.

Ibarrarán, P., A. Maffioli y R. Stucchi. 2009. SME Policy and Firm's Productivity in Latin America. IZA Discussion Paper Series 4486. Bonn, Alemania: IZA.

IBGE (Instituto Brasileiro de Geografia e Estatística). 2003. Economía Informal Urbana 2003. http://www.ibge.gov.br/home/estatistica/economia/ecinf/2003/default.shtm (fecha de acceso: julio de 2009).

———. 2005. Pesquisa de Inovação Tecnológica 2005. http://www.ibge.gov.br/home/estatistica/economia/industria/pintec/2005/default.shtm (fecha de acceso: julio de 2009).

———. 2007. Pesquisa Nacional por Amostra de Domicílios (PNAD). Brasil. http://www.ibge.gov.br/english/estatistica/populacao/trabalhoerendimento/pnad2007/default.shtm (fecha de acceso: julio de 2009).

INDEC (Instituto Nacional de Estadística y Censos de la República Argentina). 2006. Encuesta Nacional a Empresas sobre Innovación, I+D y TICs 2002-04. http://www.indec.mecon.ar/nuevaweb/cuadros/16/enit_02-04.pdf (fecha de acceso: junio de 2009).

INE (Instituto Nacional de Estadística). 2001. Encuesta Industrial Anual. Venezuela.

———. 2002. Encuesta Continua de Hogares (ECH) Bolivia. www.ine.gov.bo (fecha de acceso: junio de 2009).

———. 2004. Encuesta de Hogares Por Muestreo (EHM), Segundo Semestre. Venezuela. http://www.ine.gov.ve/ (fecha de acceso: junio de 2009).

———. 2006. Encuesta Nacional de Condiciones de Vida (ENCOVI). Guatemala. http://www.ine.gob.gt/ (fecha de acceso: junio de 2009).

INEC (Instituto Nacional de Estadísticas y Censos). 2006. Encuesta de Hogares de Propósitos Múltiples (EHPM). Costa Rica. http://www.inec.go.cr/ (fecha de acceso: junio de 2009).

———. 2007. Encuesta de Empleo, Desempleo y Subempleo (ENEMDU). Ecuador. http://www.inec.gov.ec/web/guest/descargas/basedatos/inv_socd/emp_sub_des (fecha de acceso: junio de 2009).

INEGI (Instituto Nacional de Estadística y Geografía). 2002. Encuesta Nacional de Micronegocios. México.

———. 2002. Encuesta Nacional sobre Ingresos y Gastos de los Hogares (ENIGH). México. http://www.inegi.org.mx/inegi/default.aspx?s=est&c=10205 (fecha de acceso: junio de 2009).

———. 2003. Encuesta Nacional de Ocupación y Empleo (ENOE). México.

INIDE (Instituto Nacional de Información de Desarrollo). 2005. Encuesta Nacional de Hogares sobre Medición de Niveles de Vida (EMNV). Nicaragua. http://www.inide.gob.ni/ (fecha de acceso: junio de 2009).

Izquierdo, A., G. Llosa y E. Talvi. 2009. Firm Financing in Times of Recovery from Systemic Sudden Stops. Documento inédito. Washington, DC: Departamento de Investigación, Banco Interamericano de Desarrollo.

Izquierdo, A., R. Romero y E. Talvi. 2008. Booms and Busts in Latin America: The Role of External Factors. Documento de trabajo 631. Washington, DC: Departamento de Investigación. Banco Interamericano de Desarrollo.

Jaramillo, M. 2004. La regulación del mercado laboral en Perú. Informe de consultoría, Grupo de Análisis para el Desarrollo (GRADE). Lima, Perú.

Jeong, H. y R. Townsend. 2007. Sources of TFP Growth: Occupational Choice and Financial Deepening. *Economic Theory* 32(1, julio): 179–221.

Jermanowski, M. 2007. Total Factor Productivity Differences: Appropriate Technology versus Efficiency. *European Economic Review* 51:2080–110.

Johannsen, J., L. Ripani, M. Robles y L. Tejerina. 2009. Targeting the Poor in Latin America and the Caribbean: Concepts and Practice in Conditional Cash Transfer Programs. Documento inédito. Washington, DC: Banco Interamericano de Desarrollo.

Jorgenson, D. W., M. S. Ho y K. J. Stiroh. 2008. Growth of U.S. Industries and Investment in Information Technology and Higher Education. En *Measuring Capital in the New Economy,* ed. C. Corrado, J. Haltiwanger y D. Sichel, pp. 403–77. Chicago: University of Chicago Press.

Juarez, L. 2007. The Effect of an Old-Age Demogrant on the Labor Supply and Time Use of the Elderly and Non-Elderly in Mexico. Discussion Paper 07-06. Instituto Tecnólogico Autónomo de México.

Kanbur, R. 2009. Conceptualizing Informality: Regulation and Enforcement. Documento de trabajo 2009-11. Departamento de Economía Aplicada y Administración, Universidad de Cornell.

Kaplan, D., E. Piedra y E. Seira. 2007. Entry Regulation and Business Start-ups: Evidence from Mexico. Policy Research Working Paper 4322. Washington, DC: Banco Mundial.

Katz, J. 2006. Structural Change and Economic Development: Cycles of Creation and Destruction of Production and Technological Capabilities in Latin America. Documento inédito. Santiago, Chile: CEPAL (Comisión Económica para América Latina y el Caribe).

Kaufmann, D., A. Kraay y M. Mastruzzi. 2006. Governance Matters V: Aggregate and Individual Governance Indicators for 1996–2005. Policy Research Working Paper Series 4012. Washington, DC: Banco Mundial.

Khan, M. y K. S. Jomo. 2000. *Rents, Rent-Seeking and Economic Development: Theory and Evidence in Asia.* Cambridge, RU: Cambridge University Press.

King, R. y R. Levine. 1993a. Finance, Entrepreneurship and Growth: Theory and Evidence. *Journal of Monetary Economics* 32:513–42.

———. 1993b. Finance and Growth: Schumpeter May Be Right. *Quarterly Journal of Economics* 108:717–37.

Klenow, P. y A. Rodríguez-Clare. 1997. The Neoclassical Revival in Growth Economics: Has It Gone Too Far? En *NBER Macroeconomics Annual 1997,* ed. B. Bernanke y J. Rotemberg, pp. 73–102. Cambridge, MA: MIT Press.

———. 2005. Externalities and Growth. En *Handbook of Economic Growth,* Vol. 1A, ed. P. Aghion y S. Durlauf, cap. 11, pp. 817–61. San Diego, CA: Elsevier.

Krueger, A., A. Valdes y M. Schiff, eds. 1991. *Political Economy of Agricultural Pricing Policy: Latin America.* Baltimore, MD: Johns Hopkins University Press.

Kugler, A. y M. Kugler. 2009. Labor Market Effects of Payroll Taxes in Developing Countries: Evidence from Colombia. *Economic Development and Cultural Change* 57:335–58.

La Porta, R. y A. Shleifer. 2008. The Unofficial Economy and Economic Development. Documento de trabajo 14520. Cambridge, MA: National Bureau of Economic Research.

Lederman, D. y W. F. Maloney. 2008. In Search of the Missing Natural Resource Curse. *Economía* 9(1, abril): 1–53.

Lee, K. W. 2006. Effectiveness of Government's Occupational Skills Development Strategies for Small- and Medium-scale Enterprises: A Case Study of Korea. *International Journal of Educational Development* 26:278–94.

Lengyel, M. 2009. La co-producción de la innovación y su diseño institucional: Evidencia de la industria argentina. Documento inédito. Washington, DC: Red de Centros de Investigación de América Latina y el Caribe, Banco Interamericano de Desarrollo.

Levine, R. 1997. Financial Development and Economic Growth: Views and Agenda. *Journal of Economic Literature* XXXV: 688–726.

———. 2004. Finance and Growth: Theory and Evidence. NBER Working Paper 10766. Cambridge, MA: National Bureau of Economic Research.

———. 2005. Should Governments and Aid Agencies Subsidize Small Firms? Brookings Blum Roundtable. *The Private Sector in the Fight Against Global Poverty. Session III: Does*

Size Matter? SMEs, Microfinance and Large Nationals. 4 de agosto de 2005. Washington, DC: Brookings Institution.

Levine, R., N. Loayza y T. Beck. 2000. Financial Intermediation and Growth: Causality and Causes. *Journal of Monetary Economics* 46:31–77.

Levine, R. y S. Zervos. 1998. Stock Market, Banks, and Economic Growth. *American Economic Review* 88:537–58.

Levy, S. 2006a. Productividad, crecimiento y pobreza en México: ¿Qué sigue después de Progresa Oportunidades? Documento inédito. Washington DC: Banco Mundial.

———. 2006b. Social Policies, Productivity and Growth. Background Paper for the Regional Study, Beyond Survival: Protecting Households from Health Shocks in Latin America. Washington, DC: Banco Mundial.

———. 2008. Good Intentions, Bad Outcomes. Social Policy, Informality and Economic Growth in Mexico. Washington, DC: Brookings Institution Press.

Lewis, W. A. 1954. Economic Development with Unlimited Supplies of Labor. *The Manchester School of Economics and Social Studies* 22(2, mayo): 139–91.

Lewis, William W. 2004. *The Power of Productivity: Wealth, Poverty and the Threat to Global Stability.* Chicago y Londres: The University of Chicago Press.

Lora, E. 2008. El futuro de los pactos fiscales en América Latina. Documento de trabajo del Departamento de Investigación 650. Washington, DC: Departamento de Investigación, Banco Interamericano de Desarrollo.

Lora, E. y C. Pagés. 2000. Hacia un envejecimiento responsable: las reformas de los sistemas de pensiones en América Latina. *Cuadernos Económicos Información Comercial Española (ICE)* 65:283–324.

López, A. 2009. Las evaluaciones de programas públicos de apoyo al fomento y desarrollo de la tecnología y la innovación en el sector productivo en América Latina: Una revisión crítica. Nota de innovación. Washington, DC: Banco Interamericano de Desarrollo.

López Boo, F. 2009. Human Capital and Productivity. Documento inédito. Washington, DC: Banco Interamericano de Desarrollo.

López-Córdova, E. y M. Mesquita Moreira. 2004. Regional Integration and Productivity: The Experiences of Brazil and Mexico. Documento de trabajo 14 del Intal-ITD. Washington, DC: Banco Interamericano de Desarrollo.

Ludena, C. E. 2009. Agricultural Productivity Growth in Latin America, 1961–2007. Documento inédito. Washington, DC: Banco Interamericano de Desarrollo.

Ludena, C. E., T. W. Hertel, K. Foster, P. V. Preckel y A. Nin. 2007. Productivity Growth and Convergence in Crop, Ruminant and Non-Ruminant Production: Measurement and Forecasts. *Agricultural Economics* 37: 1–17.

Lusardi, A. y O. Mitchell. 2006. Financial Literacy and Planning: Implications for Retirement Wellbeing. Documento de trabajo inédito. Dartmouth College y Universidad de Pennsylvania.

Luzio, E. y S. Greenstein. 1995. Measuring the Performance of a Protected Infant Industry: The Case of Brazilian Microcomputers. *Review of Economics and Statistics* 77:622–33.

Machicado, C. G. y J. C. Birbuet. 2009. Understanding Productivity Levels, Dispersion and Growth in the Leather Shoe Industry: Effects of Size and Informality. Washington, DC: Documento inédito. Departamento de Investigación, Banco Interamericano de Desarrollo.

Maloney, W. 2004. Informality Revisited. *World Development* 32:1559–78.

Maloney, W. y A. Rodríguez-Clare. 2007. Innovation Shortfalls. *Review of Development Economics* 11(4, noviembre): 665–84.

Madrigal, L. y C. Pagés. 2008. Is Informality a Good Measure of Quality? Documento inédito. Washington, DC: Departamento de Investigación, Banco Interamericano de Desarrollo.

Martin, J. 1978. X-Inefficiency, Managerial Effort and Protection. *Económica* 45:273–86.

Martin, W. y D. Mitra. 2001. Productivity Growth and Convergence in Agriculture and Manufacturing. *Economic Development and Cultural Change* 49(2): 403–23.

Martz, J. D. 1996. *The Politics of Clientelism: Democracy and the State in Colombia.* New Brunswick, NJ: Transaction Publishers.

Maxfield, S. y B. Schneider. eds. 1997. *Business and the State in Developing Countries.* Ithaca, NY: Cornell University Press.

MCDS (Ministerio de Coordinación de Desarrollo Social). 2006. Encuesta de Caracterización Socioeconómica. Documento inédito. Ecuador.

McKinsey y cía. 2003. Information Technology and Productivity. Recent Findings. Presentación ante la American Economics Association Meeting. Inédita.

———. 2009. Analysis of Informality and Tax Incentives in Mexico. Documento inédito. Documento preparado para el Banco Interamericano de Desarrollo.

MDS (Ministério do Desenvolvimento Social e Combate à Fome). 2001. Cadastro Único para Programas Sociais. Documento inédito. Brasil.

Mecikovsky, A., C. Scartascini y M. Tommasi. 2010. Política, políticas públicas y productividad: Una base de datos internacional. Washington, DC: Banco Interamericano de Desarrollo. http://www.iadb.org/research/pub_desc.cfm?lang=es&pub_id=dba-013&long=on.

Meléndez, M. y G. Perry. 2009. Industrial Policies in Colombia. Borrador para el proyecto sobre políticas industriales en América Latina y el Caribe. Documento inédito. Washington, DC: Departamento de Investigación, Banco Interamericano de Desarrollo.

Melitz, M. J. 2003. The Impact of Trade on Intra-industry Reallocations and Aggregate Industry Productivity. *Econometrica* 71(6): 1695–725.

Melo, A. y A. Rodríguez-Clare. 2006. Productive Development Policies and Supporting Institutions in Latin America and The Caribbean. Febrero. Documento de trabajo del Departamento de Investigación C-106. Washington, DC: Departamento de Investigación, Banco Interamericano de Desarrollo.

Mercer-Blackman, V. 2008. The Impact of Research and Development Tax Incentives on Colombia's Manufacturing Sector: What Difference Do They Make? Documento de trabajo del FMI WP/08/178. Washington, DC: Fondo Monetario Internacional.

Mesquita Moreira, M., C. Volpe y J. Blyde. 2008. *Unclogging the Arteries: The Impact of Transport Costs on Latin American and Caribbean Trade, Special Report on Integration and Trade.* Washington, DC: Banco Interamericano de Desarrollo.

Metcalfe, S. 1995. The Economic Foundations of Technology Policy: Equilibrium and Evolutionary Perspectives. En *Handbook of the Economics of Innovation and Technological Change,* ed. P. Stoneman, pp. 409–511. Oxford, RU y Cambridge, MA: Blackwell Publishers.

Micco, A. y T. Serebrisky. 2006. Competition Regimes and Air Transport Costs: The Effects of Open Skies Agreements. *Journal of International Economics* 70(1): 25–51.

Micco, A., E. Stein y G. Ordóñez. 2003. The Currency Union Effect on Trade: Early Evidence from EMU. *Economic Policy* 18 (octubre): 315–43.

MIDEPLAN (Ministerio de Planificación y Cooperación). 2006. Encuesta de Caracterización Socioeconómica Nacional (CASEN). Chile. http://www.mideplan.cl/casen/ (fecha de acceso: junio de 2009).

———. 2007. Ficha de Protección Social. Documento inédito. Chile.

Mongue-González, R. y J. Hewitt. 2009. Innovation, R&D, Investment and Productivity in the Costa Rican ICT Sector: A Case Study. Documento inédito. Washington, DC: Banco Interamericano de Desarrollo.

Mongue-González, R., L. Rivera y J. Rosales-Tijerino. 2009. Productive Development Policies in Costa Rica: Market Failures, Government Failures, and Outcomes. Borrador para el proyecto sobre políticas industriales en América Latina y el Caribe. Documento inédito. Washington, DC: Departamento de Investigación, Banco Interamericano de Desarrollo.

Montecinos, V. 2003. Economic Policymaking and Parliamentary Accountability in Chile. Documento 11. Programme on Democracy, Governance and Human Rights, UNRISD. Ginebra.

Monteiro, J. y J. Assunção. 2006. Outgoing the Shadows: Estimating the Impact of Bureaucracy Simplification and Tax Cuts on Formality and Investment. Río de Janeiro, Brasil: Departamento de Economía, Pontificia Universidad Católica de Río de Janeiro.

Monteiro, J., A. da Rocha, A. Darze, B. Kury. 2008. The Emergence of New and Successful Export Activities in Brazil: Four Case Studies from the Manufacturing and the Agricultural Sector. Documento de trabajo de la Red de Centros de Investigación R-550. Washington, DC: Banco Interamericano de Desarrollo.

Motohashi, K. 2001. Use of Plant-level Micro-data for SME Innovation Policy Evaluation in Japan. Discussion Paper Series 01-E-006. Tokio, Japón: Research Institute of Economy, Trade & Industry (RIETI).

MTEySS (Ministerio de Trabajo, Empleo y Seguridad Social). 2003. Ficha de Identificación y Selección de Familias Beneficiarias de Programas Sociales. Documento inédito. Argentina.

Mueller, D. 2003. *Public Choice III.* Cambridge, RU: Cambridge University Press.

Muendler, M-A. 2002. Trade, Technology and Productivity: A Study of Brazilian Manufacturers, 1986–1998. Documento inédito. Departamento de Economía, Universidad de California, Berkeley.

Nelson, R. y E. Phelps. 1966. Investment in Humans, Technological Diffusion, and Economic Growth. *American Economic Review: Papers and Proceedings* 51(2): 69–75.

Neumeyer, A. y H. Hopenhayn. 2004. *Explaining Argentina's Great Depression of 1975–1990.* RE1-04-007. Economic and Social Study Series. Washington, DC: Banco Interamericano de Desarrollo.

Neumeyer, A. y G. Sandleris. 2009. Productivity and Resource Misallocation in the Argentine Manufacturing Sector, 1997–2002. Documento inédito. Washington, DC: Departamento de Investigación, Banco Interamericano de Desarrollo.

Noland, M. y H. Pack. 2003. *Industrial Policy in an Era of Globalization: Lessons from Asia.* Washington DC: Institute for International Economics.

Ñopo, H. 2008. Matching as a Tool to Decompose Wage Gaps. *The Review of Economics and Statistics* 90(2): 290–99.

NSF (National Science Foundation). 2008. *Science and Engineering Indicators.* Washington, DC: National Science Foundation.

Ó Riain, S. 2004. State, Competition and Industrial Change in Ireland 1991–1999. *Economic and Social Review* 35(1): 27–54.

Ocampo, A. 1984. *Colombia y la economía mundial 1830–1910.* Bogotá, Colombia: Siglo Veintiuno.

OCDE (Organización para la Cooperación y el Desarrollo Económicos). 2002. *Frascati Manual. Proposed Standard Practice for Surveys on Research and Experimental Development.* París: OCDE.

———. 2005. SME and Entrepreneurship Outlook 2005. París: OCDE.

———. 2007a. SMEs in Mexico: Issues and Policies. París: OCDE.

———. 2007b. *Science, Technology and Industry Scoreboard.*

———. 2008. Main Science and Technology Indicators 2008/2. París: OCDE.

———. 2009. *Innovation in Firms: A Microeconomic Perspective.* París: OCDE.

OCDE y Eurostat. 2005. *Oslo Manual. The Measurement of Scientific and Technological Activities. Guidelines for Collecting and Interpreting Innovation Data,* 3ª edición. París: OCDE/Eurostat.

OIT (Organización Internacional del Trabajo). 2009a. LABORSTA Internet Database. http://laborsta.ilo.org/ (fecha de acceso: junio de 2009).

———. 2009b. NATLEX Internet Database. http://www.ilo.org/dyn/natlex/natlex_browse.home (fecha de acceso: junio de 2009).

Olivera, M., M. Pachón y G. Perry. 2009. The Political Economy of Fiscal Reform: The Case of Colombia, 1986–2006. Documento inédito. Washington, DC: Departamento de Investigación, Banco Interamericano de Desarrollo. De próxima publicación en *Consecuencias imprevistas de la Constitución de 1991*, ed. E. Lora y C. Scartascini. Bogotá: Alfaomega.

Olson, M. 1965. *The Logic of Collective Action: Public Goods and the Theory of Groups*. Harvard Economic Studies. Cambridge, MA: Harvard University Press.

———. 1982. *The Rise and Decline of Nations: Economic Growth, Stagflation, and Social Rigidities*. New Haven, CT: Yale University Press.

OMC (Organización Mundial del Comercio). 2005. *World Trade Report, 2005. Exploring the Links between Trade, Standards and the WTO*. Ginebra, Suiza: Organización Mundial del Comercio.

———. 2006. Second Review of the Air Transport. Developments in the Air Transport Sector. Ginebra, Suiza: Organización Mundial del Comercio.

ONUDI (Organización de las Naciones Unidas para el Desarrollo Industrial). 2008. Industrial Statistics Database (INDSTAT). http://www.unido.org/index.php?id=1000077 (fecha de acceso: junio de 2008).

Österholm, P. y J. Zettelmeyer. 2007. The Effect of External Conditions on Growth in Latin America. Documento de trabajo del FMI 07/176. Washington, DC: FMI.

Pack, H. y K. Saggi. 2006. Is There a Case for Industrial Policy? A Critical Survey. *The World Bank Research Observer* 21(2): 267–97.

Packard, T. 2002. Pooling, Saving and Prevention: Mitigating Old Age Poverty in Chile. Policy Research Working Paper 2849. Washington, DC: Banco Mundial.

Pagés, C., G. Pierre y S. Scarpetta, 2009. *Job Creation in Latin America and the Caribbean: Recent Trends and Policy Challenges*. Washington, DC: Palgrave Macmillan y Banco Mundial.

Pagés, C. y M. Stampini. De próxima publicación. No Education, No Good Jobs? Evidence on the Relationship between Education and Labor Market Segmentation. *Journal of Comparative Economics.*

Panopoulu, G. y C. Vélez. 2001. Subsidized Health Insurance, Proxy Means Testing and the Demand for Health Care among the Poor in Colombia. Colombia Poverty Report Vol. II, cap. VI. Washington, DC: Banco Mundial.

Pavcnik, N. 2002. Trade Liberalization, Exit, and Productivity Improvements: Evidence from Chilean Plants. *Review of Economic Studies* 69: 245–76.

Penfold-Becerra, M. 2006. Clientelism and Social Funds: Empirical Evidence from Chávez's "Misiones" Programs in Venezuela. Documento inédito. IESA, Caracas.

Pérez, Carlota. 2008. A Vision for Latin America: A Resource-based Strategy for Technological Dynamism and Social Inclusion. Documento inédito preparado para la CEPAL (Comisión Económica para América Latina y el Caribe) Program on Technology Policy and Development in Latin America. Santiago, Chile.

Perry, G., W. F. Maloney, O. Arias, P. Fajnzylber, A. D. Mason y J. Saavedra-Chanduvi. 2007. *Informality Exit and Exclusion*. Washington, DC: Banco Mundial.

Persson, T. y G. Tabellini. 2000. *Political Economics: Explaining Economic Policy*. Cambridge, MA: MIT Press.

Pietrobelli, C. y R. Rabellotti. 2004. Upgrading in Clusters and Value Chains in Latin America: The Role of Policies. Sustainable Development Department Working Papers MSM-124. Washington, DC: Banco Interamericano de Desarrollo.

Pratap, S. y E. Quintin. 2002. Are Labor Markets Segmented in Argentina? A Semiparametric Approach. Discussion Paper 02-02. Centro de Investigación Económica, Instituto Tecnológico Autónomo de México, México D.F.

Psacharopoulos, G. 1994. Returns to Investment in Education: A Global Update. *World Development* 22(9, septiembre): 1325–43.

Rajan, R. G. y L. Zingales. 1998. Financial Dependence and Growth. *The American Economic Review* 88(3, junio): 559–86.

Rancière. R., A. Tornell y F. Westermann. 2008. Systemic Rises and Growth. *The Quarterly Journal of Economics* 123(1):359–406.

RAND Corporation. 2007. *The Global Technology Revolution 2020: Bio-Nano-Materials-Information Trends, Drivers, and Social Implications*. Washington, DC: RAND.

Restuccia, D. 2008. The Latin American Development Problem. Documento de trabajo 318. Toronto: Departamento de Economía, Universidad de Toronto.

Restuccia, D. y R. Rogerson. De próxima publicación. Policy Distortions and Aggregate Productivity with Heterogeneous Establishments. *Review of Economic Dynamics*.

Rettberg, A. 2001. The Political Preferences of Diversified Business Groups: Lessons from Colombia (1994–1998). *Business & Politics* 3(1): 47–63.

———. 2005. Business versus Business? Economic Groups and Business Associations in Colombia. *Latin American Politics and Society* 47(1): 31–54.

Revenga, A. 1997. Employment and Wage Effects of Trade Liberalization: The Case of Mexican Manufacturing. *Journal of Labor Economics* 107(1): 255–84.

Ribeiro, E. y J. de Negri. 2009. Estimating the Causal Effect of Access to Public Credit on Productivity: the Case of Brazil. Documento inédito. Instituto de Economía, Universidad Federal de Río de Janeiro.

Ribeiro, E., V. Prochnik y J. de Negri. 2009. Productivity Growth in the Brazilian Informatics Industry. Documento inédito.

Ricover, A. y E. Negre. 2003. Estudio de integración del transporte aéreo en Sudamérica. Documento inédito. Washington, DC: Banco Interamericano de Desarrollo.

RICYT (Red de Indicadores de Ciencia y Tecnología). 2009. Base de datos de indicadores, 2009. http://www.ricyt.edu.ar (fecha de acceso: julio de 2009).

RICYT (Red de Indicadores de Ciencia y Tecnología), OEA (Organización de Estados Americanos), CYTED (Programa Iberoamericano de Ciencia y Tecnología), Colciencias (Departamento Administrativo de Ciencia, Tecnología e Innovación) y OCYT (Observatorio Colombiano de Ciencia y Tecnología). 2001. *Manual de Bogotá. Normalización de indicadores de innovación tecnológica en América Latina y el Caribe.* http://www.sugestec.unam.mx/sugestec/UserFiles/File/SugestecLecturas/Manual-Bogota.pdf (fecha de acceso: mayo de 2009).

Robles, M., 2009. Aggregate Effects of Imperfect Tax Enforcement. Discussion Paper 00845. Washington, DC: International Food Policy Research Institute.

Rodríguez-Clare, A. 2005. Coordination Failures, Clusters and Microeconomic Interventions. *Economía* 6(1, otoño): 1–29.

Rodrik, D. 2004. *Industrial Policy for the Twenty-First Century.* Cambridge, MA: Universidad de Harvard.

———. 2007. Industrial Development: Stylized Facts and Policies. En *Industrial Development for the 21st Century.* Nueva York: Naciones Unidas.

Rofman, R. y L. Lucchetti. 2006. Pension Systems in Latin America: Concepts and Measurements of Coverage. Social Protection Discussion Paper 0616. Washington, DC: Banco Mundial.

Romer, P. 1990. Endogenous Technological Change. *Journal of Political Economy* 98(5): S71–S102.

Roper, S. y N. Hewitt-Dundas. 2001. Grant Assistance and Small Firm Development in Northern Ireland and the Republic of Ireland. *Scottish Journal of Political Economy* 48(1): 99–117.

Rose, A. K. 2000. One Money, One Market? The Effects of Common Currencies on International Trade. *Economic Policy* 15:7–46.

Saavedra, J. y M. Tommasi. 2007. Informality, the State and the Social Contract in Latin America: A Preliminary Exploration. *International Labour Review* 146(3–4): 279–309.

Sabel, C. 2009. What Industrial Policy is Becoming: Taiwan, Ireland and Finland as Guides to the Future of Industrial Policy. Documento inédito. Washington, DC: Banco Interamericano de Desarrollo.

Sagasti, F. y A. Aráoz. 1975. Science and Technology Policy Implementation in Less Developed Countries. Publication number IDRC-067e. Lima: IDRC (International Development Research Centre).

Saiegh, S. De próxima publicación. Active Players or Rubber-Stamps? An Evaluation of the Policymaking Role of Latin American Legislatures. En *How Democracy Works: Political Institutions, Actors, and Arenas in Latin American Policymaking,* ed. C. Scartascini, E. Stein y M. Tommasi. Washington, DC: BID y Harvard University Press.

Salazar, J. C. 2007. Evaluación de algunos instrumentos de política de innovación y desarrollo tecnológico y de su impacto en el sector manufacturero. Documento inédito. Bogotá: Colombia. Departamento Nacional de Planeación.

Samaniego, R. M. 2005. Investment-Specific Technical Change and the Production of Ideas. *Computing in Economics and Finance 2005,* 291. Documento de trabajo. Chestnut Hill, MA: Society for Computational Economics.

Sánchez, G. 2009. Understanding Productivity Levels, Growth and Dispersion in Argentina: The Case of Supermarkets. Documento inédito. Washington, DC: Departamento de Investigación, Banco Interamericano de Desarrollo.

Sánchez, G., I. Butler y R. Rozemberg. 2009. Productive Development Policies in Argentina. Borrador para el proyecto sobre políticas industriales en América Latina y el Caribe. Documento inédito. Washington, DC: Departamento de Investigación. Banco Interamericano de Desarrollo.

Sánchez, R. y G. Wilmsmeier. 2009. Liner Shipping Networks and Market Concentration. Documento inédito. Santiago, Chile: Comisión Económica para América Latina y el Caribe (CEPAL).

Santamaría, M., F. García y A. V. Mujica. 2009a. El mercado laboral y la reforma a la salud en Colombia: incentivos, preferencias y algunas paradojas. Fedesarrollo. Documento inédito. Bogotá, Colombia.

———. 2009b. Los costos no salariales y el mercado laboral: impacto de la reforma a la salud en Colombia. Fedesarrollo. Documento inédito. Bogotá, Colombia.

Santamaría, M. y S. Rozo. 2008. Informalidad empresarial en Colombia: alternativas para impulsar la productividad, el empleo y los ingresos. Cuadernos de Trabajo de Fedesarrollo 40. Bogotá, Colombia.

SAS (Secretaría de Acción Social). 2005. Ficha para selección de beneficiarios. Documento inédito. Paraguay.

Scartascini, C., E. Stein, E. y M. Tommasi. 2009. Political Institutions, Intertemporal Cooperation, and the Quality of Policies. Documento de trabajo del Departamento de Investigación 676. Washington, DC: Departamento de Investigación, Banco Interamericano de Desarrollo.

Scartascini, C. y M. Tommasi. 2009. The Making of Policy: Institutionalized or Not? Documento inédito. Washington, DC: Departamento de Investigación, Banco Interamericano de Desarrollo.

Schneider, B. R. 2004. Business in Colombia: Well Organized and Well Connected. En *Business, Politics, and the State in Twentieth-Century Latin America,* ed. B. R. Schneider, pp. 128–51. Cambridge, RU: Cambridge University Press.

———. De próxima publicación. Business Politics and Policymaking in Contemporary Latin America. En *How Democracy Works. Political Institutions, Actors, and Arenas in Latin American Policymaking,* ed. C. Scartascini, E. Stein y M. Tommasi. Washington, DC y Cambridge, MA: BID y Harvard University Press.

Schumpeter, J. 1983. *The Theory of Economic Development: An Inquiry into Profits, Capital, Credit, Interest and the Business Cycle.* New Brunswick, NJ: Transaction Publishers.

SEDESOL (Secretaría de Desarrollo Social). 1997. Encuesta de Características Socioeconómicas de los hogares. Documento inédito. México.

Sheehan, J. 2007. Incentives and Support Systems to Foster Private Sector Innovation. Regional Policy Dialogue in Science, Technology and Innovation. Washington, DC: Banco Interamericano de Desarrollo.

Snoeck M., C. Casacuberta, R. Domingo, H. Pastori y L. Pittaluga. 2006. The Emergence of New Successful Export Activities in Uruguay. Documento de trabajo de la Red de Centros de Investigación R-556. Washington, DC: Banco Interamericano de Desarrollo.

Stiglitz, J. 1998. Towards a New Paradigm for Development: Strategies, Policies and Processes. Conferencias Prebisch de la UNCTAD, Ginebra.

Solow, R. M. 1956. A Contribution to the Theory of Economic Growth. *Quarterly Journal of Economics* 70(1): 65–94.

———. 1957. Technical Change and the Aggregate Production Function. *Rev Econ Stat* 39:312–20.

Soto, J. M. 2009. Evaluación de la política de competitividad y los programas de apoyo a las PyME en México. Documento inédito. Washington, DC: Banco Interamericano de Desarrollo.

Stein, E., M. Tommasi, P. T. Spiller y C. Scartascini. 2008. *Policymaking in Latin America: How Politics Shapes Policies.* Washington, DC: Banco Interamericano de Desarrollo.

Stern, N. 1989. The Economics of Development: A Survey. *The Economic Journal* 99(397): 597–685.

Storey, D. J. 1998. Six Steps to Heaven: Evaluating the Impact of Public Policies to Support Small Business in Developed Economies. Documento de trabajo 59. Warwick, RU: Warwick Business School.

———. 2008. Entrepreneurship and SME Policy in Mexico. Documento inédito. Washington, DC: Banco Interamericano de Desarrollo.

Syverson, C. 2004. Market Structure and Productivity: A Concrete Example. *Journal of Political Economy* 112(6): 1181–222.

———. 2008. Markets: Ready-Mixed Concrete. *Journal of Economic Perspectives* 22(1, invierno): 217–33.

Thomson, I. 2000. Algunos conceptos básicos referentes a las causas y soluciones del problema de la congestión de tránsito. Documento inédito. Santiago, Chile: Comisión Económica para América Latina y el Caribe (CEPAL).

Timmer, C. P. 2002. Agriculture and Economic Development. En *Handbook of Agricultural Economics* vol. 2, ed. Bruce Gardner y G. Rausser, pp. 1487–546. Amsterdam: North-Holland.

Timmer, Marcel P. y G. J. de Vries. 2007. A Cross-Country Database for Sectoral Employment and Productivity in Asia and Latin America, 1950–2005. Research Memorandum GD-98. Groningen: Groningen Growth and Development Centre, Universidad de Groningen (agosto). http://www.ggdc.net/databases/10_sector.htm (fecha de acceso: febrero de 2009).

Trucco, L. 2009. Instituciones y tecnologías políticas alternativas en los procesos de Policy-making. Documento inédito. Universidad de San Andrés, Buenos Aires.

Trujillo, A., J. Portillo y J. Vernon. 2004. The Impact of Subsidized Health Insurance for the Poor: Evaluating the Colombian Experience Using Propensity Score Matching. *International Journal of Health Care Finance and Economics* 5:211–39.

Tybout, J. 1991. Linking Trade and Productivity: New Research Directions. *World Bank Economic Review* 6:198–212.

United States Social Security Administration. 2008. Social Security Programs throughout the World: The Americas 2007. Washington, DC: Social Security Administration, Office of Retirement and Disability Policy, Office of Research, Evaluation, and Statistics.

U.S. Census Bureau. Varios años. U.S. Census Bureau Dataset, Estados Unidos.

Van Ark, B., M. O'Mahoney y M. P. Timmer. 2008. The Productivity Gap between Europe and the United States: Trends and Causes. *Journal of Economic Perspectives* 22(1): 25–44.

Vega, H. 2008. Transportation Costs of Fresh Flowers: A Comparison across Major Exporting Countries. Documento inédito. Washington, DC: Banco Interamericano de Desarrollo.

Ventura, A. K. 2009. The Need for a New Mechanism to Fund Research and Development Activities. Presentación en el Primer foro regional sobre políticas de ciencia, tecnología e innovación en América Latina y el Caribe: Hacia un nuevo contrato social de la ciencia, 11 de marzo, México.

Volpe, C. y J. Carballo. 2008. Heterogeneous Activities and Heterogeneous Effects: The Impact of Export Promotion on Developing Countries' Firm Performance. Documento inédito. Washington, DC: Banco Interamericano de Desarrollo.

Wade, R. 1990. *Governing the Market: Economic Theory and the Role of Government in East Asian Industrialization.* Princeton, NJ: Princeton University Press.

Weaver, R. K. y B. A. Rockman. 1993. *Do Institutions Matter? Government Capabilities in the United States and Abroad.* Washington, DC: Brookings Institution Press.

Wilson, J. 2008. Standards and Developing Country Exports: A Review of Selected Studies and Suggestions for Future Research. *Journal of International Agricultural Trade and Development* 4(1):35–45.

Yáñez-Pagans, M. 2008. Culture and Human Capital Investments: Evidence of an Unconditional Cash Transfer Program in Bolivia. IZA Discussion Paper 3678. Bonn, Alemania: Institute for the Study of Labor (IZA).

You, J. 1995. Small Firms in Economic Theory. *Cambridge Journal of Economics* 19:441–62.

ÍNDICE